成都医疗美容产业发展报告

(2020～2021)

REPORT ON THE DEVELOPMENT OF
MEDICAL BEAUTY INDUSTRY IN CHENGDU
(2020-2021)

成都市医疗美容产业协会

主 编 / 王 杭 王黎华

社会科学文献出版社
SOCIAL SCIENCES ACADEMIC PRESS (CHINA)

编 委 会

编委会主任 王 杭 王黎华

编委会副主任 王夕丹

编　　　委 （按姓氏笔画排序）

于海峰　王 聪　王正云　王沁怡　邓明攀
吕小兮　朱杨柳　刘澎涛　杜 文　李 刚
李 勇　李 滨　李 勰　李如意　李岑岩
邱凤顺　张 奕　林虹妤　赵 晞　郭志成
龚 伟　覃兴炯　曾 曦　薛 红

主要编撰者简介

王 杭 博士，教授，主任医师。现任四川大学华西口腔医院医疗美容科主任，成都市医疗美容产业协会会长，中华医学会医学美学与美容学分会委员，四川省医师协会美容与整形医师协会分会会长，四川省医学会医学美学与美容学分会候任主任委员。四川省政协委员。美国整形外科协会（ASPS）会员。主持多项研究，发表学术论文50余篇，获得专利多项。《成都医疗美容产业发展报告（2019）》副主编。

王黎华 四川大学商学院副教授，管理学博士，ACCA办公室主任。长期从事会计与财务的理论研究与教学，研究方向为企业成本管理、财务管理、预算控制、业绩管理、财务分析等。2009年在澳大利亚蒙纳士大学、2015年在英国牛津大学进修学习。为本科、MBA、硕士研究生、EDP等各层次的学生开设了基础会计、管理会计、财务会计、财务管理、财务报表分析、成本及预算管理等课程，多次获得学校和学院的教学奖励。先后主持参与了国家级、省部级和校级科研项目十余项；在学术刊物上发表论文二十余篇，出版译著和专著4部，编写教材若干。

于海峰 医院管理学硕士（MHA），曾工作于上海市东方医院、上海市卫健委。上海市社会医疗机构协会常务理事，上海市社会办医院管理分会副会长，中整协产业基金分会副会长，上海市病案专委会第二、第三届副主委，成都市医疗美容产业协会副会长，中国非公医疗机构评审专家库专家，中国非公立医疗信息化专业委员会常委，上海市社会办中医药分会副会长等。

邓明攀 四川闰则律师事务所合伙人，专注大健康产业法律服务16年，成都市律师协会医事法律专业委员会主任，获评"四川省优秀律师"，在《中国医院院长》《医学与法学》《中国卫生法制》《健康界》上发表文章数十篇。

覃兴炯 美械宝医美平台科技成都有限公司董事长，兼任中国整形美容协会采购与供应分会会长，政协成都市双流区第十二届委员（高新区委员），中国整形美容协会副秘书长，成都市医疗美容产业协会副会长，成都市医美产业政策顾问暨"医美之都"事业主要推动者之一，先后服务于西婵、悦好、华韩等集团/医院。

李岺岩 中国非公立医疗机构协会法务部主任，中国整形美容协会监事，专注于医疗健康行业一站式服务的北京至瑾律师事务所创始人。致力于医疗健康行业的合规体系建设。目前，至瑾律所创建的医疗合规体系在医疗行业有一定影响力，并持续为医疗行业服务。

李翩 "医美深见"主编，睿意高攀健康咨询有限公司总经理，成都市医疗美容产业协会副秘书长，中国整形美容协会产业创投分会理事。

龚伟 《美业观察》主编，成都市青年联合会委员，成都市医疗美容产业协会兼职副秘书长，中国整形美容协会形塑与综合技术转化分会理事。

杜文 成都医疗美容产业股份有限公司副总经理，中国整形美容协会产业创投部副主任、成都办事处主任、第三届理事会理事及医美产业高级研究员。历任四届成都国际医美产业大会暨"医美之都"高峰论坛秘书长。

刘澎涛 医聘网成都分公司总经理，拥有二十余年大型企业销售管理经验，从事民营医疗行业人力资源服务五年以上，在民营医疗行业人力资源服务、机构筹建咨询服务、机构运营管理咨询服务等方面经验丰富。

王夕丹 成都市医疗美容产业协会前秘书长。曾先后担任中国网通公关部高级经理、团中央中国青少年社会服务中心网络部副部长、成都市健康服务业商会秘书长。连续多年获评"成都市优秀秘书长""全国'四好'商会秘书长"。多次参与中国青少年网络蓝皮书策划编写工作，作为核心成员参与编写《成都医疗美容产业发展报告（2019）》。

摘　要

进入21世纪，医疗美容产业在全球蓬勃发展，医美市场规模迅速扩张，创造了新的经济增长点和资本关注价值点。成都市敏锐地抓住时机，提出"医美之都"概念，积极打造全球医美产业价值高地，推动医美产业良性发展。

《成都医疗美容产业发展报告（2020~2021）》由成都市医疗美容产业协会组织专家学者编写。本报告在沿袭《成都医疗美容产业发展报告（2019）》内容特色的基础上，进一步创新，为读者展示了全球、全国、成都三个维度和过去、现在、未来多角度的医美产业全景图。

本书分为总报告、专题篇、产业规范篇、产业运营篇、产业配套篇、案例篇和附录七个部分，内容丰富，数据翔实。相较于同类产业报告，本书的亮点和特色在于：全面梳理了成都医疗美容产业发展状况，通过问卷调研获得了成都市医美机构第一手资料，同时兼顾全球、全国医美产业发展现状分析；增加了专题篇；在医美合规建设方面进行了更全面更深入的经验总结；对成都医美产业投融资环境、模式、配套优势等做了比较细致的梳理；新增了成都医美企业履行社会责任的相关内容。

本书主要采用实地调研、资料研读、问卷调查等研究方法，客观地分析了成都市医美产业发展情况，同时加入专家的解读，以期对成都市医美产业的发展趋势和发展路径形成有意义的研判，使读者能更好地理解和使用书中的资料、数据和信息。

关键词： 成都市　医疗美容　产业发展

目 录

Ⅰ 总报告

R.1 全球医美产业发展报告 …………………………………… 001
R.2 中国医美产业发展报告 …………………………………… 013
R.3 成都医美产业发展报告 …………………………………… 037
R.4 成都医美产业发展形势分析及对策建议 ………………… 050

Ⅱ 专题篇

R.5 疫情防控常态化下全球医美产业发展报告 ……………… 065
R.6 疫情防控常态化下中国医美产业发展报告 ……………… 073
R.7 疫情防控常态化下成都医美产业发展报告 ……………… 085

Ⅲ 产业规范篇

R.8 医美产业规范安全及标准化建设报告 …………………… 093
R.9 医美产业法律规范及风险防范研究报告 ………………… 110
R.10 医美产业运营规范安全研究报告 ………………………… 144

Ⅳ 产业运营篇

- R.11 成都医美产业总体运营研究报告 …………………………… 172
- R.12 成都医美上游产业运营研究报告 …………………………… 178
- R.13 成都医美中游产业运营研究报告 …………………………… 202
- R.14 成都医美下游产业运营研究报告 …………………………… 222

Ⅴ 产业配套篇

- R.15 成都医美产业发展环境研究报告 …………………………… 249
- R.16 成都医美产业投资环境研究报告 …………………………… 275
- R.17 成都医美产业人力资源报告 ………………………………… 305
- R.18 成都医美产业企业社会责任贡献报告 ……………………… 320

Ⅵ 案例篇

- R.19 医美产业上游企业案例分析报告 …………………………… 335
- R.20 医美产业中游企业案例分析报告 …………………………… 345
- R.21 医美产业下游企业案例分析报告 …………………………… 351

Ⅶ 附录

- R.22 2020~2021年医美产业发展大事记 ………………………… 374
- R.23 成都医美企业名录汇总 ……………………………………… 386

- R.24 后　记 ………………………………………………………… 407

总 报 告
General Reports

R.1 全球医美产业发展报告

王黎华 于海峰*

摘 要： 医疗美容产业发展历史悠久，最早可以追溯到公元前800年。全球现代医疗美容产业经历了萌芽起步期、快速发展期、产业调整期和互联网医美期。经过一个多世纪的探索，全球医美产业发展进入稳定期，欧美国家医疗美容产业发展十分成熟，美国更是全球医疗美容产业的领军者。一些新兴市场如巴西、印度、中国等借助经济发展东风，依托较大的消费市场，近几年大有后来居上之势。在产业各利益攸关方的共同努力下，医美产业发展将更加成熟而健康，拥有灿烂光明的未来。

关键词： 医疗美容 全球医美市场 新兴市场

---

* 王黎华，管理学博士，四川大学商学院副教授；于海峰，中医学学士，医院管理学硕士（MHA）。

一 医疗美容[①]的定义和分类

（一）医疗美容的定义及特征

现代医疗美容（以下简称"医美"）是西医外科学的一个分支学科，是指运用手术、药物、医疗器械以及其他创伤性或侵入性的医学技术方法对人体各部位形态进行修复和塑形，以增强人体外在美感为目的，融技术性、艺术性、科学性于一体的医疗分支。医疗美容衍生于临床医学，但又区别于临床医学。医美以审美为目的，而非治疗，其消费属性大于诊疗属性。

医疗美容产业同时兼容医学属性（技术特性）、美学属性（社会特性）、商业属性（经营特性）三重特征。

（二）医疗美容产业链

医美产业链庞大且完备，上游主要包括研发机构，药品、器械生产供应商及代理经销商；中游主要为医疗美容机构，包括公立医院医疗美容科、大型连锁医院、中小型民营整形医院、小型私人诊所等多种类型，机构较为庞杂且分散；下游包括产业配套服务商和终端市场，医美配套服务以获客渠道为主，主要参与者包括垂直医美机构、综合电商平台，以及医美O2O、资讯/广告营销、消费金融、保险等配套服务商，终端市场是医美消费市场。从全产业链来看，上游及中游参与者类型相对固定。

[①] 医疗美容又称医学美容，包括美容外科、美容皮肤科、美容中医科、美容牙科。本报告统一用"医疗美容"（简称"医美"）这个概念。

(三)医疗美容分类

按《医疗美容项目分级管理目录》(卫办医政发〔2009〕220号)划分,医疗美容分类如表1所示。

表1 医疗美容科目和项目分类

科目	项目
美容外科	头面部美容
	躯干、乳房美容
	会阴部美容
	其他部位美容
美容牙科	牙齿美容修复技术
	牙周美容技术操作
	牙颌畸形美容矫治
美容皮肤科	物理治疗
	抽吸、注射及填充
	化学剥落
	激光和其他光(电磁波)治疗
	手术项目
美容中医科	中药内服美容法
	中药外治美容技术
	针灸美容技术
	中医推拿美容技术
	其他中医美容技术

按服务类型分类,医疗美容分类如表2所示。

表2 医疗美容基本分类:按服务类型分

服务类型	服务方式	具体服务项目
美容外科服务	为了改变面部或身体各部位的外形而进行的侵入性外科诊疗	①丰胸:隆胸、提升或缩小乳房
		②面部及头部塑形:隆鼻、双眼皮、垫高下巴及面颊部
		③身体塑形:拉皮及抽脂
微创美容服务	最大限度地减少进入人体组织,从而在限期内改变面部轮廓且无诊疗切口	①注射A型肉毒毒素
		②注射透明质酸等填充剂

续表

服务类型	服务方式	具体服务项目
皮肤美容服务	使用激光、射频、强脉冲光及超声波等各种能源形式的设备进行能量型诊疗	①去除粉刺及色素、嫩肤、皮肤提升及紧致 ②改善色素性皮肤问题、血管性皮肤问题 ③采用果酸温和去角质、抑制痤疮杆菌生长、润滑清洁皮肤等
其他医疗美容服务	—	①牙齿美容服务：矫齿、牙齿种植及牙齿美白 ②中医美容服务（如针灸，刺激穴位，放松身心）

资料来源：高禾投资。

二 全球现代医美产业发展史

医疗美容产业发展历史最早可以追溯到公元前800年，早在古印度时期就有文献记载鼻的整形再造手术。而后在中世纪欧洲的梅毒暴发、第一次世界大战等历史事件中整形技术被广泛应用。全球医疗美容产业发展至今，经历了萌芽起步期、快速发展期、产业调整期和互联网医美期。

（一）萌芽起步期：1931年以前

医美产业发展初期，主要是为了修复患者的肢体缺失、恢复病人的自信和生活能力，包括假肢、面唇腭裂手术等。第一次世界大战后，大量毁容的伤员需通过外形修复手术来进行面部重建和皮肤移植，针对伤员的外形修复手术的实施标志着现代医疗美容的诞生。

1915年，被后世称为"整形手术之父"的英国医生哈罗德·吉利斯采用了一种当时从未使用过的先进技术——管蒂技术（tube pedicle），即从受伤士兵的肩膀上切下一块皮肤移植到其脸上，这是人类历史上首台现代整形手术，是整容手术史上的里程碑事件。

（二）快速发展期：1931~2007年

1931~2007年，全球医疗美容产业进入快速发展期，美国、韩国和日本尤为突出。整形外科的发展使现代医疗美容产业逐渐兴起，受到消费者的欢迎。

韩国医美产业发展水平居全球前列。1950年朝鲜半岛战争期间，医疗队伍为受伤军人进行了大量的腭裂手术及再建手术等整形外科专业治疗，这被视为韩国整形手术的开端。1956年日本三木威勇治医生在东京大学附属医院整形外科内（通常意义的骨科）创立了形成外科，同时开始诊疗工作。在三木威勇治、大森清一等人倡导下，1958年1月日本形成外科学会成立。

1969年，美国整形外科被纳入普通外科，并适用于普适性医疗法律法规，这意味着医美产业在美国受到全面监管。1970年，国际美容外科医学会（International Society of Aesthetic Plastic Surgery，ISAPS）正式成立。非手术整形进一步丰富了现代医疗美容的手段，现代医美产业开始进入加速发展期。随着产业的逐步规范与居民收入水平的逐步提升，美国整形美容案例数于1990年突破100万例。

1990年起，医美产业进一步细分，商业模式不断创新，用于消除皱纹的肉毒毒素及其他微整形手段相继问世。1992年第一款医美级肉毒毒素产品诞生，1996年世界第一台激光脱毛设备面世，2003年玻尿酸被首次批准在医疗美容中使用。

从20世纪90年代开始，全球医疗美容产业从复杂的手术时代进入操作简便的轻医美时代。肉毒毒素、激光脱毛、玻尿酸这三项最具划时代意义的轻医美技术问世，改变了全球医美产业生态，全球进入快速发展的轻医美时代。

（三）产业调整期：2007~2011年

2007~2008年全球金融危机波及医疗美容产业，客户消费力下降直接影响了整体产业盈利能力，消费需求减少直接导致了美国40%~50%的中小型医美机构倒闭。全球医美产业进入调整期，淘汰了一大批竞争力缺乏的小型企业。存活下来的企业纷纷寻求新的营销手段、创新美容技术和项目，以吸引更多的求美者。

与此同时，中国医美产业"一枝独秀"，进入发展黄金期。中国医美产业发展迅速，跨国跨行业并购增多，互联网服务商平台相继涌现。

（四）互联网医美期：2011年至今

美国经济走出低谷，居民收入增速加快，医美市场也于2011年触底后呈现恢复性增长趋势。在亚洲，2015年韩国政府再次重金支持医美产业发展，规划到2020年吸引100万名外国医疗游客来韩国进行医美消费，医美经济输出战略愈发明显。2013年，伴随移动通信技术的高速发展及智能手机的迅速普及，传统PC网站逐渐转向移动App，互联网医美进入移动时代。中国互联网医美领域诞生了新氧、美呗等一批O2O医美服务商。

萌芽起步期：1931年以前	快速发展期：1931~2007年	产业调整期：2007~2011年	互联网医美期：2011年至今
1915年，哈罗德·吉利斯进行了人类历史上首台现代整形手术	全球医疗美容产业进入了快速发展期，美国、韩国和日本的表现尤为突出	2008年全球金融危机波及医疗美容产业，产业进入调整期，亚洲医美产业发展迅速	伴随着移动通信技术的高速发展及智能手机迅速的普及，传统PC网站逐渐转向移动App，互联网医美进入移动时代

图1　全球医疗美容产业发展历程

三　全球医美产业发展动态探析

经过一个多世纪的探索，欧美国家医美产业发展十分成熟，其中美国成为全球医美产业的领军者。

ISAPS 统计数据显示，2018 年全球医美服务市场总收入 1357 亿美元，2013~2018 年 CAGR 为 8.44%。2018 年全球合规医美服务市场规模约为 1362 亿美元，2019 年全球合规医美服务市场规模达到 1460 亿美元，2020 年全球合规医美服务市场规模为 1533 亿~1643 亿美元。

2016~2018 年全球医美年均治疗量保持在 2300 万例左右，手术治疗和非手术治疗需求量基本各占五成。2020 年 12 月，ISAPS 发布的医疗美容整形手术全球调查结果显示，2019 年全球医疗美容治疗量增长了 7.4%，高于 2018 年的水平；手术和非手术治疗量均有所增加，分别为 7.1% 和 7.6%，而 2018 年仅非手术治疗量增加。

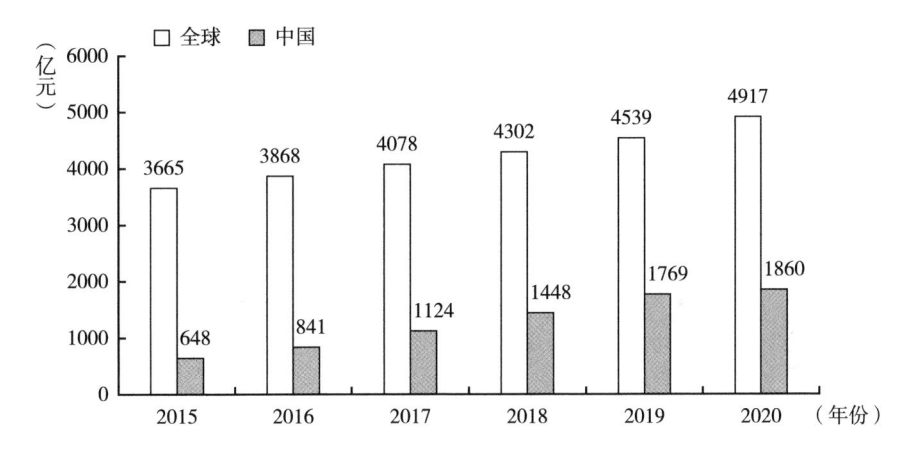

图 2　2015~2020 年全球及中国医美产业规模

资料来源：柠檬爱美、艾瑞、前瞻产业研究院等。

表 3　2016~2019 年全球医疗美容治疗情况

单位：例

年份	总治疗量	手术治疗量	非手术治疗量
2016	2347.05	1027.39	1319.66
2017	2339.05	1076.68	1262.37
2018	2326.63	1060.72	1265.91
2019	2498.23	1136.36	1361.87

资料来源：ISAPS。

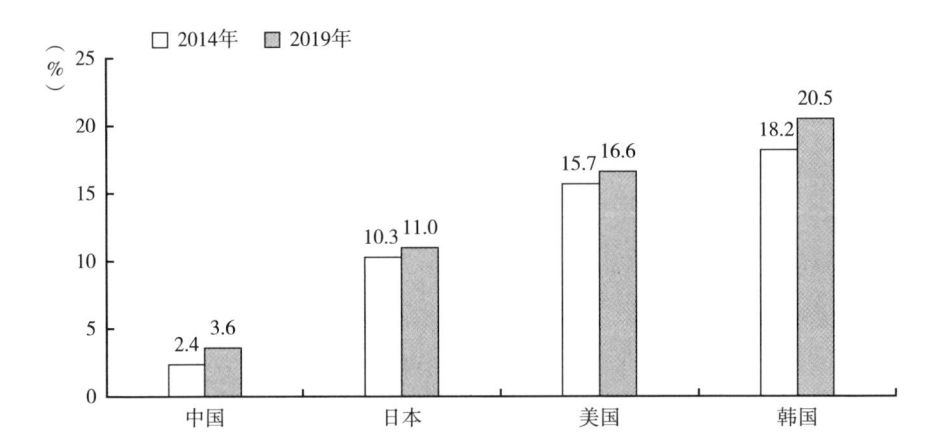

图3 2014年和2019年全球主要国家医美项目渗透率对比

资料来源：德勤。

美国是全球医美市场规模最大的国家，1990年医美治疗量突破100万例，2018年共436万例，约占全球的19%，正规市场规模约84亿美元，比2017年下降约1%。2019年，美国的医美治疗量减少了8.7%，共计398万例，占全球的15.9%，居世界第一。

图4 2010~2019年美国医疗美容治疗量及增长情况

资料来源：锐观咨询，ISAPS。

2019年，美国尽管医美治疗量减少了8.7%，但仍然是世界上实施医疗美容治疗最多的国家（占15.9%），非手术治疗量和注射美容量分别占全球的19.3%和77.8%。巴西的医美治疗量排名第二（占全球的10.3%），非手术治疗量增加了28%。2019年医美治疗量排名前十的国家是美国、巴西、日本、墨西哥、意大利、德国、土耳其、法国、印度和俄罗斯。

表4　2019年医美治疗量排名前十的国家

单位：例，%

排名	国家	医美治疗量	占全球比重	手术治疗量	占全球比重	非手术治疗量	占全球比重
1	美国	3982749	15.9	1351917	11.9	2630832	19.3
2	巴西	2565675	10.3	1493673	13.1	1072002	7.9
3	日本	1473221	5.9	249543	2.2	1223678	9.0
4	墨西哥	1200464	4.8	580659	5.1	619804	4.6
5	意大利	1088704	4.4	314432	2.8	774272	5.7
6	德国	983432	3.9	336244	3.0	647188	4.8
7	土耳其	754392	3.0	351930	3.1	402462	3.0
8	法国	744081	3.0	320997	2.8	423084	3.1
9	印度	643752	2.6	394728	3.5	249024	1.8
10	俄罗斯	576886	2.3	483152	4.3	93735	0.7

资料来源：ISAPS。

医美手术量居前五位的分别是隆胸、吸脂、眼睑手术、腹部整形和鼻部整形，医美非手术量居前五位的分别是肉毒杆菌毒素、玻尿酸、脱毛、非手术减脂和光子嫩肤。

从2015年、2018年、2019年的统计数据来看，全球医美手术量排前5的项目数量发生变化。对比2018年，2019年排名前两位的隆胸和吸脂手术量略有下降，但对比2015年两者增幅较显著。

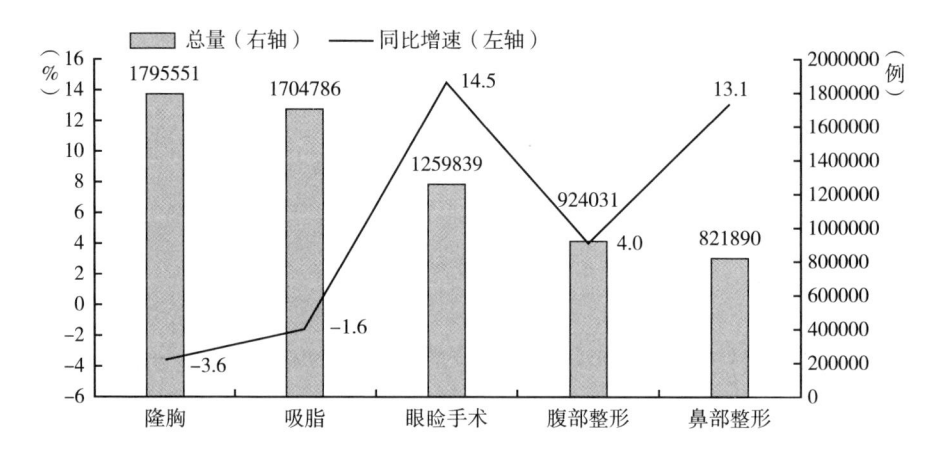

图5　2019年全球医美手术量前五项

资料来源：ISAPS。

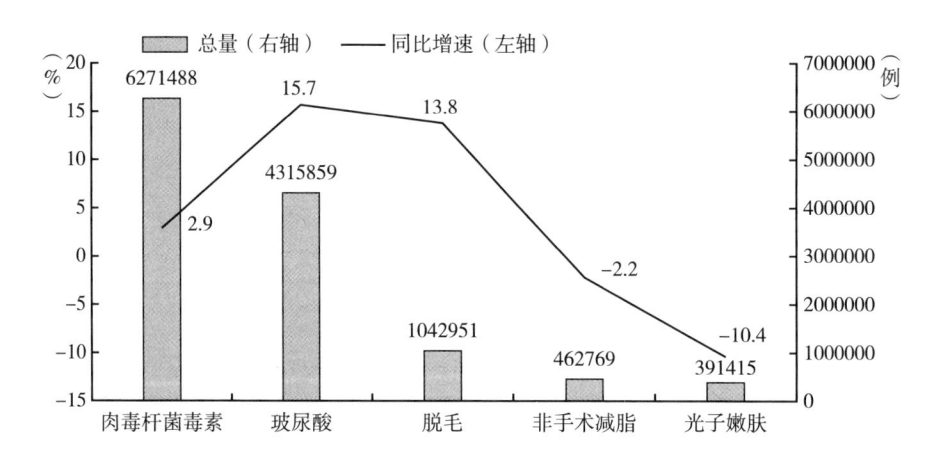

图6　2019年全球医美非手术量前五项

资料来源：ISAPS。

从2019年的统计数据可以看出，接受医美手术最多的是35～50岁群体。从项目分布来看，19～34岁群体选择最多的项目是鼻部整形，占64.5%，其次是隆胸，占53.9%。而接受肉毒杆菌毒素注射最多的是35～50岁群体，占46.1%。

表5 2015年、2018年和2019年全球医美手术量TOP5

单位：例，%

排名	项目	2019年数量	占比	2018年数量	2015年数量
1	隆胸	1795551	15.8	1862506	1488992
2	吸脂	1704786	15.0	1732620	1394588
3	眼睑手术	1259839	11.1	1099960	1264702
4	腹部整形	924031	8.1	888712	758590
5	鼻部整形	821890	7.2	726907	730287

资料来源：ISAPS。

表6 医美项目消费者年龄段

单位：岁，%

项目	年龄	占比
隆胸	19~34	53.9
鼻部整形	19~34	64.5
肉毒杆菌毒素	35~50	46.1

资料来源：ISAPS。

在美容项目上，女性和男性的需求略有差异，主要体现为手术美容项目差异较大，非手术美容项目比较一致。

美国和巴西拥有较多的整形外科医生，占全球的25%以上；亚洲国家紧随其后，排名第3至第5位的分别是中国、日本和韩国。

表7 2019年全球美容项目男女需求排行TOP5

单位：例

排名	女性 手术美容项目	数量	女性 非手术美容项目	数量	男性 手术美容项目	数量	男性 非手术美容项目	数量
1	隆胸	1777182	肉毒杆菌毒素	5429754	男性缩乳术	273344	肉毒杆菌毒素	841735
2	吸脂	1458114	玻尿酸	3823475	眼睑手术	262902	玻尿酸	492384
3	眼睑手术	996937	脱毛	929328	吸脂	246672	脱毛	113622
4	腹部整形	850917	非手术减脂	386064	鼻部整形	205828	非手术减脂	76705
5	鼻部整形	741284	光子嫩肤	347305	耳朵手术	111819	面部线雕	48463

资料来源：ISAPS。

表8　2019年整形外科医生排名前五的国家

单位：名，%

排名	国家	整形外科医生数量	占全球比例
1	美国	6900	13.7
2	巴西	6011	11.9
3	中国	3000	6.0
4	日本	2707	5.4
5	韩国	2571	5.1

资料来源：ISAPS。

人类对美的追求是心底的冲动，永远不会停歇。全球医美产业发展已经进入成熟期。在各利益攸关方的共同努力下，医美产业发展将更加成熟而健康，拥有灿烂光明的未来。

R.2 中国医美产业发展报告

王黎华 陈泓旭*

摘　要： 中国现代意义上的医美产业发展起源于20世纪初，历经引入初创阶段、初步发展阶段、高速发展阶段和成熟发展阶段，已经形成比较完善的医美产业链，成为全球第三大医美市场。医美产业链由上游院校与药械厂商、中游服务机构及下游渠道构成。总体来看，我国医美全产业链发展态势强劲，上、中、下游各有发展特色。未来我国医美产业发展前景总体向好，应通过整合上、中、下游的资源，洞察消费者需求变化，极大地丰富行业应用场景，促进产品与服务质量不断提升，推动医美产业应用增长。

关键词： 医美产业　医美产业链　中国　医美市场

一　中国医美产业发展史

医美最早可追溯到古印度的鼻子再造术，我国《晋书·魏泳之传》中也描述了类似腭裂修补手术，到了唐朝和宋朝则有关于义眼、酒窝的记录。而医美发展初期主要是为战争中的伤员进行修复治疗，特别是抗美援朝期间，需要救治大量烧伤和面部创伤的志愿军，从而培育出一批整形外科医师。具体而言，我国的医美产业发展历程如下。

---

* 王黎华，管理学博士，四川大学商学院副教授；陈泓旭，四川大学商学院管理学学士。

（一）引入初创阶段：1980年以前

我国现代美容整形手术始于1929年，当时整体医疗条件有限，在外科中，与其他分科相比，整形外科并不受重视。美国整形外科委员会前主席韦伯斯特于1948年在上海开办了中国医学近代史上第一个整形学习班，参加学习班的有汪良能、朱洪荫、张涤生等中国整形美容外科的先驱和奠基人。这一时期中国医美产业发展缓慢，仍以烧伤整形医美项目为主，公立医院的烧伤整形科为主要提供者，内容单一，供需关系单一，服务对象单一。

（二）初步发展阶段：1980～2000年

20世纪80年代初期是我国医美产业发展起步阶段，各公立医院整形科室相继组建，第一批医美机构也陆续成立，相关技术不断进步，国家从官方层面也逐渐认可这一新兴产业。1991年第一届全国美容外科会议在福建厦门召开；1994年，卫生部颁布《医疗机构诊疗科目名录》，正式承认医疗美容产业，我国医疗美容产业步入快速发展期。

（三）高速发展阶段：2000～2018年

伴随着经济发展、人们消费观念的转变，这一阶段医美产业蓬勃发展，以外延式扩展为主，医美处于供不应求的卖方市场，医美营销开始兴起。2001年中国加入WTO，国外美容观念和先进的技术、药械进入中国市场。2002年，中华人民共和国卫生部令（第19号）《医疗美容服务管理办法》实施，对医疗美容、医美机构给出官方定义；同一时期，医美行业协会等民间组织出现，并逐步发挥规范行业的作用。2017年6月14日，国家卫生健康委员会发布《医疗机构基本标准（试行）》，替换了卫医发（1994）第30号的旧版标准，规定了针对美容医院、医疗美容门诊部、美容整形外科诊所、医疗美容诊所的人员、房屋、基本设备的最低要求。

受颜值经济影响，医疗美容市场进入爆发性成长期。由于技术进步，轻医美出现，医美投资门槛大幅降低，资本大举进入，医美机构呈井喷式增长态势。以复星医药、朗姿股份、苏宁环球、鹏爱医美国际为代表的大企业积极进行行业并购整合；政府和相关监管机构加强行业乱象治理；互联网的发展催生了大量资讯类网站、医美 App 等，逐渐发展形成"互联网+医美"的创新商业模式。伴随医美平台 App 出现，医美产业竞争加剧，渠道开始发生变革，一些不合格的医美机构逐渐被清理，并形成了一些头部医美机构，多家相关公司上市或挂牌。

（四）成熟发展阶段：2018年至今

基于前期的市场调整，大浪淘沙，存真去伪，医美产业发展逐渐回归正轨。医美机构强强联手，头部医美机构加快扩张脚步，向纵深方向拓展市场。质量调整，服务升级，市场更加成熟，技术更加精细，材料更加安全。基于移动互联网普及，通过搭建 O2O 平台，医美 App 创新模式应运而生。2020 年我国医疗美容市场规模为 1860 亿元，占全球的 10%，成为医美第三大市场，但市场渗透率仍然偏低，规范化和集中化发展是大势所趋。

1980年以前	1980~2000年	2000~2018年	2018年至今
引入初创阶段	初步发展阶段	高速发展阶段	成熟发展阶段

图1 我国医美产业发展历史

二　中国医美产业发展动态

（一）总体状况

随着我国人民生活水平不断提高，以及医疗技术的发展，大众对美的感受和追求愈加强烈，医疗美容市场呈现快速发展趋势。以医疗美容为代表的美容消费需求持续增长，成为除基本生活消费以外，继住房、汽车、旅游之后的第四大消费热点。医疗美容产业是"美丽经济"的重要组成部分，具有附加值高、带动力强等特点。

2012年我国医美市场规模不足300亿元。2011~2017年，医美产业高速发展，大量机构涌现，且受网红文化影响，消费需求爆发；2018年为产业发展放缓的转折点，大量中小机构面临盈利难等问题，市场呈现供需不匹配状态。2019年中国医疗美容市场规模达到1769亿元，增速放缓至22.2%；受疫情影响，2020年我国医疗美容市场规模为1860亿元，增速放缓至5.1%，创5年来新低。2012~2019年我国医疗美容市场规模呈逐年增长态势，年复合增长率为29%，预计2019~2023年的年复合增长率将达15%。

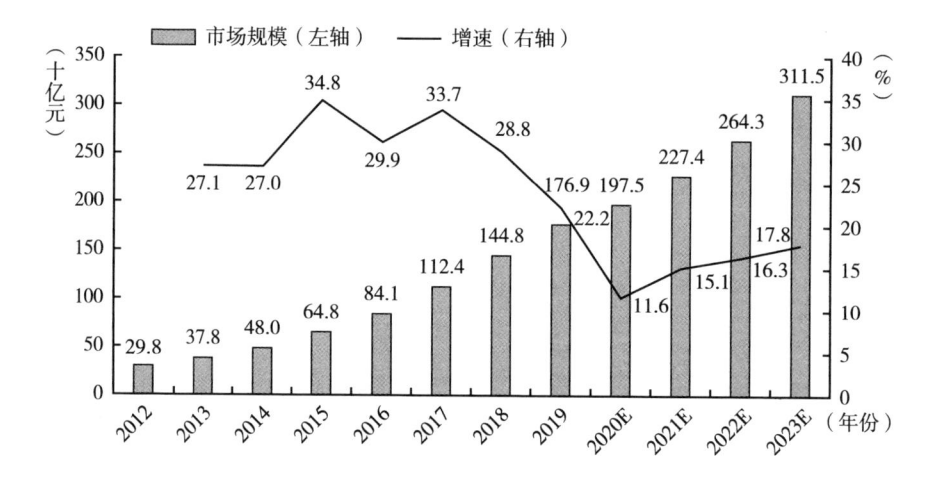

图2 2012~2023年中国医美市场规模及增速预测情况

资料来源：艾瑞咨询。

2019年中国医美用户1120万人，2020年为1520万人，预测2023年将达2548.3万人。2018年全国共有11000家以上的医美机构，2019年具备医疗美容资质的医美服务机构约13000家。目前中国医疗美容行业从业人员超过20万人，具备资质的医师约有30000人。在我国医疗美容市场，非手术类治疗项目收入占医美行业总收入的60%，增长率达40%。2019年，手术

图3 2013~2020年中国医美实际市场规模及增速情况

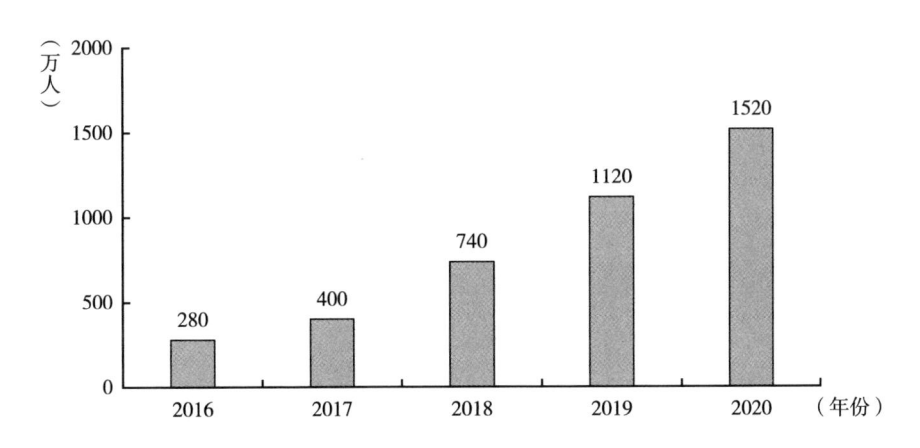

图4 2016~2020年中国医美用户规模

资料来源：艾媒网。

与非手术比约为6.2∶3.8；预计到2023年，两者比将达到5.2∶4.8。毫无疑问，中国医疗美容产业进入了前所未有的蓬勃发展时期。

2020年，医美产业发展受疫情影响，预测经过未来3~5年的自我调整与变革，医美市场将逐步回暖。预计2030年，中国医美市场规模将达到5000亿~7000亿元，超越美国、巴西等，成为全球第一大市场。

2020年疫情突袭而至，互联网医美活跃用户大幅减少。而后随着疫情

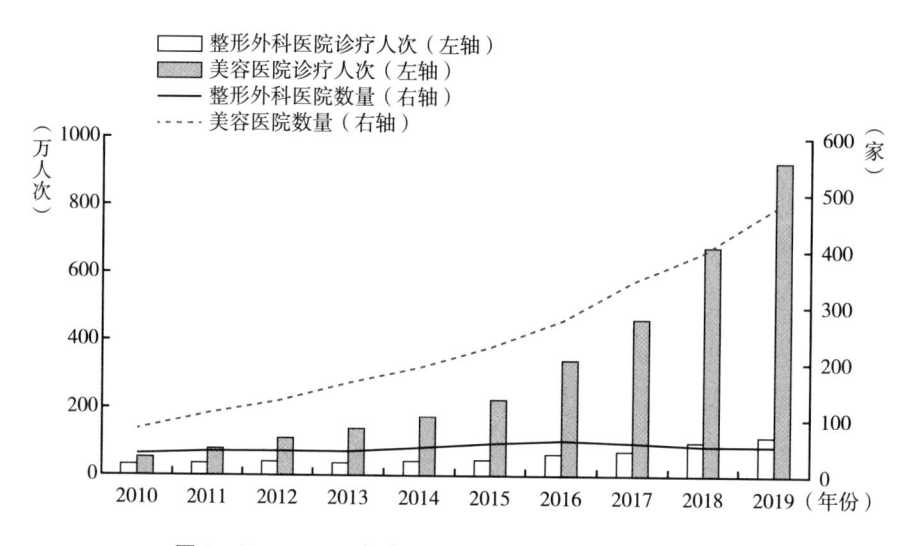

图5 2010~2019年我国医疗美容诊疗人次与机构数量

资料来源：前瞻产业研究院。

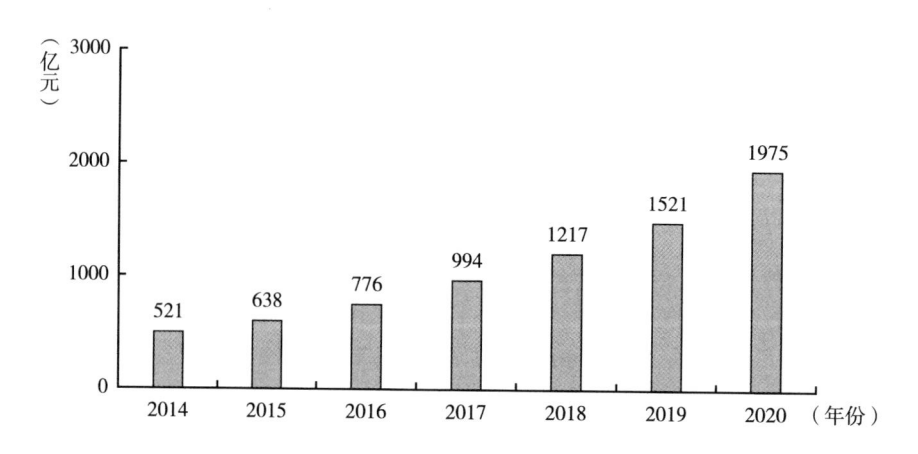

图6 2014~2020年中国医疗美容服务市场总收入

防控形势向好，互联网医美活跃用户持续恢复性增长，9月活跃用户达214万。一线发达地区医美市场开发程度已经较高，增长空间不大，新一线城市成为医美市场最重要的增长点，二线及以下城市增长势头强劲（见图7和8）。

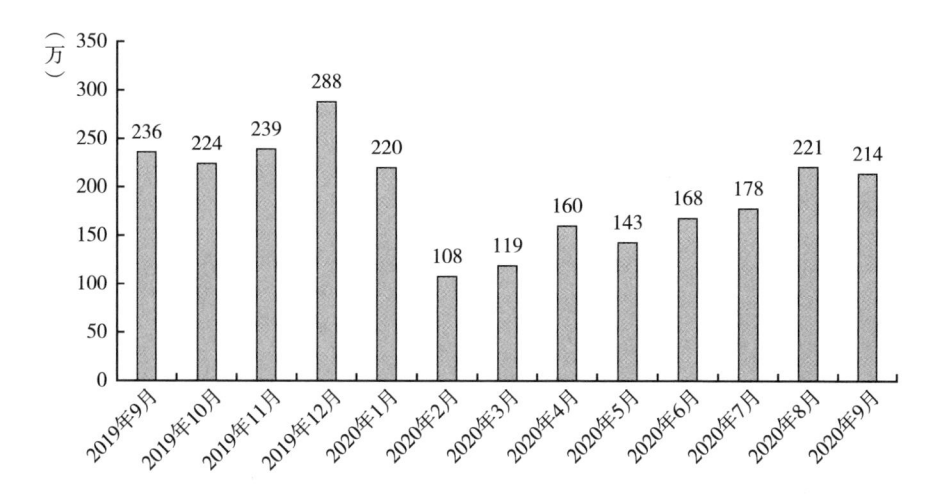

图7 在线医美应用月活跃用户趋势

资料来源：Fastdata极数。

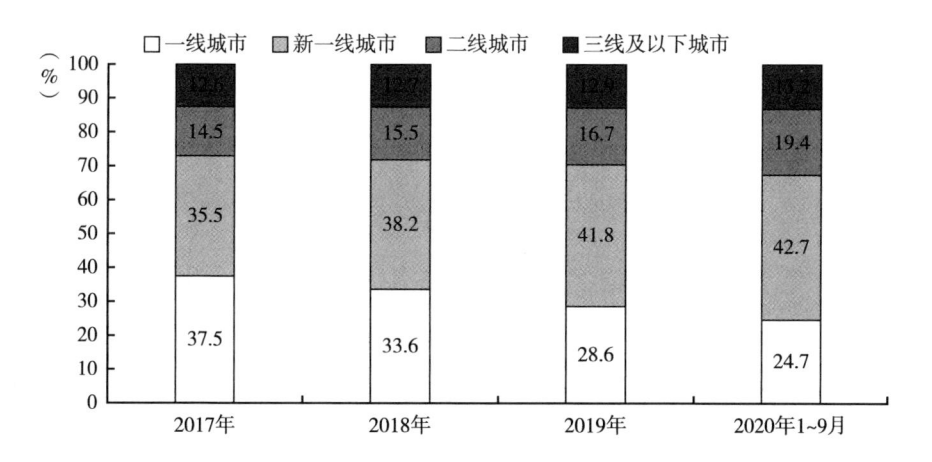

图8 中国医美产业用户城市等级分布

资料来源：Fastdata极数。

（二）具体状况

1. 医美产业链已成型，规模不断扩大

医美产业链各环节参与者众多。经过多年的发展，我国已经形成比较完

019

善的医美产业链。医美产业链由上游院校和药械厂商、中游服务机构以及下游渠道构成。上游以标准产品商业模式为主，中游以医疗技术服务为盈利模式，下游以医美客户为消费主体。

总体来看，全产业链发展强劲，上、中、下游企业各有发展特色，具体表现如下。

上游参与者包括器械和药品生产商以及研发机构等，总体情况是药械厂商技术成熟，壁垒高筑，头部集中，部分国产品牌替代国外品牌；研发机构集中分布在一线城市的医学院校，集中度较高，技术发展较快，仍然以吸收国外先进科技为主。

中游参与者以为消费者提供直接服务的机构为主。这些服务机构主要是各种类型的医美机构，包含公立医院、大型连锁医院、中小型民营医院及私人诊所四个层级，这一产业链环节竞争激烈，人员供需不平衡，获客成本高，机构参差不齐。

下游参与者是各类配套服务商和终端消费者。医美配套服务以获客渠道为主，主要参与者包括垂直医美机构、综合电商平台、医美O2O、资讯/广告营销、消费金融、保险等配套服务商。发展趋势是线下向线上转移，互联网垂类兴起，行业龙头初显。2013年医美垂直平台进入市场，线上获客形式逐步多样化，由单一搜索竞价拓展为电商、转诊、综合O2O等。而2020年互联网巨头更是涉足医美产业，它们有着流量层面的强大优势，可快速将医美纳入业务板块。互联网巨头能够连接产业链上下游，融合线上线下，与行业合作伙伴一起推动医美产业的转型升级。

整体来看，医美产业链上游门槛相对较高，行业集中度高、盈利能力强，企业毛利率为60%~90%、净利率为25%~60%。中游仍处于发展早期阶段，高度分散化，规范性较差，行业集中度也有待提升，加上医美机构营销费用占比高达30%~40%，盈利能力普遍较弱。下游配套服务商类型多样，其中医美O2O近年来发展迅速，一定程度上解决了市场信息不对称的痛点，同时还可以联合其他服务商，提供资讯/广告营销、消费金融、保险等服务，发展前景广阔。

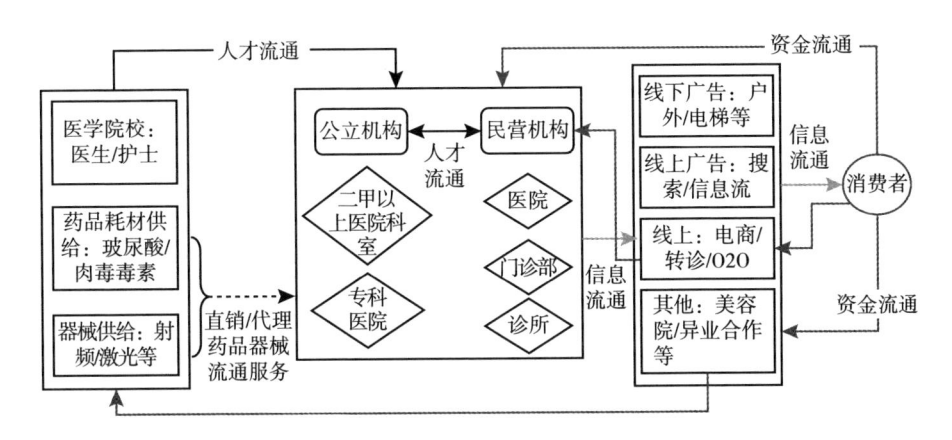

图9 中国医美产业链上、下游关系

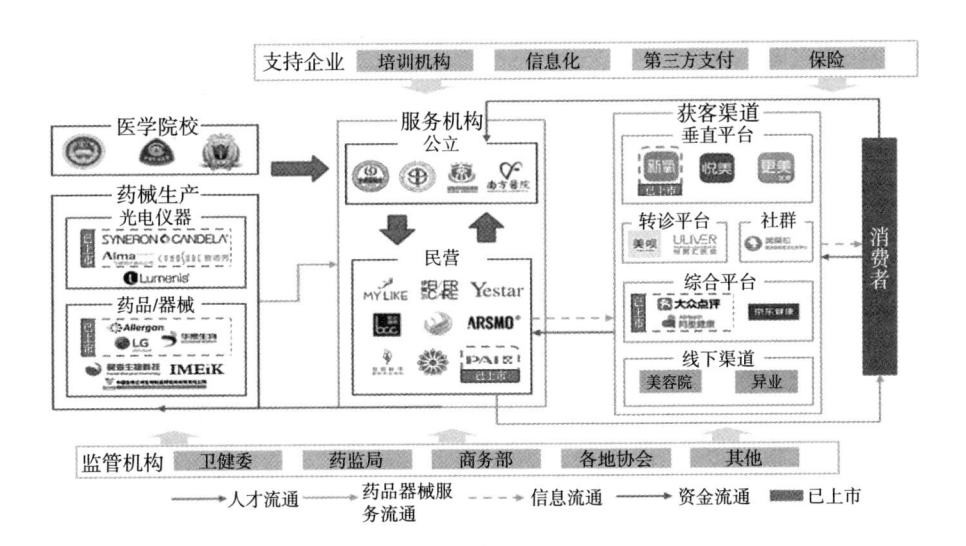

图10 中国医美产业图谱

资料来源：艾瑞咨询、中商产业研究院。

2. 价值链良性发展态势初显，价值分配不均，获客成本畸高

从行业价值链分布来看，40%~50%在获客成本（包括新氧等医美App），30%~40%在医美机构（一半以上在医护团队），7%左右在经销商，15%左右在医美产品，1%~2%在原料。

从中游医美机构的价值链来看，营销渠道占比很高，约为50%，销售费用占比20%，耗材和运营成本各占10%，人工成本和其他成本各约占25%。获客成本高，成为医美企业发展中的痛点。受制于巨额的营销费用，医美机构盈利水平举步不前，业内实现盈利的机构占比不足30%。

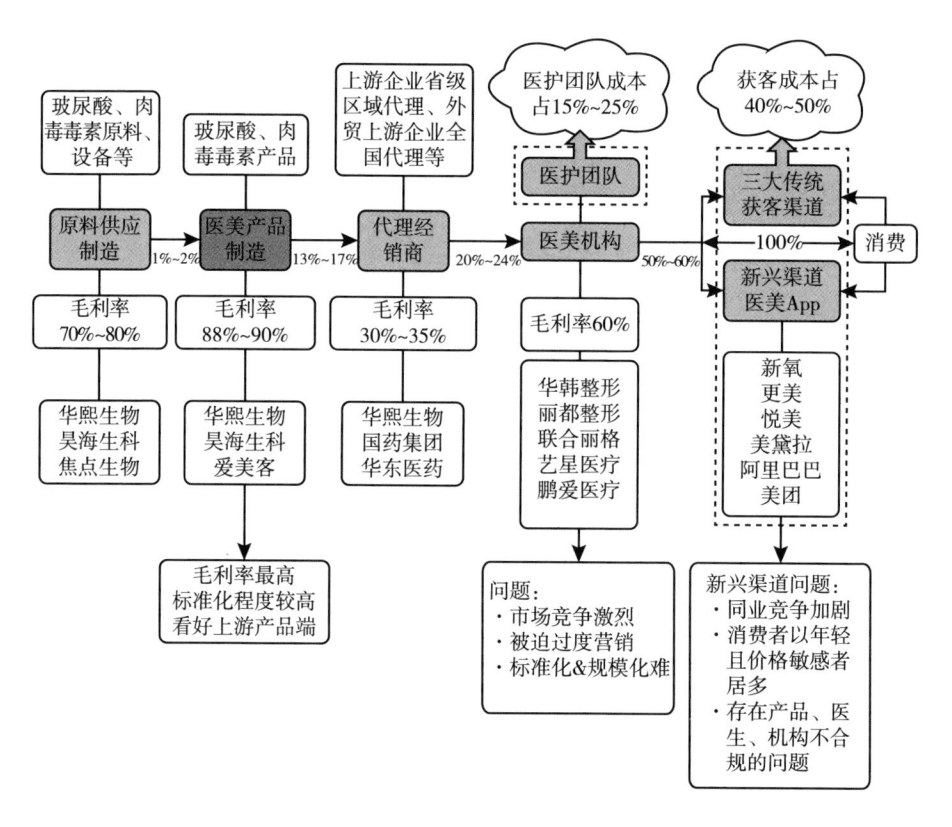

图11 全产业价值链

资料来源：根据公司公告、兴业证券经济与金融研究院资料整理。

从中国医美产业主要上市企业2020年中期财务报告可以看出，这些企业的毛利率处于较高水平，均在40%以上。此外，上游企业的毛利率整体高于中下游企业的毛利率，2020年上半年上游企业华熙生物和爱美客的毛利率高达80%；下游企业新氧以82%的毛利率远超中游公司华韩整形和荣恩集团。

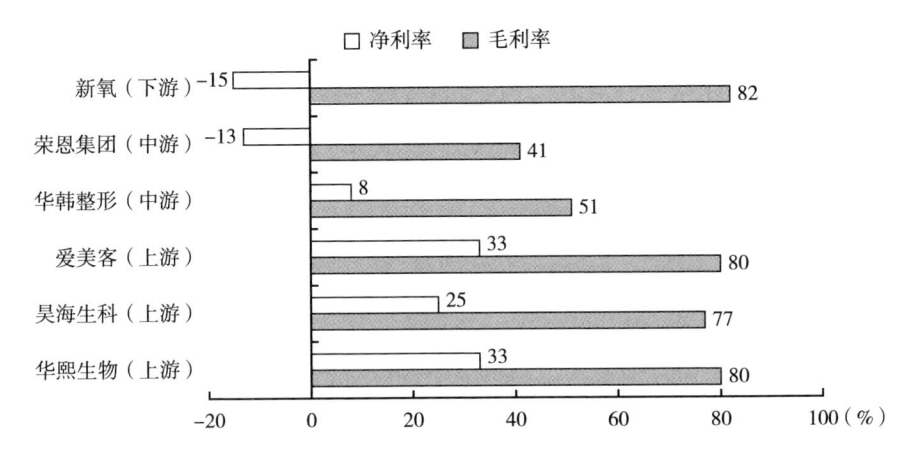

图 12　2020 年医美企业毛利率和净利率情况

资料来源：根据各公司中报、前瞻产业研究院资料整理而成。

在具体的美容产品上，我们选取上游企业生产的代表性产品玻尿酸为例，其价值链如图 13 所示。

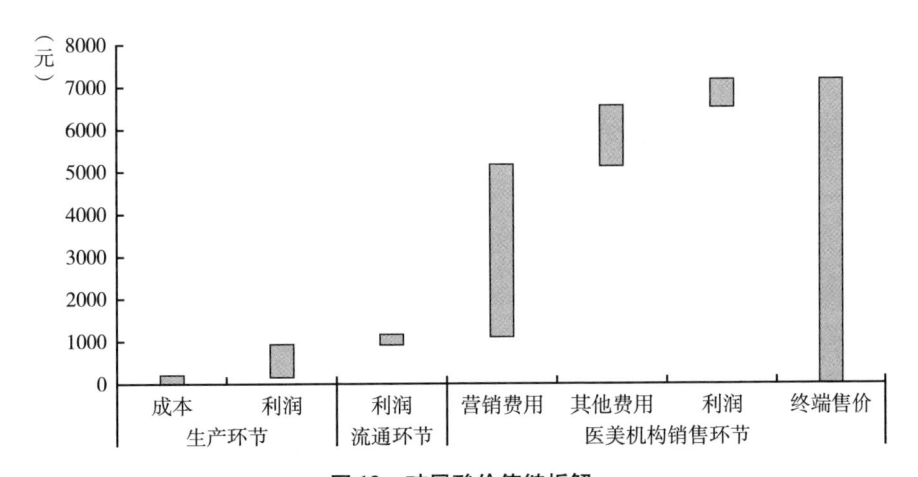

图 13　玻尿酸价值链拆解

资料来源：华泰证券研究所。

行业专家认为，医美企业的竞争环境和竞争状态不一样，导致各环节的价值产出不一致，整个产业链的价值分配不均衡。整体而言，上游企业的价值分配较高，中游企业和下游企业由于竞争激烈、监管严格等，价值分配较

023

低，成本畸高。

在医美企业的成本构成中，人工、销售费用（获客成本等）、营销渠道等方面的成本居高不下，进一步影响了中、下游企业的获利水平，不利于行业的可持续发展。

最大痛点——获客成本
获客成本高，营销费用占比过大，成为医美企业最大的痛点

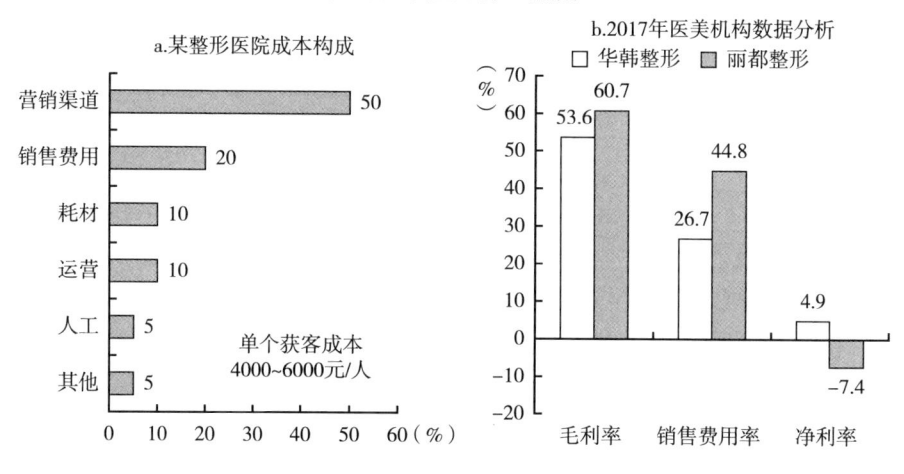

图14 医美企业成本费用分析

资料来源：MobData研究院。

3. 新技术的迭代升级，医美内容更加丰富安全

随着科学技术的发展，医疗美容的新技术、新方法、新产品、新设备不断出现，生物技术、光学技术、化学技术、电磁技术、新材料等产品技术迭代升级，创造着新的市场需求，推动着行业的可持续发展。技术进步升级不仅满足了众多存量消费者的美容需求，而且创造了新的增量需求，吸引更多人群加入美容大军。基于互联网的发展，市场中医美四大标配是热玛吉、光子嫩肤、欧洲之星与超皮秒，这样的现象在原来的医美领域是很少出现的。2020年市场增长较快的包括"小气泡""无针水光"等这一类入门级医美项目，基本上无创伤无风险，可以在医生的指导下完成。预测在未来10年医美市场规模是2020年的2~3倍。

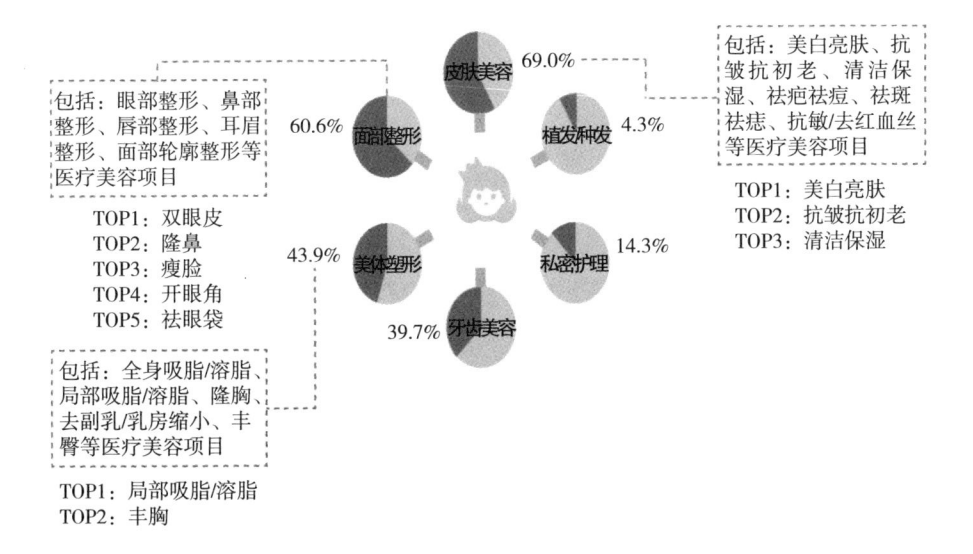

包括：眼部整形、鼻部整形、唇部整形、耳眉整形、面部轮廓整形等医疗美容项目

TOP1：双眼皮
TOP2：隆鼻
TOP3：瘦脸
TOP4：开眼角
TOP5：祛眼袋

包括：全身吸脂/溶脂、局部吸脂/溶脂、隆胸、去副乳/乳房缩小、丰臀等医疗美容项目

TOP1：局部吸脂/溶脂
TOP2：丰胸

皮肤美容 69.0%
面部整形 60.6%
植发种发 4.3%
美体塑形 43.9%
私密护理 14.3%
牙齿美容 39.7%

包括：美白亮肤、抗皱抗初老、清洁保湿、祛疤祛痘、祛斑祛痣、抗敏/去红血丝等医疗美容项目

TOP1：美白亮肤
TOP2：抗皱抗初老
TOP3：清洁保湿

图 15　2020 年中国医美用户购买医美项目情况

资料来源：MobData 研究院。

4. "医美+互联网"发展势头强劲，现有营销模式不断优化

我国医美机构的营销方式包括传统广告、互联网平台及机构导流等三种。广告按性质分为硬广告和软广告两种，硬广告表现载体包括海报、报纸、电视、车体、公共场所新媒体，软广告表现载体包括学术营销、事件营销、科普营销等。随着移动互联网的兴起，在疫情影响下，直播、互联网医院等新营销模式逐渐兴起，医美产业迎来新的发展契机。直播专业化的分工、垂直化的管理，包括场景化，可以成为机构管理存量、新增客户的有效手段。另一种社群管理、社群营销其本质是关系营销，这种形式还会继续存在。近年来我国医美电商市场年增速在100%以上，2018年市场规模达69亿元，2020年市场规模估计超200亿元。

以"90后"为主的新生代消费主体习惯于通过 App 选择性价比高的服务和产品，医美互联网平台的出现以及互联网巨头的加入也有助于解决医美机构资质混乱、消费者对美容医院信任度低、医美服务和产品价格不透明等问题。目前互联网平台的营销投入持续增加，占比最高达到40%，且该类平台 ROI 相对较高，营销形式多样化，深受年轻人欢迎，预计未来会有更大发展空间。互联网重构行业生态，优化营销模式，下游企业容易衍生出面向客户的金融产品。

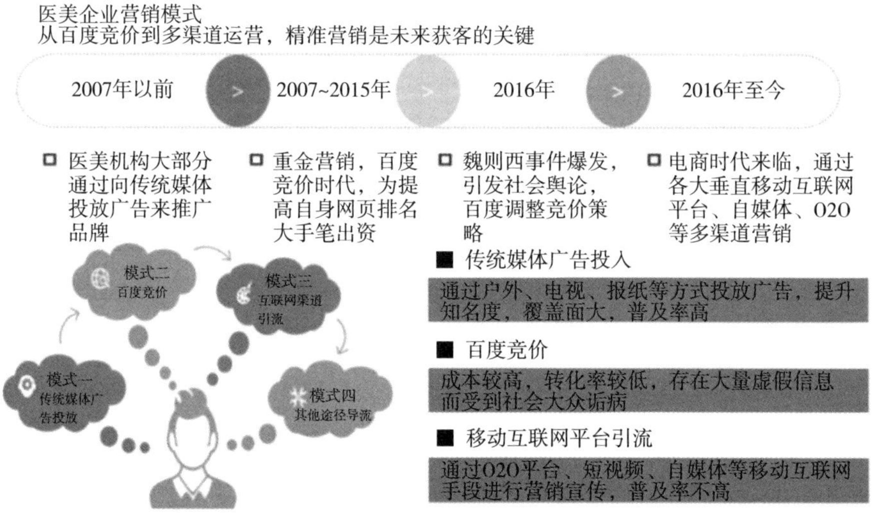

医美企业营销模式
从百度竞价到多渠道运营，精准营销是未来获客的关键

2007年以前	2007~2015年	2016年	2016年至今
医美机构大部分通过向传统媒体投放广告来推广品牌	重金营销，百度竞价时代，为提高自身网页排名大手笔出资	魏则西事件爆发，引发社会舆论，百度调整竞价策略	电商时代来临，通过各大垂直移动互联网平台、自媒体、O2O等多渠道营销

- 模式一 传统媒体广告投放
- 模式二 百度竞价
- 模式三 互联网渠道引流
- 模式四 其他途径导流

■ 传统媒体广告投入
通过户外、电视、报纸等方式投放广告，提升知名度，覆盖面大，普及率高

■ 百度竞价
成本较高，转化率较低，存在大量虚假信息而受到社会大众诟病

■ 移动互联网平台引流
通过O2O平台、短视频、自媒体等移动互联网手段进行营销宣传，普及率不高

图16 医美企业营销模式发展历程

资料来源：MobData研究院。

5.产业呈现集群化分布，准一线城市增速较快

目前各地都在加快推广医美项目，类型较多。若地区已经形成一定项目规模就会在原有基础上提升自身智能化水平，若地区没有比较好的项目基础就会打造新的医美项目。随着各地医美建设的加快，中国医美企业在地域分布和发展模式方面形成了一定的特色。

在地域分布上，中国医美企业初步呈现集群化分布，且有由东部沿海地区向内陆地区拓展的特征。从国家级医美项目建设情况来看，已经形成"东部沿海集聚、中部沿江联动、西部特色发展"的空间格局。环渤海、长三角和珠三角地区依托于雄厚的工业园区，成为全国医美企业的三大聚集区；中部沿江地区借助沿江城市群的联动发展势头，大力开展医美建设；广大西部地区基于各自特色，加快发展医美产业。未来一段时间，中西部地区或将迎来医美产业发展新浪潮，成都便是其中的一个典范。

从城市分布来看，一线及新一线城市分布相对聚集，其余地区城市分布比较分散。这符合中国改革开放以来人口流动方向，人口从乡村和中小城市持续向一、二线大都市圈流动，一、二线城市人口持续流入，三线城市人口流入流出基本平衡，四线城市人口持续流出。医美机构较多的城市包括深圳、北京、成都、杭州、上海、南京、重庆等地，上述城市医美机构增加速度也较为显著。更美 App 白皮书显示，2018 年一线城市用户占比 31%，新一线城市用户占比 28%，2019 年两者分别增长到 32% 和 35%，因此新一线城市医美用户已经成为最大的消费群体。2020 年 3 月，从艾瑞 iClick 在线调研社区收集的样本来看，中国医疗美容用户关注者地域及城市分布前 10 位如图 17 和图 18 所示。

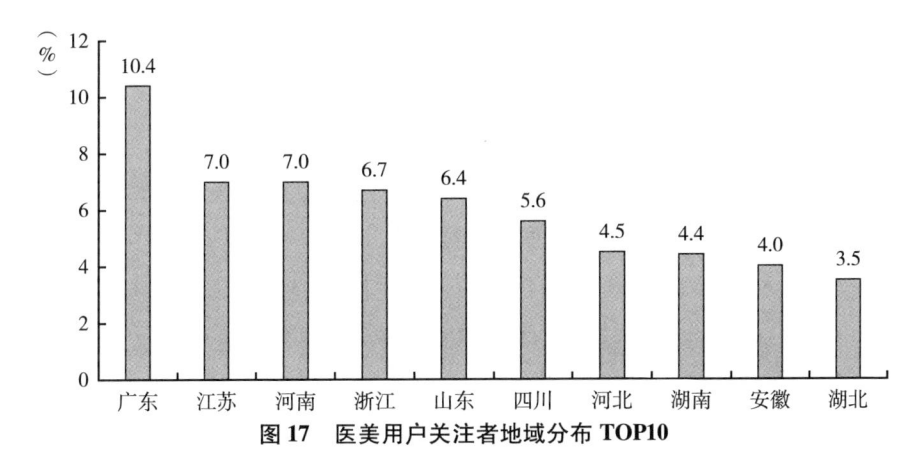

图 17 医美用户关注者地域分布 TOP10

广东	江苏	河南	浙江	山东	四川	河北	湖南	安徽	湖北
10.4	7.0	7.0	6.7	6.4	5.6	4.5	4.4	4.0	3.5

资料来源：艾瑞。

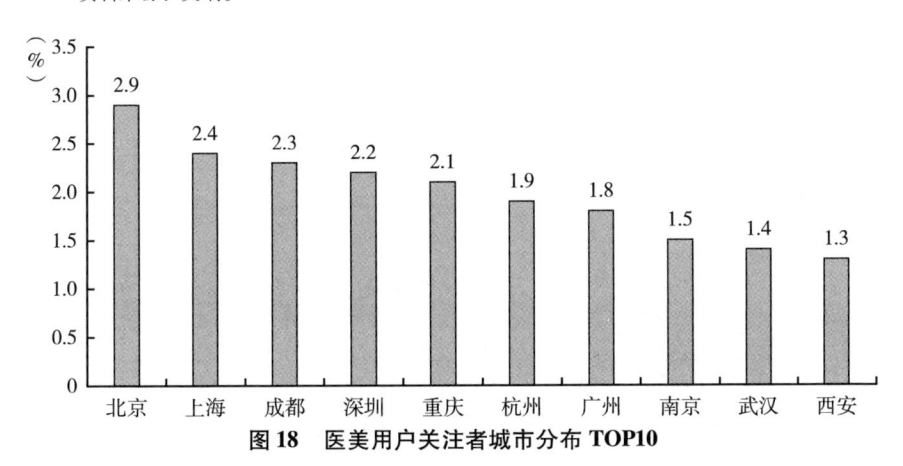

图 18 医美用户关注者城市分布 TOP10

北京	上海	成都	深圳	重庆	杭州	广州	南京	武汉	西安
2.9	2.4	2.3	2.2	2.1	1.9	1.8	1.5	1.4	1.3

总体来看，高线城市消费者对医美的认知更成熟，转化率更高，而三、四线城市用户还处在观望阶段。我国人口持续向一、二线城市流动，促进了医美企业的规模化发展，优质的医美机构逐渐形成品牌效应，这有助于完善医美产业链。

6. 市场竞争加剧，资本助推民营机构发展势头强劲

我国医疗美容服务主体有公立医院的整形外科、医疗美容科、皮肤科和非公立医美机构，其中非公立医疗美容机构又分为大型连锁医院、中型医院和小型诊所，数量众多，较为分散。公立医院主要提供治疗性医疗服务，而选择医美项目的消费者更多的是享受消费性医疗服务，非公立医疗美容机构是该类服务的提供主体。2018年，非公立医疗美容机构收入占市场总收入的81.5%，达992亿元，而2014年为400亿元，2014～2018年的年复合增长率为25.5%。

2020年受疫情影响，医疗美容消费减少，非公立医疗美容机构收入下降。随着疫情防控形势向好，医疗美容需求不断增加，2021年中国非公立医疗美容机构收入估计达1454亿元。公立医院美容服务市场收入增长相对缓慢。公立医院医疗美容服务市场收入由2014年的121亿元增加至2018年的225亿元，年复合增长率为16.7%，2021年公立医院医疗美容服务市场收入估计达到273亿元。

图19 中国医疗美容服务市场总收入（按单位性质分）

投资医美产业的核心逻辑是市场需求井喷，年复合增长率达到两位数以上，中国医美产业将进入黄金发展通道。产业链的投资方向呈现差异化，从上游来说，以高技术壁垒、高市场空间、高成长的标准化产品为主要的投资方向；从中游的医美服务领域的投资逻辑来说，主要是投资运营能力强、品牌建设能力强、管理能力突出的连锁服务企业。

医美产业发展逐步成熟，市场进一步细分，服务日益差异化，医美企业发展方式逐渐从粗放型向精细型转变，以满足不同消费者的需求。医美产业兼具医疗和消费的属性，且企业对于收费项目拥有自主定价权，因此，与普通的医疗机构相比，医美领域更加市场化的体制为民营机构的发展创造了条件，而公立医院的优势未能充分体现，使得以服务、环境以及市场宣传见长的民营机构占据了医美终端市场70%以上的份额。

从近几年资本市场上的表现来看，2016～2017年大规模的医美企业并购活动主要发生在中游医美机构，多为大型企业为实现多元化发展而进行跨行业并购（见表1）。

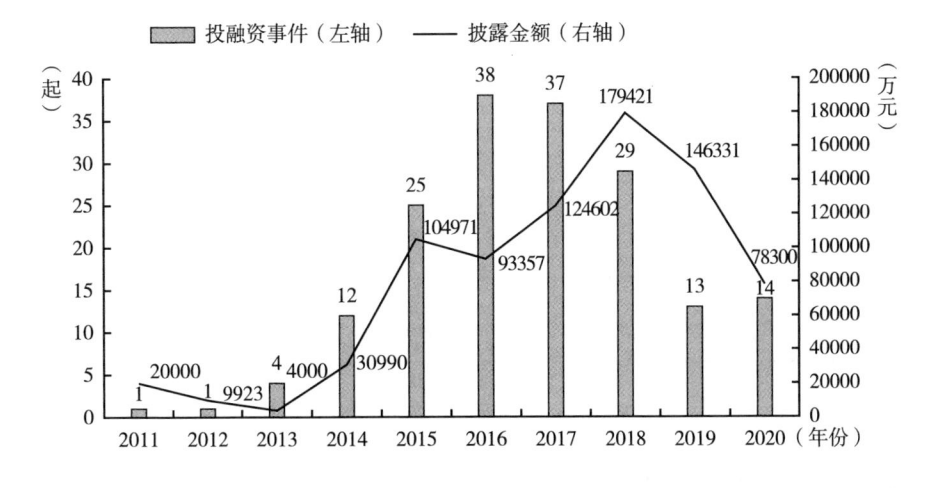

图20 2011～2020年医美投融资情况

资料来源：企查查。

表1 2016～2017年主要医美企业并购情况

收购方	收购方主业	被收购方/合作方	公告日期	收购内容
朗姿股份（002612）	品牌女装	韩国DMG（韩国梦想集团）	2016年4月	全资子公司朗姿韩国以2520万元购买DMG及其股东DIH、DKH持有的DMG股权，直接和间接持有DMG30%的股权
		"米兰柏羽""晶肤医美"两大医美品牌	2016年6月	以3.27亿元收购四川米兰63.49%的股权及深圳米兰、四川晶肤、西安晶肤、长沙晶肤、重庆晶肤5家公司各70%的股权
		陕西"高一生"医美品牌	2017年12月	启动收购西安地区口碑和声誉均居第一的"高一生"品牌100%的股权，对价2.67亿元
苏宁环球（000718）	房地产开发	韩国ID健康产业集团	2016年1月	全资子公司苏宁医疗与ID健康计划在中国大陆成立合资公司，注册资本金不低于6亿元，经营整形美容、干细胞、健康检测以及其他相关业务
		上海伊美尔港华医疗美容医院	2016年7月	通过股份支付及现金合计2.08亿元收购伊美尔港华80%的股权。上海伊美尔港华原隶属（北京）伊美尔医疗美容集团，是综合性医疗美容整形医院
		对多家医美企业的股权收购	2016年7月	旗下医美产业基金以1.34亿元战略投资"更美App"，以约5.38亿元收购北京/唐山/石家庄/无锡美联臣100%的股权、广州妍雅100%的股权、武汉/昆明韩辰80%的股权、上海港隆80%的股权、上海古北悦丽/悦美80%的股权、上海港华医院80%的股权
		天大医疗	2017年7月	控股孙公司素雅环球以6356万元收购上海天大医疗美容医院90%的股权

经过跨行业的并购潮之后，2018年资本市场处于相对沉寂状态，2019年医美市场的融资兼并浪潮又重新兴起，主要是在品牌和规模效应下的同业并购重组，以形成市场的相对垄断，打造头部企业，具体如表2所示。

表2　2019~2020年主要医美企业并购情况

收购方	被购买方/被收购方	公告日期	内容
朗姿股份（002612）	子公司朗姿医疗剩余股权	2019年5月	拟以3.16亿元购买子公司朗姿医疗41.19%的股权，朗姿医疗成为公司全资子公司，朗姿医疗拥有"米兰柏羽""晶肤医美""高一生"三大医美品牌
	西安"美立方"	2019年9月	全资子公司朗姿医疗拟出资6300万元收购汝州瀚峰持有的西安美立方60%的股权，其自2013年开始经营，为医美行业高端综合性医院
	6家医美机构剩余股权	2020年7月	全资子公司朗姿医疗拟以1.788亿元人民币收购四川米兰柏羽、深圳米兰柏羽、四川晶肤、西安晶肤、长沙晶肤和重庆晶肤等6家控股子公司全部剩余的30%股权
	医美股权并购基金	2020年12月	拟以自有资金2亿元作为LP出资设立医美股权并购基金，投资于医疗美容领域及其相关产业的未上市公司股权，基金总规模4.01亿元
医美国际（AIH）	上海铭悦医美、西安新鹏爱悦己	2020年3月	签署协议收购上海铭悦医疗美容门诊部80%的股权，收购西安新鹏爱悦己医疗美容门诊部70%的股权
	云南靓颜医疗美容医院	2020	获得云南靓颜医疗美容有限责任公司的控股权
	广东韩妃	2020年7月	医美国际收购广东韩妃投资管理有限公司51%的股权，韩妃签订2020年业绩承诺书并明确2021年业绩目标。广东韩妃在广州、中山、珠海等地开设了4家医美机构，提供外科医疗美容、非外科医疗美容以及其他美容服务

除了兼并重组之外，一些拥有一定市场份额的医美企业纷纷寻求上市，为自身发展壮大寻找外部资源。表3统计了2019~2020年上市的医美企业。

表3　2019~2020年医美产业自主上市公司情况

公司名称	上市板块	上市日期/上市辅导起始日	募集用途
医美国际（AIH）	纳斯达克	2019年12月25日	公开发行250万股美国存托股票（ADS），发行价ADS 12美元/股，募资总额约3000万美元，约60%用于战略性收购医美中心
瑞丽医美（02135）	港交所主板	2020年12月28日	公开发行3.43亿股新股，发行价0.4港元/股，募资总额约1.37亿港元，计划用于翻新现有医美机构（31.15%）、有机发展（31.15%）、策略收购（16.67%）、购买设备及耗材、拓展医疗服务范围（12.10%）、品牌推广（8.93%）等

续表

公司名称	上市板块	上市日期/上市辅导起始日	募集用途
华韩整形（430335）	新三板精选层	2020年6月30日（辅导起始日）	2020年12月18日经地方证监局辅导验收通过，向全国股转提交精选层挂牌申报材料，拟公开发行不超过400万股，发行价格区间为30~60元/股。募资用途：拟投资于整形美容医院建设升级项目和信息化建设项目

7. 医疗美容供不应求，专业医生缺口较大

我国整形医生数量居全球第三位，整形医生年均增速只有6%左右。2019年我国整形医院与美容医院拥有医生8911人，2014~2019年CAGR为20%。ISAPS公布的统计报告显示，2019年中国合法整形医生数量为3000人，与排前两位的美国和巴西相比仍有一定差距，巴西整形医生数量是我国的2倍多，美国约是我国的2.3倍。

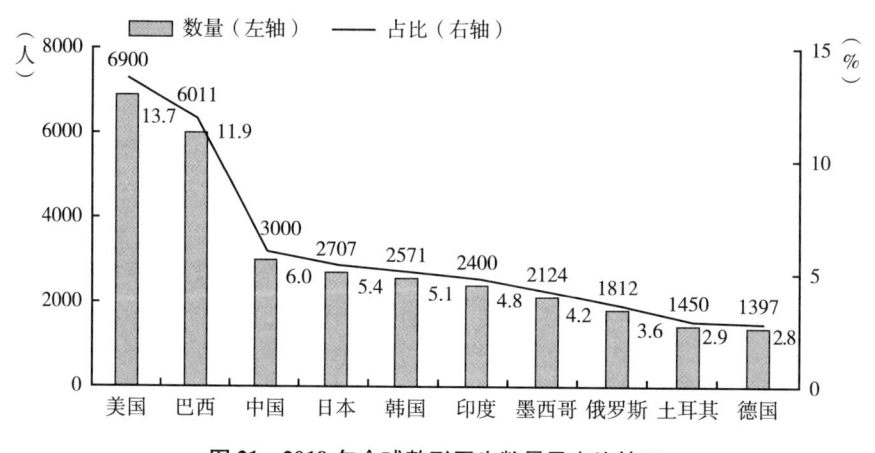

图21　2019年全球整形医生数量及占比情况

资料来源：ISAPS。

目前我国医美行业在非多点执业情况下满足行业标准的医生需求量超过10万人，而在多点执业情况下行业实际从业医生数量不到4万人，与我国庞大的人口数量与医疗美容市场需求量相比，我国在专业的整形医生方面仍有较大缺口。然而，在我国，美容主诊医师的培养及获得备案的全流程时间

一般超过10年，可见，短期内我国医美市场很难实现职业医生的供需平衡。

由于职业医生的缺口较大，非法从医者数量庞大。2019年中国医美市场实际从业医生为38343人；根据中整协统计，非法从业者至少达10万人以上。合法医美机构中存在非合规医师即"飞刀医生"的现象，根据艾瑞估算，非合规医师数量将近5000人。

8. 医美机构良莠不齐，合规化、标准化建设需快速跟进

从艾瑞的数据统计来看，2019年具备医疗美容资质的医美服务机构约13000家，其中医院类占29.1%、门诊部类占32.9%、诊所类占38.0%；但合法医美机构仅占全行业的14%，合法合规医美机构占12%。

表4　中国医美机构竞争格局

分类	占比（%）	特点	主要分布地域
公立医院整形美容科室	10	管理规范、技术先进、学术专业、经营保守、没有议价余地、无推广、风险较小	北京、上海、广州、深圳、成都、重庆、西安等一线城市
大型连锁集团医院	10	技术水平较高、设备先进、收费高、营销力度大、管理相对规范、具有品牌效应、风险不大	经济发达的东部沿海地区和内陆新一线城市
中小民营医美机构	80	服务灵活、价格有弹性、获客成本较高、注重营销、风险良莠不齐	分布广泛且在一、二、三线城市较集中

医美市场为完全竞争市场，众多的医美机构的进入使竞争无序化、低价挖客现象非常普遍；部分不合规的生活医美机构的进入加剧了竞争无序化态势。据中整协统计，年均有20000件医疗美容投诉记录。全国消协组织的统计数据显示，2015～2019年，我国医美市场相关投诉量增加了近13倍，2019年医美市场相关投诉达6138件。

医美市场的医疗安全是国家、企业、消费者等社会各方都非常关注的话题。医美安全性体现在以下几个方面：一是项目安全性的评估、分级；二是医生的能力、技术水平；三是医疗质控体系。目前消费者在规范化医美方面的认知有待深化，然而相关正规性和安全性的教育缺失，医美机构的合规性

问题非常突出。

合规是医美企业实现长久发展的必然要求。合规涵盖了多方面，如资质、材料、人员、财务、税务、社保、场所、消防、环保等。医美合规的成本非常高，需要企业用勇气和决心去面对。

近年来，国家卫健委等部门开展了一系列规范医疗美容市场的专项行动。2017年5月，国家卫计委等七部门联合印发《关于开展严厉打击非法医疗美容专项行动的通知》，2017年5月至2018年4月联合开展严厉打击无证行医行为，规范医疗美容市场；严厉打击违规医疗美容培训，严肃查处违法广告和互联网信息。2020年4月，卫健委联合国家药监局等八部门下发《关于进一步加强医疗美容综合监管执法工作的通知》。2020年8月，中国整形美容协会、黑猫投诉、新氧科技联合发起中国医美行业规范发展倡议，抵制"黑医美"，促进行业健康发展，并宣布黑猫投诉成为中国医美行业自律行动的官方投诉平台。正在修订的《医疗美容服务管理办法》，有望尽快出台。

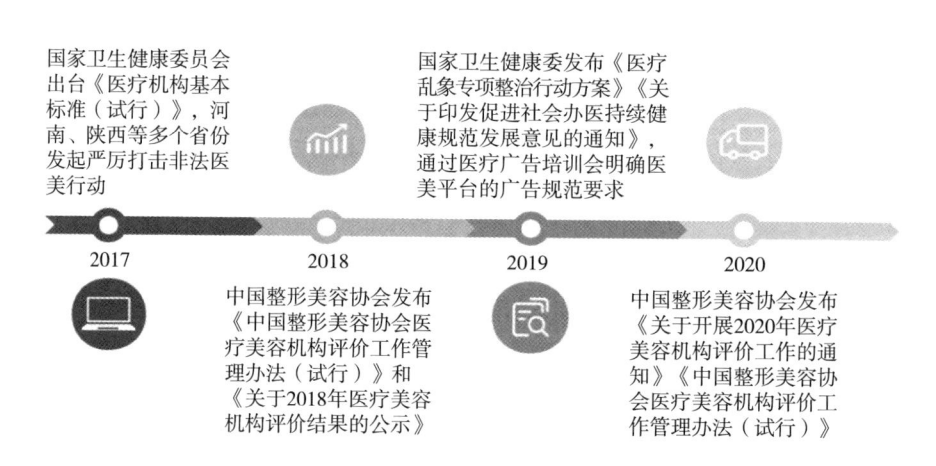

图22　2017~2020年我国医疗美容行业监管重要政策及行动

9.消费者市场逐渐成熟，呈年轻化、多元化

我国医美消费者仍以年轻群体为主，医美消费从隐形消费变为显性消费，覆盖城市从高线向低线渗透。随着"90后""00后"成为消费主体，

美容客体的需求呈现多样化、个性化、职业化特点。新氧平台2020年的数据显示，我国医美消费者中20~25岁占比最高，达到40%，18~19岁占比达到19%，表明"00后"也加入了医美大军。

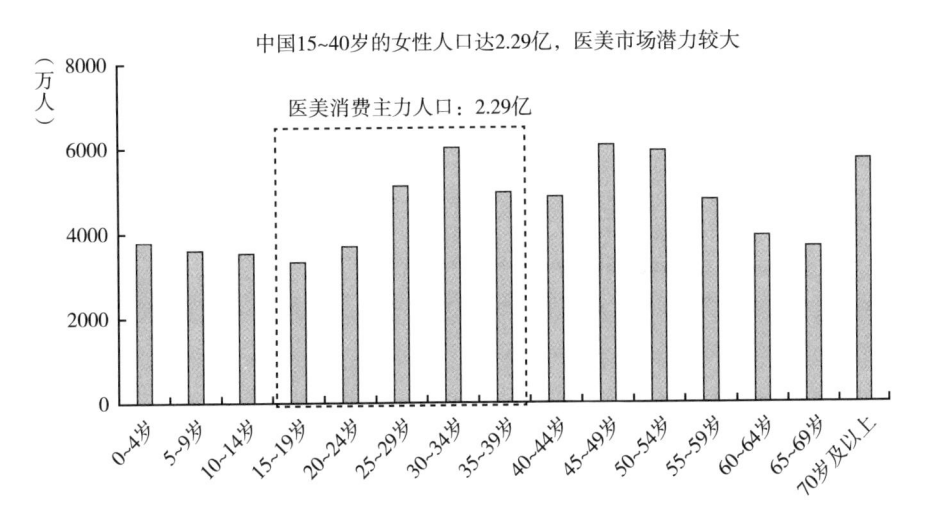

图23 中国女性年龄分布情况

资料来源：Fastdata极数、艾瑞。

女性仍是医美消费主体，2019年中国整形人群中女性占比90.02%，男性占比9.98%。同时，2019年中国女性消费者平均年龄为20~25岁，与美国等医美消费大国相比，呈现更加年轻化的趋势，具体分布如下：20~25岁占比最高，达40%；26~30岁次之，占比超23%。中国医美市场渗透率在18~40岁女性群体中持续上升，且年轻化趋势显著。中国女性作为主要的潜在消费者，数量巨大，潜力无限。

另外，爱美并不是女性所独有的，男性医美消费者占比及其消费能力也呈上升之势。2020年，男性医美消费的平均客单价已超过女性数倍。

具体来说，医美人口大约2000万，未来10年预计可以达到6000万~7000万；人口分布的区域也会更加广泛，延伸至三、四线城市；医美项目将逐渐成为老百姓的"刚需"产品。从空间分布上看，一线和二线城市贡献了六成左右的医美消费客户，其中一线城市用户占比近三成；且一线城市

18~40岁的女性渗透率要远高于其他地区。

随着我国城乡居民可人均支配收入的增长,我国整体进入消费升级周期,这将有助于提升城市人口包括医疗美容在内的综合消费能力。同时,随着国家政策的进一步利好,越来越多的需求将会释放,医疗美容消费群体预计将在相当长的一段时期内保持快速增长势头。

未来我国医疗美容产业发展前景总体向好,医美企业将积极整合产业上、下游的资源,洞察用户需求变化,极大地丰富应用场景,通过产品与服务质量的不断升级,推动医美产业持续健康发展。

R.3
成都医美产业发展报告

王黎华 陈泓旭*

摘 要： 近年来成都医美产业高速发展，表现不俗，成为继北京、上海之后的"医美第三城"。成都医美产业显露出的发展势头，预示了成都打造"医美之都"的重大历史机遇。"十三五"期间，虽受全球疫情不利影响，但成都医美产业整体仍然保持了良好发展态势，处于高速发展期，上下游产业链基本完善，服务内容和服务对象进一步丰富。发展至今，成都医美产业在规模与结构方面均展现出良好潜力，其影响力辐射全国。医美已经成为成都继大熊猫、火锅之后的又一张新名片。得益于政策扶持、国际化营商环境，以及优秀企业落户"医美之都"，成都医美产业正朝着健康发展之路快速前进。

关键词： 成都 医美产业 医美第三城 医美之都

一 成都医美产业发展概览

成都别名"锦城""蓉城"，地处天府之国中心的成都平原，历史悠久，物产丰富，人杰地灵，自古为西南重镇，历代均为中国西南地区的政治、经济、文化中心。进入21世纪，尤其是2010~2020年，中国GDP从40万亿元进阶到百万亿元，大批城市趁势崛起，区域经济发展可圈可点。在这10

---

* 王黎华，管理学博士，四川大学商学院副教授；陈泓旭，四川大学商学院管理学学士。

年里，借政策东风，即西部大开发及建设成渝地区双城经济圈、国家中心城市、西部金融中心、西部陆海新通道等战略，外加自身努力，成都发展进入快车道，高新制造业、新经济发展迅猛，成为国内GDP增速最快的10个城市之一，成为仅次于北上广的"第四城"。

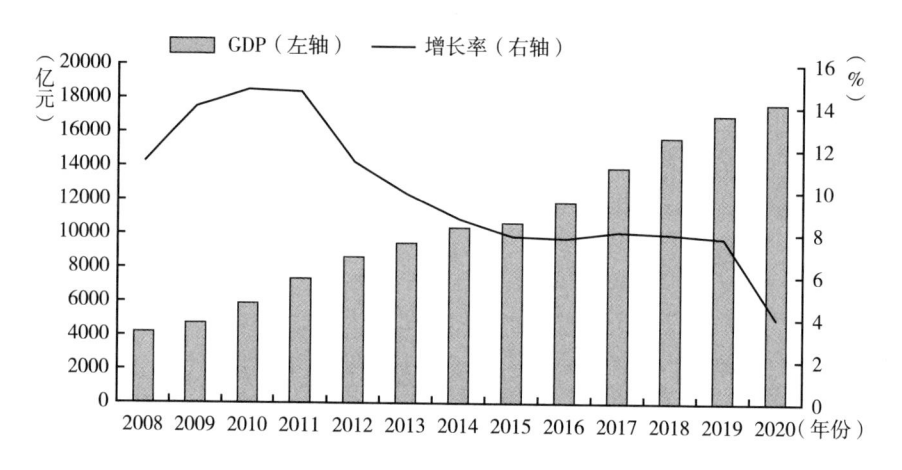

图1 2008~2020年成都GDP绝对值和增长率

资料来源：根据成都市统计局及相关资料整理而成。

图2 2008~2019年成都市城镇居民人均可支配收入和消费支出情况

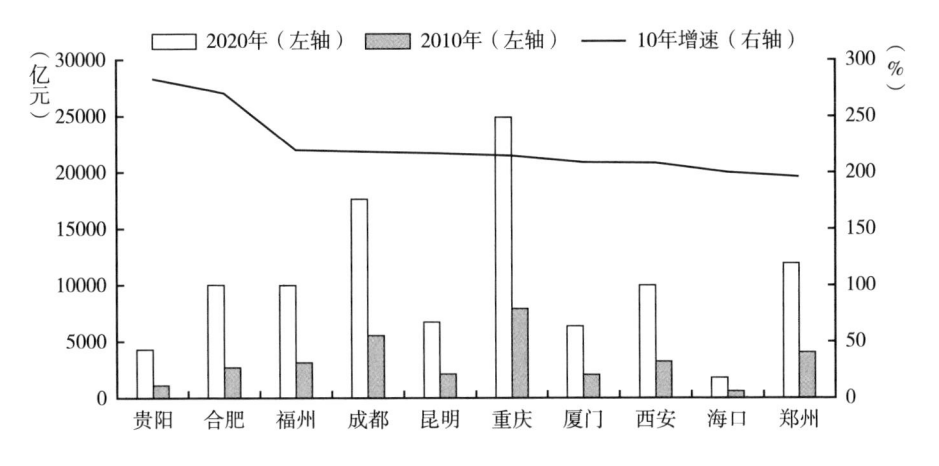

图3 2010~2020年城市GDP增幅TOP10

"十三五"圆满收官，成都的变化可以说是翻天覆地。在这5年内，成都公园城市建设经验，被评选为中国最具代表性的，并被写进了联合国《中国人类发展报告特别版》；数不清的网红打卡地如雨后春笋般涌现，众多艺术馆、展馆、博物馆在这几年相继"出世"，据不完全统计，仅博物馆加起来就有113家之多，位居全国第一；成都新建了大批值得一逛的商业体，单是2020年新落户的首店就有386家；成都大力推进教育现代化和优质均衡发展，新建改扩建中小学、幼儿园809所，新增学位52.5万个，荣获联合国教科文组织"全球学习型城市奖"；新增三级医疗机构37家，连续八次获评"国家卫生城市"，获得首届"健康中国年度标志城市"荣誉称号；累计建成5G基站超3万个，成为全国首个"5G双千兆+"全面商用城市。

超高速的发展，带动成都整体城市提升。继2019年成都经济总量跃升为全国第7，2020年成都GDP已经达到17717亿元，增速高达4%，超过了北上广深等一线城市，继续保持全国第7的位次；人均GDP达到高收入经济体水平，高新技术产业营业收入突破万亿元，全员劳动生产率和全要素贡献率分别达到18.2万元/人和48.5%，市场主体达292.1万户，新经济企业数量达45.8万户，新职业人群规模列全国第3位；常住人口1658万，居第

5位；轨道交通运营里程超500公里，位居全国第4；同年，成都成为"最适宜新经济发展的城市"之一，也是唯一在《世界城市名册》中获得β+评级的中国城市。

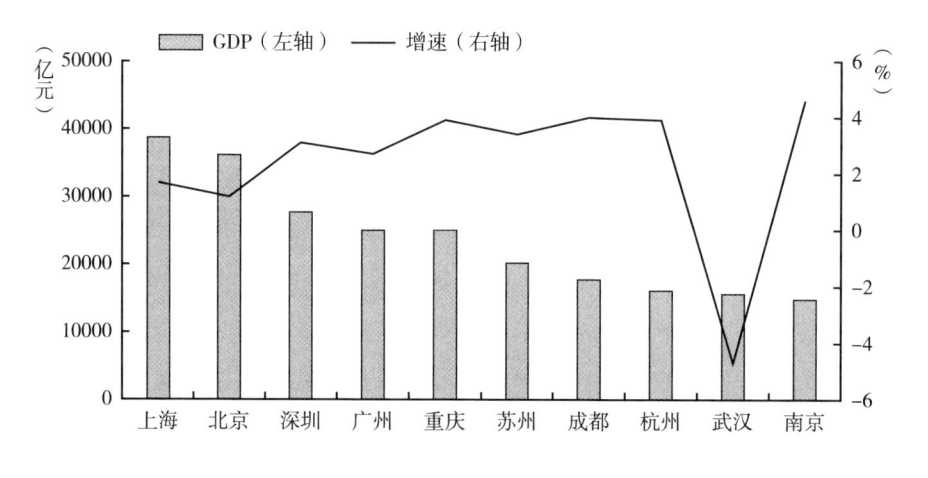

图4 2020年全国GDP十强城市

在经济、社会、文化等发展的带动下，成都医美产业多年来高速发展，表现不俗。成都已经成为继北京、上海之后的"医美第三城"。成都医美产业显露出的发展势头，预示了其打造"医美之都"的重大历史机遇。

2017年9月，成都市定位为全球"医美之都"，提出了建设"世界医美之都"的愿景：到2030年以构建医疗美容产业生态圈为主线，以突出发展医疗美容服务业、加快发展医疗美容制造业、延伸发展关联产业为重点，力争建成医疗美容服务业、医疗美容制造业和医疗美容关联产业三大千亿级关联产业集群，实现成都医美产业的全面提升，将成都打造为"世界医美之都"。为此，《成都医疗美容产业发展规划（2018—2030年）》《成都市加快医疗美容产业发展支持政策》相继出台，成都在全国率先把医美产业作为城市的重要产业予以大力发展，并匹配了全方位扶持政策。2018年6月，中国整形美容协会授予成都"中国医美之都"称号。

在上述战略规划指导下,成都各区纷纷出台相应的政策和措施,打造颇具区域特色的医美产业。武侯区的"华西大健康产业功能区"、高新区的"国际医美城""医美小镇"、东部新区的"未来医学城""成都健康医学中心"、温江区的"医学城"等,吸引了艾尔建创新中心、八大处整形外科医院等一批领军企业和医美龙头机构纷纷落户。

"医美之都"的定位源于成都强大的医美群众基础,源于成都市民乐于接受新事物与新理念、包容且具有较强的医疗美容意识。同时,成都作为国家中心城市,具有强大的辐射能力,市场辐射云南、贵州、重庆、西藏等西南地区近2亿人口,医疗美容消费需求旺盛。同时,成都医美市场发展水平较高,企业机构众多,在人才、资金、成熟体系等产业要素聚集以及吸引高端消费人群方面拥有较强的竞争优势。

成都作为西部地区的代表,2018年地区生产总值达1.53万亿元,2019年达到1.70万亿元,增长7.8%,2020年达到1.77万亿元,增长4%,居副省级城市第3位、新一线城市榜首,营商环境排全国第四位,经济规模为医疗美容产业的发展创造了良好的条件。与此同时,成都也涌现了一大批中青年整形外科专家,如田卫东、李利、王杭等,以华西医院和华西口腔医院、成都八大处医疗美容医院等为代表的整形权威机构在业界"一枝独秀"。天猫2018年"双十一"医美消费城市榜单显示,成都医美消费额排名居全国第一。

2015~2020年,成都市医美市场发展势态良好,处于产业的高速发展期,市场规模从2015年的213亿元增加到2018年的487亿元、2019年的622亿元,年均增速达到30.72%。受新冠肺炎疫情的影响,2020年成都医疗美容市场供大于求,增速开始放缓,从2019年的27.72%下降至12.06%,总体市场规模达到697亿元人民币,未能实现793亿元人民币的市场预期规模,而同期全国医疗美容市场规模年均增速也降至11.6%。预计成都医疗美容产业营业收入到2025年达1000亿元,到2030年达2000亿元,成为全国领先、全球知名的"医美之都"。

图 5　2015～2020 年成都市医美产业规模及增长率

资料来源：根据清科数据及公开资料整理而成。

二　成都医美产业发展动态

（一）产业规模持续壮大，产业链基本完善

成都医美产业整体发展态势良好，上下游产业链基本完善，服务内容和服务对象进一步丰富。仅 2019 年，就有 22 个大项目落地成都，吸引投资 300 亿元，覆盖医美产业链上下游企业。2020 年，成都成立了全国首个医美产业国有投资平台，注册资本 1 亿元。

目前，成都已经成为新一线城市中医美机构发展最好的区域，构建了良好的医美生态环境，完善了医美产业链，形成了产业上中下游的互联互通，打造了一批具有代表性的龙头企业。从上游机构来看，形成了包括美敦力、艾尔建、赛诺菲等在内的国际知名企业，包括药明康德、恒瑞、扬子江药业等在内的国内知名企业，包括科伦药业、康弘药业、先导药业等在内的本土企业的上游生产企业格局；中游机构包括四川大学华西四院、成都八大处、四川华美紫馨医学美容医院、米兰柏羽美容医院等知名医美机构；从下游支

持服务的O2O平台来看，美呗、医联等本土互联网平台为成都医美产业联动发展起到重要作用。

（二）医美机构发展稳中有降，公私互补，民营为主

目前，全市医美机构基本形成了以医疗美容医院为主体，医疗美容门诊部和诊所、综合医院美容科室等为支撑的发展格局。

2016年，全市有医美机构159家，数量仅次于上海和北京，位居全国第三，其中，医疗美容医院17家，医疗美容门诊部59家。以民营为主，公立为辅。全市医疗美容服务人次约50万人次，其中医疗美容医院服务人次约占65%。2017年全市医美机构增长至276家，增速高达73.58%；2018年，成都市医美机构已达407家，其中医疗美容医院21家（为全国医疗美容医院数量最多的城市），民营机构占据了94%的市场份额，公立机构只占6%。医疗美容诊所199家，医疗美容门诊部112家，综合医院美容科室75家。2019年成都共有医美机构396家，其中包括22家医美医院，124家医美门诊部，224家医美诊所，26家综合医院医美科室。2020年受疫情影响，一些私营医美机构没能支撑下去，医美机构数量有所下降。2020年，成都有391家医美机构，包括28家医美医院，126家医美门诊部，211家医美诊所，26家综合医院医美科室，公立机构占比6.9%，民营占比93.1%，各类型比例大致与2019年相当。

表1 2016~2020年成都医美机构数量及增长率

单位：家，%

年份	机构数量	增长率
2016	159	—
2017	276	73.58
2018	407	47.46
2019	396	-2.70
2020	391	-1.26

（三）医美机构众多，竞争同质化，价格战凸显

成都医美机构格局为成都本土元老级品牌+外来连锁品牌+新型机构，可谓是群雄逐鹿，以价格竞争为主要手段，以致成都医美市场价格几乎是全国最低的，加之获客成本居高不下，严重影响了机构的盈利水平。

2020年，成都市共有医美机构391家，体量上接近北京、上海等一线城市，头部企业众多，竞争激烈。在中国整形美容协会评选的5A级医美医院中，成都有8家，是全国最多的。这8家医院分别是娇点医学美容医院、成都铜雀台医学美容医院、四川华美紫馨医学美容医院、汉密尔顿美容医院、成都大华韩艺整形美容医院、米兰柏羽医学美容医院、美莱医学美容医院、四川西婵泛亚整形美容医院。

2020年上半年，大部分医美机构的业绩都下降了10%~20%。课题组针对成都医美机构发放调查问卷，回收有效问卷140份，有效样本单店98家、成都区域连锁5家、公立医院或科室有18家、全国连锁19家。成都受访的140家医美机构的整体业绩相比2019年增长了14.8%。

从头部企业2020年的营收来看，华美、米兰柏羽、铜雀台等主要机构总产值在12亿元左右，占成都医美机构总产值的6%左右；从税收收入来看，上述主要医美机构上缴税收9000万元左右，为当地经济发展做出了应有的贡献。

从调查问卷反馈的机构营业范围及提供的医美项目来看，竞争同质化现象较严重，手术主要集中在以下几个方面：眼部手术方面，2020年进行了眼部手术的机构共有79家；鼻部手术方面，2020年进行了鼻部手术的机构共有63家；胸部手术方面，2020年进行了胸部手术的机构共有39家；植发手术方面，2020年进行了植发手术的机构共有11家。

由于医美服务同质化比较严重，"价格战"越演越烈。"价格战"是所有竞争激烈的市场的普遍现象。据医美项目的"双十一"价格（不完全统计）：全面部的热玛吉12800元；去颈纹的嗨体1999元/支（买两支送一支）。比较成都和北京、上海医美项目的价格，同一家品牌医院的相同项目，成都的价格至少要低1/3。在一些热门的医美项目上，成都的价格可能

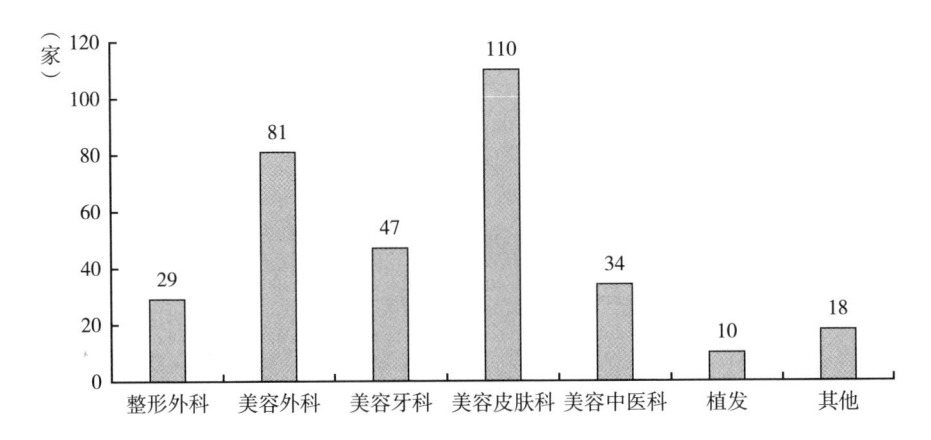

图6 2020年成都按营业范围划分的医美机构数量

只有一线城市的一半，或者为5~8折。而热玛吉这类热门的轻医美项目的价格竞争尤为激烈。

在价格下降的同时，成本却没有显著下降。由于医美长期被视为暴利行业，政策的放开，使得想入场分一杯羹的人越来越多，行业竞争越来越激烈，获客成本也水涨船高。医美行业的平均毛利率为50%~60%，最高的单项业务毛利可以达到90%；但医美行业营销成本也非常高。数据统计，医美机构的支出主要用于广告宣传和品牌推广，大多数机构营销成本占总收入的30%~50%，有的甚至更高。据笔者了解，目前行业人均获客成本为3000~5000元。国内医美机构仍处于品牌建立和培育的市场激烈竞争期，各类医美机构还处于主要通过加大营销力度来提高知名度的发展阶段。

（四）集中集群集约发展，"三区两城多点"基本成形

成都市结合全市医疗美容产业发展现状和未来趋势，坚持集群化发展方向，加快构建"三区两城多点"的医疗美容产业空间布局体系。

"三区"是指在成都天府新区、高新区、武侯区打造全国领先、全球知名的医疗美容服务业核心集聚区，重点布局医疗美容服务、技术研发、教育培训等领域。

"两城"是指在成都天府国际生物城、成都医学城重点布局医疗美容药

品、医疗器械、医用材料等领域，打造全国领先、全球知名的医疗美容产品研发生产基地。

"多点"是以推动青羊区、锦江区、金牛区和成华区现有医美机构转型升级为重点，打造各具特色的医疗美容产业支撑点。同时，根据"东进"区域未来发展需求，以天府国际空港新城为重点区域，适当超前引进医美机构（企业），打造医疗美容产业新支撑点。

经过三年多的努力，武侯区的"华西大健康产业功能区"、"她妆小镇"，高新区的"国际医美城"、"医美小镇"、"医美之都"示范街，东部新区的"未来医学城"、"成都健康医学中心"，温江区的"医学城"等都已初见成效。

从调研问卷结果来看，绝大部分医美机构都是在2014年以后成立的，超过60%的医美机构位于武侯区、青羊区、锦江区和高新区，如武侯区交通便利、配套完善、商业人气较高的人民南路沿线、红牌楼商圈等区域，青羊区的人民公园商圈，锦江区的春熙路商圈及附近，高新区的天府大道、芳草街、大源等区域。

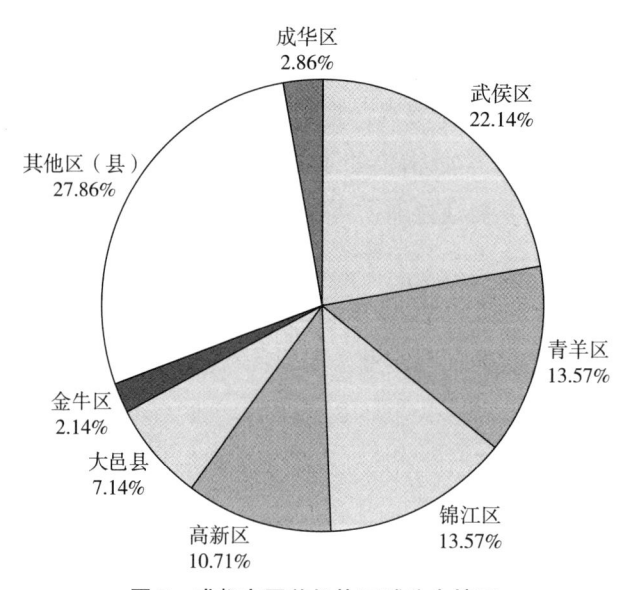

图7 成都市医美机构区域分布情况

（五）医美消费者特征明显，消费逐步成熟

1. 用户特征

主要消费人群：调研了解，医美预算最多的人群为年轻白领和年轻妈妈，其共同特点是拥有较高的收入和对收入有较高的支配能力，更倾向于把收入用于投资自己和取悦自己，是医美市场的消费主力。

兴趣爱好：医美用户比较喜欢美容、逛街购物，同时超过70%的为手机控，其信息接收渠道可能集中于线上（样本中喜欢玩手机和看电视的人群占比超过70%）；相比于"80后""90后"拿着明星照片去整形，"95后"更热衷于研究美学知识，突出个人特色。

审美观念：医美用户穿搭更加注重精致感、氛围感（做过医美项目的人群比没有做过医美项目的人群日常穿搭风格更偏日韩、文艺、商务）；普遍喜欢白嫩肌肤，拒绝接受眼袋、黑眼圈；相比"以瘦为美"，更爱"S"形身材。

消费偏好：相比于未做过医美项目的人群，做过医美项目的人群对衰老更难以接受，对泪沟、太阳穴和苹果肌的医美效果要求更高，同时对面部形态要求更具体，如更看重三庭五眼比例、更喜欢"V"字脸。在成都，鼻修复、隆胸、颧骨内推、眼综合、女性私密等项目十分受欢迎，客户最喜爱的微整形项目是玻尿酸注射。

地域分布：来自超一线的样本中，做过医美项目的人群占比高于未做过医美项目的人群，如北京、上海、深圳、广州等。2020年下半年以来，越来越多的顾客打着"飞的"来成都做医美，以北上广居多，此外，杭州由于网红多，前往成都做医美的顾客也比较多。

2. 用户决策特点

决策促进因素：用户对价格的敏感度较高，开展秒杀等促销优惠活动可以增加客流；同时用户的自主判断能力强，不易受推销影响（从影响决策的因素来看，73%左右的被调查者认为是有经费预算，67%左右的被调查者认为是对医美项目的足够了解，仅23%左右的被调查者认为是红人、朋友

推荐）。

选择医美项目的主要考虑因素：安全性、医美整体效果、价格。

对医美项目的态度：大众对医美项目的态度多为开放，抵制情绪较少（对医美项目不接受或者中立的人群占23%，41%左右的人群接受微整）。

医美项目服务地点倾向：相较于公立医院，用户更倾向于大型医美连锁机构（选择大型医美连锁机构的用户是选择公立医院的用户的3倍左右）。

3. 消费者满意度及信任度

手术过程中对机构的满意度：整体较满意。对于医美项目的真实效果需要机构等进行准确的告知，调整用户预期，避免夸大宣传，同时保证价格合理、服务专业（平均分为3.95，5分制），总体得分较高。满意度较低的主要是医美的效果、性价比和医院的专业程度等方面。

手术后的整体满意程度：整体较满意。对于已经做完医美项目的人群，机构需要及时跟踪，进行术后回访等关怀（平均分为3.91，5分制），总体得分较高，满意度较低的主要是术后关怀和幸福感提升度等方面。

（六）医美产业辐射面广，消费规模及后劲均较大

成都医美产业呈现良好发展态势，其影响力辐射云南、贵州、重庆、西藏等西南地区近2亿人口，甚至辐射全国，吸引了不少一线城市的年轻人打着"飞的"去"做脸"。从成都多家不同级别的整形机构了解到，外地顾客占比为10%~40%，一些特殊项目的外地顾客占比甚至可以高达60%~70%。医美已经成为成都继大熊猫、火锅之后的又一张新名片。

成都科技创新资源优势突出，是西南地区科技中心，在医疗美容、生物医药等领域集聚了众多的创新资源。以四川大学、电子科技大学、成都中医药大学、西南交通大学、成都医学院等为代表的高等院校，聚集了一批国内外顶尖的医疗美容领军人才，在牙齿美容、创面修复等领域处于全国前列。蓝光英诺、迪康药业、奥泰医疗等企业在3D生物打印、医用材料、医学影像设备等领域具有较强的竞争优势。技术是医美产业发展的动力，可以为企业提供解决问题的各种途径，并促进整个行业的创新和进步。

成都天府国际生物城具备丰富的研发资源，拥有3家国家新药安全性评价中心、5家国家新药临床试验基地，以及中国最大的医学检验中心，是国内唯一整体通过美国病理学家协会（CAP）认证的。成都医学城形成了以药明康德、科伦、百利药业、海思科、百裕药业等为代表的生物医学产业，以华西温江分院、八一康复中心、博奥生物、医科总部为代表的医疗及研发服务业。在行业发展政策的支持下，成都市大力引进医美领军企业，加快医美重大项目建设，聚集高端医药、医疗器械制造和医学研发机构等。根据成都市各区域的产业发展规划，未来其还将持续引进产品研发和制造的行业领军企业。

医美关联产业支撑扎实。成都旅游、文创等产业具有较强实力，能够为医疗美容产业发展提供有力支撑。成都宜业宜居、环境优美，周边地区康养、旅游资源丰富，2019年成都接待游客2.8亿人次，春节黄金周旅游总消费达206.9亿元，在中国重点城市旅游总消费中位列第一。

据2019年12月19日发布的第十一期"中国金融中心指数"，成都金融综合实力排名全国第五，较上期上升1个位次。据2020年12月4日发布的第十二期"中国金融中心指数"，成都列第六位，其中，金融政策综合支持专项排名表现尤为突出，仅次于深圳，居全国第二位。成都始终在"中国金融中心指数"排名中列中西部城市首位，反映了其能为医疗美容产业发展提供较强的金融支撑。

R.4 成都医美产业发展形势分析及对策建议

王黎华 陈泓旭*

摘 要： 成都医美产业发展经验包括：战略定位清晰，扶持政策给力；目标执行到位，发展方式多样；企业兼容并蓄，公私互补互助；配套产业完善，科技研发为先；文化底蕴深厚，美育引领新潮。但同时也存在以下问题：产业发展不均衡，品牌效应不突出；企业竞争同质化，低价低质，风险较高；营销模式不丰富，成本偏高，盈利能力偏弱；医美教育不够深入，人才培养需加强；医美发展不均衡，标准化建设需加快。根据成都医美产业发展趋势，建议采取以下促进措施：继续实施品牌战略，打造"医美之都"名片；强化资本引入，加快医美产业升级；加强组织和监管，整合资源，规范经营；加强引智育智，夯实医美人才基础；实施差异化竞争战略，结合技术节支增效；完善设施配套，推动产业融合，促进产业增值增效。

关键词： 成都医美产业 产业政策 医美规范

一 成都市医美产业经验总结

（一）战略定位清晰，扶持政策给力

自2018年提出打造"医美之都"的战略目标以来，成都市对"医美之

---

* 王黎华，管理学博士，四川大学商学院副教授；陈泓旭，四川大学商学院管理学学士。

都"的定位有着清晰的认知。为做大做强成都市医疗美容产业，切实推进供给侧结构性改革，满足人民日益增长的美好生活需要，依据《"健康中国2030"规划纲要》《成都市健康服务业"十三五"规划》《成都制造2025规划》，成都市出台了医美产业发展的战略性指导文件——《成都医疗美容产业发展规划（2018—2030年）》（以下简称《规划》）。

《规划》明确了成都市医美产业的战略定位：以构建医疗美容产业生态圈为主线，以突出发展医疗美容服务业、加快发展医疗美容制造业、延伸发展关联产业为重点，以品牌建设为引领，着力引进培育市场主体，强化载体建设，创新人才、技术、政策等关键要素供给，规范行业发展秩序，提升产业竞争力，实现医疗美容产业高质量发展，将成都打造为全国领先、全球知名的"医美之都"。

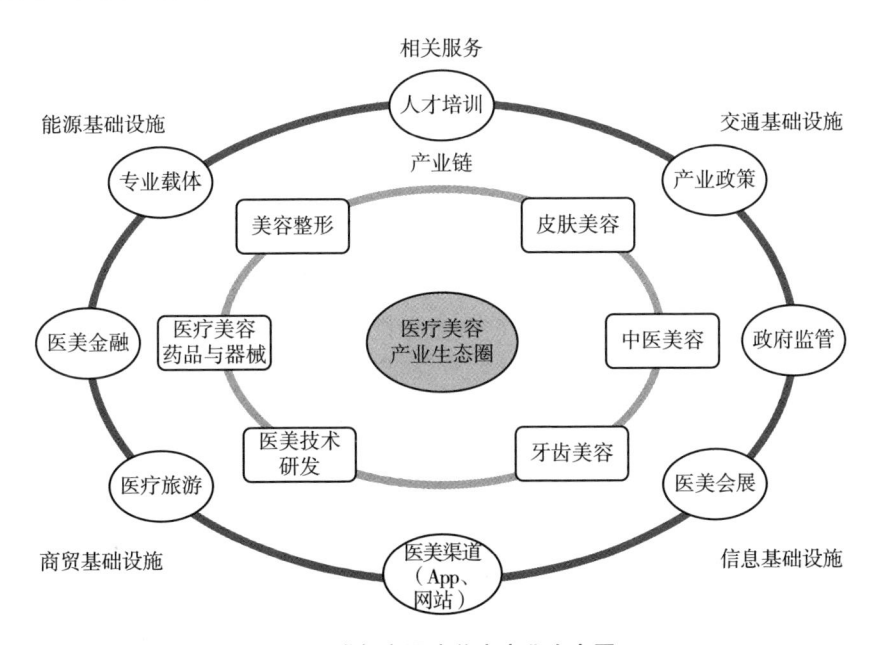

图1 成都市医疗美容产业生态圈

在政策扶持上，成都市也不遗余力。综合比较北京、上海、深圳、成都四个城市的医美及其相关行业政策发现，成都市政府及相关区县出台了专项医美产业发展规划及多项其他支持政策，是全国首个专门针对医美产业发布市级产业规划的城市，对于医疗美容产业的发展支持力度较大、政策覆盖面最广，涵盖行业监管、产业扶持、人才培育、企业招商等多个层面，充分体现了成都市在医美产业发展上拥有的政策性优势。

表1 成都市医美产业代表性政策摘录

时间	单位	名称
2016年3月1日	成都市经信委	《成都制造2025规划》
2016年7月11日	成都市经信委、市财政局	《关于加快成都市生物医药产业发展的专项政策》
2017年7月7日	成都市卫计委	《成都市健康服务业"十三五"规划》
2017年8月23日	成都市卫计委	《关于印发成都市严厉打击非法医疗美容专项行动方案的通知》
2018年3月23日	成都市委、市政府	《"健康成都2030"规划纲要》
2018年4月10日	成都市医药健康产业推进领导小组办公室	《成都医疗美容产业发展规划(2018—2030年)》
2018年4月28日	成都市人民政府办公厅	《成都市人民政府办公厅关于印发成都市加快医疗美容产业发展支持政策的通知》
2018年5月23日	成都高新区管委会	《成都高新区关于构建生物产业生态圈(产业功能区)促进生物产业发展的若干政策》
2018年6月22日	成都市武侯区人民政府办公室	《武侯区医疗美容产业发展规划(2018—2030年)》
2018年8月3日	成都市人民政府办公厅	《成都市人民政府办公厅关于印发成都加快建设国际消费城市行动计划的通知》
2019年3月28日	成都市人民政府办公厅	《成都市人民政府办公厅关于进一步加强成都医疗美容行业监管服务工作的意见(试行)》

成都的旅游、美食、人文历史古迹、大熊猫、自然风光等都很出名。成都市政府层面提出打造"医美之都"这一新名片，并成立了成都市医疗美容产业协会，它是经信局指导下的一级协会。在成都医美市场的准入门槛方面，小型机构只要达到相关行业标准，营业执照、医疗机构执业许可证都能很快申请成功。

（二）目标执行到位，发展方式多样

按照《规划》，成都市着力提升和扩大医疗美容产业的质量和规模，加快聚集国内外知名医疗美容企业、机构和人才，不断增强产业竞争力、影响力和辐射带动力，力争实现到2025年，医疗美容产业营业收入达到1000亿元，2030年达到2000亿元，成为全国领先、全球知名的"医美之都"。在此目标激励下，成都市开展了形式多样、内容丰富的医美产业发展行动。

1. 突出发展医疗美容服务业

顺应医疗美容服务微创、安全、精细化等发展趋势，重点发展外科美容、皮肤美容和牙齿美容，积极发展中医美容，加快引进和培育一批知名医美机构（企业），提升行业服务水平和影响力，完善全市医疗美容服务体系。

2. 加快发展医疗美容制造业

基于医疗美容服务业发展需求，发挥全市生物医药产业优势，积极向医疗美容产业链上游拓展，重点发展医美产业相关的医美材料、药品和医疗器械，支持高校院所联合生物医药企业加强技术创新，突破干细胞生物技术、激光技术、填充材料等前沿技术，引进一批拥有核心技术的医美制造企业。

3. 延伸发展医疗美容关联产业

以医疗美容服务业和相关制造业为依托，延伸发展信息服务、文创、旅游、生活美容、贸易、会展、金融等关联产业，推动医疗美容产业与关联产业良性互动、互利共生，形成"大医美"发展格局。

4. 集群集约发展，构建"三区两城多点"空间布局

在成都天府新区、高新区、武侯区打造全国领先、全球知名的医疗美容服务业核心集聚区，重点布局医疗美容服务、技术研发、教育培训等领域。

成都天府国际生物城、成都医学城发挥生物医药产业研发实力强、制造基础扎实、发展空间充足的优势，重点布局医疗美容药品、医疗器械、医用材料等领域，打造全国领先、全球知名的医疗美容产品研发生产基地。

青羊区、锦江区、金牛区和成华区以推动现有医美机构转型升级为重点，进一步提升医疗美容服务水平，打造各具特色的医疗美容产业支撑点。

同时，根据"东进"区域未来发展需求，以天府国际空港新城为重点区域，适当超前引进医美机构（企业），打造医疗美容产业新支撑点。

（三）企业兼容并蓄，公私互补互助

和其他城市的不同之处在于，成都公办和民营机构之间没有互相割裂或者互相诋毁，同业之间能够友好交流。公办医院和民营机构之间互助互利、携手进步，这是成都医美不论是协会、业务还是学术交流等各方面都很活跃的原因。

从2011年开始，成都医美产业迎来发展爆发期，中国最早一批专注微整形和皮肤美容的轻医美机构开始出现，医美投资门槛大幅降低。民营医美机构和公立医院双方交流互动比较频繁，并没有形成对立的竞争关系，而是在消费者细分市场上各有定位，双方在技术、人力、资金等方面都有一定程度的交叉融合，形成了互利互补的和谐发展局面，共同建设成都医美市场。

（四）配套产业完善，科技研发为先

成都的配套产业完善，基础设施齐全，科研机构众多，人才汇聚，国际化交流和合作频繁，共同支撑了医美产业的快速健康发展。

2016~2020年，成都建设如火如荼，取得了斐然的成绩。城市交通方面，成都新增地铁线路10条，双流机场扩能改造、天府国际机场试飞圆满收官，成为继德国、日本之后第三个拥有空铁的城市。

除了传统的历史古迹，成都数不清的网红打卡地如雨后春笋般涌现，为整个城市增添了艺术气息、文艺范儿，引领美丽新概念。

商业体、商圈发展实现全程覆盖，仅2020年，新落户的首店就有386家，为各行各业的发展提供了助力。

2021年4月，国务院新闻办举行新闻发布会，提出要以成都、重庆为战略支点，发挥高水平大学和高等教育集群的集聚溢出效应，打造西南地区高等教育对外开放的桥头堡。以四川大学华西医院为领袖，成都聚集了一批国内外顶尖的医疗美容领军人才，牙齿美容、创面修复等技术水平居全国前

列。丰富的教育资源为区域经济的发展提供了充足的人力支持，奠定了良好的人才生态环境基础，有助于产生"虹吸效应"，加快城市建设。

除此之外，成都的金融业、房地产业、高科技行业的发展也一路高歌、与时俱进，成为西部地区乃至全国的典范。这些都为医美产业的发展奠定了坚实的基础，并围绕医美产业协同发展、共同进步。

（五）文化底蕴深厚，美育引领新潮

成都是将古代文化气质一直保持到现代的城市。成都是中国西南地区物流、商贸、金融、科技、文化、教育中心及交通、通信枢纽，国家统筹城乡综合配套改革试验区。2020年常住人口1600余万，居副省级城市首位。自建城伊始到现代数千年的历史中，成都一直保持着高度繁荣和发达，是全国生活最富庶的地区之一。如今，成都所在的成渝经济区是中国西部经济最领先的区域。

2020年，成都文创产业增加值达1805.9亿元，其GDP占比突破10%，接待游客2.04亿人次，旅游总收入达3005.18亿元，音乐产业产值达501.71亿元。2020年12月29日，成都被文化和旅游部、国家发改委、财政部共同授予首批国家文化和旅游消费示范城市。

成都是一座很悠闲的城市，深厚的文化底蕴、闲适的生活节奏就是这座城市的名片，而且成都人的包容性，是其他很多城市的人所不具备的，同时，开拓创新、敢为人先的精神，是成都两千多年来持续繁荣的根本原因。成都能成为"医美之都"，除了政策因素之外，与成都的消费能力与潮流文化也息息相关。成都市民乐于接受新生事物和新理念，消费观念普遍超前，具有较强的医疗美容意识，医美行业很多审美模板和风潮都是由成都引领的。

历史与现代、传统与创新、包容与和谐、激情与悠闲为成都医美产业发展壮大提供了富饶的土壤。

二 成都市医美产业发展中存在的问题

近年来，成都基于政策扶持、"医美之都"的名片以及医美产业大会吸

引了国内外医美产业界的投资,签约了重大医美项目,发展态势良好。然而2020年疫情对医美产业造成了一定影响,医美机构应吸取经验教训,将重点放在如何吸引顾客、提高消费者到店率上,同时管理水平也需要提升,其中创新是关键。综合这些年成都市医美产业发展的情况来看,还存在如下问题。

(一)产业发展不均衡,品牌效应不突出

2019年,在新三板上市的医美企业中,没有一家机构的总部位于成都。目前医美中游机构尚未形成品牌效应,绝大多数医美品牌的行业认可度偏低,对于行业发展的引领作用较小。数据显示,成都医美机构虽多,但规模较小,大部分机构员工只有几十人,这不利于产业集中度提升,也难以体现头部企业的规模效应。这从侧面说明成都医美企业集中度不高,品牌效应不明显。

(二)机构竞争同质化,低价低质,风险较高

2020年成都医美机构共计391家,位列全国第三,受疫情影响医美市场突然萎缩,市场供大于求的系统性风险导致竞争形势更为严峻。

从对成都医美机构的调研情况来看,大多数医美机构的产品和服务比较单一,同质化严重,主要集中于面部管理、隆鼻、植发等,由此导致在几个简单项目上的竞争只能采用低价手段。相比于一些一线城市,成都市医美项目的价格普遍偏低,甚至有的项目只有其他城市的一半左右。同时,企业营销手段单一,产品升级换代较慢,获客成本居高不下。由于获客成本高,商家只能压低原料成本,部分不法商家甚至使用未经NMPA(国家药品监督管理局)认证的非法药品或者医疗器械。再加之合格的医生稀缺,一些私人小诊所往往聘请黑户医生,导致医疗服务品质偏低,客户满意度、用户黏性不高,品牌溢价不明显,直接和或有风险较大。

（三）营销模式不丰富，成本偏高，盈利能力偏弱

医美行业的营销模式经历了传统模式，百度竞价、新兴的互联网平台模式，与美容院、KOL、异业合作等联合营销模式等。总体来看，机构在第一类获客方式上支出占比60%~90%，第二类支出占比10%~40%，第三类按分成收费，分成比例为30%~70%。

从整体上看，成都的医美营销模式还处于由传统向互联网过渡阶段，户外广告、特定杂志的投放仍然是重要的营销渠道；互联网营销快速发展，但还不够成熟；通过渠道引流依然是重要的获客方式，但营销费用较高，不利于成本管控。

（四）医美教育不够深入，人才培养需加强

成都医美市场上合格的美容主治医师紧缺，而医美人才培养周期长、成效慢，因此，不仅合格的执业医师短缺，医美行业其他配套人才也面临较大缺口，包括合格的麻醉医师、护士、药师等。目前，我国医美市场依然存在较多的非法机构，如有些私人诊所在没有相应的行医资质和技术水平下开展相关业务，很容易出现医疗事故和医疗纠纷，同时也存在较多医生无证上岗、非法行医等现象。

医美教育开展得还不够，专业的医美传播渠道单一，一些非专业的网红或美播缺乏系统性、专业化学习，在对医美项目的介绍和解释方面可能会有误导作用，大众消费者的甄别能力不强，自身美育基础不够，容易盲目跟风，不切实际地要求美容效果，从而引发后续医疗纠纷。

（五）医美发展不均衡，标准化建设需加快

为打造"医美之都"，成都出台了很多扶持政策，但规范性、惩戒性、预防性的政策法规还需要进一步完善，需进一步推进职业规范化、系统化。

消费者的维权、医疗事故的认定等事后相关政策法规没有及时跟进。由于开展医疗美容本身存在一定风险，责任划分模糊对消费者事后维权造成了

一定困难，目前我国还没有权威的专业医疗美容事故认证机构。我国医疗美容行业相关的协会众多，包括中国整形美容协会、中华医学会医学美学与美容学分会以及中国医师协会美容与整形医师分会等，各协会缺乏资源赋能，行业自身尚未建立起完善的自律机制。成都成立了医疗美容产业协会，正在为行业规范与产业发展助力赋能。

另外，医美企业、医美从业人员、渠道和线上引流等分销人员面临的高税收问题难以有效合规解决，金税四期以及由此带来的医美财税风险亟须解决，在现行新的征管体制下对医美企业的财税合规要求愈加严格。

三 成都市医美产业发展趋势

（一）并购整合品牌化，机构连锁化、规模化

医美服务具有消费属性，而国人就医习惯倾向于大医院和名医，未来医美产业的发展一定是以品牌化的企业为龙头的。大量资本入场布局医美赛道，主要集中于地方品牌、区域品牌及全国品牌的连锁机构。

（二）加强监管和行业自律，行业合法化合规化

政策层面，国家将逐步加大监管力度，促进市场洗牌，淘汰不规范的医美机构，规范生活美容场所，行业的竞争将更加有序。从行业内部来看，积极发挥行业协会的规范监督作用，形成业内合规机构推动力，利用自律组织的影响力促进产业的合法合规发展。

政府和行业协会共同努力，强化监管，引导产业合法合规发展，增强医美企业风险管控能力，从而利用风控保障手术的质量及安全，这是提供高质量服务的必要外部保障，也是医美产业可持续发展的必要条件。

（三）消费升级，产品丰富化，业务标准化

从消费层面来看，由于新技术的发展以及医美需求的变化，未来的消费需求将逐步从传统手术类转向轻医美类，甚至是即时医美服务类。

从产品技术、服务技术层面来看，未来的医疗美容产品将更加安全、更加长效，生物相容性也更好。

从服务的层面来看，未来的医美服务将细分化、精细化，从外在需求形式转向心理、外形相结合的身心美容形式。

从流程来看，医美项目流程日益标准化。标准化业务风险低、利润高，如激光类等成本摊薄、体量上升、利润贡献大。

从医美内容来看，身体美容塑形、健康管理等将成为热点医美项目，为医美产业带来新的利润增长点。

（四）"互联网+电商"，营销模式线上化

随着互联网的发展、直播和社区营销模式的兴起，医美机构获客成本降低、利润增加，应借鉴发达医美市场经验，布局标准化产品，形成医美服务一条线，通过自主开发或引入医美术后功能性护肤品，提高盈利能力。

2019年以来，互联网医美高速发展，阿里健康、美团、百度、京东等互联网高科技公司，以及新氧、更美、美呗、悦美、美黛拉等互联网医美平台，都进入医美市场角力。当前医美App的主要形态是"社区+咨询+电商"，社区运营是重点，医美电商是变现手段。

（五）医生多点执业，医疗资源集中化

大城市消费需求支撑大机构的品牌知名度提升和客户体量沉淀；大机构连锁经营，有利于其对上下游的议价能力提升；大城市的集群效应，有利于人才在大城市聚集。允许医生多点执业，并形成灵活多样的执业模式，这是人力资源发展新趋势，也有助于充分利用医生资源，满足低线城市消费需求，拓展区域市场。

（六）产学研互利共赢，人才培养常规化

在未来的经济发展中，医美产业将积极与高校进行科研合作，促进科研

成果转化；与高校合作办学术型论坛、业内峰会等，提高国际学术影响力和话语权。在高校的有力支持下，加强医美人才培养和输送，缓解行业人才供给不足问题，提升整体医美产业发展水平。

四 成都市医美产业发展对策建议

（一）继续实施品牌战略，打造"医美之都"名片

培育医美机构品牌。支持医美机构实施品牌发展战略，以提升品牌价值为核心，通过并购、控股、参股等多种方式，推动医疗美容产业链垂直整合。支持医美机构集团化发展，加快打造具有全国乃至全球影响力的大型连锁集团，进一步提升品牌知名度。按照专业化、规范化、差异化的发展方向，引导医疗美容门诊部和诊所做精细分领域，形成一批特色品牌。

塑造医疗美容行业品牌。鼓励医美机构积极参与行业标准制定、认证等工作，制定高水平的地方标准，提升成都医疗美容行业的品质和话语权。支持咨询、营销、培训、研发等医疗美容品牌服务机构发展，开展品牌管理咨询、市场推广等服务。建立医疗美容消费维权机制，推动行业合作，开展公益慈善活动，提升行业整体形象和品牌影响力。

提升城市医疗美容品牌知名度。加强城市品牌宣传推广，积极打造高端化、国际化、可信赖的医疗美容城市品牌，不断扩大医疗美容消费群体。支持举办国际性、全国性医疗美容行业会议、论坛、展会等活动，提升成都医疗美容产业的影响力。支持创办医美类杂志，加强学术交流，大力普及相关知识，营造良好的产业发展氛围。

表2 成都市医美服务行业重点品牌项目

医美品牌项目	发展内容
美容外科	以专科化、品牌化为导向，重点发展眼部、鼻部等头面部美容外科服务，以及躯干四肢美容外科服务。积极开发三维重建等数字化医疗美容技术、内窥镜技术、微创手术技术，提升医疗美容外科技术水平

续表

医美品牌项目	发展内容
美容皮肤	重点开展肉毒毒素、交联透明质酸充填等微创治疗，激光皮肤美容，以及其他皮肤美容的物理、化学治疗。依托四川大学华西医院皮肤科"卫生计生委化妆品皮肤病诊断机构"，增强护肤及化妆品领域研发能力。紧密结合国内外光电技术新进展，提升抗衰老等新兴项目服务能力
美容牙科	巩固提升四川大学华西口腔医院优势，支持医疗美容医院、口腔专科医院（或诊所）发展，重点发展口腔牙体修复、牙齿美白、牙冠延长等牙周美容技术，以及常见错牙合畸形矫治、功能性矫治器矫治、固定矫治器矫治等矫正服务
美容中医	充分利用和发挥成都中医药大学、四川省中医药科学院、四川省中医院等的科研资源和四川省作为全国第一个中药现代化科技产业基地的优势，重点发展中药膳食美容，提升针灸美容技术、中医推拿美容技术等

（二）强化资本引入，加快医美产业升级

加快落实生态圈招商。围绕医疗美容产业生态圈，瞄准产业关键缺失环节，实施强链补链，加快引进一批国内外领先的医疗美容机构。以行业领军医疗美容企业为核心，着力引进相关配套企业。相关服务配套主要包括金融、旅游、会展、贸易等与医美行业发展密切相关的企业，以及人才培训、产业政策等公共服务。基础设施配套主要包括能源、交通、商贸、信息等方面。

转变招商引资方式。实施选商选资，强化项目准入，确保引进项目的先进性。实施精准招商，建立医美招商目标企业数据库，实时跟踪收集信息，有针对性地制定招商引资策略。实施以商招商，建立与行业协会、专业招商机构、在蓉重点医美机构（企业）的对接机制，发挥其人脉、信息等优势，引进相关重大项目。

加快签约项目建设。制定重大项目年度推进方案，完善项目签约开工联动考核机制，促进已谈项目签约、已签约项目开工、已开工项目投产等环节无缝衔接。强化项目精细化管理服务，建立月度督查、协调、通报等制度，抓实项目建设要素保障，积极解决项目建设中的困难和问题，提高项目从签约到落地、建成的效率。

（三）加强组织和监管，整合资源，规范经营

政府应强化相关部门的职能，加强对医疗美容产业规划实施的组织领导，定期召开工作推进会，协调解决产业发展中的重大问题。将规划确定的医疗美容产业主要发展目标、发展重点和重点任务分解落实，确保规划分年度、有计划、有步骤地完成，建立医疗美容产业统计体系，加强产业运行监测和预测分析；建立健全医疗美容目标考核督查机制，确保规划各项目标任务保质保量完成。

除了政府主导的监督检查之外，加强行业组织的自律自查，规范企业的生产经营活动，提升服务质量，促进产业合法合规发展。

为保证医美服务质量，提供更优质的消费体验，从而挖掘更多的消费潜力，特别是吸引外来医美消费者，成都市政府应该在消费环境监管、人员培育、消费体验提升等方面发挥重要作用。

另外，在从业人员、医美机构的税收征管等方面需要规范，并进行相应的指导，让企业和从业人员了解税费优惠措施、征收方式和相关规定，保证医美机构的财务合规性。

（四）加强引智育智，夯实医美人才基础

医生资源的紧缺是持续性现象。医美属于消费医疗，消费医疗有其商业规律，医生的收入比较高、社会声誉较好，医美行业能够吸引到越来越多有能力、有资质的医生，市场会用"看不见的手"对医生资源进行调节；行业内部要完善医生成长机制，增加与院校类机构的交流和合作，具体措施如下。

积极引进人才：与美国、韩国、日本、巴西、瑞士等建立医美机构联系机制，重点吸引国内外行业领军人才、杰出科学家到成都创业。完善柔性引才机制，结合产业发展特点和发展趋势，支持专业人才到成都短期执业，开展医疗美容研发、生产、服务合作。

加强人才培育：支持国内外知名医美专家来蓉执教、访问和学术交流，

鼓励高校根据产业和市场需要设立医疗美容学科及专业，加强后备人才培养，充实专业人才队伍。大力推进校企合作，建立高校与医美机构的人才双向合作交流机制，加强从业人员交流培训，不断提高医疗美容行业技术水平。

优化人才环境：贯彻落实成都人才政策，进一步优化人才服务流程，强化人才住房、落户、配偶就业、子女教育、医疗、出入境和停居留便利等方面的服务保障。将符合条件的医疗美容高端人才纳入奖励体系，完善从业人员评价标准，畅通民营医美机构执业医生职称晋升通道。

（五）实施差异化竞争战略，结合技术节支增效

新氧数据颜究院数据显示，成都医美市场的特点在于，每个机构都有主推发力的品类，包括下颌角、唇部、抽脂等，因此品类区隔明显。而通过差异化服务满足当地用户的医美需求，即便是小众品类也能在市场上占有一席之地。可以看到，凭借差异化竞争，成都也诞生了许多在细分市场有较大影响力的品牌。这既能为求美者提供更有保障的服务，同时也能建立起自身的护城河，促进当地医美产业健康发展。

另外，通过技术发展降低获客成本，形成口碑效应，也是未来成都医美机构发展的重点。早期靠美容院这种线下机构的宣传导流，虽然精准度和成交率较高，但渠道返点也很高。这类"渠道医院"的返点比例达50%～70%。互联网的发展改变了医美行业的获客方式。2018年更是迎来医美电商爆发期，以新氧、更美为代表的互联网第三方医美平台，以小红书、抖音为代表的社交分享平台，在帮助潜在的医美顾客缩短决策时间的同时，也为医美机构开辟了一条能够以相对更低的成本获取潜在客户的重要途径。在这类平台上分享真人医美案例，成为最有效的医生营销方式。更美App的数据显示，一个优质用户案例能为医生带来50%～500%的手术增量。前几年大家都还在靠电梯广告、站台广告、搜索引擎广告获客，从2020年开始这类广告明显变少，更多的营销渠道转向第三方医美平台，或者直播带货。而那些获客方式转变较慢的机构，极易被淘汰出局。如何通过运营模式的创新

和营销策略的转变来降低医美机构的获客成本、树立良好的机构形象、提高消费者的满意度,成为当前成都市医美机构关注的重点。

(六)完善设施配套,推动产业融合,促进产业增值增效

坚持"先公建后产业"原则,加快道路、信息、能源等基础设施建设,超前配套建设教育、文化、市政等公共服务设施。

支持建设创新创业载体,鼓励高校院所、医美机构、龙头企业建设重点实验室、企业技术中心、产业技术研究院等创新载体,加强关键核心技术、前沿技术研发。

创新载体建设管理模式,坚持政企合作、市场化运作,以政府为主导,完善发展规划;以企业为主体,多渠道吸引社会资金参与载体开发。

加快产业融合,积极推进医美产业和金融业、房地产业、文创业、旅游业、信息服务业等的融合贯通,共同打造产业融合的价值链,构建"大医美"发展格局,实现产业之间互通互助、共同发展,创造新的产业价值和利润增长点,带动整个成都市乃至成渝地区经济健康持续发展。

表3 配套产业发展重点

配套产业	发展内容
信息服务	重点发展医美网站、App、大数据、行业软件、营销推广等领域
文创	重点发展医美传媒影视、创意设计、时尚、艺术等领域
旅游	重点发展医美康养、休闲、养生、度假、健康服务等特色健康旅游领域
金融	重点发展医疗美容消费信贷、供应链金融、以执业医生和消费者为目标客户的医疗美容保险等服务
贸易	重点发展医疗美容产品代理、经销等领域
会展	重点发展医疗美容专业展会、论坛,以及相关的会展策划、展位搭建、装饰装修等服务
生活美容	重点发展面部美容护理、美体塑身等领域,带动发展高端化妆品、专业美容保养品等领域

专题篇
Special Reports

R.5 疫情防控常态化下全球医美产业发展报告

王黎华 陈自立[*]

摘 要： 2020年以来，疫情对世界造成全方位冲击，全球经济从正增长轨道转向短时间的衰退，这对医美产业带来了巨大负面影响。但疫苗接种的推进，对缓解医疗保健系统的压力产生了实质性影响，伴随着各国货币政策和财政政策的有效实施，全球经济状况有所改善。从医美市场来看，2020年下半年订单量、客单价和交易总额同比均呈正增长，市场发展态势逐渐向好。后疫情时代，全球医美产业发展将呈现一些新特点，消费者的习惯、产业竞争态势、产品营销模式都会有新的变化，总体来看，全球医美产业未来仍将保持较快增长。

关键词： 医美产业 医美消费 医美营销

---

[*] 王黎华，管理学博士，四川大学商学院副教授；陈自立，四川大学商学院管理学学士。

一 疫情防控常态化下全球经济状况

2020年是充满挑战的一年，新冠肺炎疫情重创全球经济。2020年，全球经济收缩了4.5%左右，这是几十年来的最大降幅。全球经济陷入深度衰退，国际贸易大幅萎缩，金融市场剧烈震荡。疫情加速了逆全球化进程，即所谓的脱钩。第二次世界大战后世界发展的主流是全球化，如WTO的出现，使得人类共同致富、全球分享、共同改善生活。而近年来，疫情加速了逆全球化进程，这对世界的影响非常大。原本相互依赖的全球化供应链可能会断裂，对整个产业环境的影响不言而喻。单边主义、保护主义抬头，地缘政治风险再起，全球治理体系失序。全球经济发展面临"三大难题"。

第一，全球失业率高，消费下降导致就业减少，疫情对世界造成全方位冲击，全球经济从正增长轨道转向深度衰退。2020年，全球实际GDP萎缩4.4%。超过95%的国家人均收入倒退，低收入群体受到严重冲击，约有1亿人口因疫情陷入极端贫困，全球减贫进程二十年来首次出现倒退。居民信心受损、消费能力减弱使经济复苏之路步履蹒跚。

第二，全球爆发流动性危机，资产价格大跌之后快速反转。随着新冠肺炎疫情全球肆虐，2020年初国际金融市场流动性加速收缩，各类资产都被抛售，价格下跌幅度之大、速度之快，历史罕见。美国、加拿大、巴西、印尼等十余国股市触发熔断或停牌交易。年中金融市场逐步走出流动性危机。随后上演的是，美国股票市场在经济深度衰退背景下屡创新高，金融市场与实体经济严重背离之势愈演愈烈。

第三，全球开启非常规货币政策，央行创新工具突破传统职能边界，美联储、欧洲中央银行等推出利率调控、前瞻性指引、流动性支持新机制等一系列货币宽松工具。美联储等中央银行超越"最后贷款人"职能范围，调整货币政策框架，各国货币政策在非常规道路上渐行渐远。但是偏重短期效果的货币政策在经济复苏阶段所能发挥的作用有限，大规模流动性释放，埋下诸多隐患。世界经济衰退,极大地影响了广大人民群众的收入,与此同时,金融市场衰退之后出现巨大泡沫,通过实施货币政策实现经济复苏也不是长久之计。

英国特许公认会计师协会(ACCA)通过对全球经济状况的持续追踪调研,于2021年初发布《2020年第四季度全球经济状况调研》,指出尽管信心指数变化不大,但全球经济在2021年初将继续保持适度复苏态势,全球经济活动水平仍低于疫情前。

图1 全球订单指数和GDP增速情况

资料来源:ACCA专业洞察报告。

全球订单指数和全球GDP增速均在2020年第四季度实现了大幅反弹,但仍为负值,说明全球经济活动水平仍低于疫情前。第四季度订单、资本支出和就业等指数相较第三季度均有一定程度的上升,但仍为负值,远低于疫情前水平,这反映出全球产出也低于疫情前水平。其中表现最疲软的是就业指数,这凸显出疫情对就业市场的影响最为严重。

据ACCA预测,全球经济增速可能在2021年实现由负转正的复苏。但2021年初经济活动将继续受到社交距离限制的影响——第一季度很有可能出现经济活动萎缩。此后,随着疫苗接种率的提高对缓解医疗保健系统的压

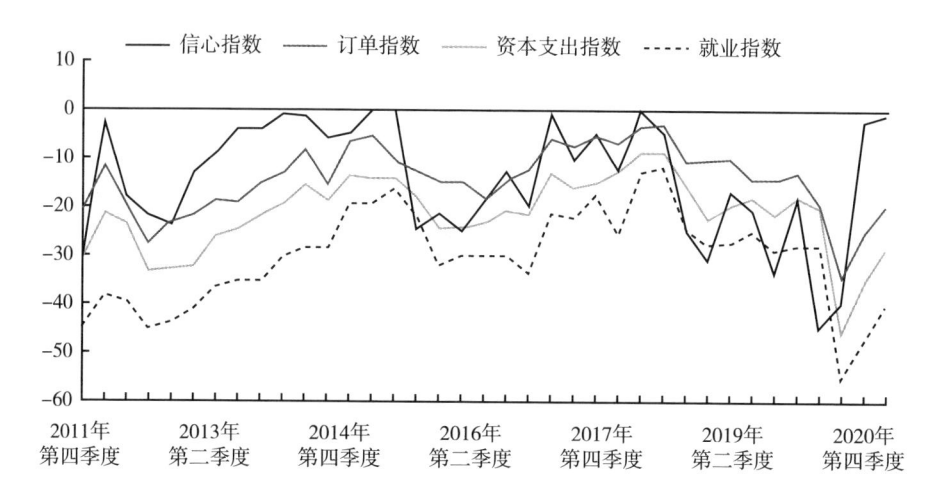

图 2 全球指数

资料来源：ACCA专业洞察报告。

力产生的实质性影响，经济状况应会有所改善。与此同时，货币政策和财政政策将在2022年成为经济增长的强劲支撑。

二 疫情防控常态化下的医美产业概况

疫情已导致超过90%的新兴市场国家的人均收入下降，数百万人重新陷入极端贫困。在经历了2020年主要经济体GDP大幅下降之后，世界银行估计，新兴经济体2021~2022年GDP将会实现正增长。但依赖服务和旅游业的国家在经济复苏方面可能滞后于其他国家，因为影响国际旅行的社交距离和其他限制措施将持续更长时间。

在全球经济衰退的影响下，各国人们的消费水平降低，这对医美产业带来了巨大的负面影响。以在纳斯达克上市的医美国际为例，受疫情等因素影响，2020年其最大跌幅一度高达38%，目前其股价虽有所恢复但依旧低迷。从医美市场来看，2020年第二季度订单量、客单价和交易总额同比均呈正增长，市场发展态势逐渐向好。

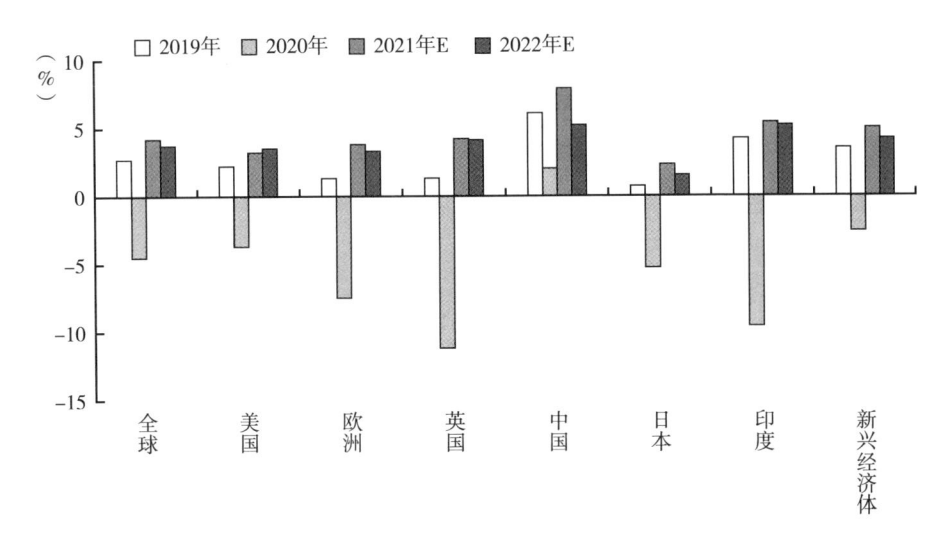

图 3　世界银行对全球主要经济体 GDP 增速预测

资料来源：ACCA 专业洞察报告。

表 1　2020 年第一季度和第二季度医美市场各指标情况

单位：%

指标	2020 年第一季度	2020 年第二季度
订单量同比增速	-15	39
客单价同比增速	32	32
交易总额同比增速	39	112

三　疫情防控常态化下全球消费趋势变化及其对医美产业的影响

（一）更关注健康产品，医美市场竞争焦点改变

2020 年 5 月 14 日，科尔尼公司联合阿里巴巴国际站首次发布行业报告《全球居家大健康行业 15 大洞察（2020）》。据报告分析，后疫情时代消费者将更关注健康相关商品。大健康消费市场的潜力将进一步释放。与此同

时,更多的居家活动场景将出现,围绕居家空间的消费场景成为新的发展趋势。

围绕全球消费趋势的变化,阿里巴巴国际站基于平台数据分析提出了居家和大健康行业下家居家具消费、生产制造、日常穿着、运动娱乐、清洁个护、居家饮食等六大场景、十五个细分行业的采购洞察与建议。

阿里巴巴国际站数据显示,全球消费者对杀菌消毒的需求激增,海外疫情持续蔓延导致与口罩、防护服制造相关的无纺布面料需求激增,同时新型抗菌、吸湿排汗等舒适性及功能性面料也成为采购热点。

同时,电商市场进一步发展,企业与品牌的社会价值进一步提升,全球消费者的健康意识进一步提高,对大品牌更加信赖,卫生和免疫成为消费热点,以"自我"为中心的消费分化趋势将更为明显。除此之外,疫情后也将显现出一些新的消费趋势,如居家类消费激增。再如,出现"颜价比"潮流,在经济压力加大的背景下,消费者将寻找性价比高的产品,但与此同时并不会在质量和品位上有所妥协。

全球消费者对生命更加珍惜,对健康更为关注,对于医美行业更为关注的是机构是否做到杀菌消毒、器材质量是否过关、产品是否合规。在这样的心态之下,全球消费者更乐于选择正规的大型医美机构,而那些不知名的小机构可能会面临更大的生存压力。各大医美品牌也应当注意,需要从产品层面、品牌构建和品牌传播三个维度发力:在产品创新的角度提供极致的产品体验、在品牌构建阶段注重文化赋能品牌、在品牌传播层面构建从线上到线下的全链营销。

(二)中国市场规模扩大,医美产业发展强劲

如果说新冠肺炎疫情暴发前美国和中国是全球消费增长的主要推动力,全球消费与供给者都已经适应了"贸易在线化、贸易全球化和消费者价值核心高度自我化"的话,那么疫情后世界经济将走向何方存在很大的不确定性。

中国经济迅速崛起并逐渐成为亚洲供应链的中心,全球形成了以中国、

美国、德国为供应链中心的新格局。中国甚至在重点商品全球采购中扮演着至关重要的角色。疫情后"弹性供应链"是主要的发展方向。企业将打造围绕"弹性供应链"的五大方面能力，即构建多元化的全球供应商网络、对紧急事件作出快速反应、提升供应链计划和预测的能力、进一步整合全球物流资源、寻求供应链金融支持。在疫情所造成的全球供应链中断形势下，规划和需求预测能力的重要性日益凸显。

对于医美产业也是如此，新冠肺炎疫情突袭而至，中国及时地控制住了疫情，经济增速呈现"V"形反弹。2020年全球经济呈现下挫、反弹、恢复、复苏轨迹。第一季度经济增速急速滑落6.8%，第二季度止跌反弹至3.2%，第三季度开始恢复较强劲增长，第四季度逐渐复苏，全年实现3%的经济增长。2020年第三季度，新氧移动端平均月活跃用户量870万，同比增长高达153.7%。

全球医美企业关注到了中国巨大的发展潜力和市场前景，国际功效性化妆品品牌加速布局中国市场。意大利Pharsmart是一家拥有医药背景的健康与美容品牌，疫情期间，其整个欧洲市场在生产、物流等方面均受到严重影响，为此，公司积极开拓中国市场，入驻天猫、苏宁等电商平台，并通过电商直播抓住了更多商机。与Pharsmart同期进入中国市场的德国品牌珀娣佳（Body.guardpharm）也拥有海外医药背景。这个德国品牌背靠德国百年药房，近年跨界美妆领域，主打自主研发的玻尿酸产品。这些海外品牌进入中国市场看中的正是近年来高速发展的中国药妆市场以及中国消费展现出的强劲增长势头。

（三）购买动机主导消费，影响医美消费

疫情期间，消费者有更多的时间对各种产品进行更为详细的了解，决策由价格先行、品质先行开始转变得更为理性。只有消费者有了一定的购买动机，才能够促进其消费水平提高。就旅游景点的购物商铺而言，只有旅游产品能满足游客的需求，才能够让其有购物欲望。只有通过提升医美产品质量，切实满足消费者需求，才能刺激消费。

（四）生活模式改变，医美营销变革

疫情使人们生活方式发生了两大重要改变。一是社交距离让人们原来亲密无间的交流方式发生了很大的改变。移动化进程加速，5G提速应用。物理空间上的社交距离隔离，反过来增进了人们在网上的亲密无间，就像电商一样以一种可见的规模效应加速改变着人们的生活方式。尽管大家早就形成了线上购物的习惯，但是疫情使这个习惯进一步被强化。"线上购物"对"线下购物"加速替代，线上获客同样如此，疫情期间，医美企业传统获客方式受阻，国际上很多传统企业不再局限于门店获客，纷纷探索新的获客方式。

二是人们在权衡利弊之后放弃了部分个人隐私权。在公共卫生健康和个人隐私之间，人们选择了前者；就像"9·11"事件之后在安全与隐私之间，人们选择了前者一样，在这种情况下大数据进一步发展。医美厂商有可能利用大数据分析消费者习惯，投其所好地生产更多产品，医美机构也可以通过分析消费者偏好，研发更多产品，进而扩大全球医美市场规模。

R.6 疫情防控常态化下中国医美产业发展报告

王黎华 陈自立*

摘 要： 新冠肺炎疫情突袭而至，我国医美产业受到不小的影响。2020年中国医美服务行业增长仅为5.7%，远低于2019年18%的增速。整体来看，疫情对我国医美产业的影响呈现周期性和阶段性特点。但中国医美市场的恢复能力较强，进入2020年下半年，医美市场保持较高增长态势。从消费趋势看，疫情并未明显影响求美者的消费热度，只是改变了其消费态度和消费习惯。未来，我国医美产业将向精细化、多元化、规范化方向发展。经过疫情期间的大浪淘沙和产业调整，相信中国医美产业会实现更健康的发展。

关键词： 中国 医美产业 医美市场

一 疫情防控常态化下医美产业总特征

疫情下，全球各行各业都迎来了新的挑战。国家统计局数据显示，2020年上半年，全国居民人均消费支出9718元，比上年同期名义下降5.9%，扣除价格因素，实际下降9.3%。各行各业都受到疫情不同程度的影响。

---

* 王黎华，管理学博士，四川大学商学院副教授；陈自立，四川大学商学院管理学学士。

图1 2013～2020年中国城镇居民人均可支配收入和消费支出情况

2020年医美市场的发展同样受到疫情的不小影响。根据市场研究机构沙利文发布的数据，2020年中国医美服务行业总收入估计为1518亿元，增长仅5.7%，远低于2019年18%的增速。另根据《中国医美市场趋势洞察报告》，2020年中国医美市场规模估计达1975亿元，受疫情影响增速下滑，但年复合增长率仍超过15%，2023年中国医美市场规模预计将突破3000亿元，2016～2019年，年复合增长率达到28.7%，受疫情影响，2020～2023年，年复合增长率将下跌至15.2%；相较于全球医美市场，中国疫情防控形势向好有助于国内医美市场的恢复。

中国医美市场规模较疫情前缩水超过300亿元。从全行业来看，市场增速减缓，增量萎缩，但医美消费者加速增加，同比增长达到35.7%。2020年医美机构增长40%，其中，40%的机构能够生存，20%的机构运营困难。对于整个医美行业而言，2020年是蛰伏的一年。天眼查数据显示，截至12月中旬，2020年注销医美企业1709家，相比2019年减少27%。2020年依然是中国医美市场大浪淘沙的一年。

从市场规模看，疫情下医美市场规模增速略有下滑，但仍保持较快增长态势。从消费趋势看，疫情并未明显影响求美者的消费热度。2020年第二季度，线上交易总额同比增长112%，平台医美相关搜索热度4月即已追平且赶超1月；热玛吉、皮秒激光等相关高客单价的轻医美项目销量实现大幅增长；20~35岁女性是医美消费主力，其中30岁以上女性用户消费水平更高；上海、北京的医美市场领跑全国，南方城市医美消费热度普遍要高于北方城市。

二 疫情防控常态化下医美产业具体表现

（一）2020年医美产业基本特征

1. 市场规模增速放缓，消费者数量增加

2020年医美服务行业总收入增速放缓至5.7%，但医美消费者数量同比增长达到35.7%。市场整体发展良好，消费者的消费需求和意愿都比较强烈，市场增量较大。不过受疫情影响，消费者趋向于理性，医美机构应把重点放在已有的顾客市场，把老客户维护好才能守住经营的重要防线。

2. 手术需求整体下降，皮肤护理等轻医美项目增长

由于手术费用较高，大部分消费者的消费意愿受到抑制，手术增量急速下降。但是疫情期间因长期佩戴口罩而引起的肌肤问题，成为新的消费热点。轻医美因价低、便捷、快速的特点而成为人们护理项目的首选，从而促使皮肤护理项目增长。2020年皮肤美容消费同比增长近4倍，成为最受欢迎的消费品类。

3. 一线城市消费影响较小，二线及以下城市消费影响较大

一线城市消费者的消费水平较高，并且多为高级白领和金领，其收入受疫情影响较小。但是二线及以下城市消费者一般都是从业于餐饮、娱乐、贸易等行业的中小企业，疫情使其收入受到了不同程度的影响，其医美消费意愿受到了抑制。

4. 高收入人群影响较小，中低收入人群影响较大

国内医美消费群体分布基本呈现金字塔形状，位于顶尖的是收入极高的消费者，其在疫情期间医美消费水平也不会降低，而位于中下部分的消

费者则比较关注价格，其消费意愿会受到不同程度的影响。

5. 少数区域渠道机构逆势增长

虽然说大部分机构业绩都出现了下降，但是有一小部分区域机构业绩反而逆势增长，这是由于其拥有的老客户收入高，对价格敏感度低。在市场整体低迷的情况下，部分机构不仅更加重视对老客户的维护，还加大了客户开发力度，促进了业绩的逆势增长。

6. 竞争激烈，低价成为争夺客源的主要手段

市场低迷，大家都在想办法恢复元气，如何吸引客户，就成为首要的任务。其中，促销、低价、优惠等成为吸引客户的主要手段，新的价格战就此开启。虽然靠低价能获得一小部分客户，但是服务和技术才是长期维持业绩的关键。

7. 市场预算上升，获取客户成本上涨

随着市场趋势变化，流量成为各行各业的关注点。获取流量也成为医美机构的重点。医美机构从2020年上半年就开始加大了线上投放力度，各大电商社交平台的流量日益提升，机构的获客成本也不断上升。

8. 线上医美逆势上涨，加速医美平台头部化

2020年的医美产业并非没有亮点——在线医美服务平台规模同比增长12.2%，远超医美市场总体增幅，中国医美产业线上化发展进一步加速。医美产业线上化是一个长期趋势。以新氧为例，2020年8月，新氧移动端活跃用户量居中国垂直医疗类App首位。2020年第三季度，新氧移动端平均月活跃用户量870万，同比增长高达153.7%。全年新氧品牌曝光量再次突破千亿级，进一步推动医美行业进入"寻常百姓家"。

9. 消费需求将在后续期间持续向好，但仍有风险

据成都某医疗机构从业者判断，2020年下半年整个行业复苏态势强劲，各个诊所基本都恢复运营。而艾媒咨询于2020年7月发布的调研数据显示，疫情期间79.1%的有医美意向的消费者推迟了医美计划实施时间，随着国内疫情防控形势持续向好，近三成有医美意向的消费者表示会尽快实施医美计划，45%的消费者明确表示会在1~3个月内实施医美计划。

与此同时，医美产业线上化态势明朗，医美产业向机构线上化+服务智能化+产业科技化"三化一体"方向发展。

从整体来看，医美产业迎来了一个新的发展机遇。但值得一提的是，医美资本市场的情况不容乐观，行业的发展仍存在诸多不确定因素。

（二）疫情的不利影响

1. **受疫情影响，上市医美企业股市低迷**

在医美上游厂商中，2020年春节前收盘时多家企业出现"一片绿"的景象。备受瞩目的新氧、国际医美在美国股市上的表现一般。A股市场上的医美龙头企业也持续不振；新三板上市的医美企业中，伊美尔于2017年退市，春天医美、丽都医美、柏荟医美于2018年退市，永成医美于2019年9月、瑞澜医美于2019年10月退市。

受疫情和医美市场影响，上市医美企业股市低迷状况预估还要持续一段时间。

2. **阶段性影响明显，周期性影响有限**

每年春节前后都是医美旺季，疫情导致全国各地采取封城措施，对医美机构运营造成较大影响。乐观估计，受影响的时间主要是在1月、2月，3月医美机构基本恢复正常运营。从全年来看，美好生活是人们永远的追求，求美者对变美的需求是刚需。2020年的医美旺季将集中为暑假及下半年。疫情对医美产业的阶段性影响明显，而周期性影响有限。

3. **求美者足不出户，医美机构流量锐减**

门诊量是医美机构重要的经营指标之一。疫情期间，严禁聚会、宴席，倡导不出门、居家隔离，减少人员流动，这使得医美机构组织活动、促销、引流、客户上门咨询等方式的实施效果大打折扣。

4. **医护人才流动大，跳槽现象更频繁**

行业越不景气，人才流动越大，机构业绩越不好，往往就越难留得住人才。

前程无忧、智联招聘相关数据显示，医美机构每年因员工离职导致客户流失的比例高达40%以上。并且员工在职时间越长，其离职所带来的负面影响就越大。以工作3年为界限，工作超过3年的员工离职给机构造成的直接损失为10万~50万元。

新的一年开始，医师、护士、咨询师、经理人等或许都有自己的考虑，当前人才流动属于正常现象。最关键的是如何留住优秀人才，这是确保医美机构正常运转的关键，是医美人需要深思熟虑的事情。

5. 医美厂商库存大，研发步伐缓慢

某医美厂商老板抱怨道，2019年库存积压，2020年经营周期推迟3个月，库存压力加大，产品临期，日子很难熬。

在医美产品消费大幅下滑的情况下，厂商不敢轻易加大投资研发，导致研发步伐缓慢。未来两年，国外医美产品对国内医美市场的冲击会更大。

6. 医美产业监管趋严，利润空间更小

2017年国家七部门开展严厉打击非法医美专项行动以来，医美市场得以净化。随着行动的深入开展，执法部门由严厉打击非法医美专项行动过渡到严格整顿医美市场。未来，备受争议的第三方平台和渠道机构也将被纳入整顿范畴。

医美产业在经历了10年的红利期后，2018年开始进入寒冬，2019年进入严管时代。2020年，监管层将强化对医美行业的监管，行业洗牌越演越烈。随着监管趋严，医美产业将逐步规范化，医美机构的利润空间会更小，暴利时代一去不复返。

（三）疫情期间消费者基本情况

疫情期间，消费者的生活服务型消费支出水平整体较低。艾媒咨询调研数据显示，79.1%的有医美意向的消费者因为疫情推迟了实施医美计划的时间，只有20.9%的有医美意向的消费者如期实施了医美计划。2020年4月以来，国内疫情防控形势持续向好，各行各业加快复工复产，医美市场也开始复苏。近三成有医美意向的消费者表示会尽快实施医美计划，45.0%的消费者表示也会在1~3个月内实施医美计划。

疫情对人们的医美消费态度产生了以下影响。

一是疫情后消费者可能出现"报复性消费"行为，更舍得为自己投资，比如，出于安全考虑，一些长期来医院做医美的人，以前可能会选用比较便宜的玻尿酸，而现在可能会选择品质和价格更高的玻尿酸；以前只做短期抗衰项目的人，现在可能会选择一个长远的抗衰计划。水涨船高，价格也基本会翻倍。还有些求美者因即将复工，想做一定改变。也有一部分人是在网络上盛行的"戴口罩不出门是最好的恢复期"等言论驱使下，选择了医美。疫情使人们在家压抑太久，消费观念开始转变，认为健康对自己来说比金钱更为重要，而且应当即时消费，即时享受，更偏向于效果和质量更好的项目及产品。

二是疫情后某些行业人士会做出改变，比如火爆的主播领域，主播们更直接地面对更多的观众与粉丝，可能为了更上相，以前的注射玻尿酸、微调等就不够了，需要做更多的项目。

三是疫情后一些家庭女性想要改变自己。大多女性做医美都在于悦己，可能以前因忙于工作而忽略了自己，渐渐淡忘了对美的追求，但是由于疫情期间居家办公，女性内心对美的追求也慢慢苏醒。疫情期间大火的帕梅拉、美丽芭蕾等便展现了人们对于在家锻炼、瘦身、塑形的渴望。

三 疫情防控常态化下医美产业特点

医美产业作为全新的朝阳产业，在消费升级的大趋势下具有强大的爆发力，同时市场监管趋严，行业规范化进程加快，优秀的品牌厂家和医美机构逐渐增多，未来医美产业将快速稳步发展。

2020年4月，国内疫情防控形势向好。经过了3个月左右的蛰伏，医美产业开始发力。更美App数据表明，平台用户4月医美消费总额相较3月稳健提升，医美市场正在复苏。随着机构逐步复工、白领正常上班，医美消费较2~3月明显增加，尤其是在上海、广州、北京等经济发达地区。美团医美发布的《2020年618美丽重启消费报告》显示，3月开始医美市场呈现复苏态势，从线上流量看，4月初即已恢复到疫情前水平。"6·18"活动期间线上流量较2月同期增长242%，行业呈现明显的"V"形复苏趋势。

2021年3月，新氧数据颜究院发布的《2020中国女性医美消费趋势报告》显示，2020年中国医美消费人群快速增长，增速远超过医美市场增速，下沉市场医美消费潜力持续增长，皮肤美容、抗衰需求大爆发，推动中国医美消费"破圈"发展。

其中，消费者被压抑的热情在行业复苏中起到重要作用。报告显示，很多年前预约的客户和疫情期间下单的客户在4月就完成了线下变现。在积聚效应和新生需求的助推下，医美产业增速在年内首次达到顶峰，产业发展前景向好。根据《中国医美市场趋势洞察报告》，2020年中国医美市场规模预计达1975亿元，年复合增长率超过15%，2023年中国医美市场规模预计将突破3000亿元。

全国直播带货加速发展，医美企业也开始涉足该领域，打破时间和空间的隔阂，除了带货之外，更重要的是让消费者能够更加直观地了解医美，减少机构与消费者之间的信息不对称，成功获得由知识价值带来的经济效益。

回顾2020年，医美市场最火的项目当属热玛吉。热玛吉于1999年被美国Solta Medical公司首次生产，问世已久。热玛吉在中国的大热，离不开接连不断的互联网营销。而疫情期间，人们的娱乐方式被局限于线上，对电子产品的依赖度大增，为热玛吉在国内市场的热销提供了更加便利的渠道。

除了热玛吉以外，玻尿酸和脂肪类项目的需求增长也较快。由更美App发布的数据可知，玻尿酸订单涨幅高达350%，吸脂项目销售较好。疫情期间，由于长期佩戴口罩，皮肤干燥、屏障受损等问题较为显著，消费者倾向于通过注射玻尿酸进而达到快速补水效果。此外，疫情期间由于运动量减少，肥胖也成为人们普遍担心的问题，尤其是对于求美者而言，吸脂项目成为热销款，部分用户还会搭配购买脂肪填充项目。

（一）医美线上化

总体而言，疫情对医美市场影响较大，产业也开始向线上化转型。据 Frost & Sullivan 发布的调研报告数据，2020 年中国在线医美服务平台规模同比增长 12.2%，远超医美市场总体增幅，中国医美产业线上化进程进一步加速。新氧科技 2020 年第二季度财报显示，第二季度新氧新媒体矩阵全网最高浏览量超过 12 亿。

2020 年 9 月 21 日由国务院办公厅印发的《关于以新业态新模式引领新型消费加快发展的意见》提出，"加力推动线上线下消费有机融合"，进一步推动医美产业线上化发展。

根据《2020 年新冠肺炎疫情消费者行为态度影响与趋势报告》，73.5%的消费者在疫情期间有新的线上行为尝试，看直播、在线问诊、刷短视频是最重要的行为尝试，48.68%的医美消费者愿意观看医美科普类直播，直播和短视频营销已成大势所趋。

医美产业线上化在 2020 年"双十一"期间体现得淋漓尽致。首先，参加医美"双十一"的线上平台数量达到历史之最，包括美团医美、阿里大健康等本地生活服务大平台以及美呗、新氧两大医美互联网垂直平台。其次，直播成为医美企业"双十一"的标配，淘宝 TOP10 的主播几乎已全部入局医美直播，单场销量更是屡创新高。

通过对线上平台的构建，不少医美平台都铸造了"内容池"，聚焦行业获客成本高和消费者留存率低的痛点。在"内容池"中，专家和已完成消费行为的顾客是主要的分享者，大批优质的医美资源涌上平台，成为用户唾手可得的免费物品，名誉背书、经验背书成为其获取信任、撮合新交易的重要手段。

目前，除新氧、更美、悦美、美黛拉等互联网医美平台外，阿里健康、美团、百度、京东等互联网巨头也纷纷入局，天猫与阿里健康合并进驻医美领域、京东与悦美达成战略合作意向、百度上线"百度柠檬爱美"、美团将医疗美容业务从丽人业务部升级为美容业务部等。

（二）轻医美

用户向线上平移，这为医美互联网平台的发展带来了新机遇，轻医美将是第一个战场。对于医美消费者来说，将决策成本高的医美消费行为转移到线上需要"勇气"，无法实地考察机构和医生是消费者进行线上消费的隐忧，此时，先从成本和风险都较低的轻医美入手便成为较好的选择。不同于大型手术项目，机构开展轻医美的门槛较低，这就意味着平台对轻医美项目的审核程序更简单；除此之外，轻医美项目更加安全，减轻了平台售后负担。对于平台来说，轻医美也是入局的首选。未来，轻医美将成为医美互联网平台的"必争之地"。

中国医美市场规模2017年已达1760亿元，此后年均增速保持在40%以上。同时，由此衍生出的"轻医美"概念因"无手术、不注射"的护肤理念，逐渐与化妆品概念融合，并成为市场热切关注的新品。近年来，"医美护肤"市场热度不减，不少外资化妆品巨头将旗下品牌带入中国市场。

轻医美是一种通过各种非手术医学手段来解决紧肤除皱、面部微整形、面部年轻化、瘦身美体及皮肤等问题的全新概念。在国外轻医美已经成为专业肌肤保养的流行选择。轻医美早期从欧洲引入美国，再到中国台湾和香港，2017年开始流行于中国内地。目前，轻医美类项目已经向着越来越多元化和细分化的方向发展。

轻医美讲究时尚、快速、便捷，其最小化风险、最短化修复期的优点赢得不少求美者的青睐。随着生物科技和声、光、电等医疗美容设备的快速发展，医生不用动刀就能解决很多难题，促进了轻医美的快速发展。

（三）缺少资本市场青睐，盈利难度大

医美产业在"颜值经济"时代高速发展，规模不断扩大，但其却未能得到资本的青睐。

这两年，瑞丽医美、医美国际等医美机构陆续上市，其情况却并不乐观。瑞丽医美于2020年12月28日在港交所正式上市，但在上市三天后就

跌破发行价。医美国际于2019年10月25日登陆纳斯达克，上市首日开盘价为12.16美元/股，1月13日收盘价仅为5.16美元/股，总市值为1.22亿美元。不过也有例外，像朗姿股份这类医美股多次涨停，发展态势较好。

究其原因，医美产业增收不增利的现象明显，被称为中国互联网"医美第一股"的新氧就是其中的代表之一。新氧2019年第三季度发布的财报显示，营收同比增长18.9%，但净利润同比下降97.14%、环比下降57.8%。如此的利亏使得财报发布当日，新氧的股价就大跌9.41%，收盘价13.77美元/股。

就上游端而言，医美消耗品、药品的生产集中度高，价格居高不下且仍在不断增长，导致医美机构购货成本高；而在下游端，高获客成本一直是医美企业面临的最大难题之一，即使有线上优势加持，但私域流量仍然难以获得，营销渠道相对单一，更多的是停留在传统广告和互联网垂直平台，未能形成质变。医美机构的盈利难度由此可见。

值得一提的是，医美市场的同质化竞争现象也是造成其在资本市场遇冷的原因之一。根据艾瑞咨询数据，大型医美机构市场份额为6%~12%，中小机构是目前的主力形态，市场份额为70%~75%，另外还有16%~22%的小微型诊所。中国医美市场具有数量大、体量小的特点，难以推陈出新，打造特色品牌，这就造就了严重同质化问题，企业盈利能力也因此受到影响。

（四）监管力度加强，规范经营是重点

疫情带来的影响直接体现为医美机构减少。经过此次疫情，很多不合规、竞争力弱的小型私人诊所等倒闭，促使医美市场加速洗牌。存活下来的医美机构将在合规合法方面做得更好，市场监管也将加强，保证医美产业健康发展。

《2020年中国医疗美容行业洞察白皮书》显示，我国具备医疗美容资质的机构约1.3万家，而非法经营的医美机构数量超过8万家，合法医美机构仅占14%。不仅如此，在合法的医美机构中，依然存在15%的超范围经营

的现象。医美事故高发于"黑医美",平均每年"黑医美"致残致死人数约为100000人,多数消费者投诉报案无门,维权异常艰难。"黑医美"一直以来都为人们所诟病,产业线上化后,网络传播的低成本和高覆盖使"黑医美"也随之加快了线上化。此外,"轻医美"也并不"轻",其实质为微创,效果不佳等术后风险并不小。对此,国家的强力监管也顺势到来。2020年4月,国家卫生健康委等八部门联合发布《关于进一步加强医疗美容综合监管执法工作的通知》,明确规定了医疗美容广告属于医疗广告,非医疗机构不得发布医疗广告。经过2020年的市场大浪淘沙,医美产业将进一步合规合法发展。

R.7 疫情防控常态化下成都医美产业发展报告

王黎华 陈自立*

摘　要： 成都医美产业发展受疫情影响短暂停滞，但在各方努力下，恢复速度快，反弹力度大。2020年下半年，由成都市医美产业协会牵头对成都医美机构开展了问卷调查。本次问卷调查共回收140家医美机构的有效问卷，为后疫情时代成都医美产业发展，特别是当地医美机构经营决策提供了翔实的数据支持。后疫情时代，成都医美机构整体发展态势良好；线上消费规模迅速扩大，轻医美受众较多。疫情防控常态化下，成都医美产业应在加强对从业人员培训的同时，尽快建立规范长效的应对机制。

关键词： 成都　医美产业　产业协会　医美机构

新冠肺炎疫情突袭而至，经济活动短暂停滞，在政府、医护人员及社会各界的努力下，疫情逐渐得到有效防控。后疫情时代，成都市卫生健康委员会出台了多项指导意见来防控疫情，同时成都卫生健康委员会及其他相关部门并没有对医疗美容企业经营做出限制管理规定，对医美产业的快速复苏起到了积极作用。

---

* 王黎华，管理学博士，四川大学商学院副教授；陈自立，四川大学商学院管理学学士。

除了政府管制外，成都市医疗美容产业协会积极发挥行业自律作用，2020年3月8日联合中整协吴文育教授牵头发布了《新冠肺炎疫情下医美机构防控专家共识》，指导成都医美企业积极应对疫情，并为全国医美企业的复工做出积极示范，对于后疫情时代应对疫情反复的情况也具有指导意义。

疫情期间，医美机构的线下门店受到严重冲击。在经济下行压力加大的背景下，由成都市医疗美容产业协会主办的"成都医美月"创新直播活动，利用互联网平台的优势促进了成都医美产业线上化。此次直播活动从2020年7月13日开始，为期一个月，在提升成都医美产业影响力的同时，开拓了医美市场。2020年9月23日，成都武侯区正式设立了"中国医美直播产业示范中心"，为全国首创。专业的医美直播落户成都，将促进成都医美产业高质量发展，也借由网络流量，辐射全国，创造更多的线上消费场景。

成都医美机构在疫情防控形势向好后陆续复工复产，在将医美线上流量转至线下门店的同时，也迎来了线下消费爆发。

2020年11月30日至2021年1月14日，由成都市医疗美容产业协会牵头针对成都医美机构发起了问卷调查。本次问卷调查共回收140家医美机构的有效问卷，为后疫情时代成都医美机构的经营决策提供了翔实的数据支持。

参与调查的140家成都医美机构，包括98家单店、5家成都区域连锁机构、18家公立医院或科室以及19家全国连锁机构，其中15家为医疗美容医院，43家为医疗美容门诊部，61家为医疗美容诊所，13家为公立医院医美科室，8家为民营综合医院的美容科室。

本次参与调查的医美机构的经营规模如下：在面积方面，89家为0～1000平方米的小规模经营，35家为1000～5000平方米的中等规模经营，11家为5000～50000平方米的大规模经营，5家为50000～150000平方米的超大规模经营，其中超大规模经营的医美机构中2家为民营综合医院的美容科室和3家为公立医院的医美科室，单店经营的医美机构从小规模经营到大规模经营均有涉及，具有普遍意义；从成立时间来看，有8家是在2000年之前成立的老牌医美机构，其中除1家是医疗美容诊所外，其他均是公立医院医美科室，有19家是在2000~2014年成立的医美机构，在成都经营较长时间，拥有了一定数量的忠实顾客，有94家是在2015~2019年成立的，有19家是在2020~2021年成立的；从注册资本来看，99家为0~500万元，22家为500万~2000万元，12家为2000万~10000万元，7家超过10000万元，这7家中3家是公立医院美容科室；从员工人数来看，49家医美机构拥有0~10名员工，54家医美机构拥有10~50名员工，24家医美机构拥有50~200名员工，7家医美机构拥有200~500名员工，6家医美机构拥有500名以上员工；从机构的营业范围来看，涉及整形外科的有29家医美机构，涉及美容外科的有81家医美机构，涉及美容牙科的有47家医美机构，涉及美容皮肤科的有110家医美机构，涉及美容中医科的有34家医美机构，涉及植发的有10家医美机构，还有18家涉及其他医美项目的机构，基本上覆盖了医美市场的所有热门种类。可以看出，本次调查的样本涉及的医美机构种类丰富，具有普遍代表意义。

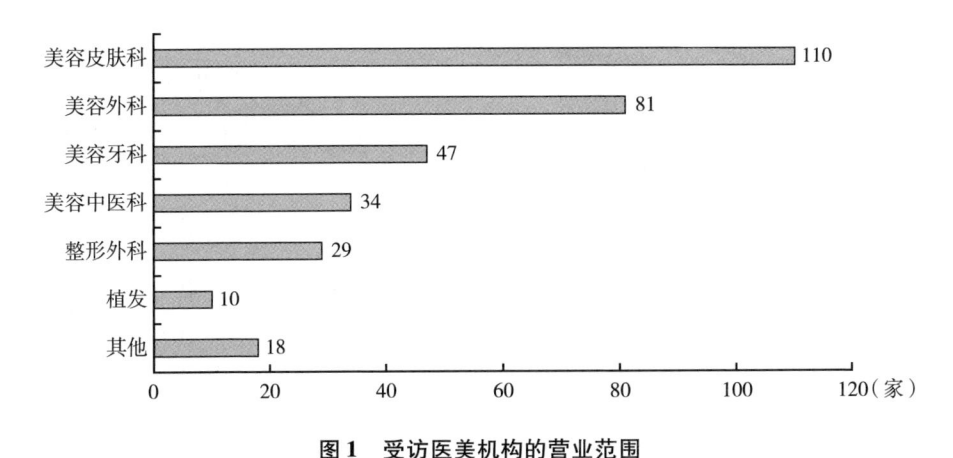

图1 受访医美机构的营业范围

对恢复经营的成都医美机构来说，疫情期间被压抑的医美消费需求得以释放，调查显示，手术类项目中最受欢迎的是眼部手术，共进行了24737次；其次是鼻部手术，共进行了6924次；再次是胸部手术，共进行了1941次；最后是植发手术，共进行了359次。同样，由于在疫情期间拓宽线上经营宣传渠道，积极进行医美直播等活动，在后疫情时代成都医美机构成功吸引了一批消费者。调查显示,新增消费者中,年龄为18~23岁的为27469人,占比达16.8%;年龄为23~30岁的为47272人,占比达28.8%;年龄为30~35岁的为32072人,占比达19.6%;年龄为35~40岁的为27356人,占比达16.7%;年龄为40~50岁的为19992人,占比达12.1%;年龄为50岁以上的为9754人,占比达6%。可以看出,23~35岁的消费者为主要群体,同时,除了年龄过大的消费者外,各个年龄段的消费者数量都大幅增长,这也从侧面反映了医美产业的线上营销成效显著,为医美产业的发展打开了新的局面。

尽管疫情对医美产业的影响较大,不少医美机构的营业额较往年同期明显下降,但调查显示,受访的医美机构中,56家认为发展前景非常好,占比达40%,53家认为发展前景比较好,占比达37.9%,21家认为发展前景一般,占比达15%,6家认为发展前景不太好,占比达4.3%,4家认为发展前景比较差,占比达2.8%。这表明绝大多数的医美机构对成都医美产业发展前景比较乐观,充满信心。

医美机构表示在后疫情时代其经营得到了政策扶持。被调查的140家医美机构中,26家医美机构认为政策的扶持力度非常大,占比达18.6%;43家医美机构认为政策的支持力度比较大,占比达30.7%;56家医美机构认为政策的支持力度一般,占比达40.0%;12家医美机构认为政策的支持力度比较小,占比达8.6%;3家医美机构认为政策支持没有,占比达2.1%。可以看出,成都政府推出的支持医美产业的相关政策取得了一定的效果,也表明政府相关部门还可以加强与医美机构的交流,了解企业需求,促进成都医美产业蓬勃发展。

对于政策的具体需求,被调查的医美机构表达了以下需求:91家医美机构希望政策提供规范管理方面的支持,打击非法医美行为,从而助力医美机构在社会树立良好的形象;83家医美机构希望政策提供人才培养方面的支持,面对市场上巨大的医美需求,医美专业人才供给严重不足,尤其是作为医美项目的核心竞争力整形医师十分匮乏,也使得市场上存在滥竽充数的不正规医师;29家医美机构希望政策提供融资方面的支持,反映出

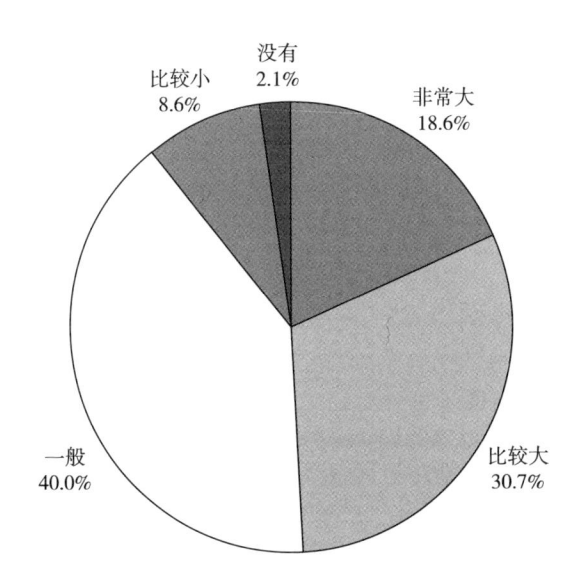

图 2　受访机构对政策对医疗美容产业支持度的认知

医美产业良好的发展前景；44 家医美机构希望政策提供协调医患矛盾方面的支持，可以说，医患矛盾的存在，除反映医美产业发展存在不规范问题外，也说明医美产业对高素质人才的巨大需求；还有 3 家医美机构希望政策为小型医美机构发展提供支持，反映出在后疫情时代小型医美机构生存困难，也反映出医美产业吸引了小型或初创医美机构的进入。

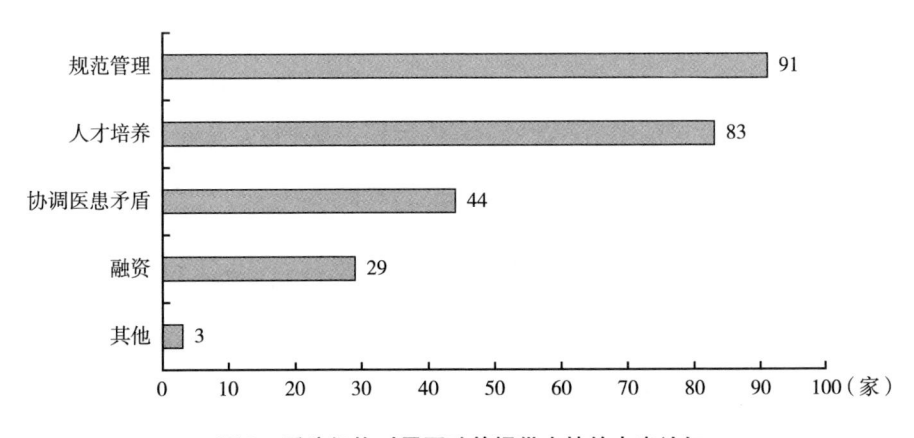

图 3　受访机构对需要政策提供支持的内容认知

当前成都医美企业已正常复工,但在疫情反复下,医美产业存在的问题被暴露出来,这些问题对于成都医美产业的发展构成了障碍。根据调查,63家机构认为成都的医美机构面临的突出问题是恶意低价竞争,这与行业发展缺乏规范有关,说明成都医美企业在规范发展、提高信息透明度方面仍需继续努力。

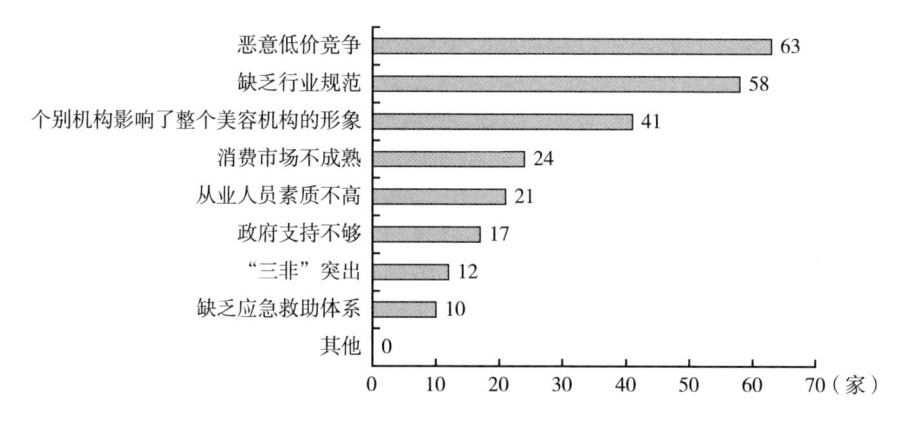

问题	家数
恶意低价竞争	63
缺乏行业规范	58
个别机构影响了整个美容机构的形象	41
消费市场不成熟	24
从业人员素质不高	21
政府支持不够	17
"三非"突出	12
缺乏应急救助体系	10
其他	0

图 4　受访机构对成都医美机构存在问题的认知

同样,为建成医美之都,根据调查结果,高达97家医美机构认为需要在行业管理规范方面努力,89家医美机构认为需要在人才体系培养方面努力,70家医美机构认为需要在行业纠纷调处法规方面努力,这些在调查中多次被提及的问题,反映出医美产业尚需努力的方向;另有60家医美机构认为需要在影响力传播方面努力,71家医美机构认为需要在市民认知度的提升方面努力,这说明医美产业的传播度和认识度不高,为此,医美企业需要共同努力,积极发声,加强对大众的美学教育。

针对医美产业发展中存在的问题,医美保险服务仍然空缺。根据调查结果,有15家医美机构引入了医美保险服务,占比达10.7%;100家医美机构虽然没有引入医美保险服务,但希望能够引入,占比达71.4%;25家医美机构则认为没有必要引入医美保险服务,占比达17.9%。从这一数据可以看出,绝大多数医美机构对于医美保险服务持支持态度,而且已经有部分医美机构走在前列,这说明成都市整个医美市场对于医美保险服务有着巨大

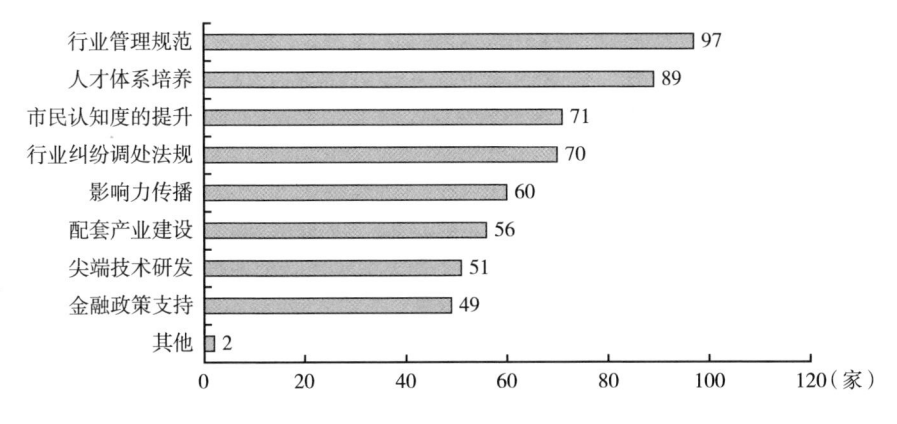

行业管理规范	97
人才体系培养	89
市民认知度的提升	71
行业纠纷调处法规	70
影响力传播	60
配套产业建设	56
尖端技术研发	51
金融政策支持	49
其他	2

图5 受访机构对成都打造"医美之都"努力方向的认知

的需求。这也是后疫情时代成都医美产业的发展焦点之一，有助于推进医美产业的全面发展，提高产业的服务质量，塑造良好的产业形象。

除了医美保险，成都医美产业对于建立应急救助响应机制也有强烈的需求。调查显示，有66家机构表示与综合医院建立了应急救助响应机制，占比达47.1%；有64家机构表示虽然没有与综合医院建立应急救助响应机制，但希望能够建立，占比达45.7%；10家机构则认为没有必要与综合医院建立应急救助响应机制，占比达7.2%。从上述结果可以看出，绝大多数的机构对此是持支持态度的，认为这项举措有助于医美产业的规范发展，为医美消费安全再加上一道保险，尤其是在疫情可能反复出现的情况，与综合医院建立应急救助响应机制将有利于提升医美机构的综合素质能力。

在调查中医美机构多次提及医疗人才培养问题，这个问题的急迫性可以从被调查机构的从业人员素质与学历方面得到侧面验证。调查结果显示，18家医美机构拥有1~5名研究生学历的员工，仅有4家医美机构拥有15~25名研究生学历的员工，拥有研究生学位员工的医美机构占比仅达到15.7%，其余118家医美机构没有研究生学位的员工；50家医美机构没有本科学位员工，占比达36.4%，64家医美机构拥有1~10名本科学位员工，占比达45.7%，18家医美机构拥有10~50名本科学位员工，占比达12.9%，7家医美机构拥有50~110名本科学位员工，占比达5%；大多数医美机构从业者为高中学历与专科学历。高素质医美人才缺失，不仅使得项目消费具有一定的风险性，而且使成都的医美产业缺少核心竞争力。

调查显示，成都医美企业积极与国际接轨，在加强国际间学术交流的同时，引进国际医美先进技术与专业人才。在被调查的140家医美机构中，有6家医美机构拥有1~5名执业的国际专家，来自韩国、马来西亚等地区；共有7家医美机构与国际专家开展交流合作，其中有7家医美机构开展了与韩国专家的交流合作项目，有3家医美机构开展了与美国专家的交流合作项目，有1家医美机构开展了与西班牙专家的交流合作项目；有32家医美机构试图与国际品牌或行业机构开展技术和创新项目等方面的战略合作。

疫情反复，对成都医美产业的经营再次提出了挑战。2020年12月和2021年11月，进入冬季成都都出现了确诊新冠肺炎疫情病例，再次打乱了社会经济的正常秩序。这给医美机构的内部员工造成焦虑的同时，也会引起消费者对线下门店的担忧。因此，在后疫情时代，医美机构需注重门店疫情防控工作，不仅要设置合理的就诊程序、避免手术过程中病毒感染风险，还要指导消费者分辨术后的正常发热与疫情感染发热。面对疫情防控常态化，成都医美企业在加强对从业人员培训的同时，也要尽快建立起规范长效的应对机制。

产业规范篇

Industrial Specification Reports

R.8 医美产业规范安全及标准化建设报告

杜 文[*]

摘　要： 伴随着中国改革开放和经济高速发展，中国医美产业经过三十多年的蓬勃发展，当下已经成为中国最热门的朝阳产业之一。但与发达国家相比，我国医美产业仍然存在起步晚、行业渗透率低、专业人才紧缺、知识普及程度低和服务质量参差不齐等问题，这在一定程度上影响了医美产业更好更快发展。医美产业需要思考和解决规范安全问题，从国家主管部门对医美产业的管理来看，医美标准化体系建设是行业规范安全管理的重要内容。

关键词： 医美产业　规范安全　医美标准化

一　医美规范安全总体现状与需求

伴随着中国改革开放和经济高速发展，中国医美产业经过三十多年的

---

[*] 杜文，成都医疗美容产业股份有限公司副总经理。

蓬勃发展已经成为当下中国最热门的朝阳产业之一，"颜值经济"一度成为社会热议与关注的新词，自2017年国家对"新经济、新业态、新模式"的鼓励以来，医美作为消费医疗新场景的代表之一也实现了从"行业"向"产业"的跨越。同时，众多上游产业的科技研发成果转化也正在积极填补中国医美产业链中的空白，中国医美产业正在不断地自我完善。

自1962年第一代硅胶假体诞生以来，1992年肉毒毒素正式被临床使用，在全球范围内医美产业化的历史不超过60年，而中国医美产业高速发展的历史仅为16年，仍然是新兴产业。医美产业具备多学科交叉的医疗属性，以及代表性的消费医疗属性，在高速发展的过程中也出现了规范安全方面的新情况、新问题。与发达国家相比，我国医美产业仍然存在起步晚、行业渗透率低、专业人才紧缺、知识普及程度低和服务质量参差不齐等问题。医美产业需要思考和解决的规范安全问题主要集中如下。

（一）医疗美容的学科设立

医疗美容的学科属性属于顶层设计范畴，这需要在国家层面予以明确，主要表现为医疗美容人员的职称与专业归属问题。首先，全国卫生专业技术资格考试的类别目录中没有设置"医疗美容"类别及相应的二级学科，导致医疗美容从业者的专业技术职务（称）的类别定位和专业归属呈现空白。医疗美容人员评定专业技术职务、晋升职称只能挂靠所谓"相关"专业，如整形外科、烧伤外科、口腔科、皮肤与性病科、中医科、妇产科等，出现了医疗美容从业者持有的专业技术职务（称）证书均非医疗美容专业的职务（称）的奇怪现象。医疗美容从业者的专业身份、职称类别、学术地位和继续教育归口不清，从业者缺乏自身专业认同。这些问题直接导致从事医疗美容业务的专业技术人员来源复杂，大量的普外科、手外科、妇产科、眼耳鼻喉科、口腔科、皮肤与性病科、中医科医师在经过短暂的进修或挂证备案后就可合法地从事医疗美容业务。并且在临床专业上也没有属于医疗美容专业的清晰的学科归属，这在一定程度上阻碍了医疗美容专业系统化的学科建设，制约了医疗美容产业发展。其次，初步厘清学科属性专用名词的定义，如"医疗美容""医学美容""美容医学""医学美学""美容心理学""医学审美学"等词条及基于这些词条所创造的系列词条，也是强化行业规范安全所应明确的内容，这可以为促进产业发展梳理出相对系统的思路。

（二）医美机构和科目的准入设置

机构准入主要涉及各类医美机构以及综合医疗机构中医疗美容科的设置、最低标准与筹建指南等。国家层面的医美机构准入标准最早产生于1994年，后于2002年修订，再于2011年组织征求修订意见，即目前实施的《美容医疗机构、医疗美容科（室）基本标准（试行）》。从内容上，该标准主要反映在整合医学观念上。参照了现有学科与医疗机构设置条件，尚未能从"消费医疗"属性上思考医美机构的准入标准。各地在准入标准上也有差别。

（三）医疗美容的行业管理

当前医疗美容的"消费医疗"属性尚未从"基础医疗"管理思路中分离出来，与之相应的管理制度与方法对现有的医疗美容消费市场产生了新的适配需求。例如，针对医美机构的等级评定与分级管理，基本延续"基础医疗"的管理模式。若按前述医美机构标准准入，准许设置单一科室医院，也能从某种程度上缓解诊疗项目分级中的一些问题，不仅如此，由医生创业的机构的发展将十分艰难。对于在某一领域具备高级临床水平的医生开设的医美机构的等级限制，导致众多手术项目不能合法开展。众多业内专家希望还医疗美容"消费医疗"的本质，而不是套用"基础医疗"的管理思路。通过采取严格的考核与备案方式，从行业管理上拓宽优秀医生创业的空间。

关于医生多点执业与境外行医资格的管理问题。2018年广州市率先发布《广州市关于支持社会力量提供多层次多样化医疗服务促进社会办医加快发展的实施方案》（以下简称《方案》），明确提出推进医生多点执业，鼓励公立医院在职医师兼职开办诊所、护士开办护理机构等；并规定不再对非公医疗机构的类别、规模、数量、布局等进行限制；简化审批限制与流程；鼓励公私合作办医；医用水电与公立医院同价等；民营机构在医师规范化培训、学科研究、专科建设、职称评定、等级评审等方面享受与公立医院同等待遇。基于医疗美容产业，这些举措成为各地发展"消费医疗"产业的有力助推。

对现有的医美机构的规范安全管理多套用公立三甲医院的评定模式，这从严格医疗管理来说不无裨益，但医疗美容相对于众多基础医疗多属"轻医疗"范围，若都按公立三甲医院标准要求则会增加医疗机构负担。因此，探索适合医美机构的规范安全标准化评价体系是一个有意义的话题。

在医美价格方面，众多业内专家表明，乱象较多。同样的项目，不同医美机构的价格差距甚至可达几十倍之多。虽然医美属于"消费医疗"，大体遵循议价原则，但少数医美机构的价格虚高容易影响医美产业的公信力。

（四）医疗美容的职业规范

医疗美容的职业认定主要是针对医疗美容行业的所有相关岗位的规范化认定和管理，涉及医师、护理人员、咨询师、经营管理人员等。

当前，围绕医疗美容职业的讨论主要有：一是美容主诊医师制度，二是护理人员是否可以从事医疗美容治疗，三是医疗美容咨询师岗位认定。这三个问题也被列入国家卫健委《医疗美容服务管理办法》修订案的探讨内容，全国专家也在激烈的研讨之中。

美容主诊医师制度方面，2002年，《医疗美容服务管理办法》（中华人民共和国卫生部令第19号）提出"医疗美容主诊医师"概念，同年，四川省率先执行美容主诊医师考试、发证制度，持续14年。尽管如此，由于这一条例的非强制性，在"医疗美容主诊医师"推行的14年内，全国仍然有一半左右的省份没有推行。2017年，因涉及《行政许可法》的行政许可原则，以及《执业医师法》中缺乏专科医师制度，原国家卫计委于2017年3

月发文针对医疗美容主诊医师改备案制,取消了对考试、证书的制度支持,各地也遵照改制。但是由于备案制的相应配套制度尚未完善,当前业内专家对此褒贬不一。而现今的备案制,由于对美容主诊医师认定的条件和过程监管尚存争议,标准化培训体系缺位,出现众多医生到医美机构空挂证书,达到年限即可领证的情况,拉低了行业水准,形成了行业乱象,增加了医疗风险。因此,针对医疗美容主诊医师的认定,急需出台更为切实可行的"考培结合"标准化体系,同时也应避免一考定终身的做法,建立更为完善的年检标准,以保障医疗美容技术水平的不断提高。

医美机构护士方面,作为医疗美容诊疗行为中的重要组成部分,当前关于护士是否可以从事医疗美容治疗也缺乏相应清晰的制度规范。美容外科、美容皮肤科、美容牙科、美容中医科等都有可以参与的内容,如众多激光仪器的治疗操作、口腔美容的治疗操作等,在医师设计好治疗方案后,经过培训的护士可以熟练地完成治疗操作。

医疗美容咨询师方面,中国医美产业化发展造就了医美咨询师这一岗位。几十年来的产业发展也印证了这一岗位在医美机构中的作用,仅有少部分专家基于公立医院体制对这一岗位的称谓和作用尚有争议。探究产业发展历史,中国医美产业肇始于民营医美机构的发展,"医疗美容咨询师"也伴随产业发展而诞生,中国整形美容协会十分重视这一岗位的设置、职业准入、标准化培训认证体系的探索与研究,并成立了中国整形美容协会医学美学与咨询分会,并已初步形成了一套标准化体系。

综上所述,医疗美容相关职业准入、行业规范安全管理等制度正在完善中。

(五)医疗美容的质量安全

由于学科属性等一些原因,加上还未进行系统性的整理,目前尚缺乏相对统一和公认的医疗美容临床技术标准,缺乏对所有医疗美容临床诊疗服务的标准化文件。

这些内容涉及医疗规范安全管理、标准化与处理体系,医疗绿色通道救治及运行机制。第三方鉴定标准的建立和医疗美容纠纷的调解也有待于这部分内容的完善。

例如，针对玻尿酸注射眼周致盲的医疗救治，专业的眼科医生在处理玻尿酸注射眼周致血管栓塞的情况时，缺乏必要的指导制度，因医生没有明确的救治义务而耽误求治时间致患者失明的案例也时有发生。

（六）医疗美容的培训教育

中国医美产业发展中人才瓶颈问题突出。一是人才来源庞杂，如前文所述，目前大量的医生来源于烧伤外科、整形外科、妇产科、皮肤与性病科、口腔科、急诊科、中医科等，未能形成标准化的医疗美容培训教育体系。行业缺乏针对从业人员的培训教育标准化体系。因此，行业管理实践缺乏相应的依据。

2020年7月6日，国家卫健委办公厅印发《医疗美容主诊医师备案培训大纲》（国卫办医函〔2020〕537号）供各地参考使用。国家卫健委于2017年委托中国整形美容协会起草医疗美容标准化培训大纲，经过两年多的努力，反复磋商，培训大纲获得国家卫健委认可后发布。之后中国整形美容协会将配合国家卫健委，继续完善培训机构的认定、培训人员的资质审查、培训证书的发放、备案培训结果的认定等内容。培训大纲的出台是医疗美容培训教育走向标准化、规范化的第一步。

（七）医疗美容产品与流通

对医疗美容上游产品等的规范管理主要集中表现为打击假冒伪劣产品。一部分产品出现在非法医疗美容场所或生活医美机构，偶尔也有出现在医美机构，还有一部分产品出现在一些博览会现场。部分产品是尚未在国内取得NMPA认证的产品。这方面的规范安全问题，主要靠建立打击非法医疗美容行为的长效管理体系。

另外，医疗美容很多药品、器械存在临床使用过程中"超适应症"问题。针对玻尿酸注射类产品，在中国的NMPA认证中只有一个适应症，并且每个部位的认证报批流程都是单独的。国内众多产品均存在这类适应症限制问题,实际上玻尿酸在临床上的注射应用较多,这一问题还无法从制度上加以解决。

目前上海交通大学医学院附属上海第九人民医院率先实行了"备案制"管理办法,以解决众多合法医美产品"超适应症"的责任问题。那么针对这一问题,能否如药品管理体系一样通过达成"专家共识"来尝试推行"超适应症"备案制度。对经权威专家在临床使用中验证效果安全的"超适应症"应用范围实行备案管理,并能作为合理使用的免责依据,或许能为解决这一问题提供思路。

(八)非法医疗美容行为

非法医疗美容行为猖獗已成为社会问题。2017年5月10日,国家七部门联合发布《关于开展严厉打击非法医疗美容专项行动的通知》(国卫办监督函〔2017〕510号),重点针对无证行医、制假售假、违法医美培训与广告等开启为期一年的专项行动。截至2019年1月,共查处案件2700多件,吊销28家医疗机构诊疗科目或《医疗机构执业许可证》,责令47家医疗美容职业技能培训机构改正,2家停业整顿,责令743条医疗美容广告予以改正。2020年4月17日,国家八部门联合下发了《关于进一步加强医疗美容综合监管执法工作的通知》(国卫办监督发〔2020〕4号),从规范医疗美容服务、规范药品与医疗器械生产经营使用、规范医疗美容广告发布三个方面,加强医疗美容管理,要求市场监督管理部门按照"双随机、一公开"的方式对生活医美机构开展抽查,对日常监管中发现生活美容院涉嫌未取得合法资质开展医疗美容服务的,及时通报卫生主管部门整治。

针对非法医疗美容行为的监管和查处工作,应该着手建设打击非法医疗美容行为的多部门联合工作的长效机制与制定管理办法,加大举报奖励和处罚力度。

（九）医疗美容的服务体系

美国医生特鲁多的墓碑上镌刻的一段铭文"To Cure Sometimes, To Relieve Often, To Comfort Always"（偶尔治愈，常常帮助，总是安慰）是被世界医疗界广为传颂的名言。从医疗行为来看，医疗不只是要体现技术优势，技术并不能解决所有医疗问题，需要时刻体现出关怀。世界卫生组织的数据显示，目前医疗服务水平排名第一的是日本，而中国的医疗服务水平排名第64位，显示出我国的医疗服务水平有待提高，而在医疗美容领域也存在同样的问题。

医疗美容领域不仅要提高服务水平，更要解决医疗技术滥用与过度医疗美容问题。在美国、欧洲、日本等国家或地区，针对医疗服务建立了相对完善的标准化体系，目前我国针对医美机构已经启动标准化体系建设工作，虽然有一部分优质医院率先采用了国外的标准化服务体系进行提升和认证，如JCI等，但中国医疗美容产业既需要与国际接轨，也需要尊重本国特色，需要建立一套具有中国特色的医疗美容服务标准化体系，让医疗美容服务机构在追求经济效益与保障就诊者安全健康权益之间寻得平衡点。

（十）医疗美容的司法需求

医美产业健康有序发展在一定程度上也有助于加快国际化城市建设、提升城市能级和核心竞争力。然而，随着经营规模的扩大，医美机构自身也存在较大的风险，由此引发的纠纷日益增多。医美产业存在的问题在案件诉讼中也有所凸显。

来自国内某一线城市的医美司法报告[1]显示，医美案件涉及的案由主要为医疗损害责任纠纷、医疗服务合同纠纷、健康权纠纷，其中医疗损害责任纠纷占比达82.28%。当然，近年来百份案例数据显示，医疗美容纠纷案件在处理过程中也呈现出几个显著特点：一是调解撤诉率高，撤诉率和调解率

---

[1] 《2015～2019年医疗美容纠纷案件司法审判白皮书》，上海长宁区人民法院，2020年5月。

均占 42.03%；二是简单程序适用率高，高达 92.75%；三是审理周期较长，平均长度为 212 天，远高于该地区普通民事案件审理平均周期 92 天；四是原告主张金额与获得判决支持金额差异较大；五是实际完成鉴定程序的案例较少；六是案件争议主要集中于医院告知是否充分、书写病历是否规范、手术操作是否不当等三大医方行为。

基于对所有医疗美容纠纷案例的研究，目前在案件审理过程中主要面临出证据举证质证、就诊者行为不确定性、医疗美容鉴定和司法认定四大难题。因此，国内司法体系对完善医疗美容规范安全与标准化体系的需求十分紧迫，以期进一步发挥司法的规范指引作用，揭示问题、提示风险、加强防范，促进医美市场有序发展，充分保护医患双方合法权益，构建良好的医患关系，为促进医疗美容产业的健康发展贡献力量。

（十一）医疗美容的金融与保障体系

医疗美容规范安全与标准化体系建设原则上是行业的事，也是市场的事，更是相关产业的事。由于医疗美容的临床技术标准、医疗服务标准、产品应用标准未能系统化，医美保险服务等进入不畅。

从国际经验看，消费金融与保险体系只为具有高度标准化的产业、企业、机构和个人提供服务，如为顾客与从业者、医疗机构与医生提供保险服务，既能为产业防控风险，也能通过保险服务倒逼产业标准化服务水平的提升。

医疗美容的消费金融服务也经常因无可参照的行业标准体系而出现众多纠葛不清的纠纷处理、责任认定等问题。只有建立更好的医疗美容规范安全与标准化体系，才能吸引金融与保险的深度参与，这无疑能够极大地提升行业规范安全标准，为行业的运行提供保障。

（十二）医疗美容的信息化需求

中国已进入网络和信息化时代，大数据、云计算、移动支付等技术应用水平走在世界前列，而医疗美容规范安全与标准化体系的建设也有赖于信息化手段的应用，但医美产业的信息化建设滞后，主要表现为：行业缺乏真实有效的数据资料，数据整理在人工层面误差较大，尚没有形成政府层面的行业规范安全类数据管理等。这使得产业数据，以及医疗机构、医生、产品流通、就诊者和医疗美容病历等相关信息难以被掌握，无法为责任认定、纠纷调解、金融保险、风险防控提供更高效的专业信息支撑。

二 医美标准化建设的启动与意义

（一）标准化国家战略

一流的产业做标准，二流的产业做品牌，三流的产业做产品。欧、美、日等一直因率先建设和把持着众多行业标准而傲立于世界经济顶端，欧洲有欧洲标准化委员会（CEN），并于1998年发布CEN 2010年标准化战略，明确提出要建立强大的欧洲标准化体系，目前参与国众多。美国1998年制定国家标准化战略，其核心就是让国际标准反映美国技术、让美国技术成为国际标准。日本2001年公布《标准化战略》。上述国家战略内容虽有差异，但有一个共同点，就是面对21世纪经济全球化挑战，争夺国家标准的主导权。在知识经济时代，一项具有战略意义的技术标准被国际标准化组织承认或采纳，将会带来极大的经济利益，甚至能决定一个行业的兴衰。标准化战略的失误可能会影响到国家利益。我国2015年发布《国家标准化体系建设发展规划（2016—2020年）》，把标准化体系建设上升到国家战略层面。此后，对于1988年12月29日通过、自1989年4月1日起施行的《中华人民共和国标准化法》在2017年进行了修订，最新版本由中华人民共和国第十二届全国人民代表大会常务委员会第三十次会议于2017年11月4日修订通过，自2018年1月1日起施行。

标准可分类为国家标准、行业标准、地方标准和团体标准、企业标准。根据众多新兴行业和市场需求，国家鼓励学会、协会、商会、联合会、产业技术联盟等社会团体协调相关市场主体共同制定满足市场和创新需要的团体标准，由本团体成员约定采用或者按照本团体的规定供社会自愿采用。这无疑是医美产业标准化的重要依托。

从微观来看，标准化能提升产品和服务质量，树立行业信心，理顺多方关系，促进产业发展。可以说标准化是行业的正能量，也是行业生态的保障之一，只有能被标准化的行业才是安全健康稳定的行业。中国医美产业经过了几十年的发展，可谓日新月异，"颜值经济"一度成为社会热点，我国俨然已是医美大国。然而，我国医美产业发展水平与发达国家相比还存在差距，如产业完整程度、综合治理水平、医疗服务质量、机构规范管理、专业人才教育等方面。我国是医美大国，但并非医美强国。我国还不是临床研发的中心国、核心产品的供应国、医疗技术的输出国和医美标准的制定国。

关于医疗行业管理与标准化制度，国际上有众多可供借鉴的经验，如美国的JCI、德国的TUV、法国的ANAES、荷兰的NIAE、英国的QHA等。医疗美容产业在中国是新兴产业，在系统的行业制度和标准建设方面滞后于一些发达国家。可以说启动医美标准化建设是当前最有价值的事情，是发展医美产业的关键。

（二）医美标准化建设的行业管理需求

2017年5月10日，国家七部门联合发布《关于开展严厉打击非法医疗美容专项行动的通知》（国卫办监督函〔2017〕510号），重点针对无证行医、制假售假、违法医美培训与广告等开启为期一年的专项行动。截至2019年1月，共查处案件2700多件，吊销28家医疗机构诊疗科目或《医疗机构执业许可证》，责令47家医疗美容职业技能培训机构改正，2家停业整顿，责令743条医疗美容广告予以改正。2021年5月28日，国家八部门联合下发了《关于印发打击非法医疗美容服务专项整治工作方案的通知》（国卫办监督函〔2021〕273号），从规范医疗美容服务、规范药品与医疗器械生产经营使用流通、规范医疗美容广告发布三个方面，除强调卫健部门加强医疗美容管理外，还要求市场监督管理部门对生活医美机构涉嫌未取得合法资质开展医疗美容服务的，及时通报卫生健康行政部门。因此，从国家主管部门对医美行业的管理看，建设医美标准化体系也是医美产业规范安全管理的重要举措。

（三）医美标准化建设的启动

根据《深化标准化工作改革方案》（国发办〔2015〕13号）、国家标准化管理委员会和民政部印发《团体标准管理规定》的通知（国标委联〔2019〕1号）等文件精神，以及国家卫生健康委员会促进医美产业健康发展的工作要求，中国整形美容协会于2019年向国家标准化工作委员会申请启动全国医美团体标准编制审核，取得医疗美容行业合法且唯一社会团体代号"T/CAPA"，并可在"全国团体标准信息平台"公布团体标准和发布相关信息。

2019年7月22日，中国整形美容协会批准成立中国整形美容协会标准化工作委员会的立项申报工作，负责医疗美容行业团体标准的制修订工作。

2019年9月26日，中国整形美容协会标准工作委员会应运而生，并在北京召开了第一届全委员工作会议。中整协标准化工作委员会积极组织各分会开展标准制定工作，中国医疗美容产业标准化建设工作正式迈出历史性的一步。

三 医美标准化建设的指导思想

中国医疗美容产业标准化建设是指以规范行业管理机制为基础，建设分类别、分层级的标准化体系，是涵盖医疗美容技术、医疗美容服务、医疗美容机构、上下游相关企业、从业人员、产品、教育及所有关联业务各个领域的标准化体系集合。针对中国医疗美容产业特性，在编制全国医美标准的工作中应该深入分析，遵循以下指导思想。

（一）国际接轨，中国特色

在中国医美标准化建设中，我们既要做到吸纳国际先进的经验，做到与国际接轨，也要重视中国医美产业独有的特色。基于一直以来的行业管理与实际情况，中国的医美产业形成了一批业态丰富、规模各异的专业型医美服务机构，从几百平方米到几万平方米规模完全不同的终端服务业态。这一资本推动的产业化道路是国外所少有的，也因此形成了各自不同的医疗美容服务体系。因此，在制定行业管理体系时，也应考虑到当下的产业现状，不能采取"一刀切"或者照搬国内外其他成熟经验的做法。

（二）立足当下，着眼未来

我们既要立足于实际情况，也要着眼未来，使体系具备一定的先进性、完整性、前瞻性。这套医美标准化体系至少应能够适用于未来一段相对长久的产业发展需要，不至于因对医美产业发展变化的考虑不足而在未来对这套医美标准化体系频繁进行修订。

（三）基本共识，底线思维

众所周知，医疗美容从某种意义上可以说是非标行业，即很难标准化，尤其是美学部门，甚至可以追求个性化。比如其中对美的认可和术后的结果呈现，何者为好？何者为美？并没有统一的定义，因此很多人认为医疗美容服务很难标准化。但从医疗服务的基本底线来看，医疗美容的医疗属性部分应该是可以相对标准化的，比如一定时期的手术实施方法、服务医疗规范的实施路径、对技术安全的规范化管理等。因此，医美标准化体系应该是行业发展的最基本共识，是行业不可触碰的底线，是保障就诊者身心健康与机构规范安全运营的基础支撑和基本要求，而不是针对医美行业全方位无死角的强行标准。

（四）基于法律，探索先行

中国医疗美容行业标准化建设的原则是对现有医疗法律法规体系进一步完善，更有针对性地形成行业规范安全可执行、可识别的共识，而不能违背和超越现有法律法规。从对行业规范安全管理的约束性来看，法律大于规章制度，规章制度大于行业标准，这是基本的逻辑。但由于医美行业发展迅速，在当前法律法规还不够完善的领域，可以通过医美行业标准的推行来试点规范安全管理的一些举措，为行业法律法规的逐步完善提供依据。同时，面对法规制修订工作的严谨性和需要相当长的周期性，以及当前医疗美容产业不断涌现出的新情况、新问题，并不能在现阶段仅依赖完善法律法规来推动医美行业规范安全管理，反倒是医疗美容标准化体系建设将成为行业规范安全管理的有力保障举措之一。

（五）规范行业，促进繁荣

实施标准化战略的关键在于能从可执行层面规范行业发展，使医疗美容服务机构、上游企业和周边服务企业都能做到有章可循、有条可依、有理可断，为大量存在争议、疑惑的各类问题给出一个系统化解决方案，产业从临床技术、服务质量、产品效能、价格机制、培训评定等方面都能做到规范化发展，真正实现繁荣昌盛，形成良好的市场氛围。

（六）搭建体系，分步完善

任何一个行业的标准化建设工作都无法一蹴而就，需要经过一定的周期，组织一定数量的行业主管部门、权威专家团队、代表性企业及优秀医疗美容机构代表经过广泛而深入的研讨方能完成。行业管理与标准化体系的搭建初期，应率先确定一个架构，然后根据各类别的轻重缓急分步骤、分组别、分阶段予以完善。

（七）形成组织，推广实施

医美标准化体系的编制是一个系统工程，需要耗费巨大的人力和较长的时间，同时标准化体系编制完成之后的推广与实施也是一个系统工程，包括标准制定的可行性、标准在执行过程中的反馈情况、标准是否需要修订等，这绝不是说在嘴上、挂在墙上的一纸空文，而是要形成更为系统且长效的标准化推行、执行、评定体系，需要形成一定的固定化流程，在行业内推进标准化体系的认定、评定等，将全行业的技术、服务、管理水平的提升工作落到实处。

四 医美标准化建设的进展与成果

2019年9月26日中国整形美容协会成立标准工作委员会以来，围绕临床技术类标准积极组织协会下设各专门分会开展标准制定工作。

（一）率先发布首个脂肪注射移植标准

由中整协脂肪医学分会牵头，组织国内专家进行多轮探讨后定稿，于2019年12月29日在成都发布的国内首个《脂肪注射移植标准》指出，现阶段将主要围绕建设标准化培训教程、培训基地和标准宣贯等开展工作。

一是推动标准创新模式，支撑规范，驱动发展。针对培训基地设立，开展标准化落地的战略合作，以标准共建共享和互联互通支撑与推动脂肪注射移植专业的管理创新，加快促进技术标准化进程。

二是加强标准宣教，使标准与医师、学会及医院多层次深度融合。2020年中整协脂肪医学分会充分利用各种时机大力开展标准的宣贯工作，先后在学术论坛讲座、脂肪继续医学再教育学习班、多个省医学会年会、全国线上大会等开展共15次标准宣贯活动。标准宣贯活动得到了同行广泛认可，一致反映该标准从医生最关心、最现实的问题入手，通过标准化弥补了临床短板，完善了相关医疗管理制度，促进了技术统一。

（二）《医疗美容主诊医师备案培训大纲》发布

2020年7月6日，国家卫健委办公厅印发《医疗美容主诊医师备案培训大纲》（国卫办医函〔2020〕537号）供各地参考使用。国家卫健委于2017年委托中国整形美容协会起草医疗美容标准化培训大纲，经过两年多的努力，几易起稿、反复磋商，培训大纲获得国家卫健委认可后发布，之后中国整形美容协会将配合国家卫健委，继续完善培训机构的认定、培训人员的资质审查、培训证书的发放、备案培训结果的认定等工作。培训大纲的出台是医疗美容培训教育走向标准化、规范化的第一步。

（三）启动《医疗美容项目分级管理目录》修订

2020年10月31日，中国整形美容协会《医疗美容项目分级管理目录》修订工作讨论会在杭州召开，与会专家分别就修订草稿中的美容外科、美容牙科、美容皮肤科和美容中医科的项目名称、分级及管理等内容逐项逐条进行了充分交流和热烈讨论。针对近年来医疗美容行业发生的多起同一患者同时开展多项手术致死致残事件，上海医疗美容质量控制中心孙宝珊主任介绍了上海市试行以手术项目"治疗指数"控制医疗风险的做法。与会专家一致认为，该做法是保障患者安全的有效手段，建议中国整形美容协会研究制订"医疗美容项目治疗指数"并在全国推行。

在质量安全方面，医疗美容项目名称和诊疗方式混乱是本行业乱象的表现之一，也制约了学科发展。为探索医疗美容项目诊疗标准化、规范化，复旦大学附属中山医院顾建英教授提出了编制医疗美容项目国际疾病分类编码（International Classification of Diseases，ICD）的设想，得到了与会专家的高度认可。

（四）逐步推进各类行业标准立项

医美标准化建设是一项系统工程，需要全行业专家的广泛参与，同时，按照一定的工作原则，依照工作重点和轻重缓急原则，有序推进各个分会的标准化制定工作。截至2020年，通过全国各领域行业专家组织立项申报的方式，中国整形美容协会确定了12项行业标准立项工作。

目前《医疗整形美容麻醉安全规范》《乳房整形美容标准》《毛发移植规范》3项标准已完成编写和广泛征求意见任务，正在形成送审稿阶段，提交协会标准化工作委员会审核。《医美互联网运营师职业技能要求》标准编写完成，正在网上广泛征求意见。《小儿先天性颅颌面畸形手术的麻醉操作规范》《小阴唇整形美容手术标准》《女性外生殖器官整复与美化》《女性下生殖道结构和功能整复》《女性生殖器官功能障碍物理康复体系》《医疗美容损伤程度分级》《祛痘类功能性护肤品》《微针治疗操作标准》8项标准已经进入编写阶段。

五 "医美之都"与中国医美标准化建设

"医美之都"建设与中国医美标准化建设有着十分紧密的关系。2017年成都市提出建设"医美之都"战略，2018年成都市政府联合中国整形美容协会共同主办第一届成都国际医美产业大会暨"医美之都"高峰论坛，并在大会开幕式现场签订了成都市政府与中国整形美容协会关于共同建设"医美之都"的战略合作协议。

此后，由市经信委（市医推办）牵头，中国整形美容协会组织，召集主管部门领导、省内外权威专家、产业代表四十余人，召开了第一次成都医疗美容行业管理与标准化建设专题研讨会。会后形成会议专题报告进行了报送，为2019年中国整形美容协会标准化工作的启动和标准化工作委员会的成立做了一些前期工作，先后制定了《中国整形美容协会标准化工作委员会办公室工作条例》《中国整形美容协会团体标准涉及知识产权的有关规定》。

"医美之都"一定是建立在更优秀的行业管理与标准化体系之上的，富有极为鲜明的辨识度，具有一定的先进性，并在中国医美标准化建设中成为启动区和先行先试区。探讨全国医美团体标准，应本着在基本遵循现有国家法律法规上更有利于激发医美产业创新、更有利于引导医美产业投资、更有利于促进医美产业发展的原则，若能以成都作为试点城市，一定能在基本行业治理上为"医美之都"的建设带来更强劲的推动力。

R.9
医美产业法律规范及风险防范研究报告

邓明攀 医专委*

摘　要： 医美产业飞速发展的同时，出现了上游产品违规经销、非法开展医疗活动、渠道营销不合规等现象，暴露出医疗美容产业整体合规意识及措施的缺位，为医疗美容产业的长期健康发展埋下了隐患。因此，解决医疗美容产业面临的常见合规性问题，既是促进医疗美容产业高质量发展的必然要求，也是保护患者或求美者健康的应有之义。通过梳理医疗美容产业合规的总体现状，对医疗美容产业行政监管和司法裁判情况进行阐述，在此基础上分析其影响因素，进而提出促进医疗美容产业合规的建议，有助于医美产业健康持续发展。

关键词： 法律规范　医美产业风险　医美合规

一　医美产业法律规范的意义

近年来，医疗美容产业迅猛发展，相关数据显示，[1] 截至2019年底，

---

* 邓明攀，四川闻则律师事务所合伙人，自2005年执业至今专注于大健康产业法律服务领域，《健康界》认证优质作者；医专委团队成员包括周海洋、张雪梅、刘莉、戴昱、马涛、赵东、田亮、范蜀黔、米仁金、薛梅、柳位禄、李善荣、张英、李莉、李成军、黄钰、刘春林。

[1] 2020年12月12日中国整形美容协会行业发展与监督自律委员会成立会暨2020年中国医疗美容监督管理论坛发布的数据。

全国医美机构登记注册1.2万余家，从业人员达50万人，门/急诊服务超过1500万人次，医疗美容手术400万人次，市场规模约4000亿元人民币。但在飞速发展的背后，医疗美容产业存在上游产品违规经销、非法开展医疗活动、渠道营销不合规等现象，暴露出医疗美容产业整体合规意识及措施的缺位，为医疗美容产业的长期健康发展埋下了隐患。因此，解决医疗美容产业面临的常见合规性问题，既是促进医疗美容产业高质量发展的必然要求，也是保护患者或求美者健康的应有之义。鉴于此，本报告拟从医疗美容产业合规的总体现状出发，对医疗美容产业行政监管和司法裁判情况进行阐述，在此基础上分析其影响因素，进而提出促进医疗美容产业合规发展的建议。

二 医疗美容产业法律规范的总体状况

（一）医疗美容产业上游

医疗美容产业上游的合规性主要是围绕医疗美容产品生产经营活动进行评价，包括药品、医疗器械和医用耗材生产经营环节，主要分为如下五类：（1）医疗美容器械生产经营资质，包括注册证、许可证、广告审查证明等材料；（2）医疗美容药品生产经营资质，如许可证、药品批准证明等材料；（3）医疗美容药品相关主体（如上市许可持有人、临床试验机构等）严格遵守药品相关质量管理规范等行为；（4）医疗美容产品广告依法发布；（5）医疗美容进口产品取得准入资质，完成许可备案手续。

国家市场监督管理总局2020年的行政监管信息显示，医疗美容产业上游存在的违规情况包括但不限于如下三类：（1）生产销售假药或劣药，涉案医疗美容机构往往涉嫌生产、销售假药罪及非法经营罪两罪名；（2）违法经营医疗美容药品、医疗器械，生产销售假药或劣药，如玻尿酸、肉毒毒素等医疗美容产品走私行为，自营销售或代销，包括线上和线下，多数流向无证医疗美容诊所、美容美甲店等生活美容场所；（3）未通过审查或未标注批准文号而发布医疗美容产品广告。而前述两类违法行为可能涉及刑事风险，相关违法行为已入刑，常见的犯罪情形如表1所示。

表1 医疗美容产业上游常见犯罪情形

序号	罪名	犯罪行为	刑事责任	备注
1	生产、销售假药罪（《刑法》第一百四十一条）	生产、销售假药	①一般：处三年以下有期徒刑或者拘役，并处罚金 ②对人体健康造成严重危害或者有其他严重情节的，处三年以上十年以下有期徒刑，并处罚金 ③致人死亡或者有其他特别严重情节的，处十年以上有期徒刑、无期徒刑或者死刑，并处罚金或者没收财产	刑事责任因其情节的严重程度而有所差异，逐步加重，最高可判处死刑，并合并适用经济罚。其中，药品使用单位的人员明知是假药而提供给他人使用的，依照该款的规定处罚
2	生产、销售劣药罪（《刑法》第一百四十二条）	生产、销售劣药	①对人体健康造成严重危害的，处三年以上十年以下有期徒刑，并处罚金 ②后果特别严重的，处十年以上有期徒刑或者无期徒刑，并处罚金或者没收财产	药品使用单位的人员明知是劣药而提供给他人使用的，依照该款的规定处罚
3	违反药品管理法规（《刑法》第一百四十二条之一）	违反药品管理法规： ①生产、销售国务院药品监督管理部门禁止使用的药品的 ②未取得药品相关批准证明文件生产、进口药品或者明知是上述药品而销售的 ③药品申请注册中提供虚假的证明、数据、资料、样品或者采取其他欺骗手段的 ④编造生产、检验记录的	足以严重危害人体健康的，处三年以下有期徒刑或者拘役，并处或者单处罚金；对人体健康造成严重危害或者有其他严重情节的，处三年以上七年以下有期徒刑，并处罚金	

续表

序号	罪名	犯罪行为	刑事责任	备注
4	生产、销售不符合标准的医用器材罪（《刑法》第一百四十五条）	①生产不符合保障人体健康的国家标准、行业标准的医疗器械、医用卫生材料 ②销售明知是不符合保障人体健康的国家标准、行业标准的医疗器械、医用卫生材料	①足以严重危害人体健康的，处三年以下有期徒刑或者拘役，并处销售金额百分之五十以上二倍以下罚金 ②对人体健康造成严重危害的，处三年以上十年以下有期徒刑，并处销售金额百分之五十以上二倍以下罚金 ③后果特别严重的，处十年以上有期徒刑或者无期徒刑，并处销售金额百分之五十以上二倍以下罚金或者没收财产	
5	非法经营罪（《刑法》第二百二十五条）	①违反国家药品管理法律法规，未取得或者使用伪造、变造的药品经营许可证，非法经营药品，情节严重的 ②以提供给他人生产、销售药品为目的，违反国家规定，生产、销售不符合药用要求的非药品原料、辅料，情节严重的	扰乱市场秩序，情节严重的，处五年以下有期徒刑或者拘役，并处或者单处违法所得一倍以上五倍以下罚金；情节特别严重的，处五年以上有期徒刑，并处违法所得一倍以上五倍以下罚金或者没收财产	情节严重：非法经营数额在十万元以上，或者违法所得数额在五万元以上的 情节特别严重：非法经营数额在五十万元以上，或者违法所得数额在二十五万元以上的
6	虚假广告罪（《刑法》第二百二十二条）	广告主、广告经营者、广告发布者违反国家规定，利用广告对商品或者服务做虚假宣传，情节严重的	处二年以下有期徒刑或者拘役，并处或者单处罚金	

（二）医疗美容产业中游

医疗美容产业中游主要是医疗美容服务消费端，涉及医美机构和患者或求美者，是医疗美容产业规范有序发展的中心环节。通过在威科先行数据库中输入关键词"医疗美容""资质"，可收集整理有效样本量177份，基本情况如下。

1. 时间分布

图1显示，医疗美容行政处罚案件自2014年开始，呈现递增趋势，尤其在2019年出现了跳跃式增长。

图1　2014～2020年医疗美容行政处罚案件数量

2. 受处罚对象分布

医疗美容行政处罚案例的受处罚对象以法人及其他组织为主，占比76.97%；个人（含个体户）占比23.03%，相对较少。其中，个人部分未取得执业资质而提供医疗美容服务的个人行政处罚较多。

3. 处罚内容分布

从图2可知，医疗美容行政处罚主体为卫生健康主管部门的共127件，占总样本的79.25%；市场监管行政处罚案件为50件，占总样本的20.75%。其中，市场监管案件中，以医美机构发布虚假广告或发布未经审查的广告的两种行为为主，达47件。医疗卫生监督执法案例中，医美机构因未取得《医疗机构执业许可证》或超范围而被处罚的占29.46%；以未查验医疗器械及药品供应商资质为由而被处罚的案例占19.08%；医务人员未取得相关执业资质而被处罚的占16.60%，其他类型的行政处罚案例占14.11%。

4. 违法行为类型

医美机构常见违法行为主要分为资质（医疗美容机构和人员执业资质）、医疗管理职责（含医疗质量安全）、非医疗管理职责三类，具体如表2所示。

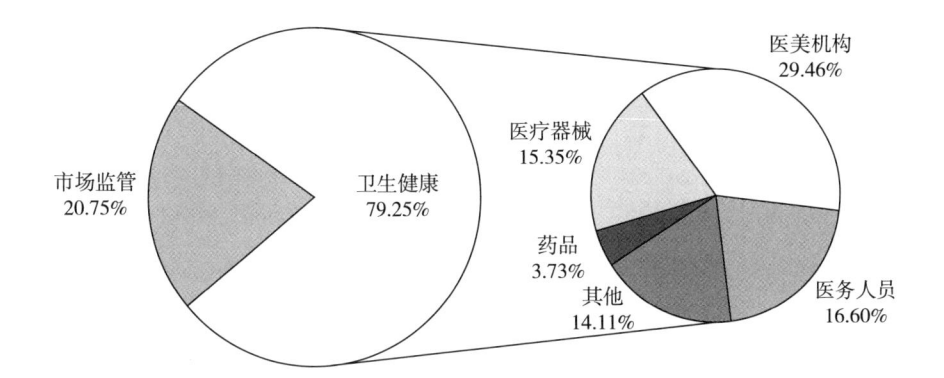

图 2 医疗美容行政处罚内容分布

表 2 医美机构常见的违法情形

序号	项目类型	具体违法行为
1	资质（医疗美容机构和人员执业资质）	①未取得《医疗机构执业许可证》擅自开展医疗美容活动 ②未取得《医师资格证书》《医师执业证书》从事医疗活动 ③使用非卫生技术人员从事医疗美容活动 ④超出《医疗机构执业许可证》核准一级及二级诊疗科目，违反《医疗美容项目分级管理目录》，超级别开展美容整形手术 ⑤使用未取得麻醉药品和第一类精神药品处方资格的医师开具麻醉药品处方 ⑥护士未办理执业地点变更手续 ⑦使用未取得处方权的人员擅自开具处方 ⑧使用未取得药学专业技术职务任职资格人员调剂处方 ⑨未取得放射诊疗许可从事放射诊疗工作 ⑩使用未注册的外籍医师开展诊疗活动 ⑪邀请未取得《外国医师短期行医许可证》的外国医师来华短期行医
2	医疗管理职责（含医疗质量安全）	①违反医疗废物管理规定，如未将医疗废物按照类别分置于防渗漏、防锐器穿透的专用包装物或者密闭容器内，未对医疗废物进行登记 ②未执行国家有关规范、标准和规定，如《医疗机构消毒技术规范》，未按规定对医疗污水进行严格消毒等，未定期开展消毒与灭菌效果检测工作，违反消毒隔离操作规范 ③违反医疗器械管理规定（如未取得注册、合格等证明文件，如展览会或电子商务平台售卖无证产品，或使用未依法注册的进口医疗器械） ④医疗机构环境、物品不符合国家卫生标准 ⑤使用未经强制性检定的计量器具（体重秤等） ⑥医疗质量、医疗安全管理存在隐患，不执行医疗核心管理制度，违反医疗护理技术操作常规 ⑦使用假药、劣药

续表

序号	项目类型	具体违法行为
3	非医疗管理职责	①未按时报送或者告知相关信息 ②违反消防管理规定,如未进行竣工消防备案,电器线路的设计、敷设、维护保养、检测不符合规定,消防设施、器材、消防安全标志未保持完好有效,投入使用后抽查不合格不停止使用 ③不正当竞争行为,涉嫌商业贿赂(渠道营销中返现未记入公司账户) ④广告违法行为(虚假宣传),非法张贴广告,在互联网上发布违法医疗广告,广告弹窗无法一键关闭,虚构荣誉、知识产权、专家等 ⑤违法延长劳动者工作时间 ⑥违反特种设备安全管理规定 ⑦擅自堆放物料,涉嫌擅自占用城市道路,涉嫌擅自装修建(构)筑物临街立面 ⑧未对相关人员进行法律知识及专业技术、安全防护以及紧急处理等知识的培训 ⑨未按照规定期限办理纳税申报和报送纳税资料,逃税 ⑩公司及其分支机构违法行为,公司成立后无正当理由超过6个月未开业的,或者开业后自行停业连续6个月以上 ⑪公司及其分支机构长期停产停业未申报注销企业营业执照

从医美机构和人员资质看,未取得《医疗机构执业许可证》而从事医疗美容活动的问题较为多发。同时,提供医疗美容服务的工作人员多为未取得卫生技术人员资格的人员,也不符合公共卫生和健康管理要求,除了应注意资质问题带来的行政责任外,从刑事责任的角度看有构成非法行医罪的风险。此外,非医疗机构(如生活美容、健身工作室、养生馆等)通常为医美机构的渠道合作伙伴,作为市场推广的重要对象,容易涉嫌商业贿赂。从医疗管理职责看,医美机构在诊疗安全、药品器械采购和使用安全、后勤社会化服务安全等方面存在合规风险。从非医疗管理职责看,医美机构在广告、消防安全、劳动人事管理、不正当竞争、占道施工或堆放物料等方面存在合规风险。

5.成都地区医疗美容行政监管调研情况

鉴于成都地区医美机构主要分布在主城区,选取武侯区、青羊区和锦江区三个地区,对其行政监管情况(2020年1月1日至12月31日)梳理如下。

(1) 武侯区（见表3）

表3 武侯区医疗美容监管情况

单位：件

序号	行政监管部门	监管情况	数量
1	武侯区卫生健康委	因投诉举报发现病历书写不规范	4
		使用非卫生技术人员开展诊疗行为	2
		超范围经营	2
2	市医保局	医保局查处骗取医保资金的案件以内科诊所、药房、综合性医院为主	0
3	人社局	暂无数据	0
4	市场监管局	违规发布医疗广告	5
5	环境保护局	暂无数据	0

注：①武侯区卫生健康部门处罚医美机构共8家，医美机构被行政处罚后无行政复议，也无行政诉讼（在成都市的综合执法改革的区、市、县，卫健部门负责前期线索发现、初步证据收集和固定，然后移送综合执法局，以区综合执法局名义做出行政处罚）。②卫生健康部门在医美机构日常监管中，主要通过主动监管和投诉举报等路径发现违规情形，包括使用非卫生技术人员、超范围经营、违规发布医疗广告。③医美机构的经营项目属于自费项目，尚未纳入医保报销范围，故医美机构不存在骗取医保资金的情况。

(2) 青羊区（见表4）

表4 青羊区医疗美容监管情况

单位：件

序号	行政监管部门	监管情况	数量
1	市场监管局	受理投诉举报医疗美容机构8件，无处罚	8

(3) 锦江区（见表5）

表5 锦江区医疗美容监管情况

单位：件

序号	行政监管部门	监管情况	数量
1	卫生健康部门	未对单位的空气、采光、照明、噪声、患者用品用具等进行卫生检测，有处罚	2
2	市场监管局	受理投诉举报医疗美容机构8件，无处罚	8

针对医美机构的行政监管以卫生健康部门和市场监管局为主，以人社、环保部门为辅助，大多通过投诉举报获取案件线索展开检查，其中，涉及卫生健康监督检查的处罚案件较多。

除行政处罚外，医疗美容产业中游还可能面临两类刑事风险，即非法行医罪和医疗事故罪，具体如表6所示。

表6 医疗美容产业中游常见犯罪情形

序号	罪名	犯罪行为	刑事责任	备注
1	医疗事故罪（《刑法》第三百三十五条）	医务人员由于严重不负责任，造成就诊人死亡或者严重损害就诊人身体健康的	处三年以下有期徒刑或者拘役	
2	非法行医罪（《刑法》第三百三十六条）	未取得医生执业资格的人非法行医	①情节严重的，处三年以下有期徒刑、拘役或者管制，并处或者单处罚金②严重损害就诊人身体健康的，处三年以上十年以下有期徒刑，并处罚金；造成就诊人死亡的，处十年以上有期徒刑，并处罚金	情节严重：①造成就诊人轻度残疾、器官组织损伤导致一般功能障碍的②造成甲类传染病传播、流行或者有传播、流行危险的③使用假药、劣药或不符合国家规定标准的卫生材料、医疗器械，足以严重危害人体健康的④非法行医被卫生行政部门行政处罚两次以后，再次非法行医的⑤其他情节严重的情形。严重损害就诊人身体健康：造成就诊人中度以上残疾、器官组织损伤导致严重功能障碍的；造成三名以上就诊人轻度残疾、器官组织损伤导致一般功能障碍的

（三）医疗美容产业下游

医疗美容产业下游主要为医疗美容产业上游、中游提供营销渠道，是连接医疗美容产品供给端和医疗美容服务消费端的重要媒介，形成了提供产品和信息服务的O2O电商互联网平台以及文创、旅游、会展、金融等线上和线下相结合的医疗美容推广模式。以医疗美容电商平台为例，医疗美容产业下游主要法律风险类型具体如表7所示。

表7 医疗美容电商平台常见违法犯罪情形

法律责任	违法犯罪类型	具体违法行为
刑事	组织、领导传销活动罪	组织者、经营者注册成立电子商务企业，以网络营销、网络直销之名，变相收取准入费，设置各类返利机制，激励会员发展下线，上线从直接或者间接发展的下线的销售业绩中计酬，或以直接或者间接发展的人员数量为依据计酬或者返利
	非法经营罪	网络刷单
刑事	生产、销售伪劣商品罪(如生产、销售伪劣产品罪；生产、销售不符合标准的医用器材罪；生产、销售假/劣药罪等)	①生产、销售国家药品监督管理部门禁止使用的药品的 ②未取得药品相关批准证明文件生产、进口药品或者明知是上述药品而销售的 ③药品申请注册中提供虚假的证明、数据、资料、样品或者采取其他欺骗手段的 ④编造生产、检验记录的 ⑤生产不符合保障人体健康的国家标准、行业标准的医疗器械、医用卫生材料，或者销售明知是不符合保障人体健康的国家标准、行业标准的医疗器械、医用卫生材料，足以严重危害人体健康的
	走私罪	跨境电商平台内经营者未向海关报关
	侵犯知识产权罪	假冒注册商标、假冒专利等
民事、行政	电子商务平台经营义务(如信息公示、资质资格审核义务、网络安全保障义务等)	①未在首页显著位置公示营业执照信息、行政许可信息、属于不需要办理市场主体登记情形等信息，或者上述信息的链接标识的 ②未在首页显著位置持续公示终止电子商务的有关信息 ③未明示用户信息查询、更正、删除以及用户注销的方式、程序，或者对用户信息查询、更正、删除以及用户注销设置不合理条件的 ④知道或应当知道平台内经营者销售的商品或提供的服务不符合保障人身、财产安全的要求，或者有其他侵害消费者合法权益行为，未采取必要措施；对关系消费者生命健康的商品或者服务，对平台内经营者的资质资格未尽到审核义务，或者对消费者未尽到安全保障义务，造成消费者损害的
	虚假广告	夸大功效和内容，如"全网最低价""全球独家技术"等
	侵犯知识产权*	知识产权侵权投诉处理，侵害发明专利权

续表

法律责任	违法犯罪类型	具体违法行为
民事、行政	个人信息保护和数据安全	非法获取公民个人信息或不当使用,数据泄露
	不正当竞争	恶意举报、竞价排名
	用工风险	普遍加班引发的加班工资争议,未签订劳动合同或办理社保手续而被索赔或受到劳动监察部门处罚
	代运营风险	非法占有代运营费、恶意造成违约和索要违约金
	价格欺诈	虚构原价、降价原因、折扣,谎称降价或者将要提价,诱骗他人购买的,如"划线价"或"原价"等
	合同纠纷	医疗服务合同纠纷(术后效果不满意退费);以美容服务返现为内容的合同关系,如美容日记、是否全额返还等
	肖像权纠纷	广告代言,是否及时采取删除、屏蔽、断开链接等必要措施
	税务风险	网络刷单、走私

注:"＊"杨立新:《电子商务交易领域的知识产权侵权责任规则》,《现代法学》2019年第2期。

从表7可知,医疗美容产业下游涉及的违法行为,包括但不限于扰乱市场秩序罪、走私罪等;电子商务平台经营义务(如信息公示、资质审核义务、网络安全保障义务等)、虚假广告、个人信息保护和数据安全、不正当竞争、用工风险、代运营风险、价格欺诈、合同纠纷、肖像权纠纷、税务风险。前述违法行为可能涉及民事责任、行政处罚和刑事责任,部分行为可能存在民刑、行刑交叉。其中,医疗美容产业下游均可能面临的法律风险如下。

一是信息安全。医疗美容电商平台在信息表达和产品选择方面较传统线下模式更具优势,可实现用户与医美机构的精准对接,并衍生出多种经营产品,如保险、金融贷款等,创造了较多的市场交易机会,产生了巨大的经济潜能。然而,在互联网快速发展的当下,信息安全引发社会关注。医疗美容平台用户信息泄露事件时有发生,导致用户个人信息泄露,影响用户正常生活,同时不利于互联网交易活动的有序进行。

二是不正当竞争。医美机构为在平台上获取客户,可能通过刷单、竞价排名等方式提高平台影响力,导致经营者因消费者信息不对称而失去竞争优势或交易机会,从而影响市场正常交易秩序。

三是虚假宣传。无论是平台营销还是线下宣传,医疗美容产品和技术虚假信息充斥于市场宣传媒介,特别是平台较为常见,不易识别,容易引发线下投诉,进而影响平台、供应商和医美机构的声誉,不利于医疗美容产业的健康可持续发展。

(四)医疗美容消费终端——患者/求美者

医疗美容消费终端主要为患者或求美者,其对于医疗美容产业发展最大的挑战便是因医疗美容服务效果不满意而引发的投诉或争议。一般来说,医疗纠纷处理路径主要分为协商、调解(人民调解、行政调解)和诉讼。

1. 协商、调解

经访谈,成都市医美机构几乎均存在投诉,投诉范围包括诊疗行为、服务态度、就诊环境、安全保障等内容;投诉方式包括信件投诉、口头投诉、互联网媒介(微博、公众号、平台评价)投诉、消协投诉、行政部门投诉、市长信箱投诉、信访等。投诉处理:涉及就诊体验的,民营医美机构优于公立医美机构,特别是在服务态度方面;而在医疗美容产品宣传方面,民营医美机构涉嫌虚假宣传较多;涉及诊疗结果不满意的,多以退费或多次修复改善和解或调解为主,少部分走向诉讼。经检索[1],成都市 2020 年医疗美容相关纠纷以诉讼调解结案的有 14 件。访问四川消费者网(投诉)可知,成都市医美机构投诉 14 件,其中医疗美容手术效果不满意要求退费或修复的有 11 件,未手术要求退款的有 2 件。经调研,成都市青羊区涉及医疗美容纠纷的行政调解共计 12 件,调解结案 4 件,调解未结案 8 件。限于成都各地区医疗纠纷人民调解委员会的成立工作尚在进行中,为便于了解医疗纠纷调解现状,现以成都市金牛区医疗纠纷人民调解委员会为例,就其 2020 年医疗美容纠纷投诉处理情况整理如下。

---

[1] 通过输入关键词"医疗美容""四川""2020""成都市",在 alpha 法律数据库检索显示民事调解书 14 份。

（1）案件总体情况

经调查，成都市金牛区医疗纠纷人民调解委员会2020年受理医疗美容纠纷投诉共263次，达169件，均为医患双方之间的争议，其中94次是针对24件纠纷的重复投诉，占总案件的14.2%，多因不满意医方处理结果所致。

（2）被投诉主体分布

在169件医疗美容投诉案件中，被投诉主体主要分布在门诊部、医院和诊所，分别有101件、55件、13件，说明医疗美容门诊部投诉案件较多，原因在于医疗美容门诊部在医疗美容行业中拥有绝对数量，占比最大，具有技术、资金等方面的优势，相应的业务量居多，故投诉量增加。

（3）投诉事由

有关医患纠纷的投诉事由，具体如表8所示。

表8 医疗纠纷投诉情况

单位：件

序号	投诉事由	具体情形（患方投诉事由）	数量
1	费用	①事先以较低价格吸引求美者，开始治疗后不执行承诺的价格 ②治疗中不断增设项目，如果求美者不接受增加项目就对前期已经开始的项目消极处理 ③拆分项目收费 ④哄骗求美者进行贷款消费，贷款实际利率和机构告知内容不一致	14
2	效果不满意	对医疗美容治疗效果不满意，如整形等	130
3	医疗损害	手术中麻醉意外；注射填充隆鼻术至失明；抽脂或脂肪填充至脂肪栓塞	19
4	资质投诉	医疗机构及其医务人员和诊疗科目（美容项目）的合法性受到质疑	6

从表8可知，患者对医疗美容效果不满意是医患争议发生的主要原因，而审美标准因人而异，具有主观性，故容易引发争议。同时，在169起投诉案件中，以鼻部整形、眼部整形、抽脂和瘦脸医疗美容项目为主，占全部投诉的90%。

（4）投诉处理结果

从重复投诉情况看，86%的医疗美容投诉在医调委受理处理后未再投诉，调解效果显著。同时，截至2020年12月31日，在中国裁判文书网中也未查询到金牛区人民法院关于医疗美容相关案例，说明金牛区医疗美容纠纷多以和解或调解结案。

2. 诉讼

（1）时间分布

截至2020年10月19日，通过威科先行法律信息库输入关键词"医疗美容""审判日期：2017.1.1至2020.10.19""案由：医疗"检索可得有效样本1455件，其中，2017年有204件，2018年有323件，2019年有595件，2020年有333件，如图3所示。

图3 2017~2020年投诉时间分布

从图3可知，2017~2020年医疗美容纠纷案件呈现逐年上升趋势，而2020年案件数量下降，究其原因，考虑受新冠肺炎疫情影响和检索时间限制，即新冠肺炎疫情导致医疗美容服务量减少，检索时间至2020年10月19日，未覆盖2020年全年。

（2）地域分布

在1445件医疗美容纠纷案件中，上海、北京、广东三地居前三位，而四川省列第五位，具体如表9所示。

表9 案例地域分布总体情况

单位：件

省份	地域分布数	排名
上海	175	1
北京	164	2
广东	135	3
河南	104	4
四川	100	5
湖北	100	5
浙江	93	7
江苏	91	8
湖南	69	9
辽宁	67	10
山东	50	11
重庆	35	12
陕西	35	12
福建	32	14
云南	28	15
安徽	21	16
江西	20	17
天津	20	17
河北	18	19
吉林	18	19
黑龙江	17	21
贵州	15	22
新疆	11	23
广西	10	24
内蒙古	8	25
青海	5	26
山西	5	26
宁夏	5	26
甘肃	4	29

医疗美容纠纷案件主要集中在东部地区，在一定程度上体现出案件数量与经济发展的相关性，与各地区居民人均可支配收入正相关。

经济因素并非影响医疗美容案件区域分布差异的唯一因素，还可能受到政策、文化、相关辅助产业等因素影响。

（3）审理层级分布

经多类目、多层次的分类统计，在1455件医疗美容纠纷案件中，基层人民法院有1158件，占总样本的79.59%；中级人民法院有267件，占总样本的18.35%；高级人民法院有30件，占总样本的2.06%。

（4）审理程序分布

在1455件医疗美容纠纷案件中，一审案件有1022件，占总样本的70.24%；二审案件有252件，占总样本的17.32%；再审案件有42件，占总样本的2.89%；执行案件有68件，占总样本的4.67%；特别程序（包括但不限于确认人民调解协议效力程序）有71件，占总样本的4.88%。据此可知，医疗美容案例的申请二审率[①]为24.66%，申请再审率[②]为4.11%，申请执行率[③]为6.65%，适用特别程序的概率[④]为6.95%。

（5）案由分布

从表10可知，在1455件医疗美容纠纷案件中，以合同、侵权责任两类案由居多。其中，医疗损害责任纠纷有831件，占总样本的57.11%；其他侵权责任纠纷有6件，占总样本的0.41%；医疗服务合同纠纷有618件，占总样本的42.47%。故医疗美容纠纷案件中医疗损害责任纠纷居多。

表10 案由分布

单位：件，%

案由类型	具体分类	数量	比例
合同纠纷	医疗服务合同纠纷	618	42.47
侵权责任纠纷	医疗损害责任纠纷	831	57.11
	其他侵权责任纠纷	6	0.41

（6）医疗美容纠纷裁判文书类型

医疗美容纠纷裁判文书以判决书和裁定书为主，分别占总样本的43.99%和36.22%，而调解书占比则较少，仅占14.91%，具体如图4所示。

[①] 申请二审率＝二审案例数/一审案例数×100%。
[②] 申请再审率＝再审案例数/一审案例数×100%。
[③] 申请执行率＝执行案例数/一审案例数×100%。
[④] 适用特别程序的概率＝特别案例数/一审案例数×100%。

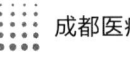

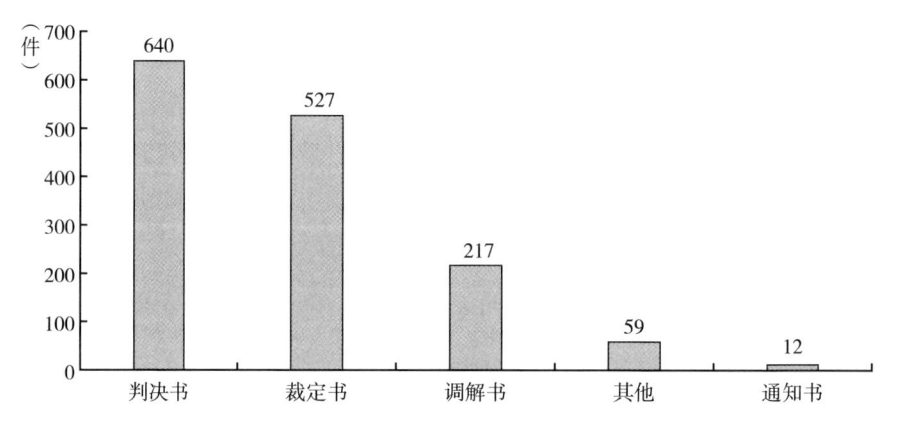

成都医疗美容产业发展报告（2020~2021）

图4 裁判文书类型分布

按照审理程序对医疗美容裁判文书类型进行细分，具体如图5所示，其中，一审程序中判决书、裁定书、调解书三种裁判文书的分布较为均衡；二审程序中则以判决书为主，其数量超过裁定书与调解书总和；再审程序与二审程序差异显著，以裁定书为主，判决书与调解书较少。

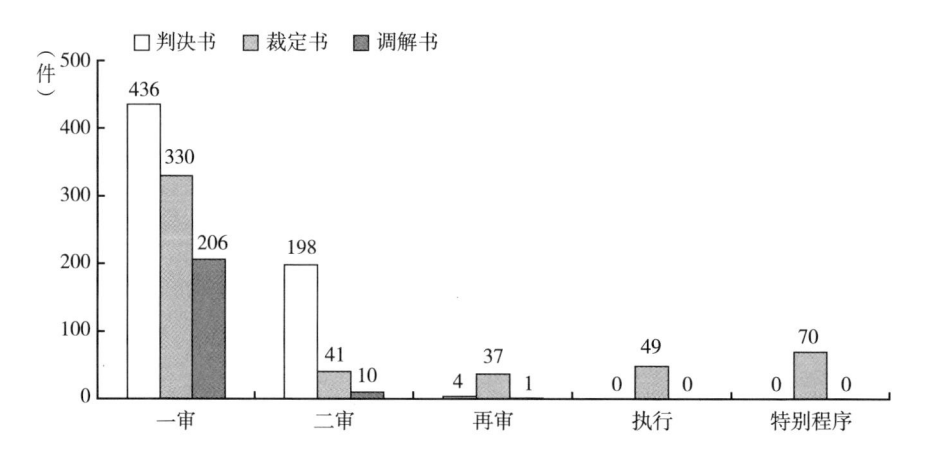

图5 裁判文书类型审级分布

鉴于二审判决的典型性和代表性，本报告将未公开的10件调解案件和20件撤回上诉的案件予以排除，对剩余219件二审案件进行统计和分析，并将相关情况整理如下。

(7) 上诉主体分布

从图6可知，医疗美容纠纷二审案件中，患者上诉的比例为66.21%，医美机构上诉的比例为23.74%，医患双方同时上诉的比例为10.05%，说明患者对医疗美容一审裁判的认可度较低，一审裁判生效率较低。

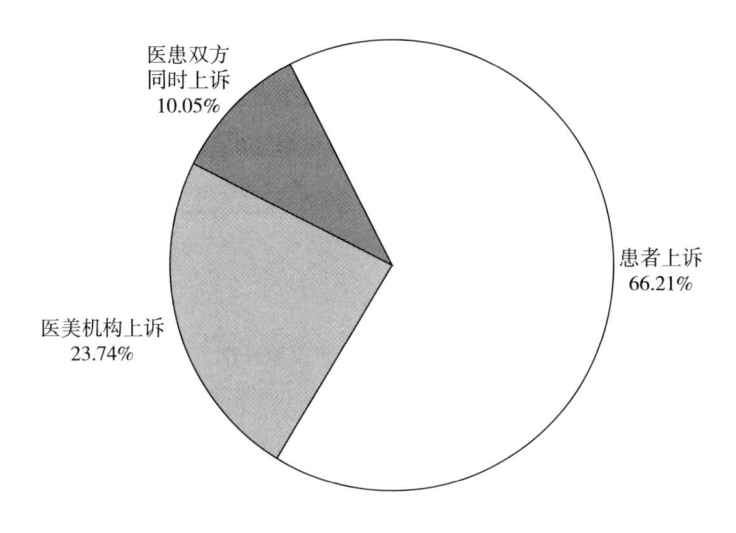

图6　上诉主体分布

(8) 二审争议焦点类型

医疗美容纠纷二审案件争议焦点为医疗服务合同效力、责任承担、赔偿项目及数额、人员资质、合同和侵权法律关系、审理程序、举证责任分配和诉讼时效等内容。

(9) 二审败诉情况

在219件医疗美容二审案件中，患方败诉[①]达139件，医美机构败诉达70件，如图8所示，医美机构的二审败诉率[②]为31.96%，患者二审败诉率为63.47%，医美机构败诉率低于患方，且差异较为显著。

[①] 此处败诉系指，"驳回上诉，维持原判"情形，同时，将"部分维持、部分改判"归为"其他"情形。
[②] 二审败诉率＝败诉案例数/上诉案例数×100%。

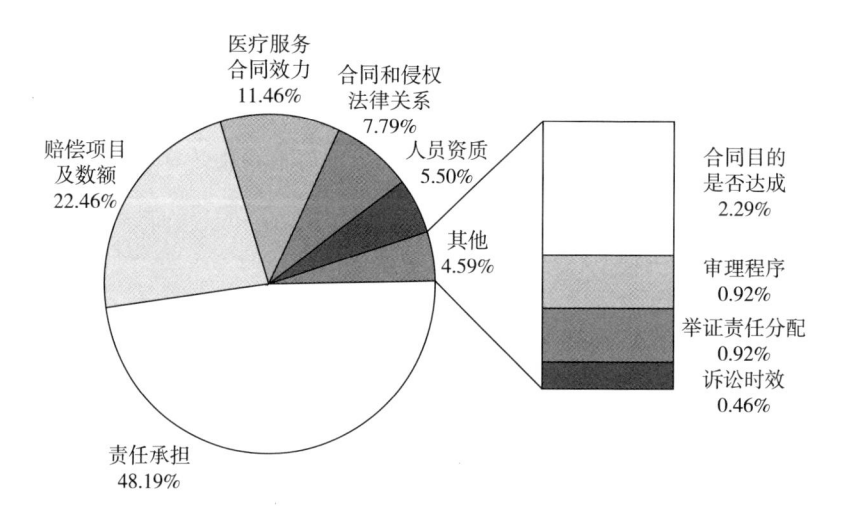

成都医疗美容产业发展报告（2020~2021）

图7 二审争议焦点类型分布

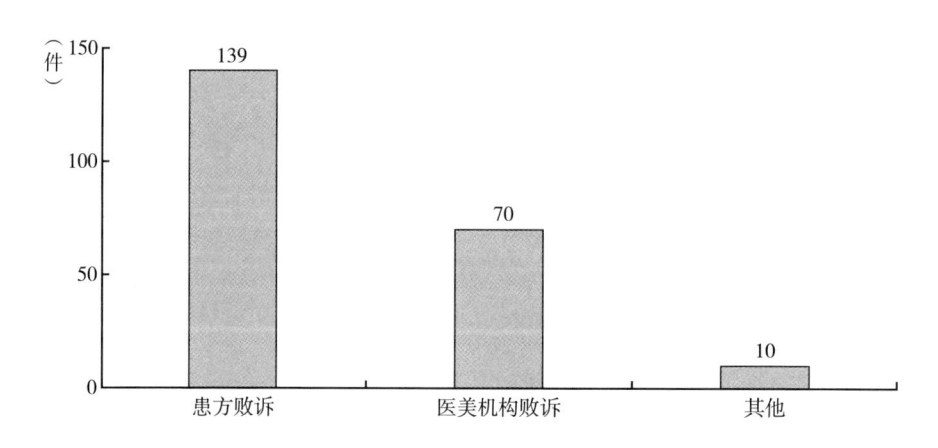

赔偿项目及数额 22.46%
医疗服务合同效力 11.46%
合同和侵权法律关系 7.79%
人员资质 5.50%
其他 4.59%
责任承担 48.19%

合同目的是否达成 2.29%
审理程序 0.92%
举证责任分配 0.92%
诉讼时效 0.46%

图8 二审败诉情况分布

患方败诉 139
医美机构败诉 70
其他 10

（10）患者败诉理由

从二审案件看，医疗美容案件中患方败诉理由主要包括未证明因果关系、未证明医方过错、未证明损害事实、采纳鉴定报告意见、未证明存在欺诈、基本事实不清、合同约定不明、法律适用错误、超过诉讼时效等情形，具体如图9和图10所示。医疗美容行为具有消费性特征，因此，多数患者在索赔时通常会适用《中华人民共和国消费者权益保护法》第 55 条有关欺诈的规定，向医美机构主张退还医疗费，并按三倍赔偿。

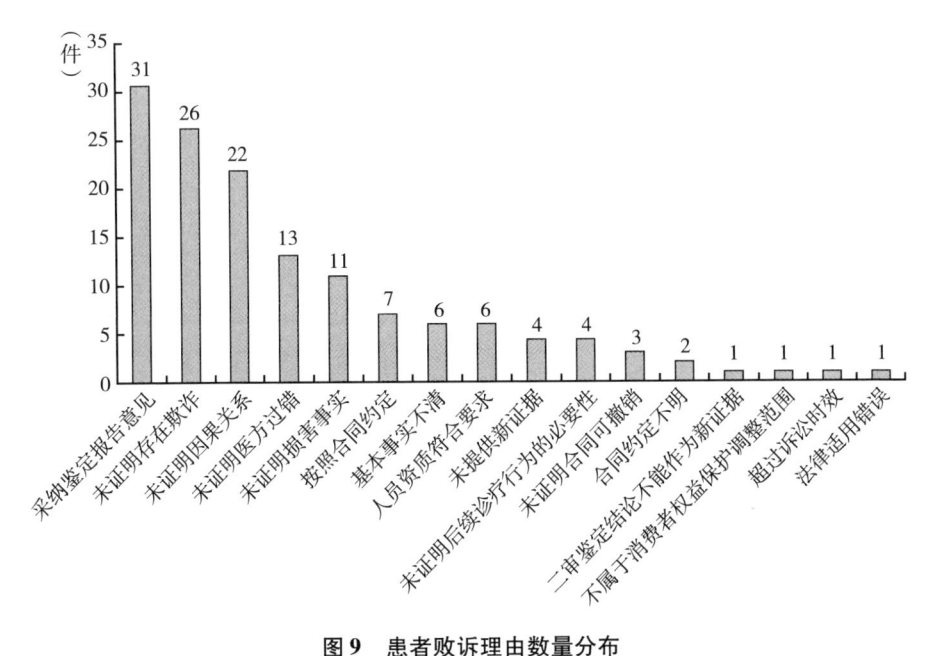

图 9　患者败诉理由数量分布

败诉理由	数量（件）
采纳鉴定报告意见	31
未证明存在欺诈	26
未证明因果关系	22
未证明医方过错	13
未证明损害事实	11
按照合同约定	7
基本事实不清	6
人员资质符合要求	6
未提供新证据	4
未证明后续诊疗行为的必要性	4
未证明合同可撤销	3
合同约定不明	2
二审鉴定结论不能作为新证据	1
不属于消费者权益保护调整范围	1
超过诉讼时效	1
法律适用错误	1

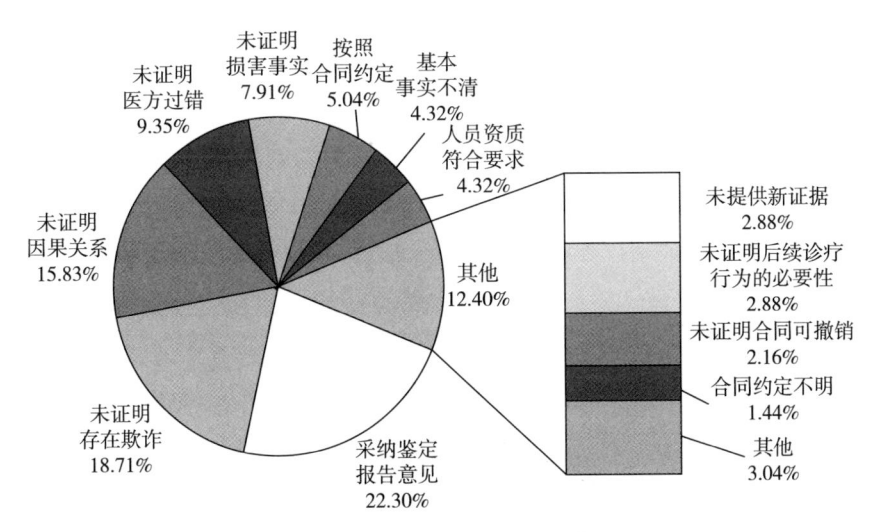

图 10　患者败诉理由占比分布

- 未证明医方过错 9.35%
- 未证明损害事实 7.91%
- 按照合同约定 5.04%
- 基本事实不清 4.32%
- 人员资质符合要求 4.32%
- 未证明因果关系 15.83%
- 未证明存在欺诈 18.71%
- 采纳鉴定报告意见 22.30%
- 其他 12.40%
  - 未提供新证据 2.88%
  - 未证明后续诊疗行为的必要性 2.88%
  - 未证明合同可撤销 2.16%
  - 合同约定不明 1.44%
  - 其他 3.04%

（11）医美机构败诉理由

从二审情况看，医美机构败诉理由主要包括未尽诊疗义务；证明存在因果关系；采纳鉴定报告意见；适用消费者权益保护法；材料（如填充物来源、材质等）难以辨别；基本事实不清，程序严重违法；按照合同约定；二审鉴定意见可以作为新证据等情形，具体如图11和图12所示。

从图12可知，医美机构败诉的理由以未尽诊疗义务为主，占二审案件总样本的34.29%，包括未尽到合理的告知义务、诊疗行为不规范、医美机构无法证明所使用医用材料或药品系合格产品，难以证明不存在违约或医疗美容产品质量瑕疵或缺陷等情形。

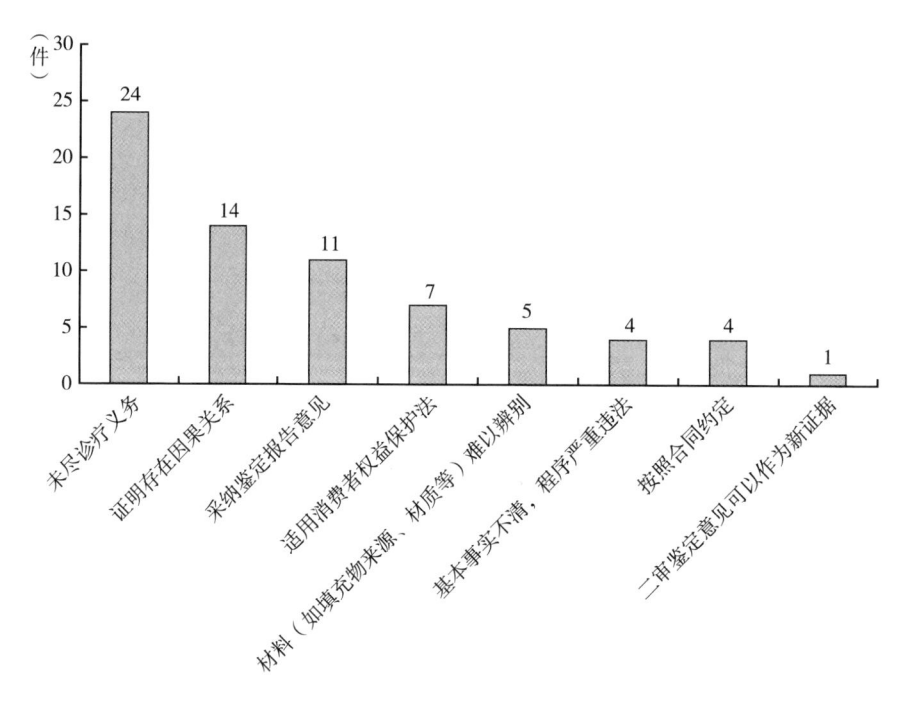

图11 医美机构败诉理由数量分布

（12）再审结果

经筛选，在42件再审案件中，裁判结果为"驳回再审申请"的案件有32件，"撤回再审申请"的案件有1件，"撤销原判"的案件有5件，"决

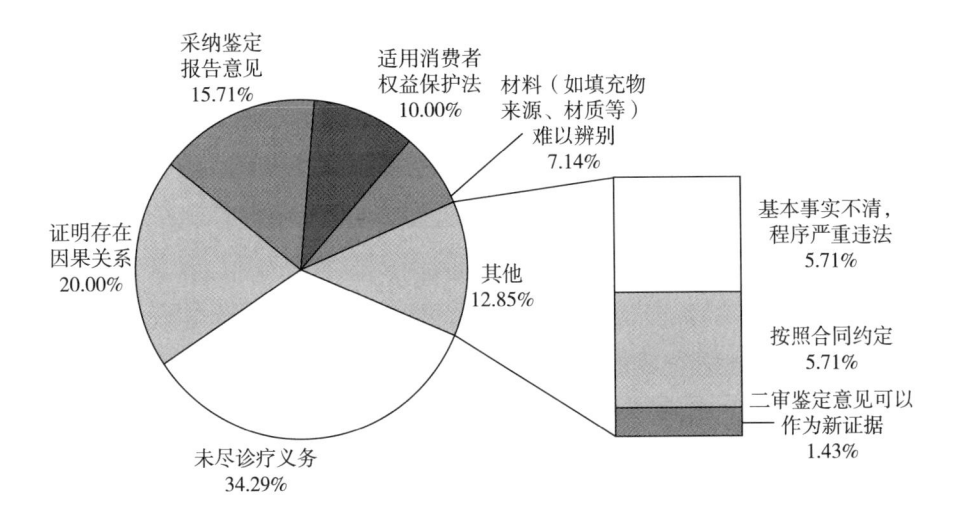

医美产业法律规范及风险防范研究报告

图12 医美机构败诉理由占比分布

定提审"的案件有1件,"指令再审"的案件有2件,"调解结案"的案件有1件,具体如图13所示。

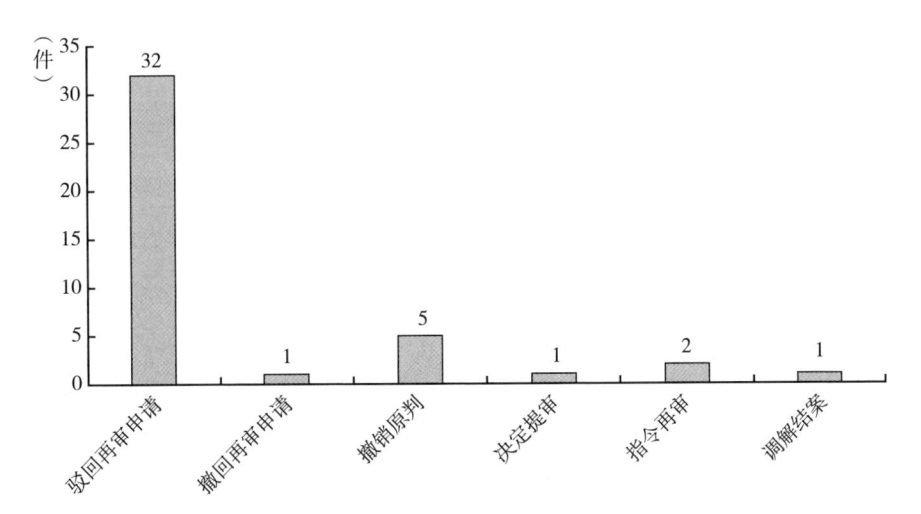

图13 再审结果分布

(13)再审成功率

如将"驳回再审申请"与"撤回再审申请"归类为"再审不成功";将"撤销原判"、"决定提审"与"指令再审"归类为"再审成功",则医

131

疗美容再审案件成功率较低，仅为19.05%，说明医疗美容纠纷案件再审难度较高。

梳理案件可知，再审成功率低的原因在于：诉争案件事实比较清楚，一般有鉴定意见为证；适用法律比较正确，法律适用错误情形较为少见。

（五）成都地区医疗美容案件裁判现状

截至2020年12月31日，输入关键词"医疗美容""四川""2020""成都""判决"可检索显示，医疗美容纠纷案件336件，其中，裁定案件173件，判决案件97件，调解案件14件，其他案件52件。经梳理，全部判决案件均发生在成都地区，并以武侯区等主城区为主。现将成都地区医疗美容案件以受理法院分布、审级分布和案由类型分布整理如下。

（1）地区分布

成都地区医疗美容产业涉及的判决案件主要分布在一圈层，具体分布如表11所示。

表11 成都医疗美容判决案件地区分布

单位：件

地区	高新区	武侯区	青羊区	金牛区	锦江区	自贸区	成华区	都江堰市	合计
案件	20	18	19	7	5	18	9	1	97

（2）审级分布

在97件医疗美容判决案件中，一审判决案件82件，二审判决案件11件，再审案件4件。

（3）案由分布

97件医疗美容纠纷判决案件中，以合同纠纷为主，其中保理合同纠纷、医疗服务合同纠纷、买卖合同纠纷排前三位。保理合同纠纷有39件，占总案件的40.21%，医疗服务合同纠纷有14件，占总案件的14.43%；买卖合同纠纷有9件，占总案件的9.28%，具体如图14所示。

图 14 案由分布

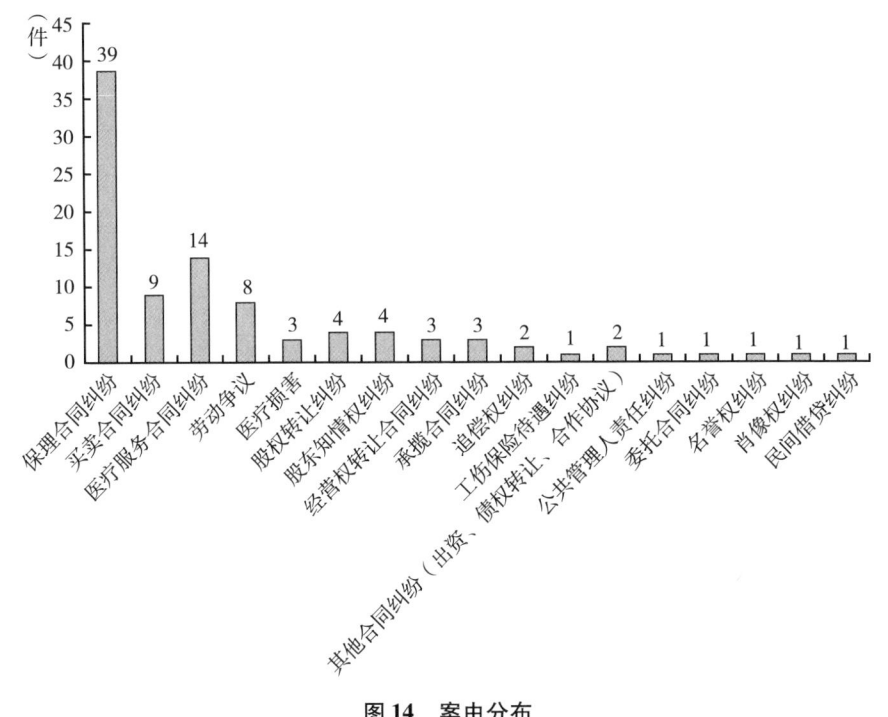

除上述案由外,医疗美容产业公司股权和经营权、债务转让、劳动/人事争议、产品侵权、对外合作和医疗损害等方面的纠纷也较为多见。

三 医美产业法律规范建设因素分析

(一)医美产业法律规范研究结果分析

综观医疗美容产业上中下游总体合规现状可知,医疗美容产业合规性在上中下游表现有所不同,上游主要集中为医疗美容药品、耗材和器械生产经营中的合规性问题,如生产经营资质、产品注册合格证明、进口产品准入、市场推广和买卖合同等事项;中游主要围绕医美机构提供医疗美容服务展开,涉及机构内部管理、外部合作、诊疗服务,包括医患纠纷(如医疗服务合同和医疗损害、人格权、知情同意、安全保障义务等)、采购合同纠纷、公司股权纠纷、劳动纠纷等事项；下游主要集中在广告、展览资质、广告宣传、渠道营销、产品宣讲内容、互联网交易模式、个人信息保护及数据安全等方面的法律风险。而医疗美容服务端/消费端所产生的法律风险与产业上下游紧密相关，基于此，为规范医疗美容市场交易行为，确保产业合规有序发展，现对医美机构行政处罚和司法裁判结果分析如下。

1. 行政监管

机构资质：医美机构未取得执业许可证而开展医疗美容活动，将受到行政处罚；已经取得《医疗机构执业许可证》的医美机构不得超范围经营，否则也将面临处罚；医美机构在采购药品及医疗器械时，应当从有资质的供应商处采购，未尽查验义务的，可能面临处罚。

人员资质：医美机构在招聘卫生专业技术人员时，应当审查其从业资质，对于未取得相关资质证书而提供医疗美容服务的，除个人将面临行政处罚外，作为用人单位的医美机构也将面临相应的行政处罚。

广告合规：医疗美容相关主体应当规范制作和发布医疗美容广告，避免虚假宣传，否则可能面临相应的行政处罚。

随着互联网技术和医疗美容技术的进步及市场需求逐渐增加，医疗美容产业发展前景广阔，但也因其为新兴行业，新生风险（互联网交易安全、个人信息保护）和传统风险（主管部门日常监督检查、人员管理、合同管理）并存，涉及患者的生命健康权，而非一般意义上的服务消费，具有行业特殊性。实践中，因医疗美容广告所体现的内容与事实不符，影响患者或求美者最优选择，医疗美容手术失败的案例屡见不鲜，出现较多投诉、线上差评，严重影响医疗美容产业公平竞争秩序。

2. 司法裁判

竞合法律关系选择风险：医疗美容纠纷案中，特别是医患争议，可能存在违约和侵权法律关系的竞合，患者通常面临违约之诉和侵权之诉的选择困境，举证责任也有所不同，将影响诉讼策略和胜诉率。

《消费者权益保护法》适用：从整理医疗美容司法案例可知，大多数求美者或患者会选择适用《消费者权益保护法》，以获得高额赔偿，而由于医疗美容行为的特殊性，司法实务中是否支持适用《消费者权益保护法》则出现了不同的观点。支持者认为，医疗美容行为是一种消费行为，而非诊治疾病的行为；反对者认为医疗美容行为是诊疗行为，诊疗活动具有不确定性和风险，同时，医疗美容效果评价缺乏统一标准，具有主观性，故不应适用《消费者权益保护法》。

信息不对称风险：信息不对称主要包括医美机构与患者之间或互联网平台与求美者之间，因信息不对称导致宣传效果与实际效果出现极大差异，而可能构成虚假宣传或被法院认定为欺诈，从而要求医美机构返还诊疗费并承担诊疗费用的3倍赔偿责任。此外，医美机构告知不完整或告知不全面，将可能被要求退费或承担相应的法律责任。

术后效果不满意：医疗美容纠纷案例中的合同纠纷往往是因患者对于术后效果怀有较高期望，导致医患双方对医疗美容服务合同目的实现产生分歧。医疗美容纠纷案例中，患者对自身外观、外貌的改变要求较高，而其进行医疗美容的目的是满足更高层级的社会普遍审美观，而这也是医美机构涉诉的主要原因之一。审美观并不存在某种特定的客观标准，易受主观影响，因此，医患双方也难以在合同中约定准确的判断标准，同时，医疗美容损害鉴定的案件多因缺乏相应的鉴定标准而被退回。基于此，患者可能因实际效果或主观感受的变化而认为医疗美容行为并未使自己达到预期目的，从而向医美机构主张违约。

医美产品不合格：医疗美容纠纷案例中，如果医美机构不能证明材料的合理来源，可能被推定为材料不符合合同约定或属于不合格产品。根据案例数据来看，医美机构败诉的一个重要原因是"材料难以辨认"[①]，从而被推定为材料不符合合同约定或属于不合格产品。该种败诉原因一般出现于假体植入型手术，在这种手术中，往往需要做到愈后无痕，同时要保证对人体无害，因此，在手术实施后，难以准确锁定某一特定材料。基于前述

---

① "材料难以辨认"系调研组为便于统计使用的总称，实际包括医美机构无法证明材料的来源、医美机构无法提供使用材料的编码、医美机构无法证明其所提供的编码与实际使用材料一致等，医美机构无法举证实际使用材料与所声明材料一致的情形。

原因，如医患双方发生争议，即使患者取出假体，交由专业机构进行鉴定，也仅能对材料成分进行分析，而无法对品牌等无形因素进行准确定性。但是，品牌往往是决定市场价值的重要因素，也是患者做出选择的重要原因，因此，如果医美机构不能对使用材料进行准确溯源，则法院一般会支持患者的诉讼请求。

（二）医美产业法律规范影响因素分析

1.行政监管不足，尚未形成产业监管信息共享机制

医疗美容产业主要受市场监督管理部门和卫生健康部门行政监管，监管领域几乎囊括整个医疗美容产业，对行政监督执法提出了更高要求。政府将医疗美容产业作为地区经济发展的名片之一，对医疗美容产业长远发展而言，具有较大的政策优势，但也面临诸多挑战。

医疗美容产品种类多样，增加了行政监管压力。医疗美容产品繁多，如来源不明、无证、不合格产品大量存在，容易形成劣币驱除良币效应，不利于医疗美容市场的有序发展。

行政监管不足。一方面，行政监管部门在调查发现违法行为时，以责令限期改正为主，如配合纠正违法行为，多不予罚款或采用最低罚款额度。部分案件显示，医疗美容市场主体受到二次行政处罚，说明医疗美容行政监管实效不显著。另一方面，医疗美容行政监管呈现地区差异，行政监管规范欠缺，监管力量薄弱，监管路径单一，行政处罚具有较大裁量空间，随着互联网的蓬勃发展，互联网交易模式多样化，行政监管思维和方法具有滞后性。同时，利用互联网平台达成医疗美容服务意向，但求美者个人信息保护和隐私等人格权保护引发社会关注，增加了医疗美容产业发展风险。

医疗美容产业涉及多部门监督，且涉及整个产业链，然而，现在市场监督管理局和卫生健康部门在执法中的信息并未实现智能化共享，容易造成监管真空或重复处罚。

2.医疗美容规范不足，尚未充分发挥行业协会的作用

引发医疗美容纠纷的原因较多，如诊疗资质、医患沟通、病历书写等因素,而影响医疗美容纠纷和解或调解处理的因素,有患方的法律认知、医疗美容损害责任认定等因素,但引发原因和影响因素均与医疗美容规范缺位有关。在医疗美容实务中,医疗美容管理及诊疗规范和操作流程缺乏统一的指南,例如,医疗美容主诊医师专业培训或进修相关规范文件缺乏,包括培训或进修时间、条件与承办单位和发证单位等事项。可借鉴中国整形美容协会编制和发布《医疗美容病历范本(试行)》的经验,组织行业协会专委会成员基于医疗美容诊疗技术编制操作规范,统一适用,规范医疗美容诊疗行为,充分发挥行业协会自律作用。①

3. 医美机构医师不足,管理不规范

(1) 医师不足,无证执业现象突出

医美机构以民营医院为主,而民营医院普遍存在医师不足的情况,而取得医疗美容主诊医师资质的条件非常严格,基于职称晋升和社会关系考虑,公立医院在吸引和培养人才上较民营医院更具优势。同时,在人才结构上,医疗美容硕士、博士多选择在大城市就业,而本科毕业生基于职称晋升考虑,也会优先选择到公立医院就职,导致医疗美容主诊医师及其后备力量不足,医疗美容医师人才短缺导致无资质执业现象频发,特别是在中小城市较为普遍。

(2) 医美机构管理不规范,存在较大安全隐患

根据卫生健康部门《医院工作制度》,医美机构在管理机构、管理制度、管理人员和职责等方面面临的要求较多,而实践中,医美机构涉诉范围包括诊疗行为、对外合作(采购、保险、保理、后勤、赠与、广告宣传、渠道营销等)、人员管理、财务管理(税)等,涉及行政监管和平等主体之间的合作,甚至构成刑事犯罪。出现上述问题归咎于医疗美容产业规范和效益、安全和发展之间的失衡,合规意识不足,社会效益和经济效益未实现平衡。

4. 患者或求美者对医疗美容认知不足,容易引发医疗美容争议

相关"医疗美容"认知大数据研究②显示,人们对医疗美容产业具有一

---

① 纪晓欣:《中小城市医疗美容纠纷的成因和对策分析》,《中国卫生法制》2020年第6期。
② 曹峻玮、赵海尊、尚猛:《基于大数据分析的中国社会对医疗美容认知的研究》,《中国卫生事业管理》2019年第9期。

定的认知度，但是认知范围有限，深度略显不足，人们对医疗美容寄予较高期望，而当结果与预期不一致时，即治疗效果不满意时，容易引发医疗美容争议。究其原因，在于患者/求美者消费者与医疗美容产业之间的信息不对称，而具体到实务中，则表现为求美者对医美机构或平台、直播、媒体等传播媒介或市场推广主体发布的信息的真实性无法完全识别，如对医疗美容效果是否存在夸大宣传、不良反应或失败率并不清楚，甚至会得到医美机构或市场推广者口头承诺，一旦发生争议，就可能因证据不足而承担不利后果。此外，因对医美机构及人员资质、医疗美容诊疗规范、诊疗并发症或不良反应并不清楚，伴随的医疗美容金融合同（医美贷、保理）引发的借贷纠纷或合同纠纷较多，医疗美容和生活美容的混淆也容易误导求美者，进而引发医疗美容纠纷。

四 医美产业法律风险防范建议

（一）政策扶持与行政监管并举，健全医疗美容监管机制

医疗美容市场存在乱象，如水货频出；生活医美机构未取得医疗机构执业许可证就开展医疗美容活动，或虚假宣传引导患者使用不具备合格证或产品批号的医疗美容产品，或到不具备医疗美容资质的机构接受医疗美容治疗或手术；医疗美容广告宣传内容不符合广告法或医疗广告管理规定，虚假宣传或诱导消费，严重扰乱医疗美容市场秩序，这使卫生健康部门和市场监督管理部门的工作面临挑战。在积极打造"医美之都"和促进医疗美容产业发展的同时，成都还需加强行政监管，健全医疗美容监管机制。

加大对无证经营场所的查处和惩罚力度，建立联合惩戒"黑名单"制度。医美机构超范围执业或使用未取得卫生技术人员资格的人员开展医疗美容活动以及生活美容场所无证开展医疗美容活动等较为多见，建议修订《医疗机构管理条例实施细则》等相关法律规定，可借鉴《食品安全法》设

置惩罚性赔偿，提高无证行医或超范围经营的罚款额度，通过巨额的经济赔偿或罚款提高对无证行医的威慑力。在查处力度方面，可以增加检查频次，通过现场检查、资料检查、暗访、不定期检查等多种形式开展监督检查活动。[1] 对于长期从事或多次从事医疗美容违法行为的机构和个人，具有严重情节或社会影响恶劣的，应纳入行业监管"黑名单"，纳入行业信用评价体系，对其融资和政府扶持等方面的利益进行关注。[2]

加强部门协作，建立监管信息共享机制。医疗美容产业涉及上中下游，在行政监管方面受卫生健康部门、市场监督管理部门监管，若涉及违法犯罪行为还受公安司法部门监管，故医疗美容产业监管工作涉及多部门、多交叉，情况较为复杂，容易形成监管推诿或真空。因此在明确各个监管主体责任后，还需加强各部门行政监管的协作，借助信息技术，建立监管协同机制和信息共享机制，实现综合监管，确保医疗美容产业规范安全可持续发展。

加强基层联动，建立信息反馈机制。医疗美容行政监管部门可加强与基层组织间的联动，医美机构所在社区的居委会相较于行政监管部门而言，具有获取医疗美容非法行医线索的信息优势，应建立信息反馈机制，则可及时根据线索进行调查，提高监管成效。

加强行政监管队伍建设，提高执法监督水平。在"互联网+"时代，医疗美容电商平台相继出现，线上传播速度日益加快，医疗美容产品琳琅满目，宣传路径和方式多样，平台刷单、个人隐私泄露、肖像等人格权受到侵犯给行政监管带来挑战。因此，建议转变监督思路，加强学习互联网相关法律规范，健全权责清单，加快队伍建设，形成互联网思维，提高执法监督水平。

---

[1] 王梓琪、肖思曲、程雨等：《贵州省医疗医美机构现况调查》，《医学与社会》2020年第1期。
[2] 盛凯琳、陈竞波、倪胜、李宇阳：《浙江省医疗医美机构发展、监管现状与治理对策》，《中国卫生法制》2020年第1期。

（二）以互联网平台为支撑，充分发挥行业协会自治优势

医疗美容行业协会等行业协会应成为政府和医疗美容企业之间的纽带，紧密嵌入政企关系，发挥补充、辅助和协同作用，为企业发展争取更多的政策支持，形成"政企桥梁"。[1] 随着党社等多维关系嵌入和信息技术的赋能效应及平台经济的兴起，医疗美容行业协会需重新定位，以期在政府、企业、社会等多维关系中充分发挥自治优势，关注政府、企业和社会核心服务需求，增强其在市场或竞争机制下的资源整合能力。具体而言，首先，充分发挥行业协会的指引作用，完善医疗美容相关诊疗规范、标准流程或范本、专家共识、纠纷处理路径等内容，为医疗美容产业规范发展提供指引。其次，加强行业信用机制建设，建立医疗美容产业诚信信息数据库，进而落实"异常名录"和"黑名单"制度，对不正当竞争等违法违规行为进行处理并公示。再次，可与其他行业协会（如医学会、医师协会等）联合建立行业自律联盟，形成自律机制；也可与成都市各地医调委合作，建立医疗美容纠纷协解处理机制，建立统一的区域投诉平台，接受社会监督。最后，加强医疗美容科普宣传，建立求美者沟通渠道，定期推送医疗美容科普文章或视频，或举办医疗美容学术讲座或会议。同时，加强医疗美容产业知识产权保护，严惩知识产权侵权行为，实现良币驱除劣币。[2]

（三）医疗美容产业上中下游依法经营，兼顾经济效益和社会效益

针对医疗美容产业法律风险现状及成因，可从以下三个方面防范相关的法律风险。

1. 医疗美容产品供应商合法经营化解风险

加强法律风险识别和防范培训，确保主体具备生产经营资质，医疗美容产品符合国家市场监督和卫生健康部门相关法律规范要求，在互联网平台宣

---

[1] 宋晓清：《超越"政企桥梁"：行业协会商会的角色再定位》，《治理研究》2018年第4期。
[2] 周俊、赵晓翠：《行业协会商会如何推动区域经济一体化——基于长三角的案例分析》，《治理研究》2019年第5期。

传或交易时需符合广告、电子商务等法律要求，避免虚假宣传、商业贿赂等不正当竞争行为。

2. 医美机构依法执业，规范管理

首先，准入合法。医美机构及人员需取得执业资格，并具备开展医疗美容活动的人员、场所、设备及环保和消防等条件，不得超范围执业或使用非卫生技术人员从事医疗美容活动。同时，应根据医疗卫生相关法律规定，完善医疗质量安全制度和评价标准，并加强学习和执行，制定并落实相关流程，如医疗质量安全制度、病历书写及管理等。其次，加强医疗美容技术人才培养，不断提高医疗美容水平，规范诊疗行为，严格遵循医疗美容相关法律规定和诊疗规范，避免发生医疗损害或医疗服务合同纠纷。再次，加强合同管理，包括医疗和非医疗合同，如产品采购、后勤社会化服务和人力资源管理等，注意合同风险管理，如主体经营资质、质量验收维保、费用支付、违约金、争议解决等条款，涉及服务的，还需注意标的物约定的唯一性和准确性，避免出现歧义。同时，加强医患沟通，降低或避免因医患双方信息不对称而引发的投诉或纠纷。加强医疗美容科普宣传，以文章或视频的形式发布，但需注意保护求美者个人信息，避免侵犯求美者或患者姓名权、隐私权和肖像权等人格权。最后，完善文书或协议签署流程，加强医疗纠纷预防和处理相关规定的学习，履行法定举证义务，避免行政处罚等法律风险。同时，可根据医院实际，购买医疗责任保险[①]，降低诉讼成本。

3. 医疗美容产业下游合规运营，避免法律风险

医疗美容产业下游涉及平台宣传或电子商务的，需符合广告法和医疗广告相关规定，在医美机构、医疗美容产品供应商和求美者或消费者之间建立良好的沟通或投诉处理渠道，协助监管部门和行业协会，加强对刷单、诋毁等违法行为的处罚，并将纳入"黑名单"或"失信人"名单的供应商产品下架、暂停销售或限制上架时限。此外，医疗美容产业下游还需防范商业贿

---

① 杨婕、王梅红、刘方等：《医疗美容纠纷人民调解案数据分析与思考》，《中国卫生法制》2020年第3期。

赂等不正当竞争风险,留存合作商的经营资质材料,以便在消费者或求美者维权时,履行相应的平台义务。以医疗美容电商平台为例,具体建议为:①健全股权架构,完善公司章程,避免因股东投资收益分配而影响平台稳定发展,同时,通过完善公司章程,加强平台内部管理,避免股东不当干预,减少或避免用工风险。②建立平台管理制度,包括入驻要求、交易规则、投诉处理规则、评价机制等事项,结合行业实际,严格遵守电子商务、网络安全、产品质量等相关法律规定,充分履行平台审核查验等经营义务。③发现所售或所供商品或服务不符合人身和财产安全要求的,应及时处理,建立突发事件应急预案,做好数据备份,履行备案和保管义务,降低诉讼风险。④健全投诉处理机制,重视知识产权管理,针对产品侵权投诉,建立"通知—删除"规则,注意审查和保存构成侵权的和声明不存在侵权行为的初步证据,及时进行相关通知和声明,并告知权利人可向相关主管部门投诉或者向人民法院起诉,及时采取必要措施。⑤区分自营和他营,[1] 显著标识"自营",完善自营资质。⑥加强个人信息保护,包括个人信息收取和使用、设定人员访问权限、避免不当使用或披露,同时,注意电子商务中交易安全和数据安全,使用数据安全技术,提高个人信息保护意识。⑦加强合同管理,建立医疗美容电商平台风险控制体系,重视合同风险审查,书面签订(特别是品牌融合、跨界合作),定期追踪合同履行情况,同时,完善用工风险,如劳动合同签订、保密条款约定,增强法律意识。[2]

(四)引入医疗美容责任险,建立社会风险分担机制

医疗美容产业是大健康产业的重要内容,医疗美容仍然属于医疗活动范畴,虽然医疗责任险在全国各地实施情况有所差异,各地也在不断摸索中,但并不影响医疗责任保险风险分担功能的实现。对于医疗美容产业而言,将责任险引入产业上中下游,从而降低产业发展风险,具有重要的社会效益和

---

[1] 杨立新:《电子商务平台经营者自营业务的民事责任》,《求是学刊》2019年第1期。
[2] 王道发:《电子商务平台安保责任研究》,《中国法学》2019年第6期。

经济价值。在医疗美容投诉和纠纷处理日益增多和政策对产业扶持的背景下，引入医疗美容责任险，可有效分担医疗美容服务端和消费端之间的风险，为医疗美容产品开发和创新提供助力。可通过国有保险公司先行先试，参与建设行业协会风险分担机制，特别是保险适用规则，通过引入多家保险公司，如中国人民保险、太平洋保险等，共同分担医疗美容市场风险，推出符合市场需求的保险产品，为医疗美容产业高质量发展提供保障。①

（五）引导求美者树立正确消费观，提高患者医美认识和法律意识

医疗美容产业中出现大量医患纠纷，除产品质量外，多因医患沟通不足、信息不对称所致，手术效果没有达到预期，便要求退费或赔偿，则可能增加医美机构的运营成本。对此，既要考虑医疗美容行为本身是否符合规范，同时，还需引导求美者对医疗美容形成正确认知，告知求美者医疗美容并非万能的。通过医疗美容科普和治疗效果的充分沟通（特别是敏感或瘢痕体质，更需警惕），完善特殊治疗或术前告知流程，包括效果、并发症及费用等事项，使患者对医疗美容治疗方案、治疗效果、费用等有全方位的认识，从而避免因沟通不充分而引发争议。此外，还需增强求美者的法律意识，形成多元维权路径，积极引导患者通过合法路径进行维权，畅通沟通渠道，避免因纠纷沟通不畅而产生更大的损失（如声誉等）。

---

① 高雪娟：《侵权法视角下医疗责任保险模式分析与优化——以福建省为例》，《中国卫生事业管理》2017年第2期。

R.10
医美产业运营规范安全研究报告

杜 文 李岑岩 赵 晞 王沁怡*

摘　要： 随着世界医疗技术的进步与医疗美容产业在中国的兴起，新兴医疗美容产业持续高速发展。传统生活美容行业面对日益升级的美容需求迫切需要转型。大部分消费者关于如何区分生活美容与医疗美容等知识十分欠缺，这给行业发展埋下了众多隐患。在生活美容和医疗美容规范与融合发展过程中，针对大部分机构的痛点和需求，迫切需要完善安全规范。同时，受疫情影响，医美直播、医美电商成为医美产业的新风口。医美直播和医美电商平台虽然高速发展，但基于医美的医疗属性，仍然属于高风险、高纠纷率的行业。为了保障消费者权益，避免消费纠纷和潜在的利益冲突，必须对医美直播和医美电商进行有效管理和规范。

关键词： 医美产业规范　生活美容　医美直播　医美电商

一　生活美容向医疗美容转型及延伸的合规性

（一）中国生活美容市场规模及现状

1. 生活美容市场规模

有关行业研究数据显示，中国目前生活美容机构达180万家，从业人员

---

* 杜文，成都医疗美容产业股份有限公司副总经理；李岑岩，北京至瑾律师事务所主任，中国非公立医疗机构协会法务部主任，中国整形美容协会监事；赵晞，成都美尔贝科技股份有限公司公共事务部负责人；王沁怡，中航（宁夏）生物股份有限公司总经理。

约2700万人，其中78.58%为女性，平均年龄为25.7岁。根据2020年美团发布的《2020中国生活美容行业发展报告》（以下简称《报告》）显示，2020年中国生活美容市场规模约为6373亿元，线上化率仅为1.5%，同时，生活美容关店率达17.5%，显示近年来生活美容行业一直处于激烈的变革中。在数字经济发展的助推下，预计2025年生活美容市场规模将达到8375亿元，线上化率将提升至9.6%左右。

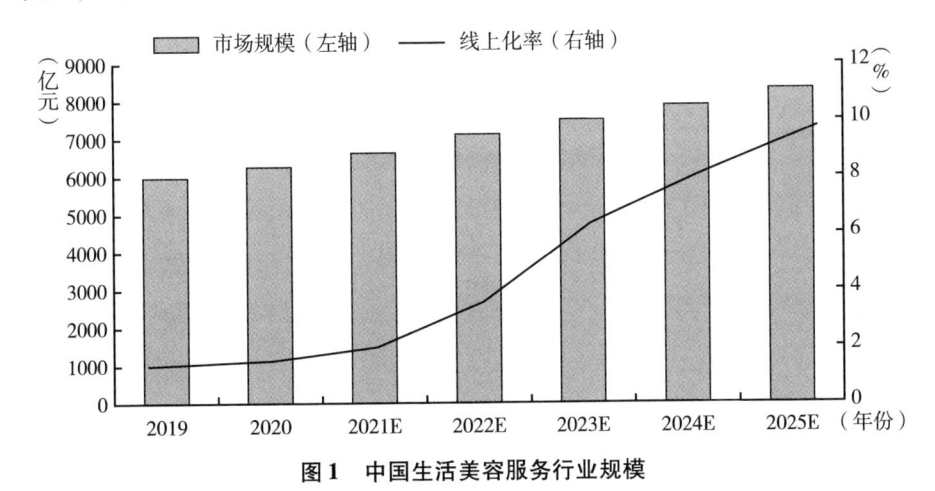

图1 中国生活美容服务行业规模

资料来源：美团研究院美团到店综合丽人及医美业务部。

2. 生活美容行业市场现状与发展困境

广义上的生活美容机构包含了人们熟悉的美发店、美容美体店、美甲店等。然而，20世纪90年代就开始风靡的生活美容行业，在当下却面临发展瓶颈。看似随处可见的美业，线上化率却仅为1.5%，约为餐饮服务业线上化率的1/10。与此同时，中国美业线下店的更迭速度（开店率及关店率）也一直远超其他行业。

生活美容产业面临的困境，一方面是基于固有的模式，作为劳动密集型服务行业，美业一直存在成本高、人才结构性短缺问题。《报告》显示，47%的生活美容商户认为"房租、水电费用上涨"是其经营面临的主要问题，"高级技术人才稀缺""招人/留人难"等问题紧随其后。有超过七成的商户经营成本占营业收入的50%及以上。

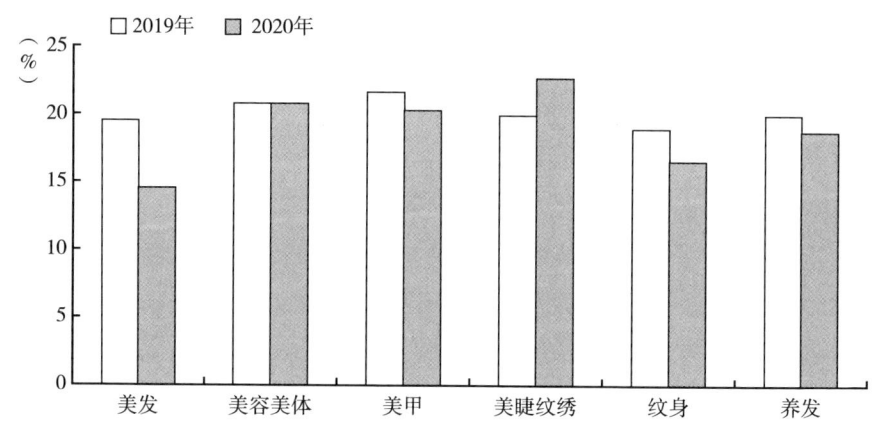

图 2　美团平台生活美容机构关店率

资料来源：美团研究院美团平台。

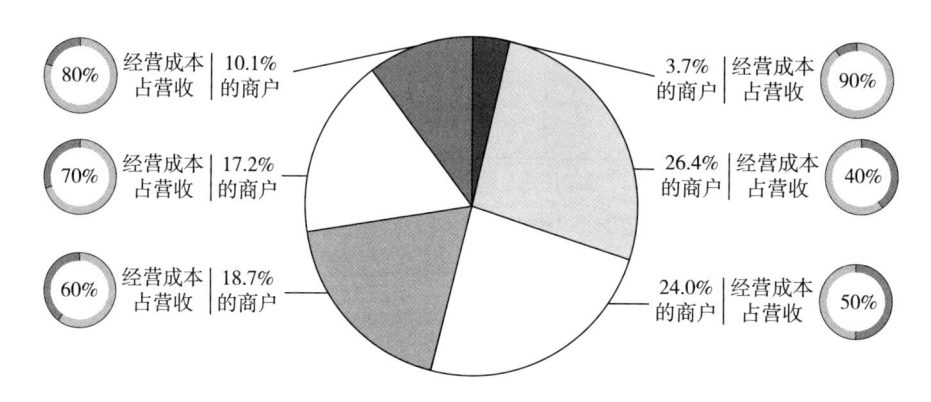

图 3　美团受访商户经营成本占比

资料来源：课题组问卷调查结果，有效问卷 2965 份。

另一方面，早期生活美容机构的主要运营模式是营销驱动，基于信息不对称主导服务，这与消费者的真正需求往往背道而驰。互联网时代的透明化与医疗美容服务的普及化让整个生活美容行业的发展走到了十字路口。

（二）正确看待生活美容与医疗美容

1.消费需求倒逼生活美容转型

随着世界医疗技术的进步与医疗美容产业在中国的兴起，广大人民群众的美容需求不断转向"医疗化""疗程化"等,新兴医疗美容产业持续高速发展。传统生活美容行业面对日益升级的美容需求存在迫切的转型升级诉求。很多生活美容机构通过引入一些非侵入式的高科技美容仪器,或与医美机构合作,或自发创办医美机构来涉足医疗美容领域,以数量庞大、从业人员多和良好的服务能力成为助推医疗美容产业发展的有力补充,医疗美容与生活美容逐步呈现出融合发展趋势,但也出现了一些违法违规问题,对医疗美容产业的健康发展造成了一定影响。

2. 如何区分生活美容与医疗美容

据调研了解,大部分消费者关于如何区分生活美容与医疗美容的知识十分欠缺,这给行业发展埋下了隐患。

医疗美容机构必须遵循《中华人民共和国医师法》《医疗机构管理条例》《医疗美容服务管理办法》等法律法规,取得卫生健康行政部门核发的《医疗机构执业许可证》,诊疗科目为医疗美容科相关临床科室,使用有资质的卫生技术人员开展相关工作,并接受卫生健康行政部门的监督管理。生活医美机构只要取得《公共场所卫生许可证》即可。

区分医疗美容和生活美容最直观的是《医疗机构执业许可证》,生活美容机构只需要到工商管理部门办理营业执照即可,而医美机构除了要到工商管理部门办理营业执照外,还要到卫生健康行政部门办理《医疗机构执业许可证》。为了更详细地说明生活美容与医疗美容的区别,具体如表1所示。

表1 医疗美容和生活美容的区别

项目	医疗美容	生活美容
定义	运用药物、手术和医疗器械等医疗手段,对人体进行侵入性治疗,从而达到对机体形态、皮肤等进行重塑和修复等的美容性治疗的目的	运用化妆品、保健品和非医疗器械等非医疗性手段,对人体所进行的诸如皮肤护理、按摩等带有保养或保健性的非侵入性的美容护理
治疗手段、方法	符合国家标准的各类药物、各类手术(包括外科手术和激光等治疗),以及符合国家标准的各类医疗器械,如激光、光子治疗(光子嫩肤)等	符合国家标准的各类化妆品、保健品和非医疗用的器材,如运动器材、按摩器材等

续表

项目	医疗美容	生活美容
学科组成	医疗美容是从众多医疗学科中发展而来，形成一个一级诊疗科目——医疗美容科，四个二级诊疗科目——美容外科、美容皮肤科、美容牙科、美容中医科	生活美容行业是从时装/形象设计、化妆/修饰技巧、美容护理、理发和按摩等服务行业发展而来，因此生活美容包括以下内容：形象设计、化妆品销售及化妆技巧、发型设计及理发、皮肤护理、按摩保健等
从业人员	从业人员必须通过国家统一的执业医生考试并取得医师资格证书和医师执业证书，同时还需向当地卫生健康行政部门办理美容主诊医师资格备案	美容美发人员、化妆品和保健品销售人员、时装设计及形象设计人员、保健按摩人员
技术职称	按国家标准（与国际类似）分为三级，由低到高分为初级技术职称（含住院医师和总住院医师）、中级技术职称（即主治医师）、高级技术职称（含副主任医师、主任医师）	国家人社部于2015年废止众多职业资格证书，目前没有统一的技术职称要求。流行于社会上的各种美容师、高级美容师，甚至是国际美容大师等分类，不是技术职称，多是各类美容院从业人员对外的商业性的形象包装
人员培训、教育地点	国家各类医科大学（学院），一般学制5年以上	各类短期美容美发学习班、社会上为各类人员开设的美容学校（学院），一般学制1~3个月
服务地点	正规的医疗机构（医院、门诊部或诊所）	社会上各类美容美发店和美容院（美容中心）
行政管理	各类卫健行政主管部门	没有行政管理部门
相关学会	中国整形美容协会、中华医学会、中国医师协会，以及省市级相关协会/学会等	中国美发美容协会、各类民间非正式团体（如各类美容美发商会/协会、工商联合会等）
服务对象	患者和正常求美者（含正常健康人群）	正常健康人群

3. 安全风险下的融合与规范发展需求

在医疗美容与生活美容二者关系方面，从大美容产业角度来看，二者服务目标与对象高度统一，如同事物的一体两面，彼此相互促进、密不可分；但从技术手段来看，二者存在医疗与非医疗的本质区别，医疗美容基于专业性、高风险性和不可逆性需要谨慎对待；从消费需求来看，日益增长的医疗美容消费需求促使众多生活美容机构寻求转型升级，但生活美容机构对医疗美容的内容不熟悉、规则不清楚、法规不了解，在涉足医疗美容业务过程中出现了非常多的非法医疗美容行为，触犯了国家法律法规，引发了众多医疗事故，不仅给广大人民群众造成安全隐患，也使自身面临违法风险；从行业体量来看，生活美容行业经过40年的发展，机构数量与从业人员远超医疗美容行业。在美容消费升级过程中，解决好生活美容机构的发展与转型问题，可以说是一项重要的民生工程。

（三）生活美容规范化转型医疗美容的意义与目的

1. 规范化转型的意义

（1）保障求美者权益，促进美业健康发展

作为消费医疗的重要组成部分，医疗美容所面对的多是身体健康的求美者。只有实施规范严谨的医疗行为，才能在最大限度保障求美者健康权的同时，为求美者造美送美；只有逐步杜绝双美机构中的不规范医疗行为，才能为美业健康发展争取更好的舆论环境、更好的政策支持。

（2）促进双美行业的规范发展

双美的确存在边界不清晰等问题，在市场监管制度日趋完善、执法力度日渐加大的背景下，需要"堵疏结合"。除了需要通过行政手段来规范美业发展外，还需要通过市场手段来促进美业规范发展，也需要行业协会来引导和帮助美业规范化发展。

（3）促进双美产业的迭代升级

双美各有优势，也各有弱项，双方只有融合发展、取长补短，才能创造出更大的市场空间、更多的美业形态，最终促进产业升级，实现大美业的永续繁荣。

2. 规范化转型的目的

一是协助政府落实国家的有关法律法规和政策，为行业健康发展提供正确的舆论导向；二是帮助广大生活医美机构投资者和从业人员了解生活美容与医学美容的边界与区别；三是支持生活医美机构开展合法合规的涉及仪器的治疗及维养项目；四是在生美机构向医美机构转型的过程中，提供相关法律法规的支持，利用中国整形美容协会拥有的良好的医师资源，提供医疗美容业务咨询、风险防控、资源整合、教育培训、运营赋能等支持，帮助其迅速成长；五是建立生美转医美行业智库，定期研讨规范与融合发展问题，促进双美行业发展。

（四）生活美容规范化转型医疗美容具体工作建议

为帮助部分有需求的生活美容机构向规范化医美机构转型，协会组织开展了相关调研工作。在调研过程中不少有志于拓展医美业务的生美机构，或者已经起步的双美机构，针对规范化经营与融合发展中存在的困惑表达了诉求，涉及规范化内容、医美机构执业审批、医师与专业人才、药品与医疗器械供应渠道等。从具体操作来讲，生活美容机构向医疗美容机构转型发展是一个系统工程：规范化建设、法律保障、人力资源、模式、产品、营销、服务、技术等每个板块，都不能偏废。

在生活美容机构与医疗美容机构规范与融合发展过程中，针对大部分机构的痛点和需求，建议重点开展如下工作。

一是加强主题宣教工作。共同发起"双美融合行业自律、双美融合普法宣传"等系列活动，从意识形态上对双美机构及从业人员进行宣导，倡导规范经营、合法经营。同时联系政府主管部门，对双美机构进行主题培训及宣教。二是开展专业咨询服务。对医美机构的执业审批、风险防控体系设计与机构运营提供专业的咨询服务，帮助建立规范化管理体系。三是提供专业培训，包含临床技术培训、临床护理培训、运营管理培训、风险管控培训等。四是提供优质的医疗美容人才资源，包含医生、治疗师、麻醉师等，解决双美机构医生及医疗专业人才紧缺问题。五是规范药品、医疗器械及相关医疗用品采购渠道。提供常规药品、一般耗材、医美专用耗材、仪器设备等项目的采购指导，并努力搭建"集中采购"平台，帮助转型机构提高采购效率，保证采购质量，降低采购成本，同时争取厂家更多的售后支持及增值服务。六是定期检查与辅导。通过长期的检查与辅导，强化安全与风险防控意识，提升机构规范化经营管理水平。

二 干细胞项目在医美领域应用的合规性

（一）干细胞项目合规基本情况

干细胞是一类具有自我更新和多向分化潜能的细胞，在个体发育和疾病发生中扮演着重要角色，也是再生治疗中的关键"种子细胞"。干细胞具有再生、替代、修复和分化能力，干细胞治疗一直是生命科学前沿最受重视的领域之一，目前全球干细胞研究和临床试验正在如火如荼地开展中，每年有大量新增临床研究项目，整体呈上升趋势。按国家和地区统计，全球干细胞临床研究排前三的国家或地区分别是美国、欧洲和中国。中国共有108家干细胞临床备案机构，覆盖26个省（区、市）；共有87个干细胞临床项目完成备案，涉及55家机构，覆盖21个省（区、市）。

我国在探索干细胞在整形修复美容领域的系统化、科学化、规范化、标准化以及安全有效应用路径方面，已具备扎实的科学理论和实践基础。

为了规范干细胞临床研究及应用，促进干细胞治疗技术科学有序地发展，中国从1993年开始陆续出台了一系列政策和法规。目前，医疗机构开展的干细胞临床研究是由两委局（中华人民共和国卫生健康委员会 & 国家药品监督管理局）协同共管，以《中华人民共和国药品管理法》为法律依据，遵循《干细胞临床研究管理办法（试行）》和《干细胞制剂质量控制及临床前研究指导原则（试行）》，以医疗机构为主体，实行干细胞临床研究机构和项目的双备案制。如后续申请药品注册临床试验，可将已获得的临床研究结果作为技术性申报资料提交并用于药品评价，但不能直接进行临床应用。

1. 干细胞临床前研究要求

必须设计严谨的研究计划、记录报告必须翔实且可追溯、确保试验符合科学和医学的要求，为干细胞临床试验研究提供必须具备的充分科学依据。所用细胞要求与临床细胞一致。细胞产品的生产和加工必须在满足药品生产质量管理规范（Good Manufacture Practices，GMP）的环境下进行；干细胞临床前研究为治疗方案的安全性和有效性提供支持和依据；安全性评价主要涉及细胞毒性研究、异常免疫反应、致瘤性和非预期分化；有效性研究涉及细胞模型和动物模型的建立。此外，还需要对细胞群、细胞基因组稳定性、成/致/促瘤性、异常分化及生物学功能和效应进行分析鉴定。动物模型的选择遵循减少、优化和代替三个原则。有效性研究设计原则包括模拟临床试验条件，足够的统计功效，合适足够的对照、随机法、盲法，建立剂量效应关系等。安全性研究包括细胞生物分布、异位异常分布与分化及对其他长短期的可能毒副作用的监测。

2.干细胞临床研究的要求

干细胞临床研究机构需符合国家要求；干细胞临床研究项目应当在已完成备案的机构实施；干细胞临床研究必须具备充分的科学依据，应权衡受试者和公众健康预期的受益及风险，预期的受益应超过可能出现的损害。临床研究方案应当符合政策与法规要求。研究结束后，应当对受试者进行长期随访监测，评价干细胞临床研究的长期安全性和有效性。

3.干细胞及其相关产品制备机构的要求

干细胞及其相关产品制备机构建设应有符合标准的GMP生产车间：整体万级，局部百级；符合YY0033第三类医疗器械生产标准；布局符合药品GMP要求；每台仪器的使用都有相应的标准操作流程（Standard Operation Procedure，SOP）。

机构应建立符合GMP要求、完整的干细胞制剂制备质量管理体系，并设立独立的质量管理部门，履行质量保证和质量控制的职责。机构应根据每种干细胞制剂的特性及其制备工艺进行风险评估。

机构应建立合理的质量管理策略，指定具体的干细胞制剂制备管理负责人、质量管理负责人和质量授权人。同时建立人员、设备管理档案，并对相关人员完成专业知识、安全防护、应急预案的培训和继续教育，对设备进行计划性校验和维护，确保制剂生产的准确性。

（二）在整形修复美容领域常见干细胞研究类型

1. 骨髓间充质干细胞

骨髓间充质干细胞（Bone Marrow Mesenchymal Stem Cells，BMMSCs）是从骨髓组织中分离获取的一类间充质干细胞，由 Friedenstein 等于 1976 年首次提出。BMMSCs 可贴壁生长，具有向中胚层组织细胞分化的能力。BMMSCs 的扩增速度极快，短时间的培养后即可获取大量的细胞。

2. 脂肪来源干细胞

1973 年，Poznanski 等在脂肪中发现了类似于成纤维样的细胞，在体外也能保持代谢活性；2001 年，Zuk 等证实这些细胞中存在间充质干细胞并命名为脂肪来源干细胞（Adipose-Derived Stem Cells，ADSCs）。从脂肪组织中分离 ADSCs 的主要方法是胶原酶消化法，操作简单，产量较高。此外还有组织块贴壁法、吸附柱法、直接离心法、机械振荡法等，但效率较低。在用胶原酶处理脂肪组织后，收集的底层细胞团被称为脂肪血管基质片段（Stromal Vascular Fraction，SVF），是一类包括 ADSCs、脂肪前体细胞（脂肪祖细胞）、周细胞、内皮细胞、内皮祖细胞、单核/巨噬细胞和造血干细胞等在内的异质性细胞群，也具有促进组织再生的功能。

3. 脐带间充质干细胞

脐带间充质干细胞（Umbilical Cord Mesenchymal Stem Cells，UCMSCs）是一种自脐带分离的间充质干细胞，最早于 21 世纪初被提出。脐静脉内皮、脐带 Wharton's 胶质和血管周围组织中均可分离获得 UCMSCs。UCMSCs 的来源是医疗废弃物脐带，伦理上较易获得知情同意授权回收利用，受到临床转化应用的青睐。

4. 毛囊间充质干细胞

毛囊间充质干细胞（Hair Follicle Mesenchyma Stem Cell，HFMSCs）分布在两个部位：毛囊球部的真皮乳头（Dermal Papilla，DP）和毛囊球部最外层的真皮鞘（Dermal Papilla，DS）。通过周期性地在 DP 和 DS 间迁移，实现随毛发周期的 DP 和 DS 功能性重组。HFMSCs 在体外培养过程中其诱导能力逐渐丧失，所以目前关于维持HFMSCs干细胞特性的方法主要是3D培养，包括悬滴法、ECM法、LBL法等。

5.牙髓间充质干细胞

牙髓间充质干细胞（human Dental Pulp Stem Cells，hDPSCs）作为人体牙髓组织中存在的一种间充质干细胞，与其他间充质干细胞一样具有很强的增殖力、自我更新和多向分化能力，同时还具有免疫调节功能和潜在的组织再生特性。迄今为止，已分离和鉴定出8种不同的hDPSCs，其中应用最为广泛的是hDFSCs，其分离培养的方法与其他组织间充质干细胞方法类似。

6.胚胎干细胞、诱导性多功能干细胞等其他干细胞

胚胎干细胞（Embryonic Stem Cells，ESCs）是一种从早期胚胎或内细胞团中分离出来的全能干细胞，可以向3个胚层分化，在体内或体外环境均可被诱导分化为机体几乎所有细胞类型。然而胚胎干细胞的使用仍存在风险和伦理问题。诱导性多功能干细胞（induced Pluripotent Stem Cells，iPSCs）是利用哺乳动物的成体细胞，由人工转入Oct4、Sox2、c-Myc、Klf4四种转录因子，使成体细胞执行去分化途径而形成类似于胚胎干细胞的多能干细胞。iPSCs与ESCs拥有相似的再生能力，理论上可以分化为所有成体器官、组织，其表面标志物与未分化的ESCs类似。相比ESCs，iPSCs面临的伦理道德争议较小，但iPSCs诱导技术面临着诱导效率低、用于治疗存在长期肿瘤风险等挑战。其他的干细胞还包括胎盘、羊水以及尿液等来源间充质干细胞，这些细胞也具有多向分化能力和较高的增殖能力。

（三）干细胞在整形修复美容领域临床研究的合规要求

1.在增加组织血管化和抗纤维化中的应用

组织血运障碍是整形外科常处理的问题，干细胞可被用于治疗皮瓣缺血及其他组织缺血性疾病。临床前研究已证实，干细胞有促进细胞迁移、成管的能力，可改善皮瓣血液循环，促进皮瓣成活。在缺血的手部移植皮瓣内及周围组织中注射SVF，可观察到皮瓣血运有明显改善，手功能改善。干细胞在下肢缺血疾病中也有应用,在严重下肢缺血的病例中,通过肌肉内注射CD133+的干细胞,可刺激新血管生成。在瘢痕治疗方面,BMMSCs可用于预防肥厚性瘢痕患者移植后皮肤移植物的收缩。还有研究应用ADSCs治疗系统性硬化症的指端溃疡,发现可促进创面愈合,改善疼痛症状和手功能。

2. 在创伤后皮肤再生与创面愈合中的应用

近年来发现干细胞可通过直接分化、旁分泌生长因子等多个途径参与皮肤再生。在外伤导致的急性皮肤全层缺损中,局部注射ADSCs可缩短创面愈合时间,减少继发性瘢痕挛缩、色素沉着和增生的发生。在糖尿病足、慢性创面等多种难愈性创面的治疗中,在创面边缘及基底注射干细胞可有效促进组织血管新生、加速肉芽组织形成、改善组织血供,同时促进创缘角质形成细胞的增殖,加速创面再上皮化进而促进愈合。相较于无毛囊的皮片,带有毛发的皮肤移植物因含有毛囊干细胞和更多的表皮干细胞,在促进慢性溃疡愈合中可达到更好的效果。在皮肤扩张中,局部的张力可诱导血液循环中干细胞向扩张皮肤局部迁移,在局部定植后通过分化和合成生长因子促进扩张皮肤组织再生。另有研究证实,干细胞在促进光老化和衰老后的皮肤再生年轻化等方面有显著效果。

3. 在脂肪移植后再生中的应用

脂肪移植是软组织萎缩和缺损修复的重要方法,但移植的脂肪组织由于缺乏血供与生长因子,常出现较高的吸收率及纤维化、钙化等现象,影响其疗效。应用干细胞辅助脂肪移植(Cell-Assisted Lipotransfer,CAL)后脂肪细胞成活率提高,组织结构形态更好,并发症更少。在乳房脂肪填充中,加入干细胞可以提高移植后脂肪的成活率,减少脂肪注射后纤维化、囊肿等并发症的发生率,同时未观察到脂肪异常增殖、肿瘤等并发症的发生。另外,在半面萎缩的治疗中,也观察到应用CAL可提高脂肪的成活率。

4. 在毛发再生中的应用

干细胞分泌的血管内皮生长因子、肝细胞生长因子、胰岛素样生长因子、血小板衍生生长因子等多种细胞因子,一方面可调控复杂的毛发生长周期，另一方面可促进毛囊周围的血管化，诱导毛囊真皮乳头增殖及调控毛囊由休止期进入生长期，促进毛发生长、毳毛发育为终毛。在脱发区域皮肤内注射ADSCs和SVF，可观察到注射区域毛发密度有所增加、毛发直径显著增粗。ADSCs的条件培养基也具有促进毛发再生的效果，多次注射后效果与非那雄胺疗效接近。自体BMMSCs及自体HFMSCs在治疗难治性斑片状脱发和雄激素性脱发方面有显著作用。

5.在骨与软骨再生中的应用

BMMSCs和ADSCs是在骨和软骨缺损临床研究应用中最常见的干细胞类型，向骨、软骨的局部缺损注射BMMSCs或ADSCs可促进组织修复再生。关节腔内注射ADSCs、BMMSCs或hDPSCs，可以通过调节局部炎症、促进软骨再生修复从而缓解疼痛、控制关节炎的发展。临床研究显示采用自体干细胞治疗骨缺损是安全有效的，尚无研究显示发生炎症、感染、组织过度生长或肿瘤发生等。

（四）干细胞衍生物合规要求

干细胞衍生物包括干细胞条件培养液（Conditioned Medium，CM）、促进组织再生的生长因子（Growth Factor，GF）、分离自血液的富血小板血浆（Platelet Rich Plasma，PRP）、外泌体（Exosome）等。使用方法包括凝胶状制剂涂抹创面、局部组织内注射填充以及液体产品在局部组织内的注射。优势：属于无细胞生物治疗，伦理上容易接受；同时性质更稳定，易于保存，便于管理及运输；生物学功能不随时间延长而衰减；低抗原性，同种异体应用不会引起免疫反应，可能会比干细胞临床转化更快地走向临床。

干细胞及其衍生物的治疗是具有重要临床应用前景的再生医学手段。在整形修复美容外科领域经过了多年的基础与临床研究证明其在促进皮肤再生与修复、组织血管化、软组织再生、骨与软骨修复、多组织年轻化及毛囊再生等多方面均有较好的治疗效果，但干细胞在治疗疾病中的作用机制、应用方法、安全性和有效性等需进一步临床研究。

三 医美直播规范性研究

（一）医美直播规范的意义

2020年受疫情影响，医美直播成为医美产业的新风口。各直播平台、MCN机构、医美互联网平台、全国核心医美医疗机构等行业生态多方代表都投身医美直播大潮，甚至致力于打造医美直播示范基地，通过培训及认证专业医美主播，促进医美直播产业的多元化发展。

艾媒数据显示，2020年"6·18"电商大促期间，消费医疗直播在直播场次、直播引导成交GMV等数据指标上，均迎来爆发式增长。医美直播不只是卖货，在直播中，大多数网红主播和机构专家合作，基于专家专业的医学和美学知识，在淘宝、微博等平台直播中开辟了独立赛道，同时也为医美机构、医美平台和上游药企创造了新的面对消费者的渠道，从而引爆了电商销量。

医美直播高速发展，但基于医美的医疗属性，仍然属于高风险、高纠纷率的行业。为了保障消费者权益，避免消费纠纷和潜在的利益冲突，必须对医美直播进行有效管理和规范。

（二）医美直播的法律规范

我国除了一般广告法中对医疗行业的明令限制外，中国广告协会也针对直播专门出台了《网络直播营销行为规范》（以下简称《规范》）。2020年7月1日起实施，重点规范直播带货行业刷单、虚假宣传等情况。

1. 不得刷单、炒信

《规范》中多次提到直播带货刷单情况。刷单在直播带货行业比较常见，有的动辄销售额过亿元，但会出现大量退单；还有的直播平台和主播通过刷单，虚构在线观看人数，营造虚假繁荣。

《规范》指出，网络直播营销主体不得利用刷单、炒信等流量造假方式虚构或篡改交易数据和用户评价。"主播向商家、网络直播营销平台等提供的营销数据应当真实,不得采取任何形式进行流量等数据造假,不得采取虚假购买和事后退货等方式骗取商家的佣金"。

中消协指出,在2020年"6·18"电商购物节期间,直播带货行业存在产品货不对板、平台主播向网民兜售"三无"产品和假冒伪劣商品、直播刷粉丝数据、销售量刷单造假"杀雏"等情况。

2.不得虚假宣传,违规使用极限词

《规范》针对直播带货宣传方面做了规范,不得进行虚假或者引人误解的商业宣传,欺骗、误导消费者;同时,网络直播营销中发布商业广告的,应当严格遵守《中华人民共和国广告法》的各项规定。

很多直播带货宣传页面或者短视频并不标注"广告"字眼。乍一看是内容,但实际为宣传,头像处还显示"直播",点击进去就是在直播带货,而且短视频内容和直播带货内容基本一致。

3.三方协同保护消费者权益

原来很多消费者在直播中买完商品就陷入"三不管"地带,主播、直播平台、商家互踢皮球。《规范》指出,"网络直播营销平台应建立入驻主体服务协议与规则,明确网络直播营销行为规范、消费者权益保护、知识产权保护等方面的权利和义务"。商家应当依法保障消费者合法权益,积极履行自身作出的承诺,依法提供退换货保障等售后服务。主播在直播活动中做出的承诺,应符合其与商家的约定,保障消费者合法权益。

(三)医美直播规范对象

1.医美机构

医美机构入局直播领域具备资源优势:产品、医生、优秀的案例以及能说会道的咨询师。但医美机构往往在直播中更依赖于老客户转化,自身不属于流量入口,引流新客户需要借助外部的营销渠道。因此,医美机构在做直播时,规模的差异化会对直播效果产生直接的影响。具备强品牌力的大型连锁机构优势尤为明显,有足够的市场知名度、消费者信赖度,以及充足的营销费用，在新流量的引入上有明显优势。而中小型机构，想要寻求新流量引入，往往需要借助直播平台以及KOL的流量。

2. 医美互联网平台

医美App作为导流入口，在医美直播上也具备优势。在新氧"热玛吉狂欢夜"直播中，伊能静和新氧CEO金星共同现身直播间，整场直播在线观看近700万人次，总点赞量超20万，累计超9.1万人参与话题讨论，打响了"医美第一直播"。

在"成都医美月"期间，华西口腔医美科主任王杭教授在美呗App官微直播间，关于"脂肪填充新趋势"的科普内容，赢得了367.8万人次观看的好成绩，"医美科普直播"首战告捷。

但作为平台而言，医美直播仍存在待提升之处：平台自身的盈利模式是从机构抽取成交的分佣，而直播带货必然会存在为粉丝争取福利、压低产品价格的情况，平台自身做直播如果是为了盈利，那么必然无法从这种模式中获益。平台自身必须具备较强的引流能力和既有流量池，才能保证自身在与机构以及KOL合作过程中的优势。未来平台直播要想获得更好的发展，必然需要思考与机构、消费者、KOL之间的平衡关系。

3. 头部KOL

头部KOL具备有信任基础的粉丝流量。以头部医美主播"土豆Fancy"为例，微博粉数量高达528万人，在2020年10月12日联合北京、上海、广州、深圳、杭州、成都、武汉七城医美机构医美专场直播中，订单总金额1.056亿元，直播观看量126.93万人次，总引导成交2.59万件（胖球数据，2020）。

其他头部医美主播如"虫虫Chonny"在直播中以"百万福利补贴"等为卖点，吸引了大量的医美消费者，在2020年11月10日医美专场直播中GMV高达1190.12万，客单价为7855.58元（胖球数据，2020）。

通过胖球数据分析，医美直播头部博主粉丝画像以当代大学生、白领人群居多，粉丝特点是追求精致、看重品质和服务，这也为博主后期朝医美直播方向转型奠定了坚实的基础。

未来随着医美市场的规范化和透明化，医美市场和用户日趋成熟，相信会有更多KOL加入医美直播行业，而直播行业竞争日益激烈，头部医美博主直播都以"低价""破价"为定位，不排除挟流量以令机构的情况，播主和机构、医美平台之间的矛盾日趋尖锐，医美直播如何发展还需拭目以待。

（四）医美直播规范的核心品类

目前大多数医美专项直播中品类的选择以热门的轻医美项目为主。

2020年热玛吉成为最火医美项目，相应的，在各大主播的直播间热玛吉也成为主角。例如，在"虫虫Chonny"2020年11月10日医美专场直播中，热玛吉总销量168件，销售额高达223.94万元（胖球数据，2020），其他轻医美产品，如光子嫩肤、瘦脸针、皮秒、菲洛嘉动能素、玻尿酸、除皱卡等的销量也不容小觑。

艾媒咨询数据显示，2020年轻医美市场用户规模达到1520万人，随着轻医美消费意识的进一步增强、供给的持续增长，未来轻医美行业的用户规模将继续增长。这些轻医美产品相较于传统手术类医美项目，在价格和安全性方面更具优势，能快速满足消费者的变美需求。

（五）医美直播规范的未来发展趋势

1.统一监管法规，强化对网络直播平台的法律监管和引导

网络直播营销作为一种社会化营销方式，对促进消费扩容提质、形成强大的国内市场起到了积极作用，规范网络直播营销活动，促进其健康发展，需要制定统一的监管法规，明确行业协会的管理范围、监管部门的管理职能，强化对网络直播平台的法律监管，在监管法规方面进行良性的规范引导。

2.明确直播平台监管主体及职责，加强自我监管与外部监管

明确网络直播平台监管主体及职责，健全电商平台的自治机制，针对直播模式建立专项监管机制，同时完善平台的追责流程，保障营销数据真实、产品项目可靠，并让社会群体落实监督职能，构建包括政府监管、主体自治、行业自律、社会监督在内的社会共治格局。

3. 完善从业主体准入与退出机制

制定医美直播的从业资格标准，建立行业准入门槛，适当推广从业资格培训与等级考试、禁止无证上岗、按证分级等制度，通过法规形式促使从业主体提升整体行业素质，全方位了解与网络直播营销相关的基本知识，在掌握一定的专业技能的同时增强法律意识，同时，加强宣传教育，完善主体退出机制，确保市场的直播平台与医美市场的健康、有序发展。

4. 制定厂家供应链完备的认证机制

推动产业上游的厂家建立完备的溯源体系和认证机制，包括出厂仪器认证、合作机构认证、产品项目认证、操作医师认证等多维度查验流程，形成产品仪器可溯源、医师和机构可查证的良性行业生态。

（六）医美互联网直播规范——团体标准

1. 制定背景

根据2009年国家卫生部发布的《医疗美容项目分级管理目录》（卫办医政发〔2009〕220号），医疗美容包括的美容外科、美容皮肤科、美容牙科、美容中医科的诊疗项目大部分不属于《疾病分类与代码（修订版）》（卫办综发〔2011〕166号）所载，因此医疗美容行为并不属于国家基本医疗服务范畴。同时医疗美容项目较强的消费属性，决定了医疗美容机构的商业性质。随着网络直播技术的进步，医疗美容网络面诊、直播等互联网行为快速发展。直播、面诊等行为具有方便、易行的特点，为广大医疗美容从业者及医疗美容需求者提供了方便，但也因其准入门槛低、参与人员复杂而出现了虚假宣传、诱导消费、欺诈等乱象，因此，制定强制性的《医疗美容互联网直播行为规范》具有较强的现实意义。

互联网医院在全国陆续建成，未来互联网医院将与互联网信息传播手段密切结合，广告法等法规约定的"媒体""宣传"等概念在互联网医院的新场景下需要重新予以定义和解读。医疗美容互联网直播成为互联网医院模式的探索先驱，逐步形成了依照现行法规，国家监管部门、互联网平台、行业协会组织、参与机构和人员协同自律、积极接受监管、主动合规的模式。

医疗美容绝大多数诊疗项目与疾病医疗不同。疾病医疗是为了"看病"、解决健康困境或者摆脱疾病状态的就医行为，与医保支付和国家基本医疗保障密切相关；医疗美容属于消费医疗和非疾病医疗，广大医美消费者也认为自己不是"病患"。同时消费者更接受通过互联网直播、比价、日记分享、资料检索等方式获得医疗美容服务。互联网直播属于其中最主要、影响力最大的互联网信息交互和沟通渠道。从实践来看医疗美容互联网直播应当具有消费属性，其医疗属性应当在现行法规框架下成为基础属性。

2. 医疗美容互联网直播规范内容

（1）范围

本标准规定了医疗美容互联网直播的定义、分类、相关服务主体和行为规范，合规自律管理及监督，从业人员职业规范，信用评价、争议预防与调解等。

本标准适用于涉及医疗美容互联网直播的网络平台经营者、医美机构、直播服务机构、医生、主播等各参与方。

（2）规范性引用文件

下列文件中的内容通过文中的规范性引用而构成本文件必不可少的条款。其中，标注日期的引用文件，仅该日期对应的版本适用于本文件，不标注日期的引用文件，其最新版本（包括所有的修改）适用于本文件。

《中华人民共和国广告法》（2015年4月24日修订，2015年9月1日施行）。

《中华人民共和国消费者权益保护法》（1994年1月1日起施行，2009年8月第一次修正，2013年10月第二次修正）。

《中华人民共和国电子商务法》（2019年1月1日施行）。

《中华人民共和国反不正当竞争法》（2017年11月4日修订，2018年1月1日施行）。

《医疗美容服务管理办法》（中华人民共和国卫生部令第19号，2002年5月1日施行，2016年1月19日修正）。

《互联网直播服务管理规定》（国家互联网信息办公室发布，2016年12月1日施行）。

《国家广播电视总局关于加强网络秀场直播和电商直播管理的通知》（2020年11月23日发布）。

《市场监管总局关于加强网络直播营销活动监管的指导意见》（2020年11月5日发布）。

《网络直播营销行为规范》（中国广告协会，2020年6月30日发布）。

《互联网信息服务管理办法》[中华人民共和国国务院令（第292号），2000年9月25日公布施行，2011年1月8日修订。2021年1月8日，国家互联网信息办公室会同工业和信息化部、公安部发布修订草案征求意见稿公告]。

《网络交易监督管理办法》（征求意见稿）（市场监管总局2020年10月25日发布公告）。

《互联网医院管理办法（试行）》（国卫医发〔2018〕25号，2018年7月17日发布）。

《互联网诊疗管理办法（试行）》（国卫医发〔2018〕25号，2018年7月17日发布）。

《医疗广告管理办法》（原国家工商行政管理总局、卫生部令第26号，2007年1月1日施行）。

（3）术语和定义

互联网直播是指基于互联网，以视频、音频、图文等形式向公众持续发布实时信息的活动（《互联网直播服务管理规定》第二条）。

本标准内"直播"，如无特殊限定，指"医疗美容互联网直播"。

医疗美容互联网直播是通过互联网平台实现医美机构现场展示、线上咨询与面诊、服务与产品介绍、科普教学或营销推广的直播活动。

按照直播内容可分为两大类：科普直播和医美直播。该两类直播不应混合，在一个时间段内出现时，应当有先后次序，并宣明直播形式，更换背景等，观众进入直播间时应当被明确告知直播属性。并可以随时查询直播相关责任人，区分出不同类型直播内容。

科普直播：不以销售和即时线上成交为目的的直播，讲述科普内容，限医生、持证治疗师等人员主播，不出现医生执业地点信息及产品、服务销售信息，不涉及商品名称和商标名称，仅限科普知识。

医美直播：通过互联网平台实现医美机构现场展示、线上咨询与线上诊疗、服务与产品介绍、科普讲解和产品推广。具有互联网医院资质的医疗机构及其聘用的医疗服务人员和严格约定直播内容的客服与销售人员可以从事医美直播。非医疗专业技术人员应当在本单位的医疗专业人员指导下开展直播，每位参与直播的非医疗技术人员应当有"医疗指导"。

医疗指导：具有相关专业执业资格和责任主体能力的、与直播单位（直播直接和最终受益者）签署协议的人员，如医生、护士、药剂师、物理师、治疗师等。

(4) 医疗美容互联网直播服务主体

网络直播平台：在网络直播活动中提供直播技术服务的各类社会产品服务平台，包括电商平台、内容平台、社交平台等。

网络直播主体：在网络直播平台上注册账号或者通过自建网站等其他网络服务，开设直播间从事互联网直播信息内容服务的自然人、法人和非法人组织。

网络直播服务机构：为直播人员从事直播信息内容服务提供策划、运营、经纪、培训等的专门机构。

主播属于直播人员：在互联网直播节目或活动中，参与策划、编辑、录制、制作、观众互动等工作，直接向社会公众介绍商品或服务的自然人。医美科普直播应当严格限制主播的执业身份和资格。非科普类医美直播应当在产品和服务审定范围内宣讲，不得超出审定范围。直播单位应当组织专业医疗技术人员对直播内容进行审定和审核。

(5) 产品与服务信息直播

产品与服务信息直播是借助于某种形式的媒介进行传播，具备一定的艺术表现形式，可以直接被受众通过视觉、听觉感知，不需要受众进行转换或者深度思考所传播的信息有何推荐之意，推荐内容有一定的直接性。

产品与服务信息侧重品牌形象的推广和信息的传达，通常是针对品牌整体形象的推荐，并不一定指向某一具体型号的产品或者服务。较商业广告，商业信息没有明显的艺术性，只要将有效的信息对外传达即可。不强调传播的载体、媒介和形式。

(6) 商业广告、商业宣传和商业信息

商业广告是以盈利为目的的广告，是商品经营者或者服务提供者通过一定媒介和形式直接或者间接地介绍自己所推销的商品或者服务的广告。

商业宣传是一种专门为了服务特定议题的信息表现手法。商业宣传是指运用各种符号传播一定的观念以影响人们的思想和行动的商业行为。商业广告是商业宣传的一种表现形式，其他如宣传册及宣传彩页、影视作品和新闻节目、短视频、真人秀表演等，不符合商业广告之形式要件的商业宣传不属于商业广告。

商业信息是指消息、通信系统传输和处理的对象，泛指人类社会传播的一切内容。信息是提供决策的有效数据，人们通过获得、识别自然界和社会的不同信息来区别不同事物，得以认识和改造世界。在一切通信和控制系统中，信息是一种普遍联系的形式。商业信息是为了满足客户决策购买商品和接受服务的信息，如产品和服务介绍、说明书、结构功能的演示和展示、价格公示等。

商业广告和商业宣传是商业信息的表达方式，但不符合商业广告或者商业宣传之形式要件的商业信息不属于商业广告或者商业宣传。

(7) 主体责任与行为规范

网络直播平台应当符合国家标准的强制性要求，应当依法取得法律法规规定的相关许可证照，并应明示许可证照编号或者备案编号。直播中涉及诊疗行为的互联网平台须具备互联网诊疗资质。医疗专业人员在平台进行直播的，平台必须具备互联网医院或互联网诊疗资质，应当具有直播合规管理人员，也可委托第三方专业机构对直播内容做合规监管。

应当使用符合电信主管部门要求的网络资源，具备符合国家规定的网络安全与信息安全管理制度和技术保障措施。配备符合网信部门、电信主管部门、公安机关要求的网络与信息安全管理人员。

应当审核查验拟开展直播的医美机构资质,核查开展直播的医美机构与其医疗资质信息等必要的真实主体信息是否一致,并记录相关信息。

应当建立信息发布审核制度、网络安全与信息安全管理制度、用户信息保护制度,采取安全防范措施,加强公共信息巡查,如要求执业医生登记备案,从事医疗美容互联网直播的专业执业医生应当做登记注册备案。

应当按照网信部门、电信主管部门、公安机关要求,制定互联网新业务安全评估制度。配合各级网信部门会同有关主管部门建立健全信息共享、教育培训、联合检查执法等工作机制,协同开展互联网直播产品信息内容监督管理工作。对网信等部门依法实施的监督检查和调查,应当予以配合。

应当采取技术措施和其他必要措施,防范、发现、制止所提供的服务被用于实施违法犯罪。对所收集、使用的身份信息、日志信息应当采取技术措施和其他必要措施,确保其收集的个人信息安全,防止所收集、使用的身份信息、日志信息泄露、毁损、丢失。在发生或者可能发生信息泄露、毁损、丢失的情况时,应当立即采取补救措施,按照规定及时告知用户并向有关主管部门报告。

应当在以下方面建立健全和执行平台规则。

①建立入驻主体服务协议与规则,明确网络直播营销行为规范、消费者权益保护、知识产权保护等方面的权利和义务。

②联合行业协会建立医美互联网直播黑白名单公示制度并定期更新。

③完善医美互联网直播违法违规行为惩处措施。

账号暂停:对轻微不合规行为,作出包括账号暂停在内的警示性惩处。各平台和机构参与者,制定本单位执行标准和细则。

加入黑名单:账号暂停时间超过三个月的,加入黑名单,采用本团体标注的机构可以查询黑名单。

严重违规行为,直播平台应当及时停止直播,并根据法律法规登记违规行为并按程序处置。

④根据监管要求和行业协会建议,制定在本平台内禁止推销的商品或服

务目录及相应规则,包括但不限于:

根据国家现行法律法规和部门规章及地方政府的管理办法、制度,以及行业协会等行业组织的建议,公示医疗美容非疾病医疗项目细则,并给出直播参考办法。

划分医疗和非医疗人员直播活动的限定范围,建立医疗专业人员与非医疗专业人员可从事工作内容公示制度,根据实际需要定期维护和更新医疗专业人员和非医疗专业人员在医疗美容互联网直播中可以从事和参与的工作。对非医疗专业人员从事的医美直播相关的工作应当严格限定白名单制度,设定合理边界,不得与必须由医疗专业人员从事的工作有交集。

⑤完善商品和服务交易信息保存制度,依法保存网络直播交易相关内容。

⑥完善平台间的争议处理衔接机制,依法为消费者做好信息服务,积极协助消费者维护合法权益。

⑦建立健全知识产权保护规则,完善知识产权投诉处理机制。

⑧建立便捷的投诉、举报机制,公开投诉、举报方式等信息,及时处理投诉、举报。

⑨有利于网络直播活动健康发展的其他规则。

网络直播主体在网络直播中发布商业广告的,应当严格遵守《中华人民共和国广告法》的各项规定。进行商业宣传直播的,应当遵守《中华人民共和国消费者权益保护法》《中华人民共和国反不正当竞争法》等相关法律法规。

应当依法履行网络安全与个人信息保护等方面的义务,收集、使用用户个人信息时应当遵守法律、行政法规等相关规定。使用其他人肖像作为虚拟形象,应当征得肖像权人同意,不得利用信息技术手段伪造等方式侵害他人的肖像权。对自然人声音的保护,参照适用前述规定。

应当遵守法律和商业道德,公平参与市场竞争。不得违反法律规定,从事扰乱市场竞争秩序以及损害其他经营者或者消费者合法权益的行为。

不得利用刷单、炒信等流量造假方式虚构或篡改交易数据和用户评价;

不得进行虚假或者引人误解的商业宣传，欺骗、误导消费者。

应当建立健全知识产权保护机制，尊重和保护他人知识产权或涉及第三方的商业秘密及其他专有权利。

应当依法或按照平台规则订立合同，明确各自的权利和义务。

应当完善对未成年人和残疾人的保护机制，注重对未成年人和残疾人身心健康的保护。

医美机构须经卫生行政部门登记注册并取得《医疗机构执业许可证》和开展医疗美容诊疗的行政许可，并在直播平台上展示经营证照。

具备合法合规开展直播中发布的医疗美容项目的规模、资质和技术能力，且服务优良，有行之有效的医疗质量控制流程。

不得在直播中播出未经登记机关备案或未经卫生行政部门核定的诊疗科目的医疗美容项目。不得销售、提供非法药品和医疗器械，不得进行虚假宣传，欺骗、误导消费者。

具有承担民事责任的能力，有明确的医疗美容诊疗服务范围，符合《医疗机构基本标准（试行）》。

应积极履行直播中作出的承诺，遵守法律、法规规定以及平台规则。

网络直播运营者应当遵守平台直播管理规则、平台公约和服务协议，进行直播内容生产发布。

网络直播运营者应当建立健全选题策划、编辑制作、实时直播、互动评论等全过程信息内容安全审核机制，加强信息内容导向性、真实性、合法性审核，维护网络传播良好秩序。

网络直播运营者不得有下列违法违规行为：恶意假冒、仿冒或者盗用组织机构及他人直播账号生产发布信息内容；未经许可或者超越许可范围提供互联网新闻信息采编发布等服务；操纵利用多个平台账号，批量发布雷同低质信息内容，生成虚假流量数据，制造虚假舆论热点；利用突发事件煽动极端情绪，或者实施网络暴力损害他人和组织机构名誉，干扰组织机构正常运营，影响社会和谐稳定；以有偿发布、删除信息等手段，实施非法网络监督、诈骗、敲诈勒索，谋取非法利益；制作、复制、发布违法信息，或者未采取措施防范和抵制制作、复制、发布不良信息；法律、行政法规禁止的其他行为。

主播入驻网络直播平台应当进行实名认证，在直播活动中，应当保证信息真实、合法，不得对商品和服务进行虚假宣传，欺骗、误导消费者。

在直播活动中做出的承诺，应当遵守法律法规，遵循平台规则，符合其与医美机构的约定，保障消费者合法权益。

未取得医疗美容执业医师注册的人员可以主持开展医疗美容营销直播、科普直播、远程美学设计面诊直播和医疗美容信息直播，直播内容中不得涉及诊疗行为及医学判断等专业内容。

医疗专业人员主播可以主持开展医疗美容直播、科普直播、远程面诊直播、手术直播，直播内容可以包括有关诊疗行为及医学判断等专业知识。

医疗美容互联网直播从业人员应当符合基本执业规范。本团体标准在基本规范之上，为从业人员提出更高规范和管理培训要求。

从业人员或者直播间运营者为自然人的，应当年满十八周岁；十八周岁以下的未成年人申请成为直播人员或者直播间运营者的，应当经监护人同意。

直播间运营者、直播人员提供互联网直播信息内容服务，应当遵守法律法规和国家有关规定，遵循社会公序良俗，真实、准确、全面地发布商品或服务信息，不得有以下行为：

①违反《网络信息内容生态治理规定》的第六条、第七条规定；发布虚假信息，欺骗、误导用户；

②虚构或者篡改关注度、浏览量、点赞量、交易量等数据流量造假；

③知道或应当知道他人存在违法违规或高风险行为，仍为其推广、引流；

④侮辱、诽谤、骚扰、诋毁、谩骂及恐吓他人，侵害他人合法权益；

⑤可能引发未成年人模仿的不安全行为和违反社会公德行为、诱导未成年人不良嗜好等；

⑥涉嫌传销、诈骗、赌博、贩卖违禁品及管制物品等；

⑦其他违反国家法律法规和有关规定的行为。

从业人员不得在涉及国家安全、公共安全、影响他人及社会正常生产生活秩序的场所从事互联网直播信息内容服务。

直播间运营者、直播人员应当加强直播间管理，在下列重点环节的设置应当符合法律法规和国家有关规定，不得含有违法和不良信息，不得以暗示等方式误导用户：

①直播间运营者账号名称、头像、简介；

②直播间标题、封面；

③直播间布景；

④直播人员着装、形象；

⑤其他易引起用户关注的重点环节。

直播间运营者、直播人员应当依据平台服务协议做好语音和视频连线、评论、弹幕等互动内容的实时管理，但不得以删除、屏蔽相关不利评价等方式欺骗、误导用户。

直播间运营者、直播人员与直播人员服务机构合作开展直播信息内容策划、生产等合作的，应当共同履行信息安全管理责任。

直播间运营者、直播人员使用其他人肖像作为虚拟形象从事互联网直播信息内容服务的，应当征得肖像权人同意，不得利用信息技术手段伪造等方式侵害他人的肖像权。对自然人声音的保护，参照适用前述规定。

其他参与者及其法律责任：其他参与者根据其在直播中的责任主体性质、担任角色、具体行为承担相应的法律责任。

（8）监督与检查

采用内部自律、行业自律、定期检查、法律保底、政策法学研究五种措施并行的方式。

内部自律是指参与者按照责任主体、角色、行为明确自律清单，并按清单定期自律核查，积极参加合规自律培训。

行业自律是指按照行业领先团体标准制定执行标准和执行细则，并深度参与行业团体标准制定和修订。行业自律采用的团队标准应当高于国家法律法规的基础要求。

定期检查是指参照 2020 年 9 月 27 日国家卫健委（国卫监督发〔2020〕18 号）发布的《医疗机构依法执业自查管理办法》，医疗机构牵头组织医疗美容互联网直播定期自查。

法律保底是指为参与机构的法律合规部门（个人参与者建议有法律服务人员支持）制定"红线原则"，确定不能触及的法律红线，并逐步增加预防措施，确保合规守法。

政策法学研究是指参与者积极探索相关法学问题，参与政策制定，积极通过人大和政协代表渠道反映行业问题，提出提案要求，促进法律法规修订、完善，必要时积极推动行业立法。

（9）信用评价与争议预防

参与直播的主体主动进行行业信用评价，充分利用大数据、人工智能、物联网标签、信用评估算法及政府授权数据查询能力，对参与者从责任主体、担任角色、实施行为三个方面进行综合信用评价。在严格保护隐私的前提下，落实实名责任制、履行合规自律责任，预防争议、减少争议。

根据现有法律规章和制度标准，制定更高级别的争议预防与调解机制。行业主动做好基础研究和发展预测工作，积极预防争议。

（10）监督管理

加强对本标准实施情况的监测和评估，向社会公示标准实施情况，鼓励自律自治。对违反本标准的，视情况进行提示劝诫、督促整改、公开批评，对涉嫌违法的，提请政府监管机关依法查处等，切实服务行业自律、服务行业维权、服务行业发展。配合各级网信部门会同有关主管部门对平台履行主体责任情况开展监督检查，对存在问题的平台开展专项督查。

（11）附则

医疗美容互联网直播将伴随行业发展和人民群众生活水平提高而迅速发展，同时互联网技术快速迭代和升级，也必将出现更多模式创新。因此，医疗美容互联网直播标准应当保持必要的开发性和前瞻性。本团体标准保持一定的开放性和必要的前瞻性。

产业运营篇
Industrial Operation Reports

R.11
成都医美产业总体运营研究报告

李 魆[*]

摘 要： 2015~2020年，成都市医疗美容市场发展态势良好，产业处于高速发展期，就产业结构而言，成都市医疗美容产业链并不完备，上游生产商实力相对薄弱，但随着近年来打造"医美之都"战略的推进，多个知名产业上游厂商的项目落地成都，助力上游企业强力发展。成都市在医疗美容产业链中游机构的布局上有明显优势，是新一线城市中发展最好的区域。医疗美容产业链下游属于配套或关联行业，为产业发展提供支撑。成都市旅游、金融等具有较强实力，能够为医疗美容产业发展提供有力支撑。成都市在以医疗美容服务业和相关制造业为依托，延伸发展信息服务、文创、旅游、生活美容、贸易、会展、金融等关联产业上具有优势，应推动医疗美容产业与关联产业良性互动、互利共生，最终形成"大医美"的发展格局。

---

[*] 李魆，成都睿意高攀健康咨询有限公司总经理。

关键词： 成都医美　医美产业链　美容服务业

一　成都市医疗美容产业规模及构成

2015～2020年，成都市医疗美容产业发展态势良好，产业处于高速发展期，市场规模从2015年的213亿元增加到2019年的622亿元，年均增速达到30.72%，而同期全国医疗美容市场规模的年均增速为28.7%。

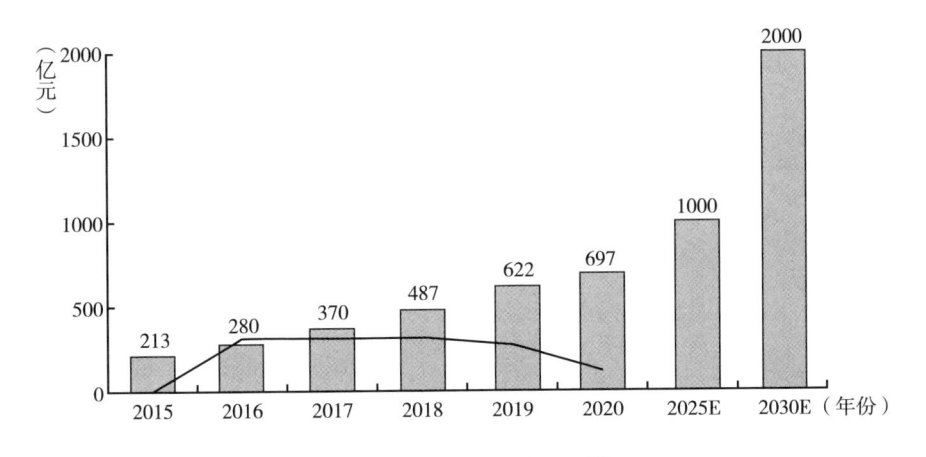

图1　成都医疗美容市场规模

（一）上游产业

上游企业主要包含医美产业中使用的低值高值耗材、设备仪器以及药品的生产企业及其经销机构、供应链企业等。目前上游生产企业根据产品生产需求，与原料供应商、生产机器供应商、辅料供应商等共同搭建生产链条，进行产品规模化生产；生产的产品经过制造企业的经销系统，分发到各个区域的经销机构，经销机构将产品信息、售价、服务等销售给中游医美机构，求美者只能通过中游医美机构了解到产品较为详细的功效与价格等信息。目前上游制造企业需要耗费大量的时间和技术来做产品认证，这也为制造企业搭建了较高的技术壁垒，同时也从国家的角度为产品赋予了权威性，求美者可以更放心地购买产品及服务。

（二）中游产业

中游企业主要是医院、诊所和门诊部等医美机构，是消化产品和对接求美者、连接厂商和消费者的主体，也是医疗美容产品交付的唯一终端场景。目前大部分医美机构都是民营性质，少部分属于公立专科医院或公立医院美容科室，中游市场将是未来医美企业的主战场之一，大批量的小型医美机构将作为小而美的代表崛起，与公立专科医院及公立医院美容科室展开强有力的竞争。除此之外，目前医美中游市场还存在大量的美容院和非正规机构。总体来看，中游市场中民营机构与公立机构的比例约为8:2。

成都市在医疗美容产业链中游机构的布局方面拥有明显优势，是新一线城市中发展最好的区域。成都市的医美机构基本形成了以医疗美容医院为主体，医疗美容门诊部和诊所、综合医院美容科室等为支撑的发展格局，种类齐全。截至2020年12月，成都市共有391家医美机构，仅次于上海和北京，位列全国第三；其中包括以四川大学华西医院/华西口腔、四川省人民医院为代表的公立医院，以成都八大处医疗美容医院为代表的混合所有制医美机构，以华美紫馨美容医院、米兰柏羽美容医院等为代表的一大批国内知名民营及混合制医美机构。

（三）下游产业

医疗美容产业链的下游为配套或关联产业，是产业发展的支撑。下游机构以各种形式的获客平台为主，连接了消费者和医美机构。传统获客平台为广告发布、导流平台，随着互联网技术的深入和智能手机的普及，目前大部分获客活动都在互联网上开展。互联网的获客较传统平台更为快捷、高效、直观、正规；各大互联网平台均可以让求美者更快地获得想要的项目信息、案例反馈，也能实时和咨询师进行沟通。

成都市旅游、金融等产业具有较强实力，能够为医疗美容产业提供有力支撑。成都市以医疗美容服务业和相关制造业为依托，在延伸发展信息服务、文创、旅游、生活美容、贸易、会展、金融等关联产业方面具有优势，推动医疗美容产业与关联产业良性互动、互利共生，最终形成"大医美"的发展格局。

目前，成都市有美呗App、医联、雪貂医生、美械宝等互联网O2O、B2B电商平台，成为各大医美互联网电商平台的核心布局城市；从2018年开始，成都市先后承办了"成都国际医美产业峰会"等具备国际影响力的行业大会，极大地推动了医美会展业的发展；在生活美容领域，成都市的诗丽堂、秀域等本土企业已经深耕市场多年，有效地带动了泛美容人群的增加。另外，成都市在文化领域有良好的底蕴，以及巨大的医美市场，涌现出了以睿意高攀文创集团为代表的文创型公司，为医美产业提供了创意、营销、媒体资源等服务，为产业发展提供了良好的支撑。

二 成都市医疗美容产业开展服务项目基本情况

成都市医美机构开展医疗美容项目的历史可追溯到20世纪80年代。80年代成都医美机构主要开展的项目以重睑术、隆鼻为主；90年代，隆胸、吸脂等手术项目也开始流行；21世纪前10年，成都医疗美容机构开始普及非手术注射类项目，如A型肉毒毒素、透明质酸等，同时，中胚层疗法、光电类项目、植发等项目也开始流行。

从技术难度来说，成都市的医美机构覆盖了从非手术医疗美容项目到四级难度手术的全级别项目。

从技术的独特性来说，2018~2020年成都市连续有医美相关的国家级发明专利获批，2018年有5个，2019年有22个，2020年有19个，在国内处于领先地位。专利数量代表了成都市医疗美容产业能够开展大量独特的、具备差异化的医疗美容项目或技术运用。

就机构的项目开展情况而言，成都市医疗美容产业每年进行的手术、消耗的医美材料和药品量都非常大。据统计，2020年，成都受访的140家医美机构开展了眼部重睑、隆鼻、隆胸、植发四个项目共33662台手术（不含华西、友谊等大型公立医院），其中24724台眼部手术，6911台隆鼻手术、1682台隆胸手术。

随着越来越多的消费者接触医美，非手术医美项目成为治疗量最大的类别。数据显示，2020年，成都受访的140家医美机构共消耗玻尿酸69360支，根据品牌消耗量，排名前三位的品牌分别是伊婉、嗨体、润百颜。

表1 2020年成都医美机构玻尿酸品牌消耗量

单位：支

品牌	瑞蓝	乔雅登	伊婉	润百颜	艾莉薇	姣兰	莫娜丽莎	法思丽
数量	4104	8622	14681	10843	4276	4584	688	3226
品牌	碧翠诗	爱芙莱	海薇	嗨体	海魅	宝尼达	逸美	
数量	31	1270	2376	10960	269	2603	81	

截至2020年12月，国内医美市场上已经有3款肉毒毒素品牌，分别是国产的衡力、进口的BOTOX和吉适。数据显示，成都受访的140家医美机构在2020年消耗的肉毒毒素相比于往年，衡力肉毒毒素的销量基本持平，而BOTOX销量下降，这也可能是受疫情影响。

表2 2020年成都医美机构肉毒毒素消耗量排前三名的品牌

单位：支

品牌	BOTOX	衡力	吉适
数量	20550	55405	102

光电类项目在2020年流行起来，调研显示，成都受访的140家医美机构共开展了3793台合法光电治疗项目，其中正版热玛吉是人气最高的光电类项目。

表3 2020年成都医美机构光电治疗项目排名

单位：台

项目	热玛吉	热拉提	欧洲之星	酷塑
数量	1599	1060	485	676

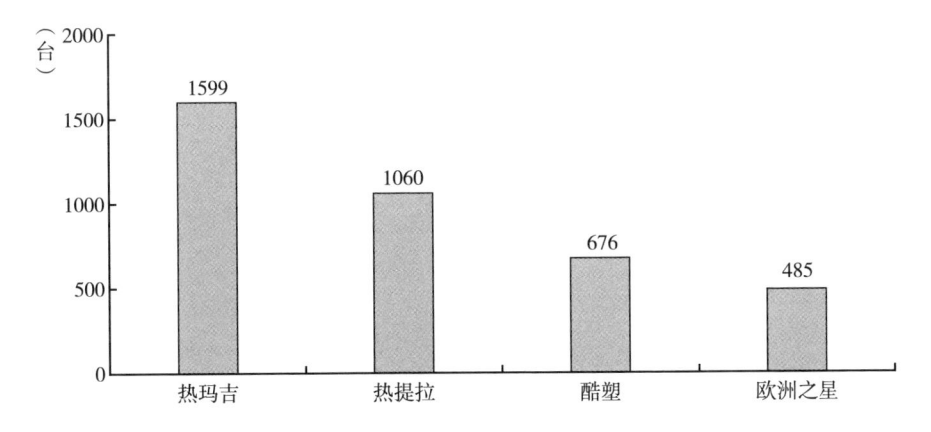

图2 2020年成都医美机构开展光电项目治疗量

三 成都市医疗美容产业营收基本情况

受新冠肺炎疫情的影响,成都市医美机构在2020年上半年经营业绩整体下滑,下半年有较为强劲的反弹。部分经营不善的中小型医美机构面临倒闭、转让,大部分医美机构的业绩在上半年都下降了10%~20%,但仍然有部分头部机构保持了较高的增速,如朗姿股份2020年年报显示,朗姿医疗美容业务实现营业收入3.54亿元,同比增长28.68%。

根据调研统计,2020年,成都受访的140家医美机构的整体业绩相比2019年增长了14.8%。2019年成都市合法医美机构的总体业绩为175亿元,据推算,2020年成都市合法医美机构的总体业绩增长至200亿元。

R.12
成都医美上游产业运营研究报告

覃兴炯 郭志成*

摘 要： 医美上游产业包括研发机构、生产企业、品牌分销商以及由此形成的供应链。不论是研发机构还是生产企业，成都均没有本土企业，但吸引了大量的医美著名企业的入驻，在研发领域具备了一定的实力。成都通过利用本地的著名高校，建设高校研发基地，形成企业与高校合作模式，创造了良好的研发人才环境，提高了成都医美研发硬实力。医美生产企业在成都发展势头较好，品类齐全，产能较充足，产品线完备。上游制造企业的产品流入中游医美机构，分销商在中间扮演着必不可少的角色，并由此形成了产品供应链。各类分销商的医美业务规模都比较小，但医美市场增速较快，各类分销商加快布局医美业务。目前医美供应主要有两种模式——直销模式和代理销售模式。两种模式各有利弊，仍需结合成都医美产业特色进一步完善。

关键词： 医美产业 医美上游产业 医美供应链

一 研发机构

（一）中国研发机构发力，国产研发机构正在崛起

不论是研发机构还是生产企业，成都均没有本土企业，大部分生产企业

---

* 覃兴炯，致公党党员，美械宝医美平台科技成都有限公司创始人兼董事长，兼任中国整形美容协会采购与供应分会会长；郭志成，农学学士，美械宝医美平台科技成都有限公司总经理助理。

集中分布在沿海一带，这些生产企业也从事研发，典型代表就是华熙生物、昊海生科、上海威宁、北京索康等。在研发领域，国内众多企业都是跟随着巨头的脚步前进，目前大部分跟随者在领域内与巨头齐头并进或已经有所突破。

表1 国内医美产品研发机构

主要研发产品	研发机构	主要研发产品	研发机构
透明质酸	华熙生物	仪器设备	迈瑞医疗
	昊海生科		鱼跃医疗
	常州药物研究所		半岛医疗
胶原蛋白	爱美客	填充假体	上海威宁
	山西锦波		上海康宁
	巨子生物	面部假体	久盛医疗
	长春博泰		北京索康
	台湾双美	肉毒毒素	兰州生物

（二）对成都市医美研发机构的建议

1. 布局生物产业园区，推动产业集中化发展

近几年成都市积极打造生物或医药产业园区，利用园区性质吸引外部投资。建立孵化平台，从项目立项、基础开发到临床实验、批量生产为企业提供一站式服务，降低研发机构的时间投入和资金投入，增加产品研发成功率。

2. 利用"医美之都"理念，吸引国内外研发机构落户成都

积极制定和落实各项鼓励医美产品研发的政策和措施，致力于行业监管、产业扶持、人才培育、企业招商等。同时成都拥有良好的经济发展环境，投资规模持续增加，金融市场不断扩大，产业转型升级持续推进。成都的社会环境安逸闲适，加上人口老龄化趋势增加了抗衰老等医美服务需求，是医美产品研发、生产、消费的目标区域。

3. 建设高校研发基地，撮合企业与高校合作新模式

校企联动推动研发企业积极投入研发。成都市的医美技术在西南地区处于领先地位，四川大学、成都中医药大学等高校在医美领域均开展了深入的研究，配合生物产业园区的各类企业，联合培养研发医疗器械方面的人才，利用企业与成都人才落户政策，吸引人才留蓉发展，从而创造了良好的研发环境，提高了成都医美研发的硬实力。

二 制造企业

（一）肉毒毒素类

肉毒毒素在划分上属于药品，是纳入严格管理的产品，所以市场上流通的肉毒毒素类产品比较少，2020年以前，市场上只有兰州生物的衡力和艾尔建的保妥适两种产品。2020年韩国HUGEL公司和英国益普生公司的两种产品通过CFDA的审核，获得在中国市场使用的认证，增加了可供选择的肉毒毒素产品品种。

表2 2020年肉毒毒素品牌商信息

品牌商	简　介	品牌	注册证号
艾尔建	作为跨国制药企业,业务分布在100多个国家或地区,涉及医学治疗、医美业务,医美领域明星产品为保妥适、乔雅登、娜绮丽、麦格等	保妥适	S20171004 S20171003 S20171005
兰州生物	始建于1934年,是我国历史最悠久的生物制品研究所之一。公司独立研制的A型肉毒毒素,获国家科技进步二等奖,是我国独家获准生产销售的生物制品,获韩国制品研究所KFDA注册证书,也是我国第一个独立出口的生物制品	衡力	国药准字 S10970037
韩国HUGEL	是韩国生产兼销售的微整形和医疗器械产品公司,产品有肉毒毒素(Botulax)、透明质酸(Dermalax)、面膜(B'BIND)、美容医疗器械(LED面具)、蛋白线(BLUE ROSE)、睡眠面膜和PP Cream(WELLAGE)	乐提葆	SJ20200024
英国益普生	是专注药物创新和肿瘤病学、神经科学以及罕见病学的国际生物制药公司,同时,在多元健康业务领域也有卓越的表现。集团始终致力于通过发现新的疾病解决方案来提高患者的生活质量	吉适	S20200016

资料来源：国家药品监督管理局网站。

（二）进口透明质酸类

透明质酸在医美产业应用比较广，是一种具有较高临床价值的深化药物。目前医美市场流通的透明质酸主要是医药级和化妆品级两大终端产品。市场流通的进口透明质酸注射类产品，主要涉及9家公司的19个产品。2020年艾尔建的乔雅登 VOLIFT with Lidocaine 和 Q-Med 公司的 Restylane Lidocaine 获得 NMPA 的注册认证。

表3　2020年主要进口透明质酸品牌商信息

品牌商	简　介	品牌	注册证
科妍生物	于2001年成立，拥有符合 cGMP 规范的医药级透明质酸先导生产工厂，致力于生产医疗级透明质酸（Hyaluronic Acid，简称 HA，俗称"透明质酸"）原料以及应用产品	海德密丝	国械注许20183460062
		法思丽	国械注许20183460062
韩国吉诺斯	于2004年成立，是医疗器械与设备制造企业。该公司将每年销售额的30%用于研发	莫娜丽莎	国械注进20193130627
北京林特（代理）汇美迪斯 Humedix	于2009年成立，是与世界多家药品企业有密切联系的中韩技术合资企业	艾莉薇 Deep Line-L	国械注进20153130263
		艾莉薇 Deep Line Plus	国械注进20193130565
艾尔建	是总部位于爱尔兰都柏林的跨国制药企业，业务遍布100多个国家或地区，产品用于医学治疗，如中枢神经系统、眼部治疗、医疗美容、泌尿和抗感染等。医疗美容产品包括保妥适、乔雅登、娜绮丽、麦格等	乔雅登 ULTRA	国械注进20153131709
		乔雅登 ULTRA Plus	国械注进20153131708
		乔雅登 VOLIFT with Lidocaine	国械注进20203130165
		乔雅登 Voluma	国械注进20193130410
菲洛嘉	2015年，菲洛嘉护肤品系列登陆中国，解决不同肌肤问题	菲洛嘉 Artfiller Universal	国械注进20193130526

续表

品牌商	简 介	品牌	注册证
高德美 (代理) Q-Med	高德美中国成立于2006年,是综合的专业皮肤健康公司,致力于皮肤病治疗	Restylane Perlane	国械注进20183460227
		Restylane Vital	国械注进20193130625
		Restylane Lidocaine	国械注进20203130045
LG	LG集团旗下的LG生命科学株式会社是韩国大型综合性制药公司。2011年1月1日LG北京代表处成立了法人公司,开展医药产品的引进和市场拓展等业务,产品涵盖药品、医疗器械、医学美容、疫苗、诊断试剂和保健六大类	伊婉 volume s	国械注进20183461717
		伊婉 volume plus	国械注进20153133933
		伊婉 classic s	国械注进20173462005
		伊婉 classic plus	国械注进20163461014
韩国 大熊制药	于1945年成立,1973年在韩国上市,集团销售额为14亿美元,员工人数达到3500名,拥有29家医疗保健行业子公司,在亚洲及美国共有8家分公司	婕尔	国械注进20193130095
Croma	创立于1976年,立足于眼科,业务包含眼科、骨科、医学美容	公主	国械注进20173465168

资料来源:国家药品监督管理局网站。

(三)国产透明质酸类

目前国产透明质酸主要涉及7家公司的18个产品,从市场占比来看,爱美客、昊海生科和华熙生物三家遥遥领先,主要得益于其技术沉淀和精准的市场营销活动。其他公司也在积极拿证,这有利于丰富国产透明质酸产品品种,也有利于市场的良性发展。

从竞争格局来看,韩国LG(旗下"伊婉"品牌)、美国Allergan(乔雅登)、韩国Humedix和瑞典Q-Med四家外资厂商市场占有率超过74%。我国排前三的国产品牌2018年市场占有率仅为23.4%,2021年国产品牌市场占有率估计提升至30%。

与华熙生物原料业务收入占比超50%、昊海生科产品主要集中为眼科和骨科产品不同,爱美客业务则相对较为纯粹,主要为透明质酸产品。受益于微创医美手术的爆发式增长,爱美客2018年、2019年收入分别同比增长44.28%、73.74%,增速略低于华熙生物,但高于昊海生科。爱美客2019年收入为5.58亿元,2018年为3.21亿元,略高于华熙生物皮肤类医疗(主要为润百颜和润致)产品收入,是昊海生科同期产品(主要为海薇、娇兰)收入的2.5倍。

表4 2020年主要国产透明质酸品牌商信息

品牌商	简　介	品牌	注册证
昊海生科	成立于2007年,是专注于研发、生产及销售医用生物材料的高科技生物医药企业。专注于中国医用生物材料市场中快速增长的治疗领域,包括眼科、整形美容与创面护理、骨科、防粘连及止血	海魅、海薇、娇兰	国械注准20173460810 国械注准20163131492 国械注准20163131492 国械注准20203130314
杭州协合医疗用品有限公司	有八大系列产品,医疗器械产品销往30个省份,用户达1000余家,部分产品远销全球40多个国家或地区	欣菲聆	国械注准20153131332 国械注准20203130096
华熙生物	是生物科技和生物活性材料公司,主要聚焦有助于人类健康的功能糖类和氨基酸类物质,是集研发、生产和销售于一体的透明质酸全产业链平台公司,其微生物发酵生产透明质酸技术处于优势地位。凭借微生物发酵和交联两大技术平台,建立了生物活性材料从原料到医疗终端产品、功能性护肤品、功能性食品的全产业链业务体系,服务于全球的医药、化妆品、食品等领域的制造企业、医疗机构及终端用户	润百颜、润致、奥昵、润月雅	国械注准20203130568 国械注准20203130569 国械注准20203130295 国械注准20143132037 国械注准20193130257 国械注准20163460861
爱美客	成立于2004年,立足于生物医用软组织修复材料的研发和转化,是国内生物医用软组织材料创新型企业,成功实现透明质酸钠填充剂系列产品及面部埋植线的产业化	嗨体、爱芙莱、宝尼达、逸美一加一、爱美飞	国械注准20153130674 国械注准20163461804
北京蒙博润生物科技有限公司	成立于2008年,是专门从事透明质酸产品研发、生产的高新技术企业。公司坐落于北京中关村科技产业园区大兴生物医药产业基地	舒颜	国械注准20153130014

续表

品牌商	简　介	品牌	注册证
常州药物研究所	始建于1984年,属省级科研院所,1991年自主研发了三类植入性医疗器械——医用透明质酸钠凝胶,通过国家食品药品监督管理总局(CFDA)的审评注册并投放市场,成为国内首家医用透明质酸钠(透明质酸)原料及制剂的研发生产单位	碧萃诗	国械注准20183460109
山东凯乐普生物工程有限公司	成立于2006年,致力于透明质酸类系列产品的研发与应用,是集研发、生产、销售于一体的高科技企业。具有国家发明专利,并依据自主知识产权开发了医美品牌——玻菲,是国内最早采用交联技术并将其用于医疗美容的企业之一	玻菲、羽美、馨妍	国械注准20173463254

资料来源：国家药品监督管理局网站。

（四）胶原蛋白类

胶原蛋白作为人体内的一种纤维蛋白，占人体蛋白含量的25%～33%，主要存在于皮肤、肌肉、骨骼等，起到提高皮肤和肌肉弹性、促进钙质与骨细胞结合、保护骨骼健康等作用。目前市场上胶原蛋白产品主要有双美的肤柔美、肤丽美系列与国内青海创铭、山西锦波、西安巨子和博泰医药等的产品，其中仅双美和博泰医药拿到了Ⅲ类注册证，其余厂家的产品均已在进行Ⅲ类注册证申请。除了导入类产品外，大量中小型公司也在Ⅱ类胶原蛋白敷料上角逐，争取在胶原蛋白类产品上获得一点市场空间。

表5　2020年主要进口胶原蛋白品牌商信息

品牌商	品牌商	品牌	注册证
双美	是研发生产医疗级胶原蛋白的全球GMP制药企业。总部位于台湾台中,GMP工厂位于台南,成立于2001年,2012年于台湾正式挂牌上市(股票代号4728)。以运用专利纯化技术成功研发具有高度生物兼容性、低免疫原性的生医级胶原蛋白原料为核心,产品及服务涉及医疗器材原料、生物制剂、牙科、骨科材料、眼科材料、保养品以及保健食品等领域	肤柔美、肤丽美	国械注许20193130003 国械注许20193130064 国械注许20173460007

资料来源：国家药品监督管理局网站。

表6　2020年主要国产胶原蛋白品牌商信息

品牌商	简　　介	品牌	注册证
青海创铭	成立于2016年12月21日，位于青海省西宁市，隶属于福隆控股集团，以福隆控股为平台，发挥技术、人才和市场等资源优势，以科技创新为动力，专注于研发、生产、销售拥有专利技术的酵母重组胶原蛋白系列产品，开发出了具有自主知识产权的皮肤修复敷料、医用生物修复敷料、妇科修复敷料等一系列高端功能医用修复敷料产品	悦可丽（酵母重组胶原蛋白凝胶敷料）	青械注准20192640003
		悦可丽（酵母重组胶原蛋白修复敷料）	
		酵母重组胶原蛋白液体敷料	
		酵母重组胶原蛋白护创凝胶敷料	
		酵母重组胶原蛋白敷料贴	
山西锦波	是国际上首次完成人体Ⅲ型胶原蛋白基础研究和产业化企业，是世界人源化胶原蛋白新材料的开拓者。拥有复旦、锦波功能蛋白联合研究中心、川大—锦波功能蛋白联合研究室和重医二院—锦波人源化胶原蛋白新材料临床基地	薇芙美、懿妍美[医用重组人源胶原蛋白功能敷料（凝胶型）（无菌型）]	晋械注准20162640010
		医用Ⅲ型胶原蛋白溶液	
		医用重组人源胶原蛋白功能敷料（凝胶型）	
		医用重组人源胶原蛋白功能敷料贴	
		医用重组人源胶原蛋白功能敷料（喷雾型）	
西安巨子	是以基因工程、生物材料工程为主导的高新技术企业，聚焦皮肤医学、医疗器械、预防医学和营养医学三大健康领域	可复美、可丽金	陕械注准20192140042
		类人胶原蛋白疤痕修复硅凝胶	
		类人胶原蛋白生物修复敷料	
		类人胶原蛋白修复敷料	
		类人胶原蛋白敷料	
博泰医药	是从事医药生物技术产品研发、生产、销售及技术转让，以及医药企业投资、并购与整合管理的中外合资医药生物技术企业	肤美达	国械注准20163461609

续表

品牌商	简介	品牌	注册证
成都维德医疗器械有限责任公司	成立于2009年8月,创建了以胶原为基础的中国西部地区集产、学、研于一体的研发生产中心,是中国西部Ⅱ类医用胶原蛋白敷贴的器械公司。拥有9项专利技术,2015年成为美国品牌LuccaBlu在中国的指定供应商	维德(医用胶原蛋白敷贴)	
南京东万生物技术有限公司	是专业从事医疗器械研发和生产的现代高新技术企业,拥有净化生产车间1100多平方米、无菌和微生物限度洁净检验室100多平方米,拥有医用敷料、医用高分子材料及制品等生产线	颜淼(医用胶原蛋白敷贴)	
江苏知原药业有限公司	是从事专科医药产品研发、生产及推广的医药企业,致力于为患者提供有临床价值的产品,聚焦皮肤、肾病二大免疫疾病领域	靓芙(医用胶原蛋白敷贴)	
无锡贝迪	是集研发、生产、销售于一体的高新技术公司。拥有符合GMP要求的国际先进的生化实验室、蛋白提取纯化分离设备及生产车间,于2004年1月取得经国家食品药品监督管理总局(CFDA)验收的生产许可证	医用胶原蛋白海绵	国械注准20143142302
		胶原贴敷料	国械注准20143142302
		医用胶原复配型凝胶敷料	苏械注准20162640986

资料来源:国家药品监督管理局网站。

(五)医美妆字号产品类

上游企业在妆字号领域也有所布局,妮傲丝翠的芯丝翠系列产品是果酸产品的代表,在医美机构也较受欢迎,主要用于保湿、抗氧化、抗老和激光术后保养。华熙生物在妆字号领域的布局相较于其他制造企业要广很多,围绕透明质酸,有7个以上妆字号产品系列,把透明质酸的产品性能发挥到了极致。韩国凯健的仿生肽系列产品也非常受医美机构欢迎,并且其在高端肽产品领域发力多年,2020年开始向中国的医美机构大力推广。

表7 2020年主要妆字号医美产品品牌商信息

品牌商	简　介	品牌	注册证
妮傲丝翠有限公司	成立于1993年,是率先进入台湾医疗及药妆市场的保养品代理商,深耕台湾美容医学市场长达二十余年,自有品牌包括在台营销医疗院所之CRP、营销药妆通路之NEO-TEC妮傲丝翠、营销网络通路之UNITEC彤妍、营销沙龙通路之EXU芙韵。代表性产品有左型维他命C系列产品、生长因子系列产品、精纯燕窝素系列产品、防晒隔离产品等	芯丝翠焕肤精华液	国妆备进字J201311226
韩国凯健生物科技有限公司	拥有由83位全球顶尖医学、生物学、病理学、皮肤学及医学美容领域专家组成的一流研发团队。基于世界一流的仿生肽与生长因子原创技术,历经18载,研发出高达422种仿生肽,并取得130余项仿生肽技术世界专利,为全球医美研发典范,仿生肽及生长因子抗衰技术列世界前三强。业务范围涵盖医药、医疗器械、保健功能食品及医疗美容、生活美容等多元化科技领域	珀洛丽肽焕菁亮颜精华液 BlancB	国妆备进字J201813615
		珀洛丽肽紧致眼部精华液 InnerBSE	国妆备进字J201813679
		珀洛丽肽焕菁亮颜精华露 Blanc BIntensive ExtraIlluminating Serum	国妆备进字J201813638
		珀洛丽肽轻盈紧致精华液 InnerB	国妆备进字J201813616
		德玛莉肌活莹润精华液 DermahealSB	国妆备进字J201813639
		珀洛丽肽焕活修颜精华液 NatureB	国妆备进字J201813636
		珀洛丽肽焕活修颜精华露 NaturalB Intensive Extra Firming Serum	国妆备进字J201813637
华熙生物	是知名的生物科技和生物活性材料公司,主要聚焦有助于人类健康的功能糖类和氨基酸类物质。是集研发、生产和销售于一体的透明质酸全产业链平台公司,微生物发酵生产透明质酸技术处于优势地位。基于微生物发酵和交联两大技术平台,建立了生物活性材料从原料到医疗终端产品、功能性护肤品、功能性食品的全产业链业务体系,服务于全球医药、化妆品、食品等领域的制造企业、医疗机构及终端用户	透明质酸水润保湿面膜	
		水动力修复液	
		净化调理精粹液	
		青春御龄精粹液	
		焕彩鲜活精粹液	
		GABA凝时祛皱抗衰液	
		润熙泉系列	
		甜朵系列	
		夸迪系列	
		Bio-MESO系列	
		德玛润系列	
		米蓓尔系列	

资料来源:国家药品监督管理局网站。

（六）水光产品类

美塑疗法（水光针）是一种"微创注射美容技术"。水光针最早也被称为"中胚层疗法"，进入中国已十多年，但是始终很难合规化，这主要是因为产品都是按化妆品或一/二类医疗器械注册登记的。但是它一直在向合规化方向努力的路上。使用滚针或微针，便是想使其接近合规化做法。2021年11月11日，药监局的网站上有篇文章指出，未来要对水光针按照械三的管理办法进行监管。这里指的不是针，而是指治疗手段所使用的产品，这个内容物应该特指玻尿酸、氨基酸、维生素、肽类等，起到填充、补水、除皱、美白等作用的产品。需要强调的是，目前合规的水光针，是已经获得三类医疗器械的可用于真皮填充的、以玻尿酸或胶原蛋白为导入物的治疗方式。

所以，微针的出现，是水光针在合规化道路上寻找到的替代方案。医生可以何种程度上自由使用非三类医疗器械的水光或微针产品？众所周知，用于微针或水光针治疗的，比较流行的菲洛嘉、英诺等，目前都在申请三类医疗器械的过程中。

微细针状器械利用对皮肤软组织实施机械性或物理性、微创损伤刺激，以期获得治疗或美容作用；可伴随同步或分步给予药品或功效性成分，借助于微针提高其透皮/吸收效率，从而增强治疗或美容功效。除微细针状器械之外，还有滚轮微针、射频微针和单晶硅纳米微针。

综上，目前水光作为一种治疗手段，NMPA已明确只有获得三类医疗器械的产品才可以使用。而对于微针治疗的产品选择，尚未明确，也和微针这项技术本身的有创程度、透皮深度等相关。

（七）激光设备类

激光设备主要利用电子技术和光学技术等物理方法达到皮肤美白、提拉紧致、嫩肤脱毛、祛斑祛痘、减脂塑形等医疗美容效果。目前医美市场上进口激光设备占据主流，主要是赛诺龙、赛诺秀、科医人和飞顿，其产品种类相较于国内厂商更广，更能为医美机构提供系列解决方案、全套服务。国内的医疗美容激光设备市场正处于较快增长期,民营资本占据绝对地位。随着医疗美容产业的深入发展,医疗美容激光设备市场必将是资本涌入的重要领域之一。

表8 2020年主要激光类品牌商信息

品牌商	简介	产品	注册证
赛诺龙	成立于2000年,是生产强光、激光射频等医疗美容设备的跨国公司。为医生提供医美解决方案,包括塑身脱毛、除皱、祛除纹身改善皮肤外观等,旗下拥有Syneron、Candela和CoolTouch三个品牌	红外线射频治疗仪 eTwo	国械注进20153091509
		二氧化碳激光治疗仪 CO_2 RE	国械注进20143015413
		强脉冲光与激光设备 Ellipse Nordlys series	国械注进20193090537
		翠绿宝石激光治疗仪 GentleLASE Pro-U	国械注进20193092300
		Nd:YAG激光治疗仪 GentleYAG Pro-U	国械注进20193092296
		双波长激光治疗仪 GentleMAX Pro	国械注进20193092299
		聚焦超声减脂仪 Contour I V3	国械注进20183231020
		Nd:YAG皮秒激光治疗仪 PicoWay Laser system	国械注进20173242289
		Er:YAG激光治疗机 Er:YAG Dental Laser	国械注进20163243225
		光学射频治疗仪 elos Plus	国械注进20163242747
		光电射频治疗仪 VelaShape Ⅲ	国械注进20163242748
		射频治疗仪 eMatrix	国械注进20163252109
		激光射频治疗仪 elaser and Applicators	国械注进20163241977
		光波射频治疗仪 eLight and Applicators	国械注进20163240029
		激光射频治疗仪 eMax and Applicators	国械注进20153243841
赛诺秀	成立于1991年,总部位于波士顿,研发、生产和销售各类用于皮肤治疗和美容的高科技激光产品。产品广泛运用于多种医学治疗,如脱毛、嫩肤、去疤、痤疮、酒渣鼻、蜘蛛痣、肉芽瘤、鲜红斑痣等	皮肤激光治疗仪 Dermatological Laser:Elite+、Apogee+	国械注进20163090209
		翠绿宝石激光治疗仪 PicoSure Workstation	国械注进20153092702
		Q开关Nd:YAG激光治疗仪 Q-Switched Nd:YAG Laser System: RevLite SI	国械注进20143095675
		翠绿宝石激光治疗仪 Cynosure Accolade Laser	国械注进20173246176
		半导体激光治疗仪 Vectus Laser System	国械注进20173241591
		皮肤多波长激光治疗仪 Dermatological Laser	国械注进20173241146
		Icon Aesthetic System	国械注进20163243102
		皮肤激光治疗仪 Dermatological Laser	国械注进20163240209

续表

品牌商	简　介	产品	注册证
科医人	于1992年进入中国市场,产品涉及美容、眼科等医疗领域。美容产品包括Lightsheer Duet月光真空脱毛、Encore超脉冲点阵王、LumenisOen王者风范多用途医学美容平台等系列	二氧化碳激光治疗机 Carbon Dioxide Laser；AcuPulse 40WG	国械注进20193012107
		二氧化碳激光治疗机 Carbon Dioxide Laser Aesthetic Treatment System；AcuPulse 40AES-R、AcuPulse 40AES-F、AcuPulse 40AES-A	国械注进20183241576
		半导体激光治疗机 Doide Laser System；LightSheer Desire	国械注进20173242474
		强脉冲光与激光系统 Intense Pulsed Light and Laser System；M22	国械注进20173247065
		半导体激光治疗机 Doide Laser System；LightSheer Infinity	国械注进20173242409
		二氧化碳激光治疗系统 Carbon Dioxide Laser；AcuPulse 30、AcuPulse 40、AcuPulse 30 ST、AcuPulse 40 ST	国械注进20173246241
飞顿	是国际化的专业医疗教光制造商,2003年进入中国市场,产品包含抗衰老系列、冰点脱毛系列、产后修复系列、色素治疗系列、皮肤治疗系列等	红宝石激光手术系统 Ruby laser system；SINON	国械注进20153091988
		激光脉冲光治疗仪 Laser and Pulse Light Device；Lovely Ⅱ	国械注进20203011508
		射频治疗仪 Radio Frequency Medical Multifunctional Device；Accent XL	国械注进20193012422
		二氧化碳激光治疗机 CO_2 Laser System；Pixel CO_2	国械注进20143015834
		激光和脉冲光工作站 Medical Laser/ Pulse Light/ UV Device；Harmony XL	国械注进20143095102
		半导体激光治疗仪 Hair removal Diode laser system；Soprano XL	国械注进20193092346
		半导体激光治疗仪 Medical electrical Diode Laser based device；Soprano ICE	国械注进20143095299
		射频治疗仪 Radio Frequency Medical Multifunctional Device；Accent Pro	国械注进20193092263

续表

品牌商	简　介	产品	注册证
飞顿	是国际化的专业医疗光制造商，2003年进入中国市场，产品包含抗衰老系列、冰点脱毛系列、产后修复系列、色素治疗系列、皮肤治疗系列等	射频治疗仪 Medical Electrical RF System:Legato	国械注进20173255133
		半导体激光治疗仪 Medical electrical laser/NIR light system: Soprano Xli	国械注进20163245120
		Q开关Nd:YAG激光治疗仪 Q-Switched Nd:YAG Laser:LT100 - A	国械注进20163244739
泰富瑞泽科技	前身为北京国安仪器公司，是中国较早从事光学美容仪器研发、生产、销售及服务的医美仪器公司，产品涵盖C6+电光调Q激光祛色素系统、飞速808半导体激光绝毛系统等13个系列80余种产品，远销五大洲40多个国家	半导体激光治疗机 LD-1	国械注准20153091975
		掺铒光纤激光治疗机 FL-1、FL-3	国械注准20163242514
		调Q Nd:YAG激光治疗机 GAEC9800D	国械注准20163221753
		强脉冲光治疗仪 SOFTLIGHT、SOFTLIGHT L、SOFTLIGHT L1、SOFTLIGHT L2、SOFTLIGHT W	京械注准20162260581
		二氧化碳激光治疗机 CO₂-1A、CO₂-1B、CO₂-1C	国械注准20163241184
奇致激光	总部位于湖北省武汉市，2005年登陆"新三板"。公司拥有57项技术专利、20多项医疗产品注册证。公司引进的超级平台、水动力红宝石点阵等多款激光产品均成为国内医学美容标准。为全球用户提供光电美容解决方案	气压喷液仪 ML-1701	鄂械注准20152142151
		二氧化碳激光治疗机 ML-2030CI	国械注准20153012253
		强脉冲光治疗仪 NBL-I	鄂械注准20192092744
		LED光波治疗仪 ML-1201	鄂械注准20142091332
		强脉冲光治疗仪 QUEEN-91、QUEEN-93、QUEEN-95	鄂械注准20142091028
		水动力辅助吸脂机 ML-1702	国械注准20193010282
		紫外光准分子治疗仪 ML-7085	鄂械注准20142092057
		Nd:YAG激光治疗机 ML-3080Q	国械注准20163242528
		半导体激光脱毛仪 ML-4120	国械注准20163242527
宏强科技	成立于2008年，是集研发、生产营销、服务于一体的医疗及美容仪器制造商，覆盖激光、强光、微波、射频、超声等技术领域，产品包括激光色素治疗仪、光子嫩肤仪、射频治疗仪等近10个系列	强脉冲光治疗仪 HONKON-S3C, Aeslight-S3D, HONKON-M40e+, HONKON-M80e+	京械注准20152090281
		脉冲二氧化碳激光治疗仪 10600AH	国械注准20163241822
		Q开关Nd:YAG激光治疗仪 Aeslight-1064QEH	国械注准20163241823
		半导体激光脱毛仪 808CH	国械注准20163241397

续表

品牌商	简 介	产品	注册证
深圳吉斯迪	2004年诞生于中国创新之都深圳,是国际美容综合运营服务商,专业从事美容行业前沿技术及产品研究、开发、生产、销售及服务,业务范围覆盖生活美容仪器、医疗美容仪器、便携小仪器、专业护肤品、科技美容会所等美容领域	308nm准分子紫外光皮肤治疗仪 GP908、GP908A、GP908B、GP908C	粤械注准20152091386
		强脉冲光治疗仪 GP666C8	粤械注准20142090306
		高频热电场皮肤治疗仪 GP699C、GP699D	粤械注准20142090337
		半导体激光治疗仪 GP900A	国械注准20173244627
		掺铒光纤激光治疗仪 GP900B	国械注准20173244398
		红蓝光治疗仪 GP680	粤械注准20162261214
亚格	创建于1986年,前身为武昌激光设备厂,从事激光及电子医疗设备研发、推广业务。拥有自主知识产权的YAG激光、二氧化碳激光光电(CO_2)氦氖激光、IPL系列光子等品类	Nd:YAG激光治疗机 YAG-100-Ⅲ	国械注准20193011722
		脉冲Nd:YAG激光治疗机 YMT-500-Ⅰ	国械注准20173244706
韩国元泰	是跨国医美设备服务商,专注于医美设备引进及研发、生产、销售与服务,服务领域涵盖医疗美容设备、生活美容设备、专业医用修复品、医疗美容设备、个人护理类设备等领域,为全球医美人士提供全产业链服务	长脉冲Nd:YAG激光治疗仪 Long pulse Nd:YAG Laser Device:Mercury	国械注进20143095270
		Q-开关Nd:YAG皮秒激光治疗仪 Q-Switched Nd:YAG Laser System: Picocare450	国械注进20203090265
		半导体激光治疗仪 Medical Laser Equipment:oaze Hair Bang、Hair Bang、Ulike Hair UpUp	国械注进20153092414
		Er:YAG激光治疗仪 Er:YAG Laser Device:AVVIO	国械注进20183241614
		掺铥光纤激光治疗仪 Thulium Laser Device:Lavieen	国械注进20183241604
		Q-开关Nd:YAG激光治疗仪 Q-Switched Nd:YAG Laser Device: WON-Cosjet ATR	国械注进20173246237
		Nd:YAG激光治疗仪 Nd:YAG Laser Device:Pastelle	国械注进20173246244
		长脉冲Nd:YAG激光治疗机 Long Pulse Nd:YAG Laser Device: Won-Cosjet SR	国械注进20173246243

续表

品牌商	简　介	产品	注册证
半岛医疗	成立于 2008 年，是集研、产、销于一体的国家高新技术企业，在重庆、深圳两地均有办公、研发及生产场地，面积超过 1 万平方米，拥有员工 350 余人、科研人员 100 余人	高频电灼仪	湘械注准 20202011746
		308nm 紫外光治疗仪	渝械注准 20202090243
		电激光生发仪	渝械注准 20182240090
		Derma 多功能激光光电平台	渝械注准 20192090389
		Derma－415 光照治疗仪	渝械注准 20192090250
		高频手术电极	粤械注准 20202010551
		多波长脉冲光治疗平台	渝械注准 20182090171
		多功能红外激光治疗仪	渝械注准 20182090137
		多功能激光治疗平台	渝械注准 20182240091
		生物光敏治疗仪	渝械注准 20182240083
		多功能红外治疗仪	渝械注准 20182260084
		多功能皮肤电磁波治疗仪	渝械注准 20182260085

资料来源：国家药品监督管理局网站。

（八）硅橡胶类

硅橡胶在医美领域广泛应用于隆胸假体、鼻假体、颌面假体等填充类项目。硅橡胶具有耐高低温、化学性质稳定、与人体兼容性好、无毒不致癌、不致敏等特点，除了应用在医美的整形外科，也常用于其他临床外科，如再造器官、人造血管等。目前医美市场上的产品主要由 7 家公司提供，产品以隆胸假体和面部假体居多。

表 9　2020 年主要硅橡胶品牌商信息

品牌商	简　介	产品或品牌	注册证
上海威宁整形制品有限公司	成立于 1993 年，是国内专业从事医学美容整形制品的研制开发及生产销售企业，具备三类医疗器械产品生产和加工能力，在国内首获高新技术成果转化项目和上海市科技进步新产品奖。公司所属行业是医疗器械植入类，产品为整形美容制品。公司正致力于开拓"数字化量身定制"和"乳腺再造"整形产品	花样年华硅凝胶乳房植入体	国械注准 20163130114
		软组织扩张器	国械注准 20173664079
		硅凝胶疤痕贴片	沪械注准 20172640312
		硅橡胶外科整形植入物	国械注准 20163460114

续表

品牌商	简 介	产品或品牌	注册证
上海康宁医疗用品有限公司	创建于1996年7月,是专业从事医用硅橡胶整形制品研制开发、生产的企业。拥有独立的技术研发能力,拥有几十项专利技术。公司拥有完善的制造工艺流程和健全的质量控制体系,通过ISO13485和ISO9001双重国际质量体系认证。产品在国内、海外整形医院中得到广泛应用	康宁膨体聚四氟乙烯面部植入体	国械注准20183130576
		泊欧峰硅凝胶充填乳房植入体	国械注准20183461695
		夜精灵硅橡胶颌面整形植入体	国械注准20183461565
广州市万和整形材料有限公司	成立于1996年,是从事整形材料产品研发、生产和销售的高新技术企业。产品有硅凝胶填充乳房植入体、硅橡胶面部整形填充材料、一次性使用扩张器、医用疤痕贴、鼻翼支撑架等	硅凝胶填充乳房植入体	国械注准20153130588
		医用疤痕贴	粤械注准20172640227
		鼻翼支撑架	粤械注准20162661020
		硅橡胶面部整形填充材料	国械注准20183461595
强生MENTOR（曼托）	成立于1994年,主要在中国从事医疗器材相关业务,业务范围包含超声刀、缝线、电生理、乳房假体等。MENTOR是强生（上海）医疗器材有限公司旗下知名品牌,是全球乳房假体的引领者	MENTOR	国械注进20153134209
		傲诺拉	国械注进20153134208
		组织扩张器CPX™4 and CPX™4 with Suture Tabs Breast Tissue Expanders	国械注进20153131171
		试模Sterile Resterilizable Gel Breast Implant Sizer	国械注进20192021941
		乳房植入体SILTEX Round Gel Breast Implant Cohesive Ⅱ	国械注进20183132680
余姚市久盛医疗用品厂	成立于20世纪90年代初期,是专注于研发、生产、销售医学美容整形制品的高新技术企业。自成立以来,公司始终致力于质量管理体系的有效运行,先后通过了ISO9001和ISO13485质量管理体系认证及植入性医疗器械生产质量管理规范（GMP）检查	魅挺硅橡胶人工鼻梁	国械注准20183461636
		疤痕贴	浙械注准20182140439
		硅橡胶软组织皮肤扩张器	国械注准20143131849

续表

品牌商	简 介	产品或品牌	注册证
韩士生科公司	成立于1993年,位于韩国首尔市,研究及生产基地位于韩国大田,拥有员工103名,年销售额约1.700万美元,是迄今为止韩国整形行业生产类企业中唯一的上市公司	口腔用骨填充修复材料 SureOss Plus	国械注进20203170486
		硅胶鼻部假体和面部假体 Silicone Nasal Implants and Silicone Facial Implants	国械注进20193131979
		可丽尼疤痕修复贴 Scar Clinic	国械注进20182142517
上海菲思挺医疗器械有限公司（代理）	美国 IMPLANTECH 公司整形美容产品的中国地区总代理	赛迷噢疤痕凝胶 Scar Gel	国械注进20152141659
		菲思挺、旭尔挺、英普朗特	国械注进20153133792
		面部整形植入物 Implantech Implants	

资料来源：国家药品监督管理局网站。

（九）膨体类

膨体材料是由聚四氟乙烯分散树脂经过拉伸定型成为膨体聚四氟乙烯（e-PTFE），是世界公认的最适合植入人体的人造材料，特有微孔结构，无毒、无致癌、无致敏等。另外，e-PTFE 经常被运用到外科医疗领域，其中包括人工血管、脑膜补片、外科补片、外科防粘连膜、血管支架覆膜、医用缝线等。与硅橡胶一样，膨体在医美领域也常被用于隆胸项目和面部填充项目，目前市场上主要有4家公司的8个品牌。

表10　2020年主要膨体类品牌商信息

品牌商	简 介	产品或品牌	注册证
索康	是以科技研发为主导的医用植入材料生产企业,是纯膨体研发与制造企业,以及亚洲膨体聚四氟乙烯材料的人工血管制造企业。产品包括人工血管、面部植入物、外科隔离膜(人造硬脑膜、人造硬脊膜),广泛应用于血管外科、神经外科、胸外科、整形美容外科、骨科和普外科等	曼姝、立秀AINOSE	国械注准20143131861

续表

品牌商	简　介	产品或品牌	注册证
上海康宁医疗用品有限公司	创建于1996年7月,是专业从事医用硅橡胶整形制品研制开发、生产的企业。拥有独立的技术研发能力,拥有几十项专利技术。拥有完善的制造工艺流程和健全的质量控制体系,通过ISO13485和ISO9001双重国际质量体系认证	夜精灵、康宁	国械注准20183130576
纽晟医疗制品(上海)有限公司	创立于1991年,是国内最早从事医学美容整形的集研发、生产制造、销售服务于一体的企业。经过30多年的沉淀与发展,基本确立了在国内面部整形美容行业的品牌地位	美植挺	国械注准20163462352
北京仁诚鸿泰医疗器械有限公司(美国射极峰科技有限公司代理)	是美国著名的高科技生物医药公司,位于哥伦比亚南卡罗来纳州,也是享誉世界的高科技生物产品制造公司。产品在20世纪80年代投入市场后,临床反应极好,主要体现为感染率极低和生物相容性非常好,并且通过美国FDA的"全球金标准"认证	必特峰、倍优峰	国械注进20173460604 国械注进20163461007

资料来源：国家药品监督管理局网站。

三　品牌分销商

在上游制造企业的产品流向下游医美机构的过程中,分销商在中间扮演着必不可少的角色。早期国外医疗产品通过各种代理机构进入中国市场,而现阶段医美产品通过复杂的分销网络进入众多医美机构,分销单位在某种程度上加快了医疗器械及药品的研发与生产,也加快了国产品牌的市场占有率提升。但是由于医美机构药品及医疗器械市场规模太小,早期分销商未在医美市场上发力,各类分销商的医美业务规模都很小,而现阶段医美市场前景较好,市场规模扩大,各类分销商也逐渐开始布局医美市场。

四　医美供应链

(一)供应链现状

1. 医美供应链常见模式

目前医美供应主要有两种模式——直销模式和代理销售模式。直销模式是制造企业生产的产品直接供给医疗机构，中间没有代理商的中转节点，货物也直接由制造企业进行配送。代理销售模式主要如图1所展示，由各级代理商取代直销模式中的各地办事处。

相较于直销模式，代理销售模式中代理商取代了各地办事处，我国目前大部分医美制造企业都采用的是这种模式。制造企业若采用直销模式会增加营销、配送、款项回收等业务，这将会增加大量的人力成本，减少企业利润。目前仅采用直销模式的制造企业比较少，大部分企业同时采用两种模式或仅采用代理销售模式。

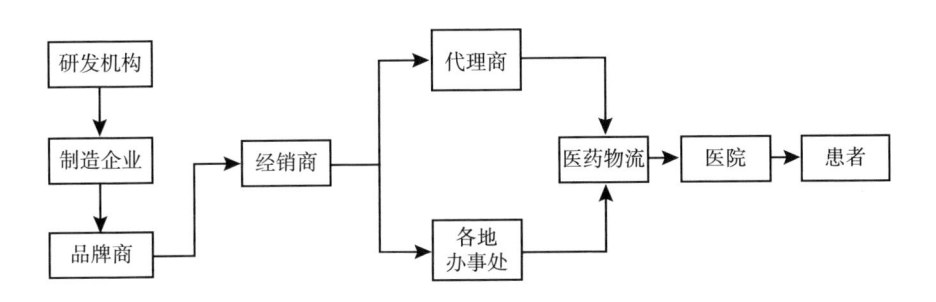

图1 医美供应链常见模式

2. 供应链管理常见问题

制造企业所生产的产品主要是医疗机构所需的，包括药品、医疗器械、化妆品等，耗材类产品基本上都是一次性用品。目前，我国医疗器械生产企业主要有爱美客、华熙生物、昊海生科等。现阶段医美产品制造企业及经销企业主要面临以下难题。

（1）高库存

制造企业往往先将批量生产的产品放置在仓库内，再根据产品需求通过经销网络发往各个区域。这样可能会造成产品的高库存，也会造成原料、半成品的高库存，库存周期变长，部分小企业的库存周期可达到300天以上。高库存意味着企业现金大量减少，造成现金流风险，代理商及经销单位也面临着高库存风险。

(2) 重资产

医疗设备制造企业对于生产环境的要求相对较高，尤其是对于产品的安全、质量等级都有较高要求，通常用于生产的设备都是专业设备，无法在多个品类之间转换，且价值较高，这造成制造企业要想制造多个品类的产品，就需要建设多条生产线，资产高配置，设备使用量增多。

(3) 高报废

医美产品属于医疗器械，库存管理技术要求较高，需要专业的库管人员和库房控制，加之关于医疗器械的使用有明确要求，高库存会导致产品的有效期受影响，一些中小创造企业和医院甚至会出现先进后出的现象，造成大批量的医疗器械过期，给企业和医院直接带来大量的损失。

(4) 生产计划随意排配

很多小型医疗企业在生产时没有制订生产计划，关于排配没有明确的原则和制度，只是根据已有经验进行生产，与市场需求不匹配，可能高库存产品与高需求产品不一致，导致企业高库存产品难以销售，而高需求产品却没有生产出来。

(二) 问题分析

1. 宏观经济环境层面

(1) 市场需求特殊，供货需要即时性

医美产品作为医疗用品，最终用户是求美者，最终渠道对应的是医美机构，因此，制造企业需要保证产品的合规性。为保证供应链完整，制造企业和经销商就需要保证医美机构供货的即时性，首先就要保证产品供应充足，不能有缺货的情况。但是医美机构的需求具有不确定性，制造企业和经销商为了应对医美机构的需求即时性而需保持一定的库存量，这使企业面临资金压力与库存风险。

(2) 行业高度专业性，资金需求大

医美产品作为医疗器械或药品，受到国家严格管控，各个生产环节都需要达到严格的生产规范要求。制造企业必须保证产品安全、有效，这就需要

大量的基础检测检验设备，排除各个生产环节可能出现的风险，同时需要保证产品的有效性。购买这些设备需要制造企业投入大量的资金，进而影响到企业的资金使用率，造成企业不得不形成重资产模式。

2. 微观经济环境层面

（1）市场需求预测难度大

医疗产品具有一定的特殊性，其市场需求量难以被预测，这给市场业务人员带来一定的困难，而医疗生产企业只能根据经验来判断市场需求，生产计划形同虚设。另外，医疗生产企业根据各部门的绩效来进行利润分配，可能引导企业作出不正确的决策，为了获得更多的利润分配，可能导致高库存。产量增加会导致原材料需求增加，进而导致原材料库存增多，采购质量下降。这样一系列的反应会使生产企业供应链出现混乱，影响企业的正常运营。

（2）对供应商无能为力

生产企业不论是内部质量管控还是外部监管，都面临着严格的要求，企业的采购人员与供应商联系时，供应商对于合作是抗拒的。这导致与生产企业合作的供应商稳定性很差，供应链管理出现混乱。

（三）供应链对策

1. 产销联动机制

制造企业内部需要多部门配合，涉及销售、财务、人事、采购、一线主管等。销售人员及时反馈市场信息，企业根据财务指标以及淡旺季等不确定信息制订销售计划。财务人员需要保证销售数据与企业所需的财务指标相对应，开展指标监督。采购人员根据销售数据，准备原材料，之后生产管理人员开始生产产品。企业的各方工作人员需要定期沟通交流，确定生产与销售方案，做到信息共享、产销联动。

2. 采用信息化管理软件

信息技术越来越发达就要求制造企业根据形势变化而变化，及时地进行信息共享和传递。可以通过手机客户端收集数据，及时反馈企业的生产和库存状况。专业技术人员需要每天进行反馈，对出现异常的环节及时进行干预。目前，很多生产企业还没有设置专门的供应链管理部门，这就会影响到企业正常的生产和运营。企业可以设置专门的高层领导管理部门，对重点部门进行统筹，如企业的客服、仓储、物流等，这样做可以保证企业的正常运营。

3. 筛选供应商，减低管理难度

由于生产企业的特殊性，其供应商众多，为了减小管理难度以及优化供应链管理，需要筛选供应商，最好只保留两个供应商。这样做可以保证生产企业与供应商有讨价还价的能力，从而也可以保证企业制定合理的采购方案。

（四）供应链发展建议

1. 引入供应链金融

（1）订单融资

订单融资中的金融机构角色通常由物流企业扮演，物流企业根据制造企业的订单实际情况进行验证，在保证订单真实有效的前提下按订单款项的一定百分比进行放款，为制造企业提供资金支持。通常小型的制造企业可用现金流较小，难以通过常规的融资平台获得资金支持，可以考虑通过订单融资方式，在订单实际发生后、产品制造前，从物流机构或其他第三方金融机构获得投产资金。

（2）存货融资

存货融资是指医疗器械制造企业利用库存货物向自由市场融资的行为。制造企业利用存货的资产属性，将存货打包成证券化资产，利用销售证券获得的资金用于投产。需要注意的是，资产证券化有较为严格的审核机制，受到银行的监督，只有符合标准的资产进行证券化操作，才可以真正解决企业的资金难题。存货融资方式支持在存货未销售出去就获得货款，相较于先出手货物再等待账期结束拿到资金的方式，极大地缩短了中间资金的占用时间，降低了产品的库存风险，有效降低了制造企业的还款风险。

2. B2B 集采化

建立医美产品采购平台，整合各制造企业及经销企业产品，利用平台优势，面向医美机构推广产品，做到平台统一管控产品、分销产品。制造企业或经销商在平台上可寻找到产品对应的需求方，高效地将产品直接销售给需求方，利用平台优势，整合医疗器械物流公司和第三方物流资源，制造企业和经销商、需求方可以在平台上直接对接物流公司，降低公司运营成本与时间投入。需求方在平台上可以找到所需的各类产品，大大降低采购成本。原来无法通过代理或经销企业购买的产品，在平台上可以通过集采方式购买到，且采购价格远低于直接采购，因为平台直接对接的就是制造企业或一级经销商，中间无二级、三级经销商或代理商，产品加价环节大大减少。

R.13
成都医美中游产业运营研究报告

吕小兮[*]

摘　要： 成都医疗美容中游产业主要由提供医疗美容服务的医美机构组成。截至2020年底，成都市合法医美机构391家，医美机构数量全国排名第三，仅次于北京、上海。成都拥有数家大型美容整形医院，全国95%的大型连锁机构已落户成都，其中8家具备四级手术资质医院，能够开展高难度手术，但机构普遍盈利能力不强、运营成本较高。调研数据显示，2020年仅有36%的机构盈利，主要集中为大型连锁及小型诊所。成都医美中游产业在获客渠道方面应增加入口，实现营销方式变革。伴随着细分专科品类机构崛起，医美中游产业迎来发展新机遇。

关键词： 医美中游产业　医美机构　整形医院

一　成都医美机构基本状况

医疗美容中游产业主要是指提供医疗美容服务的医美机构。全国正规医美机构约有1.3万家，90%为民营医院或诊所，2020年底成都市合法医疗美容机构391家，医美机构数量全国排名第三，仅次于北京、上海。

2020年，对于医美机构而言，是危中有机的一年，医美机构有哪些新变化、新趋势？课题组向成都医美机构发放《成都市医美机构调查问卷》，

---

[*] 吕小兮，新氧App华西大区总监，新氧商学院高级认证讲师，成都市医美产业协会副秘书长。

回收有效问卷 140 份,结合新氧大平台数据和成都市医美机构现状,全面真实地采集医美机构关键指标数据,形成行业核心指标参考值,进而剖析医美中游产业发展现状,以期指导运营方式调整、优化管理结构体系。

医美机构按所有制分为公立医院医疗美容科和民营美容医院两类机构。民营机构的市场份额接近 80%,居主导地位,但公立医院由于集临床、教学、研究于一体,仍是国内医疗美容产业非常重要的组成部分。国内机构类型包括公立医院整形美容、大型美容整形医院、民营中型门诊部、民营小型诊所、轻医美机构。2015~2019 年是成都市医美机构发展史上增长最快的时期,成都市 2018 年提出打造"医美之都",鼓励医疗美容产业高质量发展,这一年成都市医美机构陡增 55 家,2020 年四川省人民医院医疗集团新丽美医疗美容医院、朗姿集团成都米兰柏羽高新店相继揭牌成立。

(一)成都拥有数家大型美容整形医院,全国95%的大型连锁机构已落户成都

医疗美容兼具医疗与消费双重属性,大型机构随着经营规模的扩大,其规模化的供应链优势、品牌效应下的获客成本优势以及规范管理下的人才资源优势将不断强化。具有较强规模效应和品牌效应的医美机构,其获客成本及其费用占比将不断下降、盈利能力也会逐步提升。成都已拥有绝大多数全国大型品牌机构,如四川华美紫馨医学美容医院、四川美莱医学美容医院、成都艺星医学美容医院、四川米兰柏羽医学美容医院等。但整个医美产业尚未出现超大型连锁医美集团,市场还存在巨大的整合空间。

表1 成都大型医疗美容医院统计

医院	成立时间	法定代表人	连锁店
成都大华韩艺美容整形医院	2004	吴振裘	否
四川西婵泛亚整形美容医院	2005	张翼翔	否
四川晶肤医学美容医院	2005	李家平	是

续表

医院	成立时间	法定代表人	连锁店
四川华美紫馨医学美容医院	2008	林国强	是
四川汉密尔顿美容医院	2009	刘煦	否
四川美莱医学美容医院	2010	陈金秀	是
四川悦好医学美容医院	2010	潘洁	否
成都天使之翼医学美容医院	2012	康胜博	否
四川米兰柏羽医学美容医院	2013	朱杨柳	是
成都美容整形医院	2013	魏晓东	否
成都艺星医疗美容医院	2014	陈孙西	是
成都铜雀台整形美容医院	2014	张国桥	是
四川娇点医学美容医院	2015	姜宇禄	是
成都喧妍医学美容医院	2016	武会彦	否
成都圣丹福整形美容医院	2017	王迪	否
成都八大处医疗美容医院	2018	唐勇	是
成都美绽美整形美容医院	2018	刘祥	否
成都新丽美医疗美容医院	2020	彭强翼	否
成都高新米兰柏羽医学美容医院	2020	朱杨柳	是

注：连锁性质：区域连锁/全国连锁。

（二）103家成都医美机构营业时间超过3年，最长达37年

据新氧认证机构统计调研，233家机构中103家机构开业年限超过3年，近50%的机构已走上经营正轨，其中大华集团于1984年成立，是成都可追溯到的最早的医美机构，成都美容整形医院于1988年正式挂牌成立，荷芙蔓医学美容诊所成立于1992年，15年后升级为汉密尔顿美容医院。1998年起，经过3年承包整形科室合作后，2001年华美整形美容门诊部正式成立，标志着美莱集团诞生，华美后改名华美紫馨，成为成都乃至全国民营整形医院标杆之一。

据2020年医美产业协会抽样调研报告，2018年、2019年开业机构最多，抽样数据中新开机构分别达23家、25家，占机构总数的37%。

图 1 成都医美机构成立时间分布

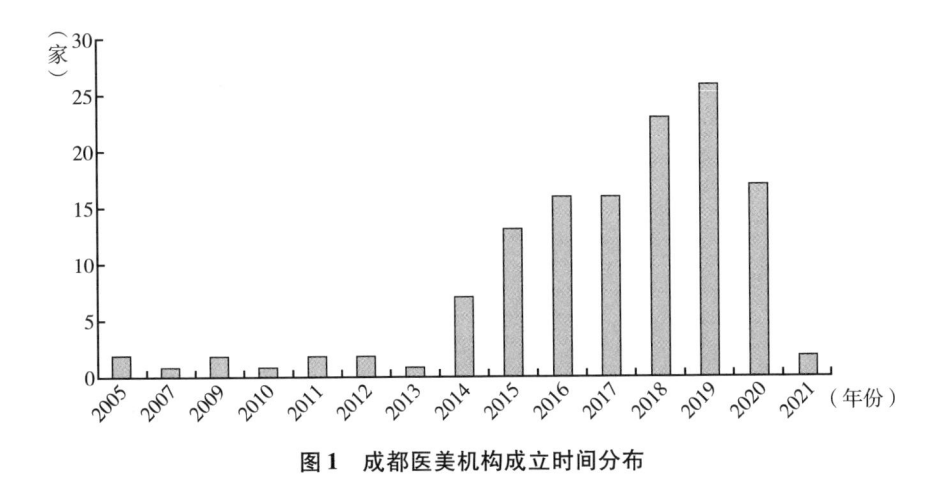

（三）50%的医美机构营业面积小于500平方米

调研数据显示，成都市具有医疗美容医院资质机构 28 家，参与调研的有 15 家，其中营业面积超过 10000 平方米的超大型机构有 10 家，其他类型主要为医疗美容门诊部和医美美容诊所，占比 74%，营业面积小于 500 平方米的机构有 69 家，占比 50%。小而美的机构投入门槛低，运营成本低，对体系化管理、人才体系要求低，凭借"船小好掉头"的优势，有机会抓住市场新红利。

（四）门诊部、诊所两类机构消费者复购率最高

调研数据显示，2020 年，140 家受访机构有会员 322089 人，其中 23~35 岁年龄段最为集中，共 180673 人，占比 56%，医疗美容医院拥有会员最多达 234871 人，占比 73%。但复购率最高的为医疗美容诊所，复购率达 41.96%，说明医疗美容诊所的会员黏性更高，消费者对其服务满意度也最高。

（五）武侯区医美机构数量最多，占比28%，高新区或将成为增速最快的区域

随着医疗技术发展和人民群众消费升级，2018 年，成都相继出台了

《成都医疗美容产业发展规划（2018—2030年）》《成都市加快医疗美容产业发展支持政策》，在全国率先把医美产业作为重要的产业予以大力发展，并匹配了全方位的扶持政策。

2020年数据显示，武侯区有96家医美机构，约占全市的28%，是医美机构数量最多、分布最集中的区域，除了华美紫馨、米兰柏羽、大华韩艺等具有较高的知名度和品牌影响力的医学美容医院之外，四川大学华西医院、华西口腔医院等部分大中型医院也设有医疗美容（整形）科室。2020年，成都高新区已落户医美机构89家，约占全市的25%。2020年12月28日，成都首条医美特色街区在高新区开街，超90%的街区载体已与企业达成合作入驻意向，高新区或将成为增长最快的区域。

二 医美服务项目开展状况

（一）拥有8家具备四级手术资质医院，能够开展高难度手术

四级项目是美容外科中复杂程度最高、风险最大的手术项目，对医院的手术室、器械、麻醉师、医生水平要求都较高，成都有8家具备四级手术资质的医院，分别为四川大学华西医院、四川大学华西口腔医院、四川省人民医院、四川省人民医院友谊医院、四川省人民医院东篱医院、四川华美紫馨医学美容医院、四川娇点医学美容医院、成都八大处医疗美容医院。

（二）轻医美逆势增长，数量达200家

医疗美容市场的细分领域——轻医美，因为其"非手术"理念，相对于传统需要手术或进行全麻的医美项目，更加安全、风险更小，受到求美者更广泛的欢迎。第三方数据显示，以轻医美项目为主的"微整形"市场将成为医美市场的新增长点，其中面部美容将成为第一大分支。

虽然我国的轻医美行业起步较晚，在研发、渠道建设等方面存在诸多难点，但随着技术、资本等要素快速涌入，轻医美的便利程度和成熟度会快速

提升。同时，在消费者越来越趋向于"医学美容生活化"和"颜值经济"的双重刺激下，未来几年医美行业规模将持续扩大，进入高速发展时期，轻医美或将会成为医美产业的下一个爆发点。

2020年，新氧POI收录的信息显示，成都轻医美机构近200家，远超手术类机构，轻医美机构正如雨后春笋出现。

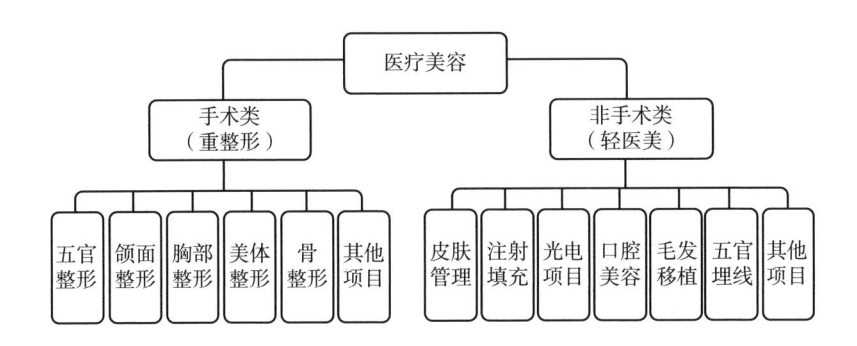

图2 手术类与非手术类医疗美容项目

（三）2020年最受消费者喜爱的医美项目

新氧搜索数据显示，2020年最受成都消费者喜爱的十大医美项目有瘦脸针、热玛吉、双眼皮、玻尿酸、光子嫩肤、水光针、瘦腿针、吸脂、鼻综合、线雕。其中皮肤美容大类增长率最高，同比增长65.87%，单品热玛吉增速最快，达到407%。

（四）面部轮廓、私密整形、唇部整形交易GMV均居全国第一（新氧数据）

成都医美机构通过差异化服务满足医美需求，率先打造差异化细分品类，每个医美品类都有主推发力机构。新氧数据颜究院数据显示，成都面部轮廓、私密整形、唇部整形交易GMV均全国排名第一。面部轮廓代表机构有四川省人民医院友谊医院、成都美熹；私密整形代表机构有久龙、西南妇产、恒博私密、玛利亚等；唇部整形代表机构有致臻爱、玉颜。

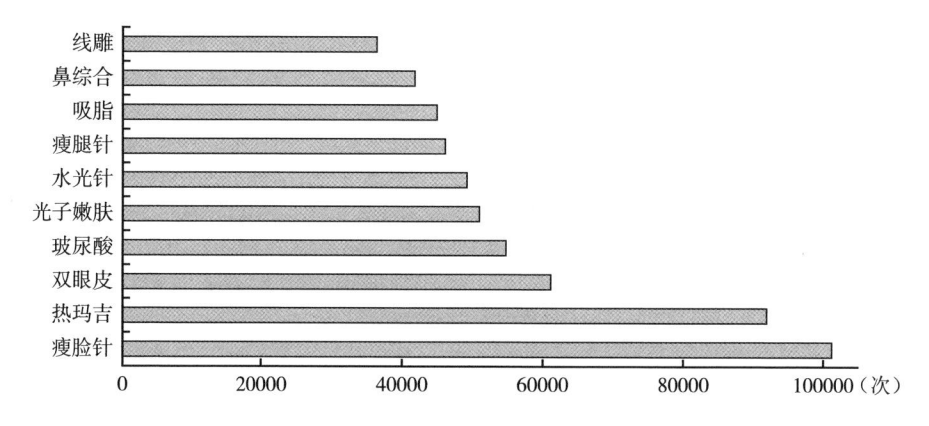

图3中数据（从上到下）：
- 线雕：约35000
- 鼻综合：约42000
- 吸脂：约45000
- 瘦腿针：约47000
- 水光针：约49000
- 光子嫩肤：约51000
- 玻尿酸：约55000
- 双眼皮：约62000
- 热玛吉：约91000
- 瘦脸针：约101000

图3　新氧App成都用户2020年度搜索次数

三　医美机构从业人员基本状况

医美机构内部组织架构主要包括财务部门、行政部门、医疗部门、运营部门、营销部门和品牌部门。在人力板块中，医生和运营是医美机构的最核心竞争力。医美项目的效果由医生保证，品牌价值由品牌营销部门把控，客户体验则是靠医生、运营人员、护理人员、客服人员等的配合协作，构成机构核心竞争力的一部分。

（一）大型机构50%的人力资源集中在市场营销、新媒体等获客部门

调研数据显示，机构运营人员，尤其是运营人员中的营销人员，占比是最大的，约为50%。这与机构的营销费用占比接近。营销人员数量并不取决于机构占地面积，主要由业务发展方式和品牌建设需求来决定，并且营销部门和新媒体部门职务划分越来越精细化。直播迅猛发展，短视频平台崛起，头部网红也围绕医美直播制定全年战略，这让机构的获客渠道日益多元化，促使营销和新媒体部门规模日益扩大。

2020年中国整形美容协会教育培训中心发布的《中国医美产业专业人

才现状与需求报告》，基于抽样调查分类，将咨询岗位［现场咨询（含助理）、网电咨询、客服（含导医）］单独罗列出来，此类岗位承担了获客职责，约占比40.2%，外加9.8%的运营（营销、企划等）岗位，全国性数据与调研数据虽有出入，但占比基本一致。

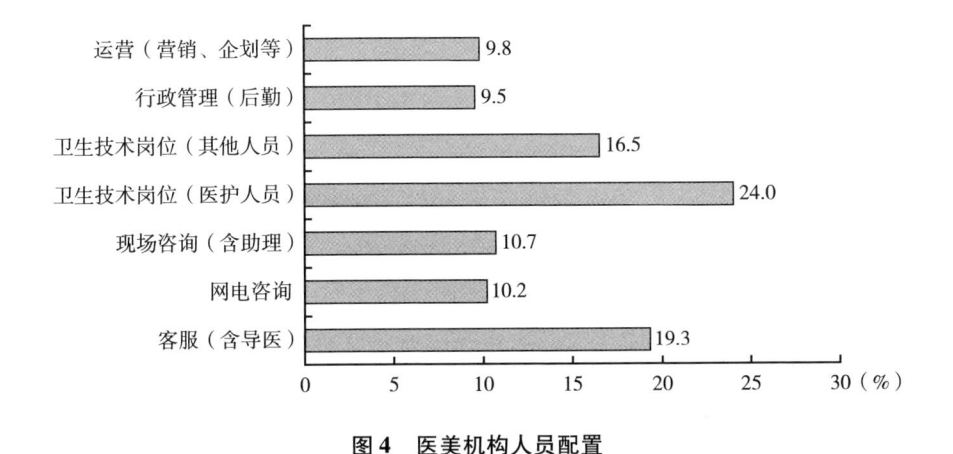

岗位	占比(%)
运营（营销、企划等）	9.8
行政管理（后勤）	9.5
卫生技术岗位（其他人员）	16.5
卫生技术岗位（医护人员）	24.0
现场咨询（含助理）	10.7
网电咨询	10.2
客服（含导医）	19.3

图4 医美机构人员配置

资料来源：《中国医美产业专业人才现状与需求报告》。

医美机构的营销人员除了占比较大以外，与其他岗位相比，其学历相对较高，本科及以上学历占比49%，大专学历占比33%，高中及以下学历占比18%。营销与管理人员专业背景为医药护理类的仅占27%，营销管理类的占比20%，七成以上的不具有医学背景。

（二）现场咨询师+市场人员工资支出占据人力成本的60%

相较于医疗美容医生从业的高门槛，网络咨询、现场咨询和市场人员的从业门槛相对更低，这部分人员在机构中占比最大、人力成本最高，约占60%。这也是医美机构中大部分非医疗背景的跨行业从业者主要的就业岗位。

基于对招聘信息和抽样采集的数据的整理，梳理了医美机构各岗位的薪资数据，结果显示，医美机构咨询服务和营销获客类岗位人员会获得的提成或收入较高。

表 2　医美机构人力资源成本

单位：元

岗位		月薪范围	月均收入
	运营（营销、企划等）	4000~50000	9000
	行政管理（后勤）	3000~15000	6000
卫生技术类	美容医生（含医助）	4000~250000	25000
	护士	3500~15000	6500
	医技	6000~12000	7500
	其他人员	5000~18000	10000
咨询服务类	网电咨询（新媒体）	3000~25000	7500
	现场咨询（含助理）	4500~50000	17000
	客服（含导医）	3000~25000	7000

提成和收入高是吸引更多跨行业者选择在医美行业就业的重要因素之一，从业人员的素质也逐步提高。我们了解到，机构的普通运营人员，流动性高，并没有太大缺口，但高素质的运营总监、高级的互联网运营人员依然非常缺乏。

医美频繁"出圈"，在高收入的吸引下，将会有更多跨行业的拥有新媒体营销技能的从业者进入。

（三）医生、网电咨询和营销人员缺口大

从人才的供应端来看，医疗美容医生是医美行业的稀缺资源，具有医疗美容主诊备案的职业医师输出少、缺口大。

随着互联网的兴起，获客方式进一步线上化，网络客户飞速增加，承接其流量的岗位就是网电咨询。网电咨询人员是客户接触到机构的"第一人"。机构的线上销售参与度越高，配置的网电咨询人员就越多，而部分小机构会选择服务外包，由服务商提供网电咨询服务。

在移动互联网飞速发展的影响下，医美获客的新媒体营销岗位人才紧缺：懂行业、有网感、会数据分析、有平台运营能力、可以生产优质内容的运营团队，成为部分机构的核心竞争力之一。

（四）五个通用岗位胜任力模型

医美市场供给饱和，产业迈向成熟期，面临从"市场驱动"向"管理驱动"的转型升级。在当前环境下，医美产业发展需要顺应我国由"市场驱动"向"管理驱动"转型的消费升级趋势。与此同时，多元化、个性化的求美需求，也必然促使医美企业的转型升级，以迎接"人才红利"等市场变化。

课题组基于10家机构、50位从业人员，对人才岗位胜任力模型进行了调研，分析出五个通用岗位基本画像：总经理、营销总监、新媒体运营、现场咨询和主诊医师。

1. 总经理

职位概括：总经理的管理风格决定了机构的服务质量和业绩。在医美机构中，总经理是对业绩、口碑和运营等全权负责的人。

岗位职责：

（1）根据公司战略规划，制订经营计划，负责整个机构业务运营，并不断创新；

（2）落实经营计划，并对业绩负责；

（3）负责对各个渠道进行业务拓展，建立完善的管理体系，合理控制成本并使业绩最大化；

（4）负责内部团队建设，提高团队管理能力。

学历：本科及以上学历，通常为医学院、市场营销、管理类学科背景。

从业年限：通常需要8年以上工作经验。

2. 营销总监

职位概括：营销总监的业务能力，决定了机构有多少客户上门、对外口碑/商誉以及医疗部门的资源整合与项目迭代。

岗位职责：

（1）负责进行整体营销规划，制定具体营销方案，组织营销方案的执行、效果评估工作。

（2）组织和监督市场推广计划相关工作；

（3）进行市场调研与分析，研究医美市场发展状况，定期进行市场预测和情报分析，为公司决策提供依据；

（4）负责公司品牌形象的树立、维护与推广工作；

（5）制定公司整体公关策略及危机公关的应对处理；

（6）建立完善的营销中心工作流程和医技制度规范；

（7）制定市场推广费用预算及营销中心全年整体财务预算、完善激励考核制度；

（8）管理营销团队，并对团队成员和相关部门进行培训和指导。

学历：专科以上学历。

从业年限：三至五年。

3.新媒体运营

职位概括：新型获客渠道，如新氧、抖音、小红书等都有着巨大的流量红利，新媒体运营力争"文能自己创作图文视频、武能谈商务合作"，甚至能通过爆款内容或合作，促进业绩增长。

岗位职责：通过异业合作、KOL合作、发布图文视频等内容，从各个平台获取精准的客户信息。

学历：大专及以上学历。

从业年限：不限。

4.现场咨询

职位概括：现场咨询师（或称为医生助理）是客户在接受治疗前的"缓冲垫"、治疗后的"心理按摩师"，承担开单重任。

岗位职责：

（1）为客户提供专业的医美项目咨询服务；

（2）为客户安排治疗时间和术后回访等事项；

（3）完成销售业绩，维护机构口碑。

学历：不限。

从业年限：不限。

5. 主诊医师

职位概括：主诊医师不仅"医术"重要，而且其与客户沟通的风格也是影响机构业绩的重要因素。

岗位职责：对到院客户进行治疗，对治疗效果全权负责，并需要为客户提供合理的后续治疗方案和术后护理建议。

学历：本科以上学历，有整形美容主诊资质和职业医师资格证。

从业年限：5年以上。

以上5个岗位是医美机构人才库的核心，应进一步优化人力资源管理体系，高度重视人才队伍建设，升级跨行业人才的培训体系，坚持内部培养、外部引进相结合的发展策略，持续引进市场紧缺的人才。

四 医美医生分布及学科影响力状况

（一）成都医美机构常驻职业医师状况

医美医生的数据相对难以准确统计，主要原因有：一是部分执业医师并没有从事医美业务，部分皮肤科医生并没有被纳入医美医生的统计范畴；二是部分执业医师转为管理层。为此，对140家受访机构共2842位常驻执业医师进行抽样调研，其中住院医师占39%，主治医师占35%，副主任医师占19%，主任医师占6%。主任医师主要集中分布在公立医院的医美科室和民营综合医院的美容科，公立医院在医师数量上具有明显的优势。

执业医师的职称晋升受诸多条件限制，副高及以上职称的医美医生增速远低于医美机构的增速，大部分医美机构会选择以部分医生"挂职"的方式来通过核验。

（二）整形医生自主创新专利技术部分成果

技术领先才是医美机构的立足之本，专利技术反映了医美产业的创新能力。业界熟知的现代激光医学之父 Rox Anderson，拥有60余项专利发明。

他发明的飞梭激光（FRaxel）、酷塑冷冻溶脂（CoolSculpting）引领了医美潮流，并提升了产业溢价能力。

成都具有一定的科研实力，在医疗美容方面主要体现在三大领域：生物材料、干细胞和化妆品。

在生物材料领域，成都拥有国家生物材料医学材料工程技术研究中心（四川大学）。该中心成立于1999年，是中国第一家致力于该领域的专业研发机构，并迅速形成由国际著名专家和中青年骨干组成的跨学科创新团队。中心学术带头人和名誉主任、中国工程院院士张兴栋教授是我国生物医学材料领域的知名科学家，在生物医用材料研究、产品设计与开发及临床应用等方面具有很高的学术造诣，取得了大量的重要成就。中心形成了包括产品设计、生产工艺、技术标准、质量检验、临床应用、产业化示范等在内的完整的产业化工程技术创新体系，为大专院校、研究机构和医疗器械行业培养了大量的人才。

在干细胞领域，成都拥有以四川大学华西口腔医院田卫东教授团队为首的专注于干细胞领域的科研团队。田卫东教授是干细胞领域的知名科学家，是国家"973"（牙发生发育分子机制与牙齿再生的研究）项目及国家重点研发计划"干细胞与转化研究"（基于成体/多能干细胞牙功能组织模块及转化研究）项目首席科学家。团队长期从事骨髓间充质干细胞、脂肪干细胞、牙源性干细胞在骨与软骨组织缺损修复等领域的基础与转化研究，获得国家发明专利19项及多项科学技术奖。

在化妆品领域，成都有四川大学华西医院化妆品评价中心。中心成立于2002年，是专业从事化妆品安全性和功效性检测的评价中心。2002年至今，中心投资近600万元，从德国、日本、奥地利、丹麦、英国、美国等进口先进设备，针对皮肤的颜色、水分含量、水分流失、油脂含量、酸碱度、弹性、纹理、皱纹、防晒功效、皮肤鳞屑以及肌纤维方向等进行功能检测，能满足常见化妆品主要功效评价需求。中心常规开展敏原筛查实验及变态反应相关临床实验，并开展大量化妆品皮肤病和化妆品安全性评价的斑贴试验、光斑贴试验。经过多年发展，已建成拥有先进专业设备和高技术水平的化妆品人体安全性和功效检验中心。2016年3月11日,四川大学华西医院化妆品评价中心通过四川技术监督局"检验检测机构资质认定",获得CMA认证证书。2021年2月9日,四川大学华西医院获批国家药品监督管理局"化妆品人体评价和大数据重点实验室"。

五 医美机构营收状况

(一)仅有36%的机构实现盈利,主要是大型连锁及小型诊所

新氧《2020医美行业白皮书》显示,疫情下中国医美市场缩水超过300亿元,医美机构正在大面积亏损,仅有三成机构盈利。

过去几年医美产业一方面每年新增大量的机构,但另一方面有很多机构倒闭,呈现了一种高流动性状态。市场激烈的价格战,并没有给机构带来实际收益,获客成本不断攀升。据悉,医美机构的平均获客成本已经超过了5000元,大部分流量依然集中在头部机构。

口碑和资质是医美用户选择机构及医生时的主要考虑因素。医美用户在选择机构时主要考虑机构的资质和知名度/口碑,而在选择医生时,口碑与评价是医美用户最看重的,其次为医生的职业资质及医生经手的成功案例。

新氧合作的医美机构有7000余家,覆盖351个城市,其中41.8%的医美机构分布在排名前10的城市。有特色的医美机构占比不到10%,绝大多数是综合型医美机构,没有特色项目,缺乏竞争力。

成都医美小型诊所的医生稳定、技术特点突出、经营成本低,实现盈利相对容易。

(二)营销成本高昂,平均占据总成本的50%

中国医美机构的营销方式日益多元化,除传统广告、百度竞价、渠道导流外,近几年新氧、阿里健康、抖音、微博、小红书等新媒体平台也快速崛起。其中,医美机构的传统广告(户外、搜索引擎等)引流支出占比最高,

达60%~90%，然而ROI表现不达预期，预算持续减少；互联网平台导流支出占比为10%~40%；美容院及KOL转诊等，该类方式按单次消费计费，佣金比例通常高达30%~70%。

表3　2020年中国医美行业营销模式对比

项目	传统广告引流	互联网平台导流	机构及其他方式导流
运作方式	传统媒体、户外广告、搜索引擎	医美App、自媒体、信息流、转诊平台	美容院、KOL、异业合作等
花费占比	60%~90%	10%~40%	按分成收取，为30%~70%
适用机构	大型连锁医美机构	直客类中小型医院、门诊部、诊所等	美容转诊多适用于渠道医院，如思瑞国际
获客效果	提升机构曝光度	营销形式多样，可打造明星IP医生或旗舰店	客户信任度高，客单价高
局限性	投入产出比逐年降低，受舆情影响较小	人群覆盖有限，目前多为年轻人群	渠道依赖性强，客户随渠道流动，人群覆盖有限
案例	机场、户外LED投屏、百度竞价	新氧、悦美案例展示、微博、小红书、微信公众号、知乎等	—

从整个医美机构的价值链来看，营销渠道占比很高，约为50%，销售相关成本占比20%，耗材及运营成本各占10%，人工成本及其他成本各占比约5%。受制于巨额的营销费用，医美机构盈利水平提升缓慢。

六　成都医美机构特色研讨

（一）互联网平台成都医美机构好评数远超北上广深

随着"互联网+医美"的快速发展，越来越多的消费者在网上分享自己变美的经历，越来越多的消费者倾向于通过互联网医美平台寻求医美服务。平台评价量越大，筛选出来的产品和服务就越精准，这有效缩短了消费者决策时间，从而好评数成为判断医美机构受欢迎程度的重要指标之一。据新氧、美团点评平台数据统计，成都医美机构共获得好评数49万篇，高于北京、上海、广州、深圳，名列全国第一。在好评数方面排名靠前的机构主要为大型连锁机构、特色比较突出的美容医院。

（二）受疫情影响外地求美者占比12%，较2019年下降47%

目前，成都医美产业规模仅次于北京和上海，成为医美产业"第三城"，成都强大的辐射和消费能力、一系列利好政策的出台、特色化项目及名医IP吸引了不少其他城市的年轻人打着"飞的"来"做脸"。据新氧平台数据统计，成都连续三年均是外地消费者流入率最高的城市，其中平台合作机构中有多家80%以上的消费者来自外地，成都"医美之都"的概念开始渗透进入消费端。

2020年受疫情影响，外地顾客占比23%，其中排名前五的城市为重庆、广州、绵阳、辽宁、德阳，但与2019年相比，下降幅度较大。

（三）手术类面部轮廓、鼻部整形成为年度交易最大品类，胸部整形超过双眼皮位列第三

据新氧成都年度交易数据统计，面部轮廓占比26%、鼻部整形占比26%，成为年度交易最大品类。皮肤美容交易增速最快，为65.87%。胸部整形占比11%，超过眼部整形的10%。从流量端分析，面部轮廓首次超过皮肤美容，位列第一。

（四）年轻化项目热玛吉成为2020年度爆款

在国内的抗衰市场上，30岁以上女性的抗衰需求，已经延展为20岁左右女性的抗初老需求，2020年"出圈"的紧致抗衰项目热玛吉的火爆程度甚至达到了探头一"头"难求的地步。新氧数据颜究院数据显示，新氧医美抗衰节期间新氧平台热玛吉订单量同比增长720%，参与商家数累计1032家。

热玛吉的走火，除了其具有的抗衰优势以外，也离不开各路明星和网红的种草和达人的助推。小红书上关于热玛吉的笔记已经超过5万篇，内容种

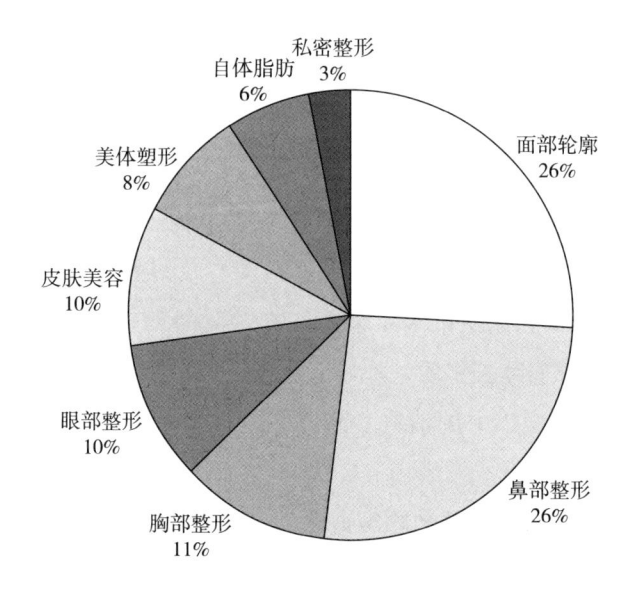

私密整形 3%
自体脂肪 6%
美体塑形 8%
皮肤美容 10%
眼部整形 10%
胸部整形 11%
鼻部整形 26%
面部轮廓 26%

图 5　年度交易品类分布

草者的平台角色从万粉 KOL 到千粉 KOC 均有涉及，热度较高的有 7 万以上的点赞量。

（五）下游获客渠道入口增多，营销方式变革

十几年前，整形广告常以报纸上的"豆腐块"形式出现，而后百度竞价开始兴起，近几年产业变革主要受互联网影响，2013 年医美垂直平台出现，线上获客方式多样化，由单一搜索竞价拓展为电商、转诊、综合 O2O 等。同时，随着年轻消费者的加入，消费模式更加多元化。"80 后""90 后"成为社会的中坚力量和重要消费群体，这一群体更加注重消费体验和个性化，追求品质和性价比。他们更喜欢通过移动设备来浏览和查询信息，更易接受新的消费模式。随着 5G 时代的到来，短视频信息载体发生变革，抖音、小红书、快手、B 站已成为年轻人获取信息的主要阵地。电商、直播的兴起，促使获客渠道复杂化，传统的纸媒、线下广告等渠道已无法满足医美机构的业务拓展需求。

表4 不同传媒红利期

红利类型	时间	特　　点
媒体红利	2009~2012年	报纸+电视+户外是营销获客的主渠道。在成本高的同时，相应的回馈也高，获客成本为1000元左右，同时，电视、户外广告投入也很大，只要在传统媒体上能够砸钱，相应的回报都会有
竞价红利	2012~2014年	百度及各大搜索引擎SEM，很多机构开始设立网络部门，包括编辑、竞价、美工、程序等，而后因魏则西事件等，开始出现下滑
新媒体红利	2015年至今	新氧、更美等电商平台与微信引流及传统第三方引流

医美机构不同获客方式如下。

1. 渠道类型

通过美容院、美甲店、美发店等与医美关联的异业合作获得客人，医美机构向客源渠道支付返佣比例为50%左右，最高可达80%，导致医美机构成为产品和服务单价最贵的场所之一。迫于高额的获客成本，该渠道也是水货、假货重要的集散渠道，采用该模式的医美机构占20%~30%。随着营销模式的多元化，该渠道获客成本高的弊端凸显，进而逐步开始萎缩。

2. 老客户类型

这类机构客人主要来自医生、咨询师所拥有的老客，老带新客人，口碑相传，获客成本低。但由于营销规模有限，采用该模式的医美机构处于小而精的状态，市场份额为10%左右。

3. 广告类型

通过广告投放获得客人，如SEO、户外广告、电梯和电视广告等，营销费用高，一般为大型机构所采用。该模式推高了行业整体的营销成本，加速了行业整合。采用该模式的医美机构的市场份额为60%左右。

4. 医美电商平台类型

线上看整形日记与用户交流、选择医生，在线付费预约，线下治疗，术后在线反馈效果进而影响其他用户决策，决策社交化、医疗电商化，通过UGC和PGC来影响消费者决策，并提供线上支付等服务，形成完整的O2O闭环。采用该模式的医美机构的市场份额越来越大，预计为60%左右。

5.新媒体类型

抖音、小红书、直播、KOL代理商通过建立新传播体系（专业+内容+传播+经营），从而能够更精准地触达一部分目标顾客，并能够影响其购买决策。在整个医美线上运营推广中，新媒体类发挥业绩辅助作用。新媒体类具有辅助用户决策、覆盖更多用户、自建私域流量的特点，采用该模式的医美机构的市场份额为10%左右。

6.三方转诊类型

提交医院的基本资料、项目信息，和转诊平台签署合作协议，以成交抽成的方式进行结算，三方转诊降低了营销门槛，诊所也可以有稳定的导流渠道，营销成本变得可控，其是以成交业绩为结算单位的返佣方式，采用该模式的医美机构的市场份额为30%左右。

（六）细分专科品相机构崛起，品牌迎来新机会

产品细分是市场竞争的必然结果，也是成熟市场的重要标志。在市场竞争中，机构应努力打造专属的市场领域，不断突出产品或企业形象，以便于客户识别。从医美产业来看，长期以来医美机构经营范围广、品类覆盖全。近几年，成都开始衍生出一些特色专科机构，专注于某一品类，如眼部整形、鼻部整形、唇部整形、身体塑形等细分领域，形成垂直品类医美机构模式。

表5 成都医美机构特色模式

细分品类	代表机构	机构介绍
眼部整形	成都健丽眼部整形	是由健丽创始人Prof. Zhang组建的医疗团队联合创办地专注于去眼袋的机构，实行医师合伙制，以去眼袋为特色，以眼部隐形整形技术为依托，开展去眼袋、双眼皮、开眼角、眼周除皱等多项眼部整形项目，成为具有较强影响力和公信力的眼部整形品牌
鼻部整形	心悦容医疗美容门诊部	将"技术主导"作为品牌理念，鼻部综合整形为医院金牌项目，以中国鼻整形实力派代表——倪云志院长为团队核心，《达拉斯鼻整形术》中文版译者徐航担任技术院长，"RPG"八大专家提供技术支持，在全面建立东方美鼻新标准的同时掌握五官精细化整形技术精髓

续表

细分品类	代表机构	机构介绍
身体塑形	成都高新怡脂医疗美容门诊部	全国唯一脂肪垂直领域的医美机构,专注吸脂单品类,手术时间短、局部麻醉、定制专利吸脂针和创口小是怡脂的技术特点
颌骨整形	四川省人民医院友谊医院	是三级综合医院,拥有四级手术资质,医院主要业务为 V-line 颜面轮廓整形,是国内整形美容领域为数不多的可开展下颌角/颧骨颧弓改脸型等高难度手术的医院
轻医美	四川晶肤医学美容医院	以微整形、韩式精品整形、激光美容、抗衰为核心业务,为爱美者带来科学的定制焕美体验
植发	成都首瑞女性植发	专注于女性种植头发的医疗连锁机构,拥有以刘野医生为首的技术精湛的种发医疗团队和国内外先进的植发仪器是医院的一大特色。首瑞毛发美学设计深受女性喜爱,是网红、模特、时尚达人的推荐植发打卡点
唇部整形	成都玉颜医疗美容门诊部	是专注唇部整形的特色机构,致力于唇部综合改善,一站式解决所有唇部问题
身体塑形	成都军大整形美容医院	西南脂肪整形排名第一,是中国整形美容协会脂肪医学分会西南教学基地、中国整形美容协会医疗援助与修复基金会四川省指定医院

R.14 成都医美下游产业运营研究报告

龚伟 王聪 李刚 王杭[*]

摘　要： 成都医美下游产业主要涉及线下和线上两个营销渠道，以及美容院、电商平台、社区营销、直播等具体模式。线下渠道利益捆绑比较明显，带来了诸多弊端，于是借助互联网的电商平台迅速崛起，逐渐以线上渠道为主，本报告重点讨论后者。此外，医美产业的配套服务也属于下游产业，包括投融资机构、教育培训、金融保险、媒体宣传等。成都医美产业的配套服务机构类型相对丰富，发展也比较快，对医美产业发展起到了推动作用。

关键词： 医美下游产业　电商平台　线上渠道　线下渠道

一　线上渠道

（一）医美垂直平台

医美垂直平台是指医美机构线上运营的提供医美信息、网络社群和交易服务的医美互联网平台或综合互联网平台。特点是：平台拥有用户，即用户会通过平台获取所需的各种医美服务。医美互联网平台代表有新氧、更美、悦美、美黛拉，综合互联网平台的医美板块有美团医美、天猫医美、京东医

---

[*] 龚伟，《美业观察》主编；王聪，四川省健康养老产业股权投资基金投资副总监；李刚，成都漾肤医疗美容诊所总经理；王杭，教授，四川大学华西口腔医院医疗美容科主任，成都市医疗美容产业协会会长。

美等。

围绕医美垂直平台，主要涉及四方：消费者、医美机构、互联网平台、医美产品设备厂商。常见商业模式是互联网平台牵头整合医美产业链。第一，通过营销等方式，让更多消费者到互联网平台注册并形成使用习惯；第二，通过面向医美机构的电话和线下销售团队，让更多的医美机构到互联网平台开设线上店并与线上店运营结合起来；第三，通过面向医美产品设备厂商的供应链团队，让更多医美产品设备厂商到互联网平台进行知识传播和产品设备推广。

四方的资金流向可通过一个完整的消费场景来描述：消费者 A 通过网络收看一款综艺节目，该综艺节目里有互联网平台 B 的广告植入——这个环节里，互联网平台 B 支付广告费用给综艺节目组。A 受到广告影响，在平台 B 注册，并使用平台查询和了解医美相关信息和服务；这些信息和服务，大部分由医美机构 C 在平台 B 上设置的线上店提供，包括医美机构品牌、服务信息、价格、案例、咨询、预约、活动等——这个环节里，医美机构 C 支付给互联网平台 B 入驻费、推广费、服务抽佣（若消费者 A 购买后并到医院消费，即从平台 B 下单且到机构 C 做完其所购买的项目，则按照约定比例产生抽佣；若消费者购买后退单，则不产生抽佣）。医美产品设备厂商 D 为了提升在消费者 A 群里的知名度，互联网平台 B 为了吸引更优质、可靠的厂商 D，会以广告投放或资源置换的方式，在平台 B 里联合呈现——这个环节里，厂商 D 会给平台 B 支付推广费或提供资源。

总之，医美垂直平台通过联合医美机构和医美产品设备厂商，给医美消费者提供了一个完整的医美信息查询和交易平台。

1. 新氧

北京新氧科技有限公司创建于 2013 年，致力于用科技的方式帮助爱美女性健康地变美。2019 年 5 月 2 日，新氧在美国纳斯达克交易所上市（交易代码 SY），成为全球互联网医美平台第一股。

根据新氧 2020 年第三季度的财报，新氧 App 平均月度活跃用户数（MAU）868 万，付费医疗机构数 4096 家，预约服务的付费用户 251928 人，覆盖核心城市超过300个，美丽日记篇数达350万篇以上。此外，2020年前三季度其促成医美服务交易总额分别为4.8亿元、9.4亿元、11亿元。

2.大众、美团医美

大众与美团是生活服务电子商务平台，其理念是"帮大家吃得更好，生活更好"。2018年9月20日，美团正式在港交所挂牌上市。2017年，美团涉足医美行业，2018年成立医美业务部。

根据公开数据，美团医美年访问用户超过1.4亿，月活跃用户超过2400万，合作医美商户超过1.1万，覆盖核心城市超过380个，细分品项超过390个，UGC数超过400万。

（二）医美转诊平台

医美转诊平台是指通过互联网获取医美客户消费线索后，将线索分发至医美机构，成交后获取返佣。特点是：转诊平台不拥有用户，而是在其他互联网平台获取医美客户消费线索。主要代表有美呗、整么、无忧爱美、美帮、整形168、爱丽帮等。

围绕医美转诊平台，主要涉及三方：消费者、医美机构、医美转诊平台。常见商业模式是医美转诊平台牵头构建商业协作关系。第一，建立自有网站和App，通过SEO（搜索引擎优化）和SEM（搜索引擎营销）获取用户流量，并最终获得医美客户消费线索；第二，建立互联网平台账号矩阵，如在微博、知乎、陌陌、探探等平台注册和运营大量医美人设账号，通过圈粉获取用户流量，并最终获得医美客户消费线索；第三，跟全国各地医美机构商谈合作，合作方式是将医美客户消费线索提供给医美机构，若客户在医美机构发生消费，基于消费金额按照合作约定比例抽佣。

三方的资金流向可通过一个完整的消费场景来描述：消费者A在微博上关注到某医美达人，该医美达人讲解的隆鼻内容很好，于是消费者A私信该医美达人，告知其自己想隆鼻，希望获得选择医美机构和隆鼻医生的建议。医美转诊平台B的销售人员以私信方式跟消费者A详细沟通需求，获得消费者A的姓名、电话、所在地等消费线索，并将线索以信息后台形式提供给已签约合作医美机构C。医美机构C的销售人员获得线索后，联系消费者A到院咨询面诊，进而完成付费和手术治疗。手术治疗完成后，医美机构C向医美转诊平台B按月支付所有抽佣。一般情况，医美转诊平台不是把消费者A的线索仅提供给一家医美机构C，而是同时提供给3家医美机构C1、C2、C3，三家医美机构同时跟进消费者，这种情况较只提供给1家的情况成交率更高。

（三）社群营销

社群营销主要是基于微信平台上的社交关系，利用私聊、微信群、朋友圈、小程序等工具进行营销，具体形式包括多人拼团、砍价、秒杀、体验券、折扣券、抽奖、推荐有礼等。

医美社群营销主要针对老客户（近年来医美机构已经增加了添加客户微信的流程），即社群（微信群）成员以老客户为主。运营者在社群里发起聊天、发布活动、送福利、造氛围等，增加老客户与医美机构的沟通频次，进而提升客户对医美机构品牌的信任度，促使客户复购。此外，在微信上，老客户推荐新客户也更易操作。例如，把医美机构提供的内容直接转发给身边朋友，或者邀请身边朋友跟自己拼团、帮自己砍价等。

医美社群营销虽有诸多好处，但同样也有不少坏处。例如，假设医美机构定价不统一，或者个别项目原本就只能因人定价，一旦社群里客户讨论"你做了A项目花了多少钱"之类话题，就很可能让花钱更多的客户产生怀疑，引发客诉。再如，如果社群里客户讨论"我做了B项目但是觉得效果不太明显"之类话题，就很可能引导做过相同项目的客户也感觉效果不明显，也会引发客诉。

（四）直播

1. 医美直播为何兴起

淘宝直播带货自2017年第一季度兴起以来，2017~2019年连续三年增速超过150%，2019年被称作"电商直播元年"。2020年疫情下，直播也进入医美从业者和医美消费者的视野，医美机构迅速利用之前直播带货的工具和运营方法,开始策划直播医美服务等内容。根据淘宝直播数据,不同行业直播爆发时间点为美妆2019年3月爆发、女装2019年8月爆发、医美2020年5月爆发。

医美直播兴起基于两个前提条件:第一,带货类直播电商的提前发展,给医美行业直播搭建好了基础设施,并且培育了一大批习惯直播购物的消费者;第二,疫情期间直播几乎是医美机构与消费者之间更充分沟通、更高效传播方式的不二之选。

2. 医美直播的优势

医美在线销售的商品可分成以下两类。

第一类是标准化项目,如玻尿酸、瘦脸针、水光针、脱毛等。这些项目之所以更容易标准化,是因为其商品使用方式明确、适宜人群广泛、治疗方式相似。在互联网上,销售标准化医美商品被归类为"医美电商",就像消费者在网上购买一件衣服时,一般查看花色、面料、尺寸后,价格也不贵,就可以在线下单,等快递送货上门。

第二类是非标准化项目,如双眼皮、隆鼻、吸脂、祛斑等。这些项目之所以更难标准化,是因为其商品使用方式因人而异、适宜人群针对性强、治疗方式需定制。虽然互联网平台也使用了很多办法将其按医美电商形式销售,但是绝大部分这类项目的消费者不会直接在线下单,而需要找咨询师或医生了解之后,才会做消费与否的决策。以整形外科和损容性问题为代表的医美商品,最终需要以人为连接介质,而不是以网站或App为连接介质。

标准化项目和非标准化项目都需要消费者前往机构面诊,但后者所需要的时间和工作量远多于前者。同时,非标准化项目的客单价、收入、利润等往往也高于标准化项目,是医美机构的重点业务。而医美直播方式让机构看到提高非标准化项目销售效率和面诊效率的可能。

事实上,通过视频方式让消费者与医美机构沟通,即所谓的"视频面诊",最早由新氧于2019年推出,彼时"医美直播"只有零星苗头。视频面诊主要是把消费者前往机构面诊环节改为视频一对一沟通,让消费者足不出户就能与全国医生进行视频沟通。医美直播主要是医美机构或厂家以节目形式，一对多沟通。一对一和一对多是二者的主要区别。疫情期间，虽然视频面诊和医美直播都有所发展，但是医美直播迅速成为视频方式的主流。

截至2020年第三季度，基于新氧平台的医美直播数据，开播人数5600人，开播5万场次，累计开播时长4.4万个小时，围观人次超1.7亿，连麦面诊4.6万人次。

3. 医美主播

医美直播的爆发，也催生出了一个新职业——医美主播。担任医美主播的角色非常丰富，老板、医生、咨询师、护士、美容师、运营人员等都出现在各大医美机构的直播间里，这种用自家员工做主播的方式叫"商家自播"。此外，医美机构也会邀请网红、大V、KOL、KOC等担任主播，采购其直播服务，这种方式叫"红人主播"。商家自播的优势为专业人员对服务类目的解说更专业；劣势为专业人员直播经验少、账号孵化周期长。红人主播的优势为专业主播自带流量，粉丝购物心智强；劣势为医美选品门槛高，医疗服务风险大。

从趋势上，医美机构培养医美主播，建立直播间、直播团队，越来越成为不可回避的工作。医美直播在未来是医美机构的基本板块。因此，如何培养医美主播成为其面临的首要难题。2020年12月，艾尔建美学举办了首届"美学主播创造营"，联合新氧、美团、天猫医美等平台，为50多家医美机构培训医美主播，由此医美主播的专业供应链开始出现。

2020年11月5日，国家市场监管总局出台的《关于加强网络直播营销活动监管的指导意见》提出，在直播中发布医疗美容广告需要提前审批。

二 医美投资

医美投资是通过专业的投融资活动为医美企业赋能，推动产业快速发展。一方面，帮助融资企业获得资金助力，提升效益，加快布局；另一方面，投资企业根据自身发展需要，通过投资行业内企业的方式切入医美领域，实现业务协同或跨界转型。

（一）医美产业基金及投资流程简介

1. 医美产业基金构成及运营

专业投资机构在开展医美行业投资时，往往采用设立产业投资基金（私募基金的一种）的方式。产业投资基金主要由LP（有限合伙人）和GP（普通合伙人）两大主体构成。

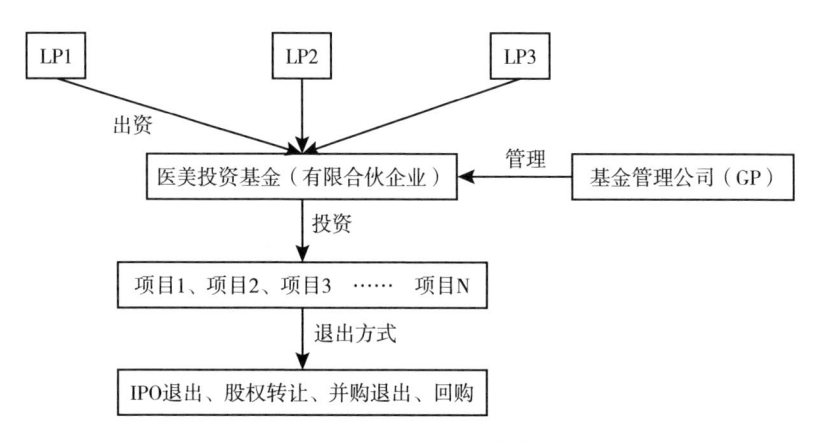

图1　医美投资基金运营流程

2. 项目投资流程

在实际开展项目投资过程中，一般遵循项目评估、尽职调查、投资执行和投后管理四大步骤，具体流程及工作内容如图2所示。

（二）医美产业链各环节投资要点

近年来，随着人们的医美需求日益增加，医美产业也受到了资本的高度关注。二级市场上，爱美客、朗姿股份、华熙生物等上市公司受到资本热捧并获得极高的估值；一级市场上，医美产业各环节也出现了投资扎堆的火热场景。从产业链角度看，医美投资遍及各个环节，不同环节的投资要点也不尽相同。

1. 医美产业上游及投资要点

医美产业上游主要包括医美产品、原料、器械、设备及耗材的生产商和

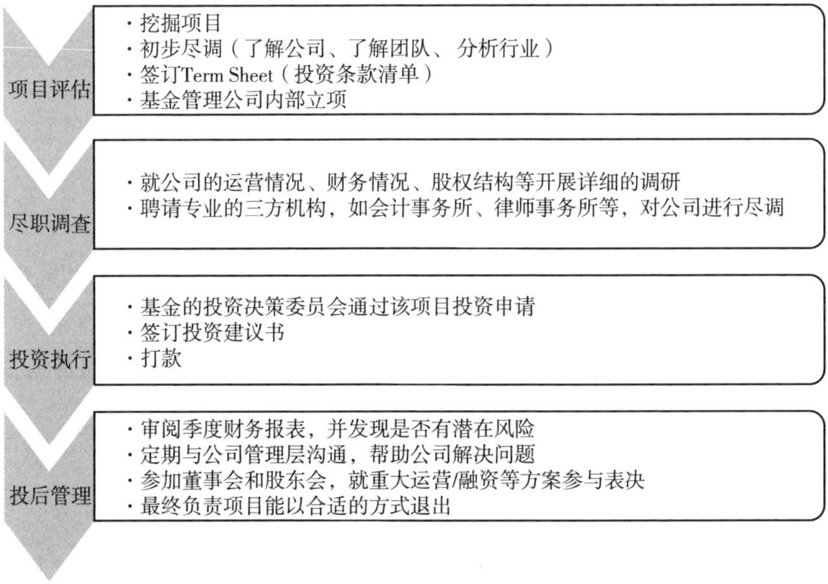

项目评估	·挖掘项目 ·初步尽调（了解公司、了解团队、分析行业） ·签订Term Sheet（投资条款清单） ·基金管理公司内部立项
尽职调查	·就公司的运营情况、财务情况、股权结构等开展详细的调研 ·聘请专业的三方机构，如会计事务所、律师事务所等，对公司进行尽调
投资执行	·基金的投资决策委员会通过该项目投资申请 ·签订投资建议书 ·打款
投后管理	·审阅季度财务报表，并发现是否有潜在风险 ·定期与公司管理层沟通，帮助公司解决问题 ·参加董事会和股东会，就重大运营/融资等方案参与表决 ·最终负责项目能以合适的方式退出

图2 医美项目投资流程

供应商等。产业上游研发和认证周期长，准入壁垒高，市场集中度高，毛利率高，进入者/投资者对生物、医药等领域需要有充分的认知且拥有丰富的从业经验。因此布局较早的企业，如爱美客、华熙生物、复星医药、华东医药等，随着产品的上市和管线的成熟，逐步享受到发展红利。

长期以来投资机构对医美产业上游的关注度较高，投资较为活跃。早期爱美客、华熙生物、鲁商发展等都成功地在资本市场上获得青睐，估值较高，后续巨子生物、创尔生物等陆续登上资本市场，因而一级市场上药妆/注射类/仪器类企业保持着较高热度。在具体项目投资中，投资机构较为关注企业的研发能力、企业的目标客户（to B/to C）、企业的销售策略和销售能力、管理团队的经验等。其中，对于注射类/仪器类企业可参照医疗器械/医药企业的调研方式进行判断，企业的研发能力及产品壁垒被格外看重；药妆类企业更多的是参照护肤品企业来进行调研：若是面向 to C 类企业，市场则会重点考察品牌知名度和营销能力；若是面向 to B 类企业，则会看重其渠道铺设能力等。

2. 医美中游及投资要点

医美产业中游主要包括各类医美机构，为终端消费者提供医疗美容服务，主要分为以下四类。

（1）公立（或准公立）医美机构：以八大处和九院为代表，知名度高，但受体制限制，也在寻求突破。

（2）大型连锁医院：朗姿股份、华韩整形等有较高医疗水平的专业团队，服务标准化程度高，营销推广力度大。

（3）中型医院：受限于人才和技术水平，未来需重点形成自身发展特色。

（4）小型诊所：通常由善于某类专业整形手术的医生开设，客户慕名而来，或经熟人介绍，属于口碑传播和熟人经济，能够较好地实现自给自足。

中游是医美产业投资中不确定性较高的环节。首先，营销费用居高不下，部分医美机构的营销费用可达销售收入的30%～40%。其次，标准化是所有连锁经营机构的痛点。缺乏相应的管理人才、系统及制度无法匹配企业的连锁化发展，都是限制资本出手的重要原因。最后，目前仅少数中游企业，如朗姿股份和华韩整形最终成功实现上市且持续表现优异。投资方对于资本的顺利退出存在顾虑。例如，艺星冲击港股失败；瑞丽医美虽然成功上市，但因业绩平平，在资本市场几乎沦为"仙股"，为一级市场的投资蒙上了阴影。

3. 医美下游及投资要点

医美产业下游主要包括广告传媒、中介、O2O医美电商平台等中间渠道。目前to B端的经销商格局分散，to C端的电商平台逐渐集中并成为龙头。垂直平台如新氧、美呗和更美等头部机构，占据了垂直板块的绝大部分份额，新平台的机会所剩无几，投资窗口也收窄。2020年6月美团基于"有分期美丽更轻松"活动正式发力医美市场，宣告互联网流量巨头入局医美行业，这将对现有格局带来较大冲击。

目前，下游小平台所能获得的投资机会较往年大幅下降，投资机构更多的是参与头部企业的融资。在具体项目中，针对中游企业的投资，投资者主要考虑其平台收入的可持续性以及服务开展方式的规范性。比如，投资方需考虑美团上架医美品类后对现有垂直平台的冲击等。

（三）国内医美投资主要发展阶段

随着医美产业的不断发展以及市场的逐步成熟，各阶段医美投资也呈现出不同的特点，各类投资主体的着力点也呈现较大差异。迄今为止，医美投资经历了早期启动、高速成长、调整分化等发展阶段。

1. 第一阶段：1998~2009年早期启动期

国内医美产业发展早期，市场关注度低，收购兼并等投融资活动不活跃，主要特点为：投资笔数少，投资并购的环节单一，主要集中在产业上游的研发和制造端，未出现针对中下游经销和医美机构的投融资案例。华熙集团入股山东福瑞达（经过多轮资本运作后，逐渐成为登陆科创板的华熙生物的上市主体）为这一阶段的典型并购案例。

2000~2009年，医美产业投资及并购案例少、金额小。2005年，华熙集团受让正达科技、美国福瑞达持有股份，正式布局医美领域，拉开了资本大举投入医美领域的序幕。

表1　2000~2016年医美市场投资及并购案例数据统计

单位：件，百万元

年份	投资案例 案例数	投资案例 披露投资金额	并购案例 案例数	并购案例 披露投资金额	合计 案例数	合计 披露投资金额
2000	5	90.50			5	90.50
2001	3	6.99	1	5.10	4	12.09
2002	1	23.54			1	23.54
2003	4	18.33	1	0.50	5	18.83
2004	4	0.25			4	0.25
2005	6	43.41	1	2916.00	7	2959.41
2006	5	368.35			5	368.35
2007	12	1182.00	1	1446.56	13	2628.56
2008	14	1525.72	4	317.78	18	1843.50
2009	22	1554.56	4	999.80	26	2554.36

续表

年份	投资案例		并购案例		合计	
	案例数	披露投资金额	案例数	披露投资金额	案例数	披露投资金额
2010	65	5397.63	8	501.00	73	5898.63
2011	56	3197.58	18	1014.69	74	4212.27
2012	61	4039.47	21	7394.04	82	11433.51
2013	91	5092.95	46	15151.53	137	20244.48
2014	141	11527.97	61	11498.47	202	23026.44
2015	249	16647.27	86	21453.01	335	38100.28
2016	37	3372.43	45	6443.89	82	9816.32
总计	776	54088.95	297	69142.37	1073	123231.32

资料来源：清科研究中心。

2. 第二阶段：2010~2016年高速成长期

2010~2016年，国内医美产业迎来了一轮快速发展高潮，大量资本开始布局医美产业，医美产业投融资案例金额和数量激增，投资标的覆盖全产业链。2015年，产业共发生投资及并购案例335起，其中投资案例249起，并购案例86起，投资金额总计达381亿元。案例数量较2005年增长超过40倍，金额增长近10倍。这一阶段医美投资呈现以下特点。

一是从投资布局来看，医美产业中下游的受关注度开始大幅提升，投资并购规模及其占比快速增加，2015年达到峰值，中下游并购案例数占比为40.29%，金额占比达59.71%。2016年，并购金额和案例数占比均稳定保持在45%左右。

表2 2001~2016年医美市场并购金额统计

单位：百万元，%

年份	案例数	上游并购金额	占比	中下游并购金额	占比	并购总金额
2001	1	5.10	100.00	—	—	5.10
2003	1	0.50	100.00	—	—	0.50
2005	1	2916.00	100.00	—	—	2916.00
2007	1	1446.56	100.00	—	—	1446.56

续表

年份	案例数	上游并购金额	占比	中下游并购金额	占比	并购总金额
2008	4	317.78	100.00	—	—	317.78
2009	4	999.80	100.00	—	—	999.80
2010	8	375.50	74.95	125.50	25.05	501.00
2011	18	578.69	57.03	436.00	42.97	1014.69
2012	21	6264.22	84.72	1129.82	15.28	7394.04
2013	46	6425.59	42.41	8725.94	57.59	15151.53
2014	61	5194.59	45.18	6303.88	54.82	11498.47
2015	86	8642.73	40.29	12810.28	59.71	21453.01
2016	45	3570.74	55.41	2873.15	44.59	6443.89
总计	297	36737.80	53.13	32404.57	46.87	69142.37

资料来源：清科研究中心、华安证券研究所。

二是随着医美产业成熟度的提升，上游企业重视提升业务优势，中游企业通过并购推动行业整合和规模化。以华熙生物为代表的产业内上游企业，通过投资优质企业股权或共同设立合资企业的方式，推进技术合作，获得高端产品销售授权，持续增强企业优势。中游企业加快整合及并购扩张，美莱、伊美尔、美立方等大型连锁机构开始下沉二、三线市场，并通过外延式并购扩张获得规模效益，有效降低单位获客成本，改善盈利能力，提升市场份额。

三是从投资主体来看，行业外资本加快进场，横、纵向并购案例涌现。一方面，跨界资本开启横向并购，加速进入医美产业。苏宁环球、朗姿股份、潮宏基等非医美类消费行业上市公司，依托雄厚的财务实力，纷纷与知名医美集团合作并成立医美产业基金，重点投资中下游O2O垂直平台和优质医美机构，卡位先进技术和优质终端，实现客群协同和业务转型。另一方面，医美相关行业的纵向拓展。医美产品和设备中注射类针剂、填充类材料、光电治疗仪器等属于医疗药械范畴。部分医疗企业依托主业经验，发挥其在医疗器械领域研发、引进、认证等方面的优势，积极布局产业链上游，实现纵向延展。同时通过此类投资，医疗企业可进一步拓展产品线和管线布局，取得协同效益。如2013年上半年，复星医药收购以色列飞顿激光有限公司95.6%的股权，实现对医美上游设备企业的资本布局，正式进入医美领域。

四是to C端线上化趋势加快，医美互联企业开始崭露头角，获得产业资本及创投基金的极大关注。2016年以前，传统医美to C端渠道主要为广告、搜索引擎、美容院自我宣传和带客返点等，其中百度搜索是大型连锁医美终端的主要获客方式，占导流新客户的50%以上。2016年5月，百度因医疗广告竞价排名被广泛诟病而紧急暂停该类业务，加速了医美核心导流环节重构，为医美互联网企业带来了发展良机和投资热潮。2013～2014年，医美互联网企业集中成立，这类企业以移动端App为主要载体，提高了信息透明度，有效帮助优质商家降低用户获客成本，迅速成为资本追捧的热点，并在行业快速发展及资本的推动下实现爆发式增长。头部企业"新氧"和"更美"成立于2013年，经过短短3年时间，于2016年均完成了C轮融资。投资方既包括苏宁环球和潮宏基等产业资本，也包括红杉资本、IDG资本、经纬中国等知名创投基金。

3. 第三阶段：2017～2020年调整分化期

2017年5月卫生部发布《严厉打击非法医疗美容专项行动方案》，政府相关部门开始严厉整治医美行业乱象。随着监管收紧，一批违规机构被处罚，一批非法机构被关停，行业增速放缓，医美相关投资并购活动也开始减少，医美投资市场处于波动调整中。总的来说，这一阶段医美投资主要呈现以下特点。

一是从跨界并购转向以行业内整合为主，头部企业加快做大产业生态。2016～2017年医美领域的跨行业并购较多，2018年以后，并购整合以行业内的兼并为主，头部企业借助资本杠杆，积极寻找优质标的，加速兼并收购。纵向投资和并购提升了产业协同能力，横向扩大兼并促使连锁、品牌的扩张及业态的延伸。产业上游，华东医药收购了Sinclair 100%的股权、瑞士玻尿酸企业Kylane 20%的股权、R2 Dermatology 27%的股权；产业中游，鹏爱医美国际以及朗姿股份陆续收购多家医美机构股权。

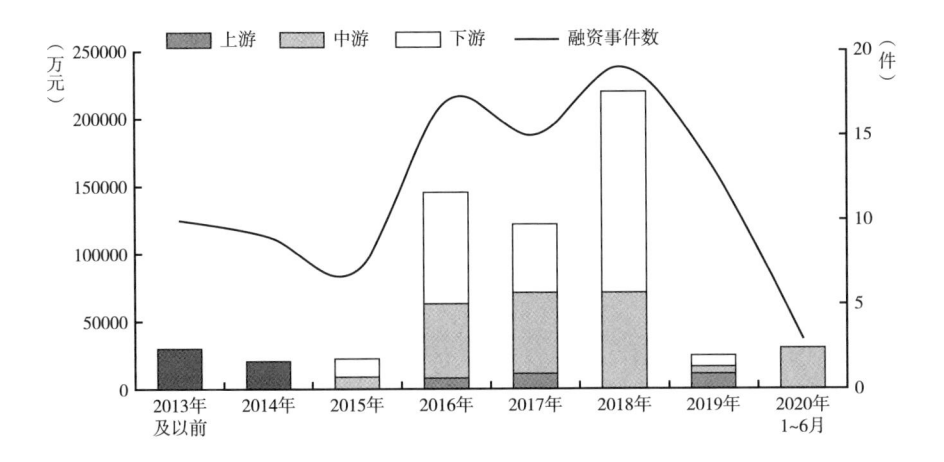

图3　医美市场并购情况

资料来源：根据IT桔子、天眼查及企业新闻等公开资料整理。

表3　2015～2019年医美市场主要投融资案例统计

时间	投资方	被投资公司	公司简介	轮次	金额
2015年6月3日	康十医疗投资	联合丽格	医疗美容医院	Pre-A轮	9000万元
2016年3月14日	腾讯投资	新氧	医美线上服务平台	C轮	5000万美元
2016年7月3日	苏宁环球	伊美尔港华	医疗美容医院	战略投资	2.08亿元
2016年8月2日	君联资本	更美	医美线上服务平台	C轮	3.45亿元
2017年1月18日	安达富资本	鹏爱	医疗美容医院	B轮	近4000万美元
2017年12月23日	经纬中国	新氧	医美线上服务平台	D轮	4亿元
2018年1月26日	朗姿股份	高一生	医疗美容医院	战略投资	2.67亿元
2018年5月25日	（未披露）	美美咖	医美线上服务平台	A轮	3000万美元
2018年7月27日	美图	更美	医美线上服务平台	D轮	5000万美元
2018年9月4日	经纬中国	新氧	医美线上服务平台	E轮	7000万美元
2018年9月18日	远洋资本	联合丽格	医疗美容医院	C轮	4亿元
2019年3月18日	（未披露）	愿美	直播电商平台	Pre-A轮	数千万元
2019年10月17日	泽厚资本	肌肤管家	美业数据化服务	A轮	数千万元

资料来源：根据IT桔子、天眼查及企业新闻等公开资料整理。

二是明星企业扎堆上市和产业内部分化加剧并存。头部企业优势凸显，新氧、鹏爱集团赴美上市，华熙生物、昊海生科、爱美客、贝泰妮国内上市成功。与此同时，大量创业项目并未跑过D轮融资，包括医美互联网电商第二平台更美App，2019年D轮融资失败。大型医美连锁，如美立方2019年获得了晨晖资本的投资并接受了朗姿股份的并购，但在2018年至2019年上半年净利润录得亏损。鹏爱医疗2020财年第三季报显示，其归母公司净利润为-1.58亿元，同比下降180.92%。

三是投资热点转向，数字化服务项目受到资本青睐。在行业政策收紧、投资回报周期较长、流量红利收尾，以及医生资源进一步稀缺的情况下，投资者对于传统医美机构的投资热度下降。2019年开始，资本转而关注医美产业的精细化运营和数字化相关领域，特别是机构运营、数字化服务类项目吸引了较多融资，如领健连续多轮获得知名机构投资，彰显了资本对于数据化服务、供应链管理平台、智能管理平台、Saas平台等项目的热捧。

四是互联网流量巨头进入医美产业，从技术、人才、形式等多维度全方位加入医美生态。2020年6月，美团推出"有分期美丽更轻松"的活动，宣告美团进入医美分期领域。从引流到金融服务，再到消费决策，互联网流量巨头给了用户更多的选择，促成医美潜在客户转化。2020年9月，阿里巴巴全国首个"医美直播产业示范中心"落户成都"她妆小镇"，其将联合成都医美机构及医护学校筛选人才，大力培养医美主播，通过做深做透某一环节为后续开展医美产业布局打下基础。京东健康与联合丽格集团、美大夫进行战略合作，逐步打造面向"互联网医疗+医美服务"的服务闭环。

三 教育培训

随着成都市医疗美容市场规模的扩大，高素质的医美人才成为医美机构及医美产业发展中的关键。尤其在我国医美人才紧缺的情况下，人力资源的核心地位愈发凸显。但目前成都医美人才缺口较大，成为医美发展中的主要瓶颈。

（一）成都市医疗美容执业医师准入标准

据规定，一名合格的医美医师必须拥有《医师资格证》、《医师执业证》、医疗美容主诊备案三个条件。因此，医疗美容主诊备案是医美医师执业的必备条件。2016年以后根据国家政策，四川省的医疗美容主诊医师开始采取"备案制"。目前核定的医疗美容主诊医师专业包括美容外科、美容牙科、美容皮肤科和美容中医科四个亚专业。

1.国家卫健委关于美容主诊备案政策

根据《医疗美容服务管理办法》（中华人民共和国国家卫生和计划生育委员会令第8号2016年1月19日版），负责实施医疗美容项目的主诊医师必须同时具备的条件如表4所示。

表4 卫健委关于美容主诊备案要求

项目	内容
要求	（一）具有执业医师资格,经执业医师注册机关注册 （二）具有从事相关临床学科工作经历,其中: 负责实施美容外科项目的应具有6年以上从事美容外科或整形外科等相关专业临床工作经历 负责实施美容牙科项目的应具有5年以上从事美容牙科或口腔科专业临床工作经历 负责实施美容中医科和美容皮肤科项目的应分别具有3年以上从事中医专业和皮肤病专业临床工作经历 （三）经过医疗美容专业培训或进修并合格,或已从事医疗美容临床工作1年以上 （四）省级人民政府卫生行政部门规定的其他条件

2.四川省卫健委关于美容主诊备案政策

四川卫计委官网目前还没有其他公开文件。按照《四川省卫生和计划生育委员会关于进一步规范医疗美容服务管理工作的通知》，医疗美容从业人员管理内容如下。

加强医疗美容服务工作事中事后监管，严格落实监管责任，按照《医疗美容服务管理办法》对医疗美容从业人员资格的相关规定，加强对美容主诊医师、医疗美容护理执业人员执业范围及年限、工作经历、培训进修合格等条件的审查。

（二）成都市医疗美容执业医师资源状况

1. 成都市医美医师资源缺口大，"供不应求"

网络平台综合大数据显示，中国医美市值已超过巴西，跃居全球第二，2019年中国医疗美容市场规模近2000亿元。但是中国每百万人整形医生数却约是巴西的1/13，整形医生数约是巴西的1/2。从全国来看，医美医师资源缺口巨大。

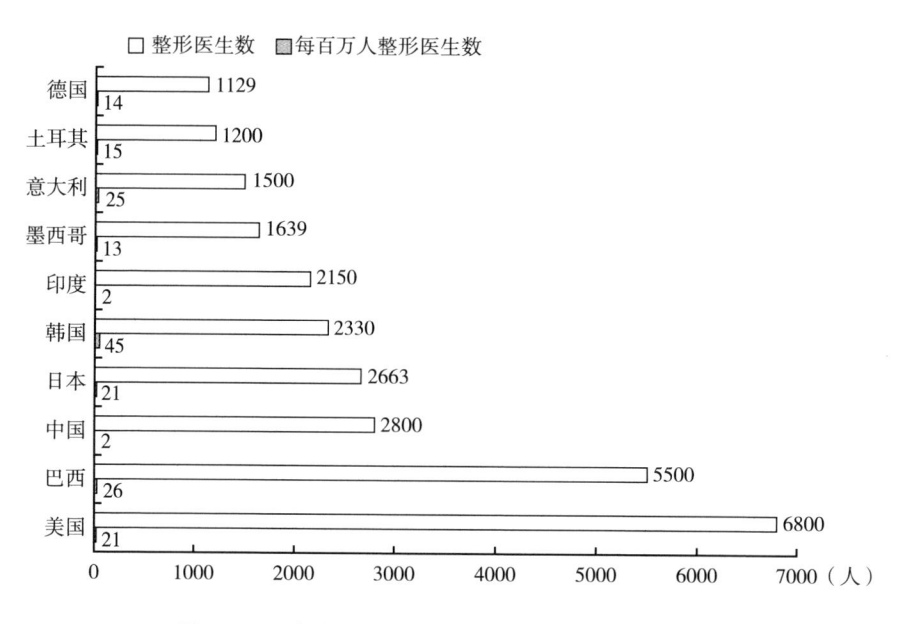

图4 2017年各国整形医生数及每百万人整形医生数

国家	整形医生数	每百万人整形医生数
德国	1129	14
土耳其	1200	15
意大利	1500	25
墨西哥	1639	13
印度	2150	2
韩国	2330	45
日本	2663	21
中国	2800	2
巴西	5500	26
美国	6800	21

2014年成都市执业医师数量为780名，2018年增至997名。具有医美执业资格的医师仍然偏少，出现"供不应求"的现象。目前，大多数民营医美机构面临人才短缺困境，经常出现挂证、高价外聘医生、机构互相高价抢医生的情况。

2. 缺乏完善的人才培养体系

从成都市医美人才的供应端来看，医美医生的来源主要是医学专业人才。根据《普通高等学校本科专业目录（2020年版）》，教育部并未设置美容医学专业。目前90%的医美医生主要来自其他专业生源。美容外科医生来源于整形科、烧伤科、口腔颌面外科、普外科、妇产科、眼耳鼻咽喉科等专业生源；美容皮肤医生主要来源于皮肤病与性病、临床其他专业等专业生源；美容中医医生主要来源于美容中医科专业生源；美容牙科医生主要来源于口腔医学等专业生源。

四川省每年大约有6000名医学相关专业的应届毕业生，主要包括四川大学、西南医科大学、成都医学院、川北医学院、成都中医药大学等高校。虽然医学相关的人才较多，但实际进入医美机构的毕业生不足应届医学毕业生的2%。面对飞速发展的医美行业，这个数量远远不足。

3. 医美医生人才培训周期长

一名合格的医美医生要必备前述的三个条件，从其大学毕业后算起至少需要4~7年的时间。

政策规定，具有高等学校医学专业本科以上学历，在执业医师指导下，在医疗、预防、保健机构中试用期满一年的，可以参加执业医师资格考试。在大学毕业一年后才可以考取《执业医师资格证》。

医疗美容主诊备案（备案制）方面，根据《医疗美容服务管理办法》，进行医疗美容主诊备案需要具有从事相关临床学科规定年限的工作经历，不同的专业要求是3~5年不等。

医美医生的人才培养周期较长，人才供给增长缓慢。

（三）成都医美医生教育培训途径现状分析

1. 高校学历教育

四川省内具有医学专业的高等院校包括四川大学、西南医科大学、成都中医药大学、川北医学院、成都医学院、成都大学、四川护理职业学院、四川卫生康复职业学院。这些高等院校拥有非常丰富的教育资源，是培养医学人才的重要场所，但目前这些高校均未开设医疗美容专业。未来如果能够采用在校学历教育的方式学生的学习将更为系统、扎实。目前国内专门开设医疗美容学科的高校较少，医美知识和理论体系缺乏系统的整合。

2. 非学历教育

近年来，随着互联网行业的高速发展，互联网应用逐步向各行业渗透，人们的生活方式和学习方式也逐渐发生变化。医生获取信息与知识的途径、接受教育培训的途径也越来越多样化。

非学历教育按照培训方式可以分为线上和线下。线上可以通过一些垂直类App、公众号、学习网站（阅读文献等）等方式进行学习；线下方式包括医学院校学历教育、医疗美容主诊医师培训、进修、学术大会、线下培训班、厂商培训班等。

3. 线上教育

2020年医美线上教育呈飞速发展趋势。一方面得益于医美行业的发展，吸引了众多社会资本；另一方面是受新冠肺炎疫情影响，多数线下学术大会和培训取消，互联网教育加速发展。"互联网＋医美"的线上学习模式逐渐成为教育培训的新赛道。

关于医美的线上培训传播方式主要包括垂直类App（整吗好医生、丁香医生、优麦医生等）、微信公众号（全轩课堂、艾尔建学院、高德美学院、Fillmed空中学院等）、小程序、线上学习网站、其他直播软件等。

4. 线下教育

（1）进修

进修是指县级（含）以上医疗卫生机构选派符合条件的医生到上级医院进行学习，与高水平的专家建立联系，通过3个月到1年的学习，专家以"传帮带"的方式答疑解惑，进一步提升基层医生的临床能力和水平。公立医院一般不接受非公立医院医生的进修申请，且可培训的进修医生数量有限。

（2）医疗美容主诊医师培训

《医疗美容服务管理办法》规定，负责实施医疗美容项目的主诊医师必须具备四项条件，其中第三条内容如下：经过医疗美容专业培训或进修并合格，或已从事医疗美容临床工作1年以上。

我国法律规定，一名合格的医美医生必须拥有医疗美容主诊备案（备案制)。医疗美容主诊医师培训是医生取得美容主诊医师备案条件之一,因此对医生来说这个培训很重要。

2020年7月,国家卫生健康委办公厅发布《医疗美容主诊医师备案培训大纲》,四川省卫生健康委发布《关于做好医疗美容服务管理有关工作的通知》。2020年12月,在四川省卫健委的牵头和四川省医学会的协助下,四川省开展了一期"美容主诊备案"培训,是继2014年以后第一次开展,此次培训班有478名医师报名参加,这对行业发展产生了积极的推动作用,在全省影响广泛。

(3) 医美培训机构举办的线下培训班

医疗美容培训属于医疗技术专业培训,必须由具备培训资质的机构或者医学院开展。虽然这种培训班能够保证医美人才的培养质量,但限于办学条件、资金投入等问题,培训规模有限。目前成都仅有10家左右的医美培训机构。

(4) 医美上游企业、代理商提供的教育培训

近年来,上游企业也越来越重视医生的教育培训。

2019年4月,全球首家艾尔建创新中心一期项目"艾尔建学院(AMI)"落户成都,每年承担至少3000名专业医疗美容医生的培训任务。按照艾尔建的计划,5年内将持续投入约1亿元人民币运营资金。

2020年,高德美在全国建立多家卓越医学中心。2020年11月,高德美卓越医学中心与四川华美紫馨医学美容医院签订战略合作协议,针对西南地区青年医生开展专业技能培训。

艾尔建、高德美、Fillmed、强生、华熙生物、爱美客、昊海生科等国内外上游头部企业也会定期组织培训。

这类型培训几乎是上游企业免费为医生提供的,时长1~3天。存在的问题:厂家在开展培训时,主要会针对自有产品线进行相应的培训,知识点相对集中,内容不够全面。

(5) 学术大会

据不完全统计,每年有20余场全国性医美相关学术大会,目前国内有三大国家级医美协会(中国医师协会美容与整形医师分会、中华医学会医

学美学与美容学分会、中国整形美容协会），每年都会举办千人级别的年会。此外，国内还有中华医学会皮肤性病学分会年会、紫亚兰大会、美沃斯大会等会议。

四川省内，四川省整形美容协会、四川省医学会、四川省医师协会等每年也都会举办学术大会。

学术大会知识涵盖面比较广，是获取新产品、了解新技术很好的途径。但是通常每个演讲嘉宾的主题发言时长过短，多为15~25分钟，在内容上很难展开细讲，培训内容针对性和目的性不强。

（四）成都市医美教育培训展望

1. 完善人才培训体系

学科和专业是人才培养的基础与载体。目前国内的医学高校并未开设美容医学专业，医学高校缺乏对医学美容人才的学科建设和人才培养，导致行业的后备人才不足。

医美的本质还是医学，专业的医美人才，特别是专业的医护人员，是求美者医疗安全的核心保障，也是医美行业发展的根本保障。发展医美教育培训产业，是增加成都市医美人才供给、提升医美行业发展水平、提高医美服务质量的关键，也是未来医美人才培养的重点。如果能够进一步规范高校学科建设，规划医学美容学科发展，建立系统化、规范化的医美教育体系，成都市的医美人才一定会在质量和数量上有所突破。

2. 进一步规范四川省医疗美容主诊医师管理

应进一步规范医疗美容主诊医师管理，严把美容主诊医师准入关，制定美容主诊医师定期考核制度，不断提升医疗美容主诊医师的临床水平，淘汰不具备医疗美容行医能力的医生，减少因医生技术而引发的医疗事故。

3. 信息化

随着移动互联网的兴起，"90后""00后"消费群体迅速崛起，颜值经济成为主流，医美也跟上信息化普及的浪潮成为大众消费热点。

医美信息化浪潮下诞生了以新氧、美呗为主的线上平台，它们将机构、产品、医生、案例等信息公开在各个医美平台上，顾客可以根据喜好选择机构和医生，各类机构都有机会触达顾客。上游厂家开始借助小红书、微博等平台，开展体验式营销，通过KOL探店体验等形式普及医美知识，从而加快提升医美的普及率，让顾客去影响机构销售的医美产品品类。

上游厂家采用信息化手段，通过一系列数字化验证让广大消费者能够准确识别正规的仪器产品，避免成为黑医美乱象中的受害者。

成都市政府也在近两年通过移动互联网信息手段，让所有求美者可以第一时间查询识别机构的医疗资质、医生的合规性，避免因黑医美而引发的医疗事故。

从医美机构信息化及智能化水平来看，整个医美行业还有较大提升空间。医美是以人为服务核心的行业，提升信息化水平更多的是需要提升管理及执行效率，而信息化前期投入较大，很难在短期内获得回报，且医美专业人才较少，为此，大部分机构会购买行业主流的第三方信息化管理软件，此类软件优势是使用机构较多、稳定性较强，能满足大部分机构日常流程及顾客管理需求。

然而医美机构定制化需求越来越多。大部分医美信息系统因客户多、需求多元化而难以满足定制化需求，且大部分公司产品经理没有一线业务实践经验，开发的产品功能无法匹配日益多元化的机构需求，为此，大型医美连锁开始自建信息管理系统，建立标准化体系，提升内部管理效率，以期成为行业领先。

另外，医美机构的整个标准流程应用SAAS + HIS的规范提效工具，需要深度融合机构经营的每一个过程，要精准管控顾客进店时间、服务流程、意向信息、治疗过程、消耗物品数量和成本、最终利润等。信息管理系统需要统筹整个医疗流程，包括顾客等待时间、顾客满意度、顾客售后、注意事项、客户管理、医疗质量、耗品管理、电子病历、数据分析等，从而提升医美机构的管理水平、运营管理效率，未来医美信息化进程中竞争的核心一定是效率。

His系统属于医院信息系统，在私立医疗机构更多的是用于促使医疗流程最优化、医疗质量最佳化、病历实现电子化，在中小机构中使用较少。随着机构业务增加、顾客数量增长，医疗质量及顾客档案病例管理在线化、智能化等需求增加。伴随着政府监管趋严及顾客信息获取更加透明，医美信息系统的综合管理和安全防范需加强。

2020年疫情突袭而至，医美机构信息化进程加速，从简单的信息化系统到在线办公信息化、线上培训，再到钉钉、企业微信等服务B端的沟通工具的出现，医美机构运营管理效率加速提升。未来医美机构可通过中台Saas系统+His+企业微信+小程序的闭环管理，实现顾客所有行为数据沉淀、员工行为过程管理，最终提升管理水平。

医美信息化是每个机构都应该重视的，随着市场竞争越来越激烈，机构服务需要差异化、信息化，极大地提升经营人员的管理效率。通过信息系统解决体系管理的问题，使管理回归为对人的管理，更多地思考顾客要什么。

四　金融保险

（一）分期支付

医美分期是一个非常有用的消费工具。对于消费者，面对价格不菲的医美项目，如果以合理利息分期支付，能降低消费障碍，早日实现"整形梦"。对于医美机构，面对那些预算有限但有明确消费意愿的消费者，提供医美分期能提高成交率和成交客单价。

医美分期支付属于消费贷，2015年前后消费贷业务进入医美行业，2016~2017年中国医美分期进入草莽阶段，提供医美分期服务的公司如雨后春笋般涌现。为更快地"跑马圈地"，彼时医美分期平台对利息、额度、审批、放款等的风控大多很随意。到2016年底，医美分期放款额已达到60亿元。

2017年3月，《医美骗贷狂欢：大巴车拉农妇去套现，中介医院勾结撸出 15 个亿》在医美行业内疯传，医美分期乱象被公之于世，引起监管层面注意。2018 年，医美分期市场进入优胜劣汰阶段，医美分期公司数量骤减，市场逐步回归理性。

经过医美分期业务前期的野蛮生长、优胜劣汰，2020 年之后依然开展医美分期业务的公司已经不多，且流程已非常规范。例如，2020 年下半年，美团推出美团医美分期业务。美团医美分期是美团针对医美模块推出的借款服务，当美团用户在美团上购买医美产品或者医美服务时，可以使用医美分期额度来支付。如果美团用户没有额度，系统会提示用户申请额度，用户根据提示填写相关资料，若顺利通过系统审核，用户可以拿到一定的授信额度，确认完成支付流程。美团医美分期的贷款资金会由系统直接拨付给指定的商家，美团用户可以提前使用医美产品、享受医美服务，后续再分期偿还贷款。但想要使用医美分期，美团用户也需要满足一定的要求：借款人年龄须在 20~50 周岁，已经在美团平台完成实名注册，不能是在校学生，根据征信报告借款人征信良好、还款能力良好等。

（二）医美保险

医美保险，在医美行业已经尝试和推进至少 5 年以上，其中主要推进方向是"医师责任险"和"美容意外险"。总体而言，医美保险收效甚微，主要原因是医美行业保险化的时间点还没有到。想要加速迎来时间点，有待解决的先行问题包括医美医疗事故主体界定、医美机构和消费者的保险理念、医美行业数字化能力。

1. 医美医疗事故主体界定

2016 年 9 月 25 日，中华人民共和国国家卫生和计划生育委员会发布《医疗质量管理办法》，自 2016 年 11 月 1 日起施行。该办法第一章第四条明确，医疗质量管理是医疗管理的核心，各级各类医疗机构是医疗质量管理的第一责任主体，应当全面加强医疗质量管理，持续改进医疗质量，保障医疗安全。

当医疗机构作为责任主体时，医生自己购买或者医美机构给医生购买医责险的意愿就很低。个别医美机构甚至会依靠能承担责任的能力,去置换面对医生的话语权和控制力。

2019年的《北京市关于加强医疗纠纷人民调解工作的意见》和国家卫健委《关于开展促进诊所发展试点的指导意见》提到,"鼓励保险机构开发完善适合医疗机构、医务人员需求的医疗意外、医师执业责任等保险产品",这表明该问题处在解决过程中。

2. 医美机构和消费者的保险理念

新氧《2019医美行业白皮书》显示,过去一年新氧送出了73万份医美医疗意外保险,但仅有13.74%的用户填写了完整的投保信息并获得了该项保障,86.26%的用户未完成投保。赠送保险未完成投保的原因有:65.01%的消费者没有深入了解,不知道保险是送的;13.20%的用户认为项目风险低,不需要保障;10.07%的用户不愿意填写个人信息,担心被泄露;8.58%的用户嫌投保流程烦琐,觉得太麻烦。

这反映出两个问题,一是医美机构不愿意主动推荐医美保险,二是消费者不愿意主动购买医美保险。医美机构在推荐医美保险的过程中,不仅要让消费者了解更多的医美手术意外风险,而且医美保险签约流程较为烦琐,从短期效应看,可能会降低成交率。中国消费者的保险意识不强,"买意外险就是诅咒自己"观念还存在,加上医美消费的心理建设周期原本就较长,带有"冷静期"作用的医美保险,其实也是很多好不容易鼓起勇气做医美的消费者所不愿面对的事情。

3. 医美行业数字化能力

保险公司进入医美行业的最大困难是没有全面的医美行业数据,如各类手术量、各类手术意外量、客诉量、纠纷量、修复量、修复代价等。而开设一项新保险业务,需要全面且准确的数据,才能精算出开展保险业务是否可行,包括保险规模、保险定价、理赔率、理赔标准等。

当前,中国医美行业数字化能力尚弱,保险公司拿不到全面的医美行业数据,在险种开发上有阻碍、在市场推广上有不确定性,总体上还处于摸着石头过河阶段。

五　媒体宣传

医疗美容是医疗和消费的融合行业，属于消费医疗行业。医美行业里"患者"占比低，"消费者"占比高。换句话说，在医美行业花钱的人，大多不是冲着"治病"去的，而是冲着"变美"去的，是利用医疗手段满足自己的消费需求。

在现实中，集体的消费行为在很多情况下显露出非理性特征。广告宣传、时尚潮流、大众舆论都能像捏橡皮泥一般影响人们的消费偏好，在这些因素中，有相当一部分是被生产者制造和操纵的。简而言之，医美消费最初或者自始至终都不是刚需，只有当人均可支配收入达到一定水平时，结合医美行业铺天盖地的媒体宣传，人们的消费医疗需求才能被激发出来。因此，如何利用媒体宣传，让更多人听说医美、走近医美、消费医美，是医美行业持续增长的关键。

无论媒体宣传渠道、方式怎么变化，医美行业广告投放都伴随其中。早期有报纸、电视、广播，线下的公交站牌、机场大牌、公交车身、楼宇电梯等；现在有线上的门户网站、百度、微博、微信、知乎、小红书等，医美平台的新氧、美团医美、天猫医美、京东医美等，新兴的抖音、快手、直播间等。

医美行业媒体宣传方式变换的核心指标是"投入产出比"。例如，投入10000元广告费，得到100个消费者咨询、50个留下电话、30个来到医院、20个成交，分别对应的数据指标是咨询成本100元/人、留电成本200元/人、到院成本333元/人、成交成本500元/人。

某一媒体的衰落，或者参与宣传的医美机构数量增加，上述成本都会增加。以百度为例，早期到院成本不到100元/人，后期到院成本5000元/人，为此，医美机构必然寻找替代媒体宣传渠道。2020年，医美机构线上投放以新氧、美团医美为主，线下投放以楼宇电梯、公交车身为主。此外，在抖音、快手、直播间的推广方式也在快速试验和调整中。

除了医美机构会做媒体宣传，医美厂商、医美中介、医美网红、医美平台也会做媒体宣传，这些宣传内容汇集成一股强大的力量，让医美行业影响了更多的潜在消费者，为医美行业吸引了更多的消费者，让医美行业发展到了更大的规模。

产业配套篇
Industrial Support Reports

Ⅸ.15 成都医美产业发展环境研究报告

王黎华 陈自立 鲁寒旭 麻晓蕾*

摘　要： 任何产业的发展，都离不开外部和内部、宏观和微观的影响因素。成都医美产业的发展也同样受到外部经济环境、政策与法律环境、技术与教育环境、社会与文化环境的影响。通过对影响因素的分析，可以发现，成都医美产业具有较强的竞争力，表现为产业政策完善、产业管理较规范、产业地域优势突出等。成都致力于建成具有世界影响力的医美产业集群，使医疗美容产业成为成都国际化城市的又一美丽名片。

关键词： 发展环境　宏观因素　地域优势　医美产业集群　成都

---

* 王黎华，管理学博士，四川大学商学院副教授；陈自立，四川大学商学院管理学学士；鲁寒旭，四川大学商学院管理学学士；麻晓蕾，四川大学商学院管理学硕士。

一 外部宏观环境研究

（一）经济环境分析

1. 中国宏观经济持续向好，各行各业发展良好

医美产业作为新兴产业，其发展离不开宏观经济持续向好。改革开放以来，中国的经济发展速度有目共睹，从一穷二白到世界第二大经济体，综合国力和国际影响力实现了历史性跨越。

国民经济持续快速增长，经济总量连上新台阶。即便是2020年疫情突袭而至，我国GDP仍然突破百万亿元，达到1015986亿元，增长2.3%，在全球经济低迷情况下"一枝独秀"。

2. 2020年央行放宽货币政策，医美产业运行情况好转

2020年，受多方因素影响，尤其是受疫情影响，央行实施宽松货币政策，刺激消费，使得企业获得银行信贷资金的成本降低。中国人民银行发布的《2020年金融统计数据报告》显示，2020年末，广义货币供应量（M2）同比增长10.1%，比上年末高1.4个百分点；人民币贷款累计新增19.6万亿元，比上年增加2.8万亿元。2020年，中国人民银行通过三次降低存款准备金率，为实体经济提供了1.75万亿元长期流动性。

2020年末，全国企业贷款加权平均利率为4.61%，比上年末下降了0.51个百分点，创2015年有统计以来的最低水平。2020年12月企业贷款利率为4.61%，比2019年末下降0.51个百分点，处于历史最低水平。

当前，中国经济已经回到了疫情前潜在产出水平，企业的信贷需求大，且货币信贷的增长合理，经济基本面良好。面对疫情冲击，中国的整体经济运行情况较好，医美产业的发展也同样如此。医美产业正处于蓬勃发展阶段，有着巨大的融资需求以支撑产业规模扩大，宽松货币政策对医美产业来说是利好的。

而在资本市场上,医美相关的医疗健康 IPO 也在疫情后迎来了阶段性爆发。2020 年,中国医疗健康 IPO 共计 76 起,分别有 A 股 45 家,港股 24 家,美股 7 家,创历史新高。

3. 居民收入与消费连续增加,促进医美行业需求增加

医美通过技术手段来帮助人们实现对美的追求,在马斯洛的五大需求层次理论中属于高层次需求,所谓经济基础决定上层建筑,居民人均可支配收入是影响医疗美容需求的重要因素。

2016~2019 年我国居民人均可支配收入年均实际增长 6.5%。2019 年,消费对经济增长贡献率达 57.8%,拉动 GDP 增长 3.5 个百分点。在居民收入增加的同时消费增加,全体居民消费水平从 2015 年的 19397.33 元增加至 2019 年的 27562.99 元,增幅达 42.2%。同时消费结构也在优化升级,恩格尔系数(居民食品支出占总支出的比重)从 2015 年的 30.6% 降为 2019 年的 28.2%。消费模式不断创新。尽管受疫情影响,居民收入与消费受挫,但在多种举措的刺激下逐步恢复,2020 年第三季度两者均实现了增速由负转正。

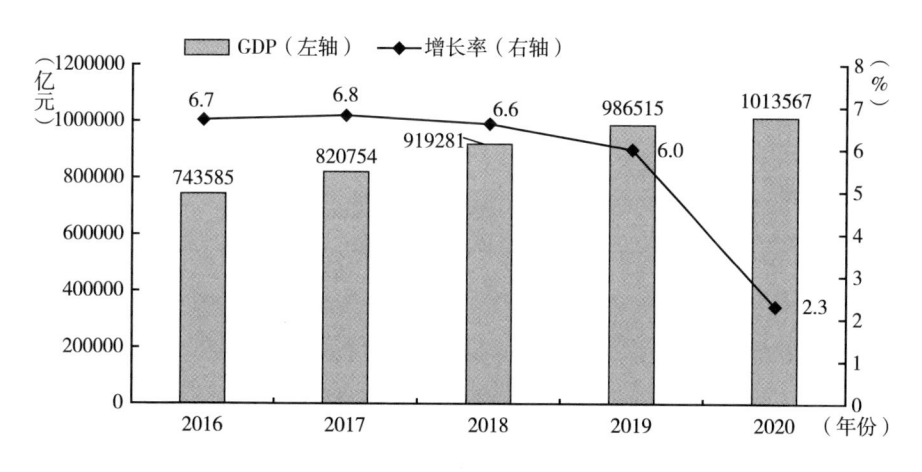

图 1 2016~2020 年我国 GDP 及增长率

2020 年,作为全面建成小康社会的决胜期,中国居民的消费水平提升,刺激了多样化需求的增加,医美消费者群体扩大。随着居民人均可支配收入的增长,以医美为代表的服务业将会吸引更多的消费者。

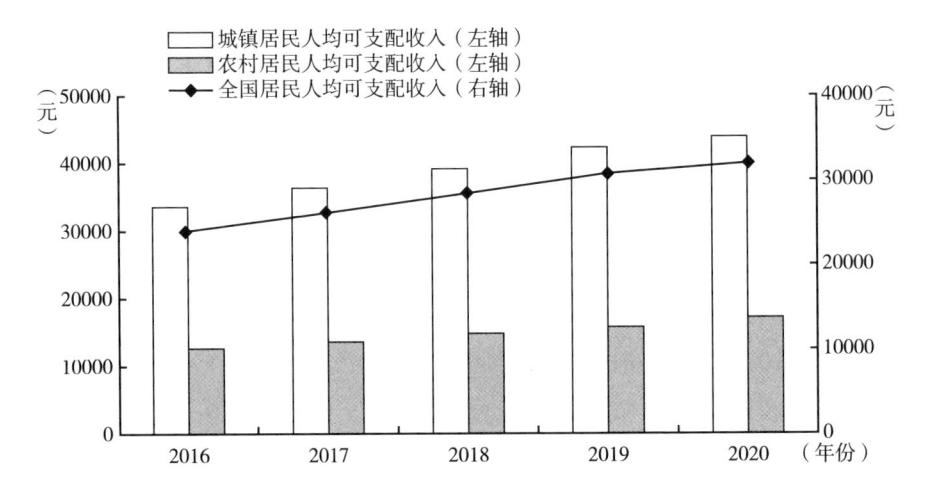

图 2　2016～2020年我国居民人均可支配收入

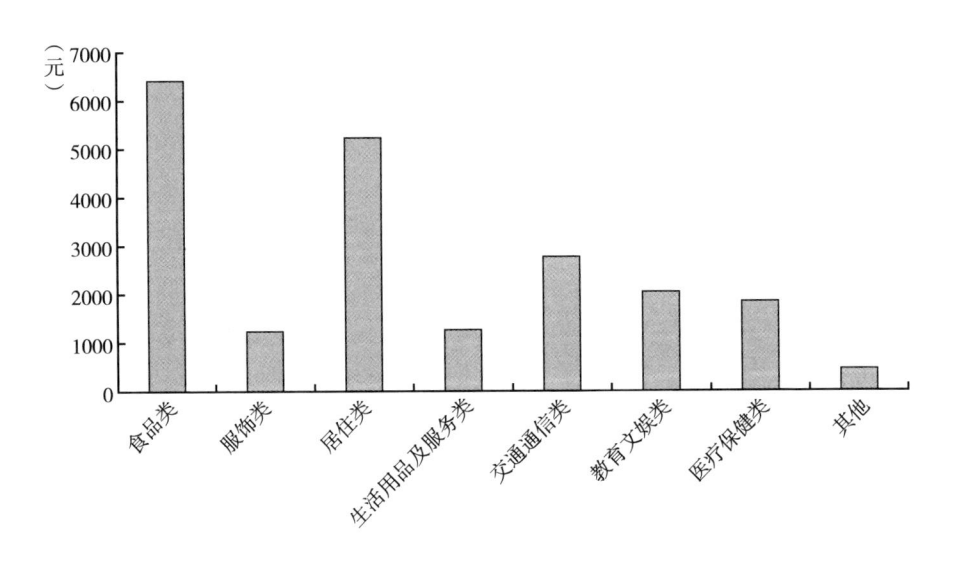

图 3　2016～2020年我国居民人均消费支出

4.产业结构升级和人口持续流动，促进医美产业发展

从长期趋势来看，中国人口持续向一、二线城市流动。根据卫健委2018年12月22日发布的《中国流动人口发展报告2018》，人口持续从农业向制造业和服务业转移，产业结构升级的同时释放了人口红利。

尽管流动人口规模自 2015 年以来缓慢下降，人口红利逐渐消失，但与之对应的是人口素质提高，人口呈现从劳动密集型产业向资本与技术密集型产业流动的趋势，有利于优化人力资源配置、提高劳动生产效率。同时，城市群内长期居住的流动人口增加，在城市群经济区内流动的人口进一步增加，城市群经济的发展将促使流动人口增加。

薪资是吸引人才的重要因素，而地域不同，其相应的收入水平也不同，因此，地域经济也是吸引人口流动的另一重要因素。大量的人口流动为医美产业的发展提供了人力支持，有力地促进了医美产业的规模化发展。

5. 交通网络发展助推医美产业与国际接轨，吸引人才和资金

随着中国改革开放不断深入，基于完备的交通网络，高速、便捷的人流与物流促进了行业的规模化发展。国家"五纵五横"的运输大通道贯通，全面提升了货物运输能力；成都抓住西部大开发的机遇，积极共建"一带一路"，以成都为起点的中欧班列凭借着速度与价格优势获得"一带一路"沿线国家的广泛好评，成为内陆对外开放的平台。

综合交通网络的完善有利于国外医美机构和我国医美机构之间的交流学习，还能吸引了它们入驻中国，不仅推动我国医美产业发展，还为我国医美市场注入了流量。

目前成都拥有 12 条国际铁路和海铁联运通道，其辐射范围拓展至欧洲、美洲的东海岸地区、日韩和东南亚国家。成渝地区双城经济圈拥有 2 个全国前十大机场——成都双流和重庆江北，分别排全国第 4 位和第 9 位，加上已经启用的成都天府国际机场，以及重庆正在规划建设的第二机场，成渝地区双城经济圈将拥有世界级机场资源，进一步促进全国和世界的医美人才流动。

国际机场的建设与中欧班列的开通，有利于成都建设成为国际门户枢纽城市。2019 年 3 月 23 日，韩国的高端医美机构 NEWLINE 纽莱茵医美在成都公开亮相；2020 年 6 月 8 日，新加坡圣丹福整形美容医院入驻成都。这些国际大品牌结合自身资源优势与成都四通八达的交通网络，成为辐射全国的焦点，促进了成都医美产业的对外交流融合，引领着成都医美产业迈向新台阶。

（二）政策与法律环境分析

1. 产业制度法规出台，引导医美产业规范发展

2002年5月1日卫生部发布《医疗美容服务管理办法》，将医疗美容服务纳入规范化管理，明确了医美行业执业规则和执业人员资格，完善了医美行业制度规范，并先后于2009年2月13日和2016年1月19日进行了修订。

2009年7月27日，中国整形美容协会正式成立，主要职责为协助政府主管部门加强医美行业的制度建设，帮助形成良好的整形美容市场秩序。2017年6月14日，国家卫生健康委员会出台《医疗机构基本标准（试行）》，对美容医院、医疗美容门诊部、美容整形外科诊所、医疗美容诊所的人员、房屋、基本设备等提出了最低要求，强化医美机构的规范性。

这些方法的出台以及行业协会的成立，强化了执法部门对医美行业的监管，同时有助于加强行业自律，引导医美产业规范化发展。

表1 针对医美产业主要法律法规

时间	单位	名称
1998年6月26日	人民代表大会常务委员会	《中华人民共和国执业医师法》
2002年4月4日	国务院	《医疗事故处理条例》
2002年5月1日	卫生部	《医疗美容服务管理办法》
2009年12月11日	卫生部	《医疗美容项目分级管理目录》
2016年1月29日	国家卫生健康委员会	《中华人民共和国国家卫生和计划生育委员会令第8号》
2016年3月14日	国家卫生健康委员会	《国家卫生计生委关于美容培训机构学员相互注射定性问题的批复》
2017年6月14日	国家卫生健康委员会	《医疗机构基本标准（试行）》

2. 多项产业监察政策出台，加大力度整顿医疗乱象

医美产业在快速扩展的同时也存在许多乱象。针对这些问题，中央及地方政府相继出台了多项政策整治医美乱象，采取了更严厉的措施以推进医美市场有序发展。

表2 针对医美产业的监督整治政策

日期	发文部门	名称
2019年1月11日	国家卫生健康委办公厅	《国家卫生健康委办公厅关于进一步加强公共场所卫生监管工作的通知》
2019年3月6日	国家卫生健康委等	《关于开展医疗乱象专项整治行动的通知》
2019年3月22日	市场监管总局	《市场监管总局关于深入开展互联网广告整治工作的通知》
2019年3月8日	成都人民政府办公厅	《成都市人民政府办公厅关于进一步加强成都医疗美容行业监管服务工作的意见(试行)》
2019年6月12日	国家卫生健康委等	《关于印发促进社会办医持续健康规范发展意见的通知》
2019年9月20日	黑龙江省卫生健康委员会	《关于严厉打击非法行医的建议》
2019年11月29日	上海市卫生健康委等	《上海市非法行医举报奖励办法(试行)》
2020年3月31日	国家卫生健康委	《关于印发2020年国家随机监督抽查计划的通知》
2020年4月3日	国家卫健委等	《关于进一步加强医疗美容综合监管执法工作的通知》

从长期来看,法律法规的逐步健全,有利于医美产业的规范性提高,帮助医美企业塑造良好形象、形成品牌效应,促进医美市场在良性竞争的同时走向欣欣向荣。

3. 多项政策鼓励医美产业健康发展

在严查违法非法医疗美容行为的同时,政策也在积极引导医美产业健康发展。

2016年10月25日,国务院发布《"健康中国2030"规划纲要》,倡导发展健康新模式、新业态,支持与互联网技术的深度融合,激发健康产业的活力。

2017年5月23日,《国务院办公厅关于支持社会力量提供多层次多样化医疗服务的意见》发布,积极支持社会力量在医疗美容等细分服务领域培育专业化优势,加快打造一批具有竞争力的品牌服务机构。

各级地方政府也出台了多项鼓励医美产业发展的利好政策,其中致力于打造医美之都的成都的表现尤为亮眼,推出了多项政策支持医美产业发展,一系列的政策包括规划建设医美小镇、发展"医美+文化""医美+旅游"项目,充分发挥区位优势,引进高端医美机构与人才落户成都等,彰显了成都对医美产业发展的期待。除此之外,北京、广东、青海等城市也纷纷发布了相关文件,鼓励社会资本投资医疗美容产业,甚至将医疗美容与社会的"刚需"领域——养老相结合,体现出对医美消费的信心。

表3 鼓励医美产业发展的政策办法

时间	发文部门	名称
2019年2月2日	成都市人民政府办公厅	《成都市加快人工智能产业发展推进方案(2019—2022年)》
2019年3月5日	成都市人民政府办公厅	《成都市人民政府办公厅关于对〈成都市加快医疗美容产业发展支持政策〉有关内容解释的通知》
2019年3月11日	天津市人民政府	《关于完善本市促进消费体制机制进一步激发居民消费潜力的实施方案》
2019年4月26日	成都市经济和信息化局、成都市财政局	《关于组织开展成都市2019年生物医药及相关医疗美容补助资金项目申报工作的通知》
2019年5月13日	北京市海淀区人民政府	《海淀区提升消费能级提高生活品质三年行动计划(2019—2021年)》
2019年6月13日	中共青海省委办公厅、青海省人民政府办公厅	《青海省完善促进消费体制机制进一步激发居民消费潜力的实施方案(2019—2022年)》
2019年6月28日	广东省卫生健康委	《广东省卫生健康委关于政协第十二届广东省委员会第二次会议第20190799号提案答复的函》
2019年7月1日	成都市人民政府办公厅	《成都市人民政府办公厅关于促进成都医药健康产业高质量发展的实施意见》
2019年9月17日	成都市人民政府办公厅	《关于发展全市夜间经济促进消费升级的实施意见》

4. 行业自律联合社会监督,综合监管促进医美产业高质量发展

中国整形美容协会从2012年起接受国家卫生行政部门的委托,为完善医美行业监管制度、管控系统风险、保障消费者安全,开始研究制定"医美机构评价标准"。标准参考国内外相关法规和行业标准,并结合国内实际情况,于2014年完成草拟工作,于2015年底正式公布。

自 2016 年起，中国整形美容协会开始每年评价全国范围内的民营医美机构，推动医院质量与服务的标准化与透明化，医院类最高等级为 5A，门诊部类最高等级为 4A，诊所类最高等级为 3A，成为全国最权威的评价指标。

表 4　中国整形美容协会相关政策和办法

时间	单位	名　　称
2018 年 4 月 17 日	中国整形美容协会	《关于发布〈中国整形美容协会医疗美容机构评价工作管理办法（试行）〉和〈医疗美容机构评价标准实施细则（2018 版）〉的通知》
2018 年 4 月 27 日	中国整形美容协会	《中国整形美容协会互联网医美分会互联网医美行业规范指南（草案）》
2018 年 8 月 24 日	中国整形美容协会	《关于 2018 年首届医美行业科技人物奖初评名单的公示》
2018 年 12 月 13 日	中国整形美容协会	《关于 2018 年医疗美容机构评价结果的公示》
2019 年 11 月 29 日	中国整形美容协会	《关于 2019 年医疗美容机构评价结果的公示》
2019 年 12 月 29 日	中国整形美容协会	《脂肪注射移植标准》
2020 年 3 月 26 日	中国整形美容协会	《关于开展 2020 年医疗美容机构评价工作的通知》
2020 年 3 月 26 日	中国整形美容协会	《中国整形美容协会医疗美容机构评价工作管理办法（试行）》和《医疗美容机构评价标准实施细则（2020 版）》

2018 年 4 月 27 日，中国整形美容协会互联网医美分会正式对外公布了中国首个互联网+医美行业的行业规范指南——《中国整形美容协会互联网医美分会互联网医美行业规范指南（草案）》，针对医美行业发展的新机遇与新挑战，进一步加强行业规范自律。

除此之外，自 2020 年 9 月起，中国整形美容协会联合央广网组织"医美自律联盟"，开展"医美行业自律联盟在行动"。此次行动发挥了行业组织的作用，达到了医美行业自我监督的效果，在医美行业内营造了共同监督、共同进步的良好氛围。

2020 年 12 月 14 日，北京召开了中国医疗美容监督管理论坛，宣布中国整形美容协会正式成立行业发展与监督自律委员会，逐步完善我国医美行业的常态化自律监管机制。

（三）技术与教育环境分析

1. 技术进步助推医美产品服务更新换代，助力产业发展

医美产业的技术不断升级，在降低现有医美项目成本的同时，加强了医美安全，为消费者提供了更加健康、便捷的服务。与此同时，新的医美技术的出现，推动了消费者产生新的需求，促进了医美市场的发展。

综观医美产业的发展不难发现，每当医美产业出现新的技术时，都会带来市场规模的爆发式增长。

产品仪器的迭代更新，如非侵入式塑形呈现出对整形医生技术依赖度减少的趋势，促进了医美产业的发展。而在医美机械技术的推动下，出现了对医美仪器更加依赖的医美项目，只要使用同一款设备即便是不同的医师操作也可以达到同样的效果，设备的作用大于术式，不仅提升了消费者的体验感，也在一定程度上缓解了高端整形技术人才短缺问题。

除了医美领域的技术突破之外，人工智能也为医美产业注入了新的活力。对于美这一偏向主观的评判标准，AI影像技术提供了新的参考方案：通过对消费者进行面部扫描，根据其个性特征而提出整形意见，尽管该项技术的成熟仍需大量的数据学习作为支撑，需要机构投入相当的研发成本，但其应用前景可期。微创医疗机器人则是互联网技术的另一个重要应用，目前已有为应用于美学、外科和眼科专业而开发的专业微创临床设备。

2. 大数据技术发展，加速医美产业信息透明化，聚焦产业热点

医美O2O平台借助大数据技术，整合行业内信息资源，不仅为各个医美机构提供了公开的比价平台，提高了医美机构的宣传效率，拓宽了获得客户的渠道，也通过构建用户评论社区，帮助消费者获得了更丰富的沟通渠道。在信息透明的情况下，非法机构难以获得生存空间，促进了产业规范发展。

除此之外，大数据技术的成熟与应用，帮助医美产业及时获取消费者对医美的认知、关注等信息，促进产业规范发展，有利于医美大数据的临床应用。

2019年6月15~17日，《中国医疗美容》杂志社联合《中国整形与重建外科（英文）》、中国整形美容协会信息部在成都举办信息大数据与医疗美容论坛，从大数据的角度探讨医美学术研究热点、求美者的关注点。

3. 金融产品的创新促进医美产业安全性

在现实中，消费者或多或少地接触到关于医美的负面消息，使其虽然有尝试医美项目的想法，却可能出于风险考量而止步。随着医美市场的规范化和金融市场的发展创新，医疗美容保险适时出现，为消费者提供了新渠道，也为医美设置了安全保障。

2017年，中国整形美容协会为加强医美产业的风险质量控制而正式设立了医疗风险管控中心。2017年8月11日，医疗风险管控中心联合中国人寿和中国人保实施"医美保障项目"，通过与保险公司的合作，创新机制，在让消费者更加放心的同时，推动医美产业优胜劣汰，对整个医美产业的健康发展起到了积极作用。

2020年9月26日，中国平安保险公司完成支付了中国医美史上的首例医生责任险。该事故是由激光治疗而引起的浅Ⅱ度烫伤。医生负有操作失误责任，经鉴定，平安保险公司支付了患者进行恢复治疗的全部费用，推进了中国医美保险的发展。

4. 互联网技术带动直播新模式创新，促进医美消费传播

近些年，直播发展火爆，这得益于我国智能手机的普及、网络运营的高速发展以及9.86亿网络用户。传统的直播带货都是针对零售商品，可实现线上交易，而医疗美容因其专业性和风险，客户往往会更加慎重，医美消费交易不能快速达成。

医美直播给医美市场带来了可观的增量，也让消费者更加了解医美增进了医美机构与消费者之间的信任，并重新塑造了消费习惯，强化了对大众的医美教育，长期看来其将带来显著的经济效益。

5. 教育促进医美产业高素质人才培养

优质的教育环境为产业发展提供了高素质人才，而技术的进步也要依靠相应人才的推动。中国的基础教育质量优秀，确保了人才培养的基础。与此同时，中国的创新能力也在提升，根据世界知识产权组织发布的《2020年全球创新指数报告》，中国在131个经济体中全球创新指数排第14名。

创新能力不仅体现为推动原创性技术发展，也表现为对先进技术的学习能力。中国的创新能力在推动行业专业技术与国际接轨的同时，也推动了医美领域新技术的发展，甚至在某些方面已经走在世界前列。同样，根据国家卫健委发布的《中国流动人口发展报告2018》，在京津冀城市群流动人口中高素质人才占比最高，其次为成渝城市群，这些高素质的人口聚集将为城市群的经济发展提供推动力。

2019年2月13日，国务院印发《国家职业教育改革实施方案》，强调对高素质人才的培养，增加对医美产业的人才供给，从长远来看，有助于发挥专业人才对产业规范健康发展的引领作用。

2020年11月19日，教育部在对十三届全国人大三次会议第1124号建议的答复中指出，在社会经济发展的过程中，人民群众对医疗美容的需求日益增长，应大力支持美容医学学科建设和人才培养工作。允许有条件的学位授予单位，有机结合自身条件和社会需要在一级学科下可以自主设置美容医学相关的二级学科，促进培养出符合市场需求的复合型人才。在市场存在巨大的医美人才缺口的背景下，这项决策在支持持续为医美行业输送人才的同时，也有利于提升未来医美从业人员的专业素质，助推医美行业的健康发展。

（四）社会与文化环境分析

1. 传统观念转变促进医疗美容的大众接受度提高

医美产业在中国的起步时间较晚，国人对医美的认识不足以及误解、疑虑使得其接受度不高。通过多方的共同努力，社会大众对医美的认知有所深入，接受度也提升了。

首先，医美产业发达的韩国和日本等邻国通过影视作品等向中国传播医疗美容的概念，医美概念逐渐被接受。其次，随着开放程度的提高，越来越多的国人前往医美产业发达的国家去体验医美。

2. "颜值溢价"促使年轻一代消费者成为医疗美容的主力军

进入21世纪,"颜值经济"逐渐流行。经济学家丹尼尔·荷马仕在其论文《颜值与劳动力市场》中指出,颜值和终生劳动力总收入呈较强的正相关性。在现实生活中,并非人人都是天生丽质,于是便催生出一系列围绕颜值的消费行为。"颜值经济"的兴起让医疗美容逐渐向广大群众普及,并成为继房地产、汽车销售、旅游之后的第四大服务行业。

"80后"和"90后"消费者群体成长于信息时代,他们对于各种信息和新鲜事物的接受度高,而且擅长利用各种渠道搜集信息。而基于微博、小红书等自媒体平台,他们对医美的了解度和接受度也不断提高。

信用卡、花呗等金融产品的兴起,加之医疗美容非手术项目因技术成熟而形成的价格优势,更加迎合了他们的消费需求。而在疫情期间,医美直播异军突起,在为医美产业带来流量的同时,也吸引了年轻群体的关注,医美产业的影响力逐渐提高。

二 成都医美产业竞争力研究

(一)产业政策分析

2018年,成都市提出打造"医美之都"的发展目标,政府有关部门推出了一系列扶持政策来大力促进成都市医美产业发展,致力于打造医美全产业链,形成高质量的医美生态体系。相关政策涉及医美产业的方方面面,包括招商引资、执法监督、国际交流、人才培养等,助力成都市建成具有世界影响力的医美产业集群,使医疗美容产业成为成都国际化城市的又一美丽名片。

1. 鼓励医美产业发展的政策

成都支持医美产业发展的政策充分反映了成都市政府为建成"医美之都"的决心和行动力。医美产业在成都的发展具有明显的政策优势,以下列举最具代表性和针对性的政策。

2018年4月28日，市政府办公厅印发《成都市加快医疗美容产业发展支持政策》，从政府层面大力扶持医美产业发展，为将成都市打造成为具有世界影响力的医美之都奠定了基础。该文件为医美之都建设提出了纲领性指导意见，充分发挥了政策的引领作用。

2018年7月5日，成都市经济和信息化委员会发布《成都医疗美容产业发展规划（2018—2030年）》，在加速供给侧结构性改革的同时，指导成都医美产业健康全面发展。该文件由6个部分组成，包括规划基础、指导思想、基本原则和发展目标、发展重点、空间布局、主要任务和保障措施，主要涉及成都医美产业的发展现状、存在的问题以及形势趋势三大方面，全面客观地对医美产业的发展现状进行了剖析，强调建设医美生态圈，积极发挥市场主导与政府监管模式的强大作用，指出医美产业要结合其他产业的优势实现融合发展，对成都医美产业的发展提出了建设性意见。

2. 其他支持医美产业发展的政府文件

2018年6月22日，成都市武侯区人民政府办公室发布《武侯区医疗美容产业发展规划（2018—2030年）》，强调要依托武侯区的科技优势，开展科研合作项目，提高医美产业的自主研发能力，并针对武侯区的医美产业发展提出了2025年目标以及2030年目标，争取建设成"医美之都"的核心区。

成都市温江区人民政府发布《成都市温江区医疗美容产业发展规划（2018—2035年）》，指出温江区将利用自身的制造业优势，将成都医学城（科技园）与成都健康服务业集聚区（现代化服务业园区）打造成为医美业的核心健康产业功能区，促进医疗美容制造业的发展，打造成都市医美产业链生态圈。

3. 支持医美产业发展的配套政策

为更好地服务于成都市医美产业发展，成都市还发布了许多医疗美容产业发展配套政策，涉及人才吸引、招商引资和营商环境发展等方面。

表5　2018年以来成都市支持医疗美容产业发展的相关配套政策

时间	发布单位	名称
2017年12月4日	成都市武侯区人民政府	《成都市武侯区促进健康产业发展若干扶持政策（试行）》
2017年12月28日	成都市武侯区人民政府	《成都市武侯区关于促进电子商务发展的若干政策》
2018年3月14日	成都市经济和信息化委员会等	《成都市实体经济新经济领域人才奖励实施办法》
2018年5月23日	成都高新技术产业开发区管委会	《成都高新区关于构建生物产业生态圈（产业功能区）促进生物产业发展的若干政策》
2018年8月3日	成都市人民政府办公厅	《成都市人民政府办公厅关于印发成都加快建设国际消费城市行动计划的通知》
2018年3月23日	中共成都市委、市人民政府	《"健康成都2030"规划纲要》
2018年11月21日	成都高新技术产业开发区管委会	《成都高新技术产业开发区关于深化产业培育实现高质量发展若干政策意见》
2018年12月6日	中共成都市委、成都市人民政府	《关于促进民营经济健康发展的意见》
2019年2月21日	中共成都市委、成都市人民政府	《中共成都市委 成都市人民政府关于印发促进民营经济健康发展7个实施细则的通知》
2019年6月21日	成都市人民政府办公厅	《关于促进成都医药健康产业高质量发展的实施意见》
2019年12月4日	成都市人民政府办公厅	《促进成都市健康服务业高质量发展若干政策》
2019年12月13日	成都市人民政府办公厅	《关于促进会展产业新经济形态发展的实施意见》
2020年4月26日	成都市人民政府办公厅	《成都市促进创业投资发展若干政策措施》
2020年5月26日	成都市人民政府办公厅	《成都市以新消费为引领提振内需行动方案（2020—2022年）》
2020年7月7日	成都市人民政府办公厅	《成都市人民政府关于推进健康成都行动的实施意见》
2020年10月13日	成都市人民政府办公厅	《成都市人民政府关于印发成都市智慧城市建设行动方案（2020—2022）的通知》

（二）产业管理分析

成都市在2018年正式开启对医美产业发展的规划，目前尚处于起步阶段。面对蓬勃发展的医美产业，规范监督机制仍在完善中。

1. 强化对医美产业的监督治理

成都市对医美产业的监督管理一直没有放松，表6整理了自2017年以来成都市围绕医美产业采取的监督整治举措。

表6　成都市医疗美容行业监管主要措施和行动

时间	发布单位	监管举措
2017年8月23日	成都市卫健委	《成都市严厉打击非法医疗美容专项行动方案》
2017年7~9月	成都市卫健委	严厉打击非法医疗美容专项行动
2018年6月5日	成都市卫健委	打击非法医疗美容专项整治行动
2018年10月18日	成都市级相关部门	医疗美容行业监管及行业自律工作会
2019年3月8日	成都市政府办公厅	《关于进一步加强成都医疗美容行业监管服务工作的意见(试行)》
2019年3月15日	成都市医疗美容产业	医美行业"诚信宣言"活动
2019年7月16日	成都市医疗美容产业	2019年成都医疗美容月行业公约+正品联盟
2019年12月20日	简阳市卫生健康局	加强医美机构管理　让美丽与健康同行
2019年12月30日	成都市卫健委	严厉打击非法医疗美容专项行动
2020年5月25日	成都市温江区市场监督管理局	"5.25"全国护肤日暨化妆品安全科普宣传周活动
2020年6月22日	成都市医学信息所	医美机构卫生健康统计规范化管理培训班
2020年8月7日	成都市青羊区卫生健康局	《成都市青羊区卫生健康行业领域突出问题专项整治工作方案》
2020年9月	高新区卫生健康局	打击非法医疗美容专项整治行动
2020年12月21日	成都市彭州市人民政府办公室	《彭州市人民政府办公室关于改革完善医疗卫生行业综合监管制度的实施意见》

2. 执法部门开展严厉打击非法医疗美容专项行动

非法医美执业行为等乱象不仅损害了消费者的权益，还对医美产业的健康发展造成了严重阻碍。为了促进成都市医美产业的健康发展，2017~2018年，成都市有关部门联合展开了多次严肃打击非法医疗美容的专项整治行动。2017年8月23日，成都市卫健委等六部门联合制定了《成都市严厉打击非法医疗美容专项行动方案》。2017年7月，成都市计生监督执法支队组织在全成都范围内开展为期两个月的打击非法医疗美容的专项行动，取得了阶段性成果。

2018年，成都市卫健委再次联合各执法机构在全市范围内集中开展打击非法医疗美容的专项整治行动。

2019年12月30日，由市卫健委组织联合多个部门组成两个联合检查组，分别对于高新区与武侯区开展严打"影子医生"（严重涉嫌"非医师行医"）的专项执法检查。

自2020年1月2~3日起，成华区卫生计生监督执法大队开展为期一年的医疗美容专项执法检查。同年9月，高新区内的医美机构也接受了多次专项执法检查。

相关部门加大监督执法力度，持续净化医疗美容市场，维护医疗美容市场秩序。通过上述种种工作，成都市的医疗美容市场呈现良好发展态势。

3. 行业监管方案进一步完善

2019年3月8日，成都市政府办公厅出台了《关于进一步加强成都医疗美容行业监管服务工作的意见（试行）》。该文件从以下几个方面来加强对医美行业的监督管理，进一步完善行业的监管方案。一是加强医疗美容服务领域监管，二是加强医疗美容相关领域监管，三是优化政务服务和强化行业自律。

4. 多方共同参与提升医美行业自律水平

2018年10月18日，成都市召开全市医疗美容行业监管及行业自律工作会。在对成都市医疗美容行业需要整改的问题进行通报的同时，对医美行业提升自律水平提出了具体的要求，促进了成都医美行业的健康发展、营造了良好的经营环境。

2019年6月13~14日，成都市医学信息举办了2019年度医美机构卫生健康统计规范化培训班，来自公立医院的多位医师做了专题报道，提高了成都医美行业从业者的专业素质，发挥了从业人员对行业发展的推动作用，从而促进了医美行业的自我规范。

为继续加强成都市医美行业的自律,行业协会联合相关医美机构开展医美行业的诚信宣传活动,通过行业内互相监督来引导医美行业健康发展。2019年3月15日,成都市医疗美容产业协会联合医美产业链中的上下游会员企业发起了医美行业的诚信宣言活动。2019年7月16日,在天府国际金融中心成都市医疗美容产业协会联合成都传媒集团举办了"2019成都医疗美容月"活动。协会发布了一系列行业公约,如《依法执业公约》《会员机构用人公约》等,号召多家医美机构自愿加入公约。

这些行动,从政府执法部门到医美行业协会再到医美机构及其从业人员,并联合社会资源,在多方的共同努力下,推进了成都医美行业的规范发展,充分发挥了行业协会促进行业自律与行业内互相监督的引领作用。

(三)产业地域优势分析

1. 政策优势

(1) 西部大开发

西部大开发是"将东部沿海地区的剩余经济发展能力,用来提高西部地区的经济和社会发展水平"。

2000年1月,国务院成立了西部地区开发领导小组。经过全国人民代表大会审议通过之后,国务院西部开发办于2000年3月正式开始运作。

2006年12月8日,国务院常务会议审议并原则通过《西部大开发"十一五"规划》。2012年2月,国家发改委对西部大开发"十二五"规划进行了解读,明确了战略部署的基本思路。

2019年8月15日,国家发展改革委印发《西部陆海新通道总体规划》,明确到2025年将基本建成西部陆海新通道。2020年5月,《中共中央 国务院关于新时代推进西部大开发形成新格局的指导意见》印发实施。

可以预见在未来很长一段时间,成都市作为西部大开发的桥头堡,将享受政策红利。在经济社会全面发展的基础上,医美产业也会加快发展。

(2)"一带一路"

"一带一路"是"丝绸之路经济带"和"21世纪海上丝绸之路"的简称。2015年3月28日，国家发展改革委、外交部、商务部联合发布了《推动共建丝绸之路经济带和21世纪海上丝绸之路的愿景与行动》。

共建"一带一路"为民企发展提供了对外合作的机会，营造了良好的人才、法律、政策环境。在共建"一带一路"中，成都市积极参与和融入，2019年10月，印发了《成都市融入"一带一路"建设三年行动计划（2019—2021年）》，提出形成西向交通枢纽和商贸物流、文化科教、医疗服务中心，打造内陆开放高地和开发开放枢纽。

成都市和"一带一路"沿线国家在很多产业上可以找到结合点，共建"一带一路"为四川省和成都市带来了重大影响，使成都由过去的"内陆城市"变成"改革先锋"和"开放前沿"，毫无疑问这为成都市医美产业的发展带来了重大机遇。

(3) 成渝双圈

2020年1月3日，在中央财经委员会第六次会议上，习近平总书记发表重要讲话，专题部署成渝地区双城经济圈建设，将其上升为国家战略。2021年10月16日中共中央政治局召开会议，审议《成渝地区双城经济圈建设规划纲要》。会议指出，当前我国发展的国内国际环境持续发生深刻复杂变化，推动成渝地区双城经济圈建设，有利于形成优势互补、高质量发展的区域经济布局，有利于拓展市场空间、优化和稳定产业链供应链，是构建以国内大循环为主体、国内国际双循环相互促进的新发展格局的一项重大举措。

成都，以建成践行新发展理念的公园城市示范区为统领，打造区域经济中心、科技中心、世界文化名城和国际门户枢纽。四川的21个地市州中，除甘孜州、阿坝州、凉山州、攀枝花、广元和巴中没有被提及外，其余15个地市均被包括在内。2021年11月26日，国家发展改革委官网发布了《国家发展改革委关于同意成都都市圈发展规划的复函》，原则同意《成都都市圈发展规划（送审稿）》。至此，成都借助成渝双圈又有了新的发展契机。

2. 经济优势[①]

2020年，成都市实现地区生产总值17716.7亿元，按可比价格计算，同比增长4.0%，增速较前三季度提高1.4个百分点，第一季度、第二季度、第三季度、第四季度增速分别为-3.0%、3.9%、6.3%、7.8%。分产业来看，第一产业实现增加值655.2亿元，增长3.3%；第二产业实现增加值5418.5亿元，增长4.8%；第三产业实现增加值11643.0亿元，增长3.6%。

（1）工业发展企稳向好

2020年，成都规模以上工业增加值同比增长5.0%，增速高于全国2.2个百分点、全省0.5个百分点，较前三季度提高1.5个百分点。按轻重工业分，轻工业增长2.6%，重工业增长5.9%。分行业看，八大特色优势产业合计增长6.5%，其中，电子信息产品制造业增长14.4%，增速连续8个月保持在两位数，拉动规模以上工业增加值增长3.5个百分点；食品、饮料及烟草产业增长7.3%；汽车产业增长1.9%。

（2）固定资产投资稳定增长

2020年，成都固定资产投资同比增长9.9%，增速与全省持平，较前三季度提高2.1个百分点。分产业看，第一产业投资增长3.4%；第二产业投资增长2.7%，其中工业投资增长2.9%；第三产业投资增长12.6%。分经济类型看，国有经济投资增长26.3%；非国有经济投资增长2.3%，其中民间投资下降4.1%。房地产开发投资增长9.2%。

（3）消费品市场较快恢复

2020年，成都社会消费品零售总额8118.5亿元，同比下降2.3%，增速高于全国1.6个百分点、全省0.1个百分点，较前三季度提高2.4个百分点。按经营单位所在地分，实现城镇消费品零售额7817.4亿元，下降2.4%；乡村消费品零售额301.2亿元，下降0.7%。按消费形态分，餐饮收入实现1124.2亿元，下降1.8%；商品零售实现6994.3亿元，下降2.4%。居民消费价格总指数为102.5。

---

① 资料来源：成都市统计局。

（4）对外贸易高速增长

2020年，实现外贸进出口总额7154.2亿元，同比增长22.4%。其中，出口总额4106.8亿元，增长23.7%；进口总额3047.4亿元，增长20.7%。

（5）金融发展持续稳定

截至12月末，金融机构人民币存款余额为42266亿元，同比增长9.5%；其中，住户存款余额17085亿元，增长14.7%。金融机构人民币贷款余额为39686亿元，增长13.0%；其中，个人住房贷款余额7478亿元，增长11.0%。

3. 社会优势

成都位于四川盆地西部、成都平原腹地，是四川省省会，是特大城市、成渝地区双城经济圈核心城市，是国务院批复确定的中国西部地区重要的中心城市，是国家重要的高新技术产业基地、商贸物流中心和综合交通枢纽。全市下辖12个市辖区、3个县、代管5个县级市，总面积14335平方公里，建成区面积949.6平方公里，常住人口1658.10万人，城镇人口1233.79万人，城镇化率74.41%。

成都是一座包容性极强的城市，是首批"国家历史文化名城"和"中国最佳旅游城市"，承载着三千余年的历史，是古蜀文明发祥地、中国十大古都之一；在这里生活着充满活力与热情的人们。经过近些年的发展，成都已位居新一线城市榜首，城市宜居宜业、环境优美，充满人文关怀、富有生活气息，商业资源集聚度指数居首位，已成为西部投资的标杆城市，享有众多美誉。

表7 成都市荣誉称号汇总

称号	获得时间
国家卫生城市	1993
国家森林城市	2006
中国最佳旅游城市	2007
国际花园城市（银奖）	2007

续表

称号	获得时间
全国文明城市	2008~2020
世界美食之都	2010
国家知识产权工作示范城市	2013
全国创建社会信用体系建设示范城市	2015
中国最具幸福感城市	2015
中国百强城市	2016
中国十大古都	2016
全国十佳生态文明城市	2016
全国社会治安综合治理优秀城市称号,并获最高奖项"长安杯"	2017
美丽山水城市	2017
中国最具幸福感城市第一名	2017~2020
中国特色魅力城市	2017
中国最具投资潜力城市	2017
世界特色魅力城市	2017
世界文化名城论坛成员城市	2017
中国城市综合发展指标第十位	2018
首个楼宇经济国家级服务标准化试点城市	2018
中国移动5G示范城市,中国电信、联通5G试点城市	2018
中国城市综合实力排行榜第六位	2018
"国家中心城市指数"第七位,潜在国家重要中心	2018
中国法治政府评估排名第10	2018
城市产业竞争力全国排名第11	2018
世界二线城市	2018
2018年度中国十大最具活力休闲城市	2018
2018亚洲50强城市综合排名第15位	2018
中国地级市全面小康指数前100名	2018
中国最具幸福感城市第1名	2018
新时代中国繁荣城市第1名	2019
联合国教科文组织学习型城市奖	2019
全国GDP十强城市第7名	2020
《世界城市名册》唯一β+评级中国城市	2020
十大美好生活城市——向往之城	2021
十大美好生活城市——大美之城	2021
首届三联人文城市奖	2021
2020年度全国公共服务质量满意度第1名	2021
2020年度城市活力指数排行第5名	2021

4. 人才技术优势

成都将建设以"五中心一枢纽"功能为核心的国家中心城市，其中包括建成西部科技中心。科技中心作为创新要素集聚和配置的高地，将促进成都科技服务业等技术密集型和知识密集型产业的发展。

成都具有丰富的基础科研和技术创新资源，在蓉高校达56所，国家级研发平台达67个，国家级科研机构30余家，成功获批国家小微企业创业创新基地示范城市，被《财富》杂志列入2015年中国十大创业城市。2016年，全社会R&D经费达258亿元，同比增长12.7%，专利申请量近10万件，其中发明专利申请近4万件，列副省级城市第二位。2007年11月21日，国家知识产权局正式将全国第一个"国家知识产权工作示范城市"称号授予成都市。2019年全年共申请专利80819件，万人有效发明专利拥有量25.8件，比上年增长15.2%。技术合同登记成交额达1136.8亿元，增长20.1%。

在成都新经济新产业发展中，人才优势凸显。成都高校科研院所众多，人才类型多样，涵盖多个领域，领军人才队伍已具备相当规模。有专家指出，"在新业态方面，川大的生物医学，电子科大的电子信息、通信技术和计算机，西南财大的金融会计、应用经济学，都是非常强的，而这些正是新经济着力发展的方向"，因此成都要重点发展医疗健康、电子信息和现代金融等新经济形态。

为加快发展，成都市政府也大力推行人才引进计划，据《成都市户籍迁入登记管理办法（试行）实施细则》，全日制普通大学本科及以上学历毕业生，年龄在45周岁以下的，符合本市人才引进条件之一的，可申请将户口迁入本市。

综上所述，人才和科技资源富集的创新优势将助推医美产业的持续发展。

5. 市场优势

成都作为中心城市，在经济密度、市场容量和辐射力方面优势显著。成都向外辐射的第一层级为成都市辖区，人口约为1600万人，经济体量达到

1.2万亿元。第二层级向外拓展100公里，包含绵阳、德阳等8个城市的成都平原经济区，人口约3000万人，经济体量突破2万亿元，已经占到四川经济总量的2/3，是西部地区最大、最发达的经济区。第三层级向外拓展以成渝城市群为主的周边城市，人口大约1亿人，经济体量达到4.8万亿元。第四层级再往外拓展可辐射武汉、西安、昆明、贵阳等中西部各大城市。成都辐射人口多，消费力强，这为医美市场规模打下了坚实的基础和可发挥的广阔的市场空间。

成都每年的户籍人口缓慢上升，而常住人口在2015~2016年激增，2019年常住人口较户籍人口多了约158万人。成都这所城市拥有大量的外来人口，这说明成都是一个非常有吸引力的地方，也说明成都本土蕴含着巨大的消费市场。

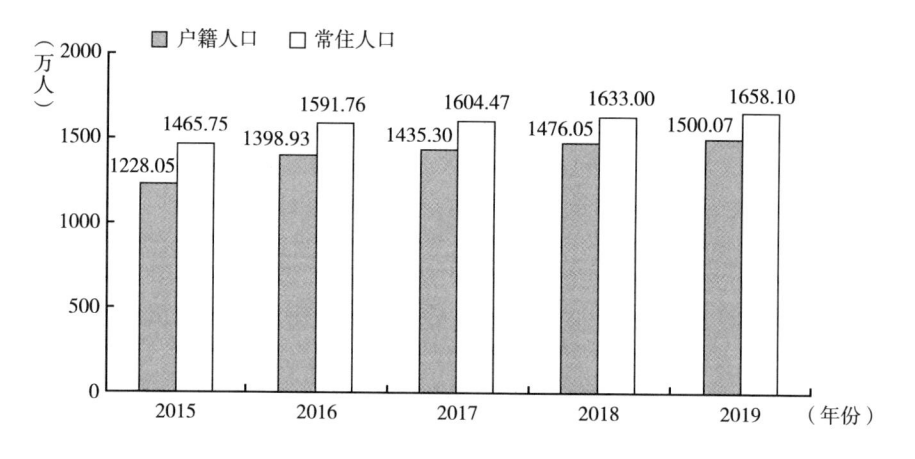

图4 2015~2019年成都户籍人口和常住人口统计

成都商业综合体数量居全国第一，在建购物中心面积居全球第二。2019年实现社会消费品零售总额7478.4亿元，比上年增长9.9%。

2020年12月16日，成都举行建设国际消费中心城市大会，正式吹响从中国西部消费中心、西南生活中心城市迈向具有全球影响力、区域辐射力国际消费中心城市的冲锋号。"国际消费中心城市"既包含连接全球、贯通世界的"国际"之意，又富有市井烟火、时尚前沿的"消费"之味，更蕴含流量枢纽、要素汇聚的"中心"之义。根据大会披露的信息，成都希望分"三步"，到21世纪中叶实现这一远大目标，其中首要的是，到2022年，进一步巩固西南生活中心和西部消费中心地位，形成万亿级消费市场。

毫无疑问，在万亿级消费市场中成都医美产业也会随之蓬勃发展。

6. 成本优势

众所周知，成都是一座宜居的城市，曾多次被评为中国最具幸福感城市之一，无论是日常消费还是房地产成本、人力成本，成都作为准一线城市，相较于北上广深优势明显。

2020~2021年，根据国家统计局的城市居民消费价格指数如图5所示。

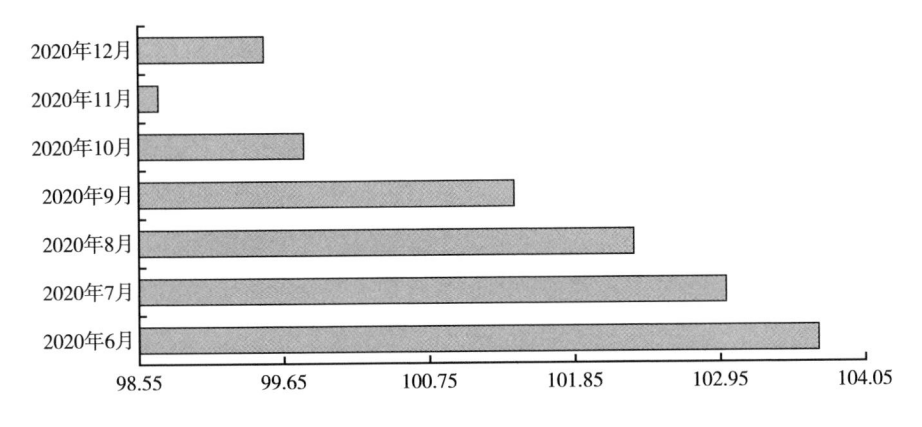

图5 2020年6~12月成都市居民消费价格指数统计

可以看出城市居民消费价格指数整体呈现下降趋势，这意味着成都的物价水平较低，生活成本不高。

与此同时，成都作为准一线城市，地价租金远低于北上广深，使得不论是居民还是企业在享受经济飞速发展的红利时都不用承担过高的住房成本以及店铺租金。

成都劳动力充足，外来人才众多。根据全国第六次人口普查，成都市常住人口年龄段分布如下：0~14岁人口约1536850人，占10.94%；15~64

岁人口约11146427人，占79.35%；65岁及以上人口约1364348人，占9.71%。这说明成都市正值工作年龄的人口总量非常大，劳动力充足。由图6可知，成都较北上广深这四个一线城市薪酬水平稍低，暂不存在人力成本升高而带来的一系列负面影响。

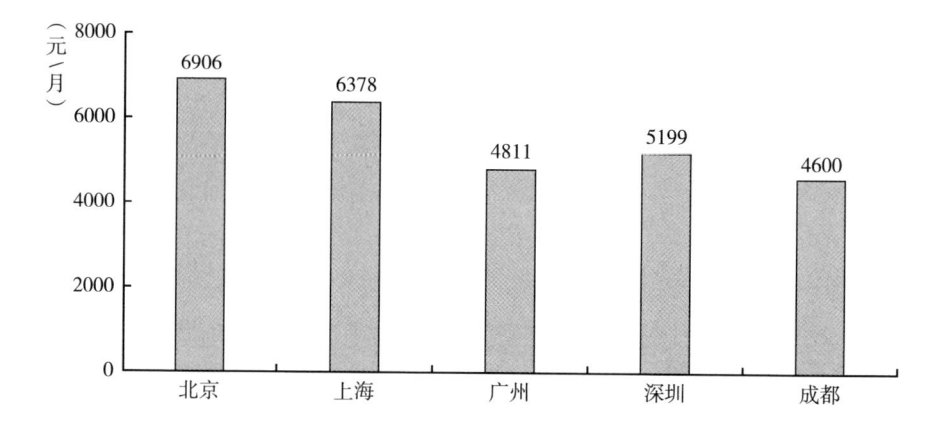

图6 2021年北上广深与成都劳动力薪酬对比

R.16
成都医美产业投资环境研究报告

李刚 曾曦 王正云 杜文 赵晞 王黎华*

摘 要： 未来医美产业的竞争会更加激烈，不仅是人才竞争，还是资本竞争。成都针对医美产业的投资始于21世纪初期，以创业者开设综合型机构为主。成都医美市场有着巨大的潜力，有着培养头部企业的优势，因此，在探索公立医院改革的同时，应积极引入社会资本，壮大本土优秀的医美品牌。当前，资本进入医美产业主要有五种方式：资本方全资新建机构，全资购买、兼并正在运营的医美机构，新的资本方拥有控股权，新的资本方不拥有控股权，合作经营。在成都，从投资医美机构的角度看，在构建投资模型时需关注三个核心成本：获客成本、组织成本、固定成本。为吸引投资，成都市搭建了众多优质、有潜力的医美产业投资载体，包括武侯区的华西大健康产业功能区和她妆小镇环城生态南片区、高新区的天府国际生物城、东部新区的成都健康医学中心（未来医学城）、温江区的成都医学城等。这些配套设施的完善，为吸引资本进入成都医美市场产生了积极作用。

关键词： 医美产业投资 医美机构成本 医美投资载体 医美投资环境

---

* 李刚，成都漾肤医疗美容诊所总经理；曾曦，上海医药集团附属公司上药控股四川生物制品有限公司美丽事业部总监；王正云，成都市武侯区华西医美健康城管委会产业推进部部长；杜文，成都医疗美容产业股份有限公司副总经理；赵晞，成都美尔贝科技股份有限公司公共事务部负责人；王黎华，四川大学商学院副教授。

一 成都医美团队投资创业情况

成都第一批医美创业者出现在2000~2010年，多为开设综合型机构，覆盖手术科、皮肤科、无创科、美容中医科等。市场发展初期，医美在消费者心目中还属于超前消费范畴。营销渠道以传统媒体报纸、电视、户外广告及腾讯大成网、第四城本地社区门户网站为主。成都大型机构开始招募跨行业人才，建立标准化体系，实行5A治疗管理，医疗资质审批有一定门槛，医美价格不透明，顾客消费单价高，整体利润比较可观。

第二批医美创业者出现在2010~2016年，大多有在大中型机构从业5~10年的经验。机构营销形成百度、SEO、微博、微信公众号等新媒体矩阵。机构大多以单品项目为突破口，整体人力、房租成本低。医生自主创业，因前期有积累客源，机构在运营前半年或一年期间压力较小。其中，手术类机构由于消费者对医生的手术风格要求极高，以新客或者老带新居多，需要有强大的获客能力作为后续业绩增长的支撑，目前单品类手术机构具备持续稳定获客能力的不多。

第三批医美创业者出现在成都市政府提出打造"医美之都"之后。部分机构主要通过市场渠道来获客，部分机构则以轻医美为主打。大多数机构从业人员为海归或有一定资源的其他行业跨行人员。此类型机构由于缺乏行内专业人才，未建立标准的内外经营体系，以投资人想法为主，经营理念不落地，造成跨行投资成功案例偏少。

未来医美创业的核心是差异化、专业化，通过专业预约服务、流程体验、售后服务开展差异化竞争。而要想在产品维度上突出重围，机构应该以爆品为主打，各个击破，形成口碑，从而逐步丰富产品线。

医美机构不仅需要强大的营销获客能力，还需要促使客户管理、医疗质量管理、流程管理整套标准化流程体系持续迭代。未来医美市场的竞争会更加激烈，不仅是人才竞争，还是资本竞争，包括一些细节竞争。跨行业者或者是医美从业经验不足者，需要 3~5 年的时间围绕经营模式、理念及售后服务体系下功夫，才能在市场中站稳脚跟。

二 成都医美机构投资模型

2018 年 6 月，在第一届成都国际医美产业大会暨"医美之都"高峰论坛开幕式上，中国整形美容协会正式授予成都"中国医美之都"称号，标志着成都医美产业迎来新里程碑。成都初步形成医美产业聚集发展态势。发展医美产业，成都颇具优势。成都医美产业有着巨大的发展潜力，有着培养头部企业的优势，因此，在探索公立医院改革的同时，应积极引入社会资本，壮大本土优秀的医美品牌。

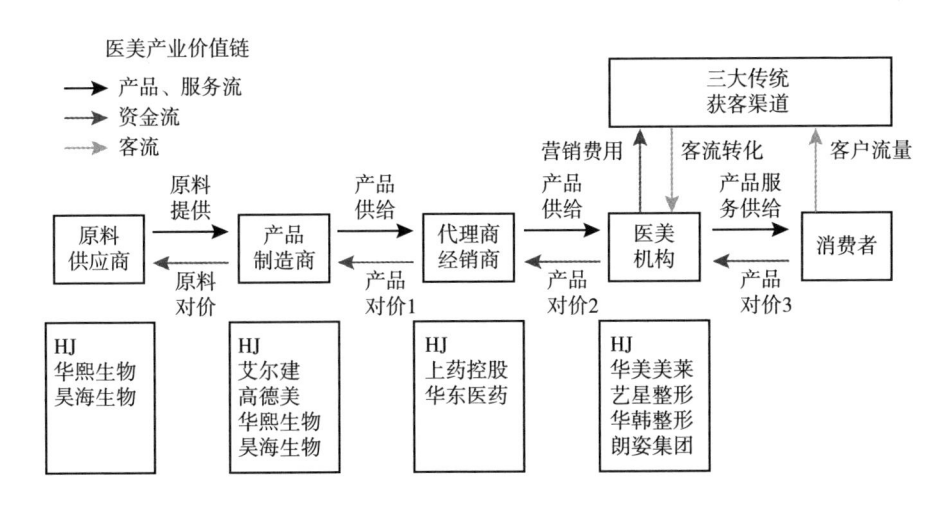

图 1 成都市医美产业价值链模型

（一）投资医美机构的五种方式

1. 资本方全资新建机构

从机构的土地、房屋、固定资产、设备、材料、药品等硬件到医生、医护、管理团队、营销人员、管理后勤人员的招录和聘用等均由资本所有者出资，机构产权纯属私有，属于新设立的机构。资本方采取全资新建机构方式的优点是：机构产权明晰，便于资本所有者对机构的管控，增加了市场供给，机构以全新的方式进入医美市场为消费者提供服务，能够提供更好的技术与就医环境等。缺点是：资本方进入陌生的医美领域存在较大的风险，因为医美机构的管理本身是一项复杂的系统工程，并且医美机构的投入非常大、专业性非常强，不仅要硬件投入，而且软件投入更为重要。作为新设的医美机构如何让市场接受、获得消费者和行业认可更是难上加难。仅凭广告的投入远远不够，没有长期的硬件、软件积淀是不可能完成的。这种运行模式可以按照公司制，设置董事会、监事会、管理层，由出资方设置董事会，董事会聘任院长，院长聘任副院长及其他管理人员，组建医院技术与管理团队，独立设置监事会，对董事会负责，负责医院运营的内部监管。

2. 全资购买、兼并正在运营的医美机构

由资方企业主出资购买医美机构的所有权，将机构的整体资产及人员接收过来，由资方企业来经营。这类医美机构主要是经营出现困难，在当地没有取得较好的经济效益，而前股东为了盘活资产，使机构走出经营困境。这种投资方式的优点是：新的资本方进入机构后，依托已经成熟的技术与管理团队可迅速开展业务，投资额度不大，经营风险相对于全资新建机构较低，减轻了后期财务压力。缺点是：这类机构的历史包袱比较重，如在前期经营过程中出现过较大医疗事故、维权纠纷、财务纠纷等有损医美机构品牌形象的事件，或者机构本身已不是优质资产，出现经营困难和资不抵债的现象，管理、技术、人才等方面均存在问题。新的资方进入不仅需要进行大刀阔斧、破釜沉舟式的改革，还需要后续资金的持续投入，引进优秀的医疗人才。

3. 新的资本方拥有控股权

新的资本通过资金入股正在运行的机构，购买51%以上的控股权，对机构有绝对的控股权。这类投资方式的优点是：医美机构处于正常的运营之中，有一支成熟的专业技术与管理专家团队，新的资本为机构的发展注入了活力，解决了机构发展资金短缺的燃眉之急，也能为机构带来先进的企业管理理念。这类机构的投资风险不大，如果经营好的话，能为资本方带来丰厚的财务回报。新的资方在机构中有控股权与话语权，能按照自己的经营理念对机构进行管理，打造职业化院长经理人，医疗服务和医院资源配置以市场为导向，这将是未来资本进入医美行业的主要方式。缺点是：这类机构的规模都比较大，投入的资金额度较大，风险与收益成正比。资本方采用这类方式进入医美行业必须处理好出资方企业与医美机构及员工之间的关系。新资本方进入机构，机构运营环境会发生根本性变化，人员身份和薪酬分配体系必然发生变化。要让员工在思想上接受，充分调动员工的工作积极性，发挥员工的正能量，转变员工思想观念，为每个员工做好职业生涯规划。新资本方通过掌握控股权来投资机构的最困难之处是稳定原有员工思想，留住优秀人才队伍。新资本方控股的机构经营能否成功，核心就要看管理团队的能力。管理团队的职业能力也是医美机构经营中的重要风险事项。在入股前的资产评估阶段，评估资产不仅包含财务报表资产，还包括机构的行业信誉、管理与技术专家团队等无形资产。

4. 新的资本方不拥有控股权

新资方资本通过现金、实物等投资医美机构，拥有股权比例不超过49%，按照公司法的规定，对机构没有绝对控股权。这也是未来个人资本、中小型企业资本进入医美行业的主要方式。这种方式能够兼顾各方利益，既能保障原有医美机构的品牌发展战略，又能通过引入新的资本解决机构发展所需资金问题，还能引入新的先进企业管理经验。这种投资方式的优点是：新资方承受的风险不大，因未拥有控股权，投入额度不大。原有医美机构拥有成熟、高效、技术过硬的专业技术与管理团队，不用投入过多的精力去做人才队伍建设与机构运营管理，同时也可以将新资方的先进管理方式引入机构，提高机构的效率与效益。缺点是：对机构的掌控力弱，对医院管理介入度不够，而医美机构管理本身具有很强的专业属性。

5. 合作经营

合作经营是指资方企业投入资金新建机构，负责租赁、装修经营场所，购买医疗设备、办公设备与用品等，并联合优秀的、在区域内具有影响力的大型三级甲等医院共同经营。三甲医院向资方企业提供专业的技术团队和管理团队，资方提供经营所需要的硬件设施，双方按照一定的比例分享医美机构盈利所得。或者是资方与机构商议，由资方按照一定的比例或金额支付机构专业技术与管理团队的服务与管理费用。这种投资方式的优点是既保证了资方对新建机构的绝对产权与控股权，又能解决资方运营机构没有强大的专业与管理队伍支持问题，实现了优质资本方与品牌大医院的强强联合。投资方的核心任务是建设机构而不是管理机构，医院方在投资方建设机构期间就可以进行合作，为机构的建设布局、设备投入、规划实施等建言献策，提供咨询服务，减少和避免资方企业进入医美行业的风险。投资方企业在建设机构过程中提高了资金的利用率，避免了浪费与损失，三甲医院可以通过这种方式大力发展医院人才队伍，为医院的人才提供了更为广阔的平台，使医院真正做大做强，形成医院技术、人才、管理品牌优势，最终形成医院深厚的文化底蕴，实现资本与技术的融合，投资方与医院也实现双赢。投资方在此类投资中获得的收益较高，也比较稳定。缺点是：这种类型的投资适用范围不大，集中为大型三甲医院，医院要在全国范围内或者一定区域内具有广泛的行业知名度、技术与管理水平一流。与这样的医院合作，成本较高，支付给医院的收益回报较高。

（二）医美机构投资模型的建立

对于医美机构投资者来说，医美机构投资模型能够反映一家医美机构的业务结构和商业逻辑。在不同发展阶段医美机构的业务重点和科室组合会发生变化。不同的科室具有不同的运营逻辑，不同的业务模式决定了不同的收入结构和成本结构，不同的结构决定了不同的盈利模式。因此在做出医美机构投资决策前，投资者有必要将以下涉及医美机构发展运营的核心要点进行建模梳理，这有利于投资战略更清晰地实施。

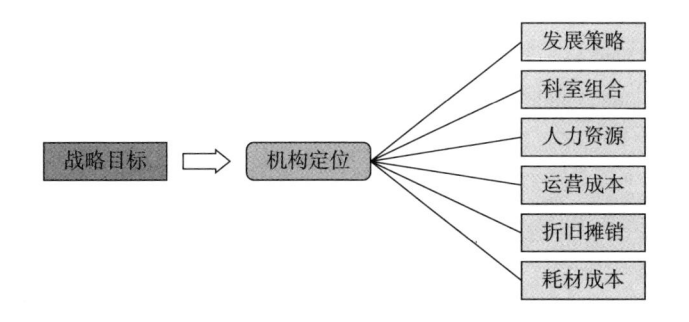

图 2 医美投资战略模型

1. 机构定位和战略目标

定位和目标要符合逻辑，不仅要有财务目标，更重要的是有明确的实现财务目标的战略要素。战略要素要涵盖医美机构经营项目类型、医疗人才、市场运营、供应链管理等。比如，机构的业务模式定位是以皮肤科为主、轻医美为辅，还是以整形外科手术为主。两种不同的核心业务模式，决定了医美机构的财务、利润模式的不同和日常运营管理要点的差异。

2. 科室组合与发展策略

科室是医美机构投资目标落地的核心，也是医美业务发展的引擎和收入现金流来源。每个不同科室的特点不同、驱动因素不同、资产投入不同、人才培养周期不同、技术门槛不同、求美者特点不同，盈利模式也不同。因此，不同的科室组合形成了不同的收入结构。

3. 人力资源与运营成本

根据业务逻辑和收入模型，建立人力资源和运营成本模型，根据战略要素和影响因素，对应分析关键成本要素和成本浮动逻辑。

4. 资金投入和折旧摊销

资金投入包括环境设施、装修工程、医疗设备、信息系统等硬件投入。这些投入要综合考虑科室特点、战略要素和影响因素，具有一定的针对性。

5. 现金流量与盈亏平衡

无论是新医院，还是新科室，首先要生存，现金流持平都是关键。因此，对于现金流持平的时间点要进行预测，对于现金流持平之间的运营成本要做到心中有数。一般来说，经过现金流持平拐点后，医院经营就意味着走上正常轨道，只要不出现重大技术团队人员波动，实现盈亏平衡只是时间问题。

（三）医美机构投资成本分析

从经营角度，基于三个核心成本维度来分析医美机构的主要成本构成。三个核心成本分别是获客成本、组织成本、固定成本。

1. 获客成本

获客成本一直是医美机构的痛点，也就是顾客从了解机构到最终完成消费这一过程的成本。组织成本是机构为顾客提供服务过程中涉及的相关人员的财务支出，这是仅次于机构获客成本的另一项成本构成。还有一项就是固定成本，通俗来讲就是财务报表中通常最固定的部分，如房租、医疗设备的折旧费等。

传统医疗产业/医美产业驱动力

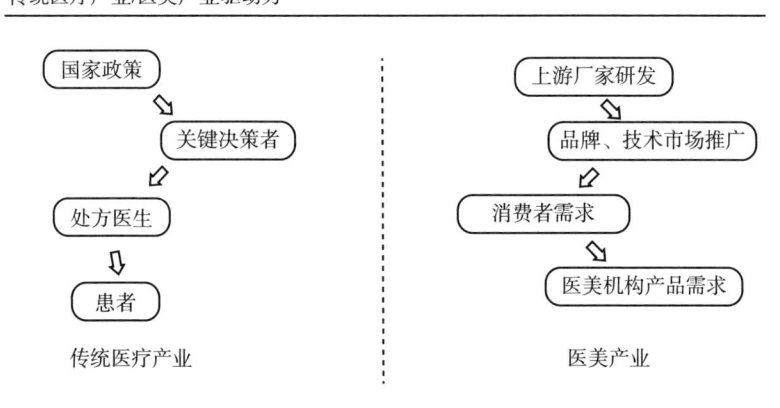

传统医疗产业：国家政策 ⇒ 关键决策者 ⇒ 处方医生 ⇒ 患者

医美产业：上游厂家研发 ⇒ 品牌、技术市场推广 ⇒ 消费者需求 ⇒ 医美机构产品需求

图3 医美产业和传统医疗产业驱动力对比

从获客成本来看，实现营销的良性循环要充分利用新媒体和社会化营销，同时结合医美机构自身清晰的市场定位。在之前的市场环境中，医美机

构可以不考虑市场定位和差异化。随着市场环境的改变，独特的机构定位很重要。机构品牌的构建，也可以增强顾客黏性。当下，很多医美机构会盲目追求热点，如互联网行业炒热的流量池。流量池固然好，但是要结合机构的自身情况来思考，如是否有一定顾客基础、有好的运营团队支撑、有构建支持流量池的营销平台等。不要乐观地以为很容易通过资金建立起强壁垒和护城河。这个壁垒来自项目优势、定位优势、平台优势、成本优势或者团队优势等。另外，还可以围绕机构品牌或者医生个人IP做深度拓展。通过医美机构的品牌定位、项目品类的重组梳理，结合微博、微信等线上新媒体矩阵，提升整体形象，实现口碑传播，结合机构的发展节点和营销预算来做决策。

2. 组织成本

组织成本方面，医美机构的人工成本是相对较高的，目前趋于合理化。对于组织成本更多的是要从企业文化和激励机制方面思考。之前医美机构日子好的时候，机构普遍收益都不错，但是随着市场竞争激烈，医美机构的经营管理者需要重新考虑组织成本，涉及为机构员工的积极性、主动性及其对机构的贡献度。机构缺乏有效的激励机制和品牌构建，缺少文化建设基础，员工工作的目的受单纯的利益驱动，机构在精神文化建设方面要薄弱一些，这也跟整体战略规划不清晰有关。

3. 固定成本

对于医美机构来说，虽然固定成本相对而言不是占比最大的支出，但是通过结构优化，同样可以使其降低。比如战略定位上重视皮肤科的重建，同样也可以让固定成本最小化。医美皮肤科项目相对于手术项目来说更高频，通过皮肤科的顾客沉淀及其深层需求挖掘，利用规模效应来合理控制固定成本，具体体现为关键营销方案的连贯性和可操作性。

下面列举位于成都市区、营业面积800~1000平方米、月流水200万元的某中小型机构财务成本构成。

表1 医务端口人工成本构成

岗位	数量	月薪	其他
医生	1~3人	1万~3万元	业绩奖金与项目手术量挂钩
护士	4~8人	5000~8000元	
医助	4~6人	6000~8000元	

表2 营销端口人工成本构成

岗位	数量	月薪	其他
营销总监	1人	2万~3万元	
运营/企划	1~3人	1万~3万元	
美工	2~3人	6000~15000元	
文案	1~2人	6000~10000元	

表3 服务端口人工成本构成

岗位	数量	月薪	其他
前台迎宾	2人	4000~5000元	
美学设计师/现场咨询师	2~3人	2万~5万元	业绩奖金与客户成交金额挂钩
网络咨询师	4~10人	8000~15000元	
售后客户	2人	8000~15000元	

表4 管理端口人工成本构成

岗位	数量	月薪	其他
经营院长	1人	3万~5万元	
财务	1~2人	8000~10000元	
HR	1人	6000~8000元	

（1）营销成本

以单月流水不少于200万元来计算，大概60万元（200万元×30%）的广告预算。医美的获客渠道分为线上、线下两种。

线上：以广告的形式出现，约占广告预算的30%，包括各类电梯、公交、地铁、机场、社区、美团、大众点评、天猫等平台。

线下：和其他相关行业的异业联盟合作，如美容院、美发店、美甲店，服务费占比平均要达到50%左右。

（2）物料耗材成本

物料耗材费用基本占10%~30%，如麻醉成本、耗材成本（假体、药品成本、医用材料等），按照平均占比20%~25%来核算物料耗材成本。

（3）物业房租

机构位于核心商圈，紧邻地铁站，房租不便宜，面积为2000平方米左右的机构，月均物业费、房租、水电在15万元左右。

（4）其他

其他支出包括税费、保险、杂支等，还有一些突发的费用，这些视情况不同而不同。

三 成都医美产业投资载体研究

（一）武侯区——华西大健康产业功能区

2020年以来，武侯区坚定落实中央和省委、市委关于成渝地区双城经济圈建设的战略部署和工作要求，全力推进城市有机更新，着力优化城市形态、增添发展动能、强化社会治理。武侯区正按照"一年起势、三年成形、五年见效"的目标时序，着力促进城市布局更优、产业更新、品质更高、功能更强，按照全域策划、差异实施的思路，打造人民南路片区、武侯祠红牌楼片区、武侯新城环城生态北片区、她妆小镇环城生态南片区等四大重点片区，规划66个产业功能区，推动全区功能品质整体提升。按照高质量打造"两区三基地"的指导方针及成都市发展66个功能区的要求，武侯区建立了华西大健康产业功能区。

作为成都市66个产业功能区之一，华西大健康产业功能区位于人民南路两侧，规划面积12.7平方公里，集中了以四川大学华西医院等为主的6家三甲医院。华西大健康产业功能区抢抓时代新机遇，按照"国际知名医疗中心主承载区""西部大健康生活城"的目标定位，坚持主导产业集聚，探索特色化、差异化发展,通过校地融合、产融互促等创新路径,精准聚焦创新健康服务、医美&干细胞、大健康金融、医疗大数据四大产业细分领域,形成了以"大健康"为核心、金融为特色的现代服务业集群。

基于辖区医疗资源、人才资源富集的特点,功能区聚力发展大健康产业,形成了以"综合医院+专科医院+基层医疗机构"为构架的健康服务体系,集聚了瑞士罗氏制药、美国宝洁等诸多高质量市场主体,成为业界关注的西部大健康产业赛道的引领者。

功能区定位为"西部大健康生活城",承担着成都国际知名医疗中心主承载区、国际"医美之都"主承载区、医药健康产业的战略支撑功能。目前,华西大健康产业功能区已聚集大健康企业(机构)481家,包含四川大学华西医院等10家三级甲等医院在内的各级各类医疗机构115家,核心金融机构有346家,世界500强企业有79家,从业人员4万余人,是西部乃至全国高端医疗资源最为集中的区域之一。2020年以来,功能区新引进合璞医疗等大健康项目15个,实现税收5.18亿元,同比增长11.2%,创新发展成效明显。

为进一步发挥企业在科技创新中的主体作用,华西大健康产业功能区将构建"一个动力源,三大重点产业,六中心联动"的"136"产业格局,以及"一谷一轴一园多点"的空间布局。在产业格局中,动力源即以四川大学和华西"四院"为代表的创新资源;在空间布局上,一谷即"环华西国际智慧医谷"。除此之外,还将建设环华西国际智慧医谷、华西健康谷、环华西国际智慧医谷大数据中心三大百亿级大健康产业集群。以此为根基,武侯区正致力于建设成为成都面向"一带一路"国际知名医疗中心首选地及国际医美之都的主承载区。武侯区还将发力大健康金融产业,发挥区域内龙头企业的优势,打造人民南路大健康金融特色街区,推进西部大健康金融中心建设。华西大健康产业功能区已初步打造了"环华西国际智慧医谷科技创新中心"、数字医疗国际创新中心、四川省基层医疗大数据研究中心、"环华西国际智慧医谷健康科技成果转移转化基地"等多个平台,还拥有国家和省部级重点实验室22个,汇聚了一大批以院士、长江学者等为代表的优质人才。校地融合所迸发出的科研创新能力，为华西大健康产业功能区高质量发展注入了强劲动力。

金融业的集聚发展是华西大健康产业功能区的另一个特色，而灵活运用金融业的支撑作用，形成产融互促发展格局，则是功能区的创新探索。大健康金融的概念强调大健康产业与金融业的融合互促发展，通过大健康产业和金融业的互动创新，促进两大产业的转型升级和快速发展。目前，功能区内银行、保险、基金、证券等金融机构达346家，成熟的金融业为以大健康为主导的实体经济发展提供了支持。各金融机构围绕大健康领域不断创新产品和服务，为大健康企业构建起完整、顺畅的融资链条。以保险产品为例，功能区收集备案的创新型健康类保险产品达68种，满足全方位、多层次风险保障需求。华西大健康产业功能区通过创新金融产品服务大健康发展，形成了吸引集聚金融供给侧、精准对接金融需求侧的大健康金融发展模式，被成都市授牌"西部大健康金融中心"。

为了助力大健康产业的发展，武侯区还出台了《成都市武侯区促进经济高质量发展若干政策的意见》《武侯区促进健康产业发展若干扶持政策》《成都市武侯区关于支持大健康金融产业发展的若干政策》等一系列扶持政策，对大健康、大健康金融企业的注册落地、品牌提升、产品研发、技术升级、增资扩股、人才引进等关键环节给予全方位、全周期扶持。武侯区对大健康产业和金融产业单项最高奖励分别为1000万元和1亿元。

2020年，功能区依托"创新提能年""成渝双城经济圈"等重点工作，根据功能区规划引领和区域内发展现状，在产业功能区核心区内充分发挥现有医疗服务体系和人才优势的带动作用，逐步完善产业生态链，提升优化核心区生活环境品质。细化产业功能区核心区总体规划，明确产业发展路径；强化与"校、院、企、地"的交流和合作；促进产业重大项目优先在核心区落地；确保关键配套项目率先在核心区开建；同时做好企业、人才发展生活保障，多维度全面打造"环华西国际智慧医谷"，形成集约、复合、聚势聚能的功能区建设起步区，为整个产业功能区提升转型提供动力，带动形成产业功能区竞争优势，具体措施如下。

1. 构建社区新场景，打造"华西坝"风貌片区

充分利用"华西坝"历史特色，推进华西坝风貌片区打造，通过改造建筑风貌及街区，美化城市界面，强化历史传承；引入新兴的大健康、文娱、休闲等多元化复合业态，展现核心区生活新场景。

2. 注重产业招引，开展专题营销活动

围绕"创新提能年""成渝双城经济圈"等重大机遇，抓住中日开放合作的东风，举办"环华西国际智慧医谷"发展论坛等以"大健康""大健康金融"相关专题为主的各类投资营销活动；积极开展小分队外出招商，精准对接企业，不断提高武侯区的影响力，为功能区核心区建设发展探求机会、营造氛围。

3. 聚集主导产业，确保重点项目落地

切实针对创新健康服务、医美＆干细胞、大健康金融和医疗大数据四大细分领域统筹做好投资促进工作，盯准产业链重点环节，梳理优质企业，迅速对接、洽谈，促进项目顺利签约，有力促进核心区主导产业集聚、配套产业完善。

4. 构建企业服务平台，优化核心区营商服务环境

加强核心区主导产业相关的企业生产和人才生活保障，收集核心区内主导产业企业信息，建立大健康企业动态信息库；梳理、建立与四川省医学交流促进会、成都市医美协会等商（协）会的合作机制；收集、整理企业紧缺人才目录，落实人才引育政策，吸引产业发展所需专业人才聚集，调动核心区商（协）会、企业、人才三层动力，形成产业发展合力。

2020年6月，四川省下发《关于表扬四川省现代服务业集聚区创新发展先进单位的通报》对华西大健康产业功能区（城市核心集聚区人南片区）等10个省级现代服务业集聚区进行通报表扬。

（二）武侯区——她妆小镇环城生态南片区

天府芙蓉园、中国女鞋之都两座地标凸显出她妆小镇环城生态南片区的特质魅力——生态环境与美丽经济。作为武侯城市有机更新的四大片区之一，这里不仅营造靓丽的生态美景，还推动着传统产业向优雅时尚转型。对标法国（格拉斯）香水小镇、上海"东方美谷"等优秀案例，围绕发展时尚消费、文旅休闲等产业，着力实施她妆小镇、印象江安、复兴簇桥、太平寺四个单元有机更新，打造时尚消费新空间。

她妆电商直播产业园位于武侯区西南部，片区规划面积19.3平方公里。该片区生态本底优质、产业基础较好。她妆电商直播产业园是她妆小镇环城生态南片区更新策略的重点，将吹响美丽经济号角，营造"公园+"消费场景，打造公园中的直播场景，实现片区和天府芙蓉园消费与人气的互补互促。

2020年8月18日，"她妆电商直播产业园"开园盛典在成都市武侯电商产业功能区她妆小镇举行。在活动现场，成都武侯区发布了成都首个针对电商直播的专项政策《武侯区促进电商直播产业发展扶持办法（试行）》，明确鼓励引进MCN机构、鼓励头部主播聚能发展、鼓励传统企业建立实体直播间、鼓励孵化直播企业成长等，并给予相关资金补贴及税收减免的政策支持。

武侯区将深化政策引导，优化电商直播产业的发展环境，深度赋能产业数字化转型，打造业态丰富、人才积聚、创新驱动的电商直播产业生态。通过电商直播集聚化、规模化发展，拉动产业升级、带动区域经济转型，构建"区域网红经济产业生态圈"，推动川货走向全球市场。

对于医美平台来说，直播带美，就是运用线上直播的内容传播形式，代入医美的线上与线下消费场景，带动医美品牌和IP的建立、个人人设和IP的建立、医美项目的线上消费和线下消费。未来10年整个医美产业的发展中，以医生为核心提供服务的模式会渐渐取代以重资产的医院机构、连锁机构来向消费者传输行业服务品牌信息的模式。医美机构的医生群体也从善如流，与直播进行亲密接触。直播这一形式具备很强的互动性，网络面诊让医生和求美者有更多互动，同时也为平台自身挖掘了一大批潜在客户。越来越多的医美企业在主动向直播靠拢。未来，医美和直播完美结合才能实现共赢。她妆小镇正好能为成都市医美直播提供极好的外部支持，借助"她妆电商直播产业园"，打造"医美之都"又有了新的方式和助力。

（三）高新区——天府国际生物城

成都高新区1991年成为全国首批国家级高新区，近30年来在知识产权示范、自主创新、自贸试验等方面不断开拓前行，是科技部首批6个创建世界一流园区试点单位之一、中国西部首个国家自主创新示范区、中国（四川）自由贸易试验区和全面创新改革试验区核心区。成都高新区发展空间广阔，规划面积234平方公里，打造了电子信息产业功能区、新经济活力区、天府国际生物城、未来科技城四大产业园区。

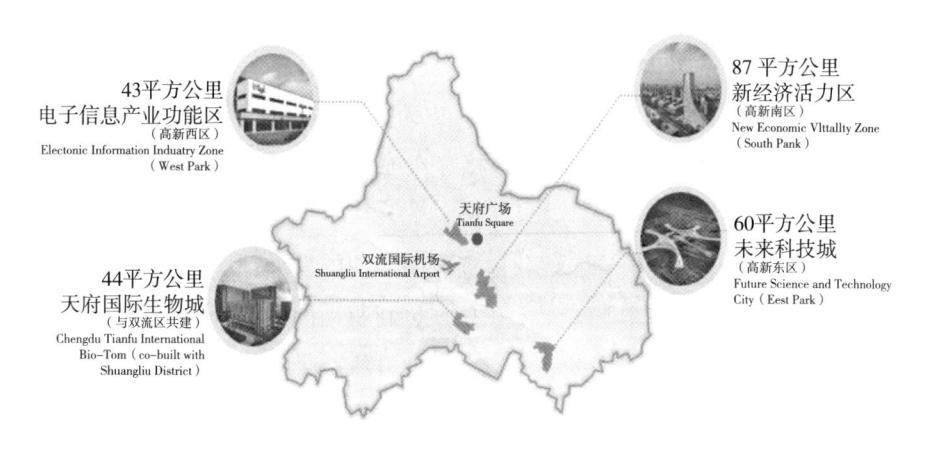

图4 高新区园区空间布局

成都高新区年均产值增长率为8%。2020年实现产值2401亿元，一般公共预算收入超200亿元。成都高新综合保税区进出口总额已达到5491亿元，居全国第一。区内聚集了英特尔、微软、华为、阿里巴巴等世界500强企业130家，上市公司43家，独角兽企业6家，区域经济呈现高质量发展态势，成为各类企业落户和创业的优先选择。

生物产业是成都高新区的主导产业之一，在国家科技部发布的全国生物医药产业园区综合竞争力榜单中列第3，聚集企业3000余家，产业规模超

600亿元，产业增加值年均增速超过20%。2020年临床在研Ⅰ类新药品种34个，位居全国第4，仅次于北京、上海、苏州。新增药品生产批件16个，医疗器械注册证26个。现已落户美敦力、赛诺菲、阿斯利康、艾尔建等世界500强代表性企业，拥有上市生物企业12家，培育了西南首家科创板上市企业先导药物。2017年科技部、国家卫计委、四川省政府三方签署框架协议，明确以"成都天府国际生物城"为主要依托，推进"重大新药创制国家科技重大专项成果转移转化试点示范基地"建设。

1. 高新区医美产业基本情况

截至2020年底，高新区聚集医美企业共151家。其中，中游医美服务机构131家，包括7家医院、50家门诊部、74家诊所，代表机构包括华美紫馨、米兰柏羽两家5A医美医院，以及中国医学科学院整形外科医院西南中心——成都八大处医疗美容医院等。医美产品研发生产代表企业包括艾尔建、贝施美、绽妍生物等，医美平台企业包括美呗、美械宝、纽睿医疗等。同时聚集知名医美行业专家100余名、专业从业人员6000余名。2020年，成都高新区医美产业总规模约30亿元，同比增长约16.7%。

2019年11月1日，中国整形美容协会采购与供应分会（CSPSA）落户成都，高新区针对性地出台了《成都高新技术产业开发区关于促进生物产业生态圈（产业功能区）成型成势发展的若干政策》，鼓励医美专业培训机构落户高新区，鼓励保险机构开展产品和服务创新，同时鼓励企业在高新区打造医美示范街区、医美特色园区、医美文化艺术馆等示范性项目，积极培育重点医美企业（机构），对新获得JCI国际认证、中国整形美容协会5A医疗整形医美机构等相关认证的医美机构给予奖励支持。

成都高新区医疗美容产业以高附加值的医美研发制造业和"互联网+医疗美容"为主，协同发展医美服务业和医美金融。高新区围绕"打造国际医美目的地，成都医美之都制高点和高品质生活靓丽名片"的总体定位，以构建"四链一体系"医美产业生态圈为主要路径，通过实施"提升""错位""外引""内培""品牌"五大行动，实现产业倍增，全力推进医美产业快速发展。

2.高新医美产业载体

(1)前沿医学中心

成都高新区与四川大学合作共建成都前沿医学中心Ⅰ期和Ⅱ期,打造成都生物医药创新发展的新极核和策源地;一期建筑面积29.4万平方米,瞄准大数据、人工智能、物联网、基因组学等前沿科学技术驱动的新医学("医学+新工科""医学+生命科学")基础研究与临床技术创新和发展,引进阿斯利康西部总部、倍特药业研发中心等项目30余个;二期规划用地134亩,以生物医药产业原始创新与转化创新的结合为目标,以互联网医疗、医疗大数据、流通总部、细胞制备基地、医美、牙科诊所及体验中心为方向,将重点突出"深化产学研合作、促进医学跨界融合"的产业规划理念,进一步承接和深化成都前沿医学中心立项内涵,打造"跨界融合+平台驱动"的创新产业体系和高品质科创空间。

(2)"医美之都"示范街区

"医美之都"示范街位于高新南区桐梓林片区,周围具有高品质商业及生活圈,人群聚集效应显著。示范街区整体定位为代表成都市医美产业最高水平、高品质的"医美产业街区",物业总面积约25000平方米。街区的打造以三级整形美容医院和特色专科医院为主体,同时形成医美产品旗舰体验店以及医美产业金融服务机构等配套业态。目前,街区已经植入了两类不同特色的医美专科医院,一类是后美整形医院,主打丰胸整形;另一类是瞳仁眼科医院,主打眼部整形。同时为街区医美业态提供特色金融服务支持的成都银行也已经入驻。下一步成都医美产业公司将联合华西医院,在该街区打造一家标杆性的三级整形外科医院,业务覆盖整形外科、皮肤美容、口腔美容、中医美容、盆底私密、抗衰老等领域,树立行业标杆,同时通过与相关大型医疗机构及急救机构合作,建设成都市医美救助修复中心,为不良医疗事故提供后援服务,促进行业健康发展。

(3)天府国际生物城

成都天府国际生物城位于成都市双流区西南部,毗邻四川天府新区成都直管区,2016年3月,由成都高新区管委会与双流区政府合作共建。规划总面积约 44 平方公里，地形以浅丘为主，涵盖丘陵、平坝和湖泊等，区域内环境优美、植被繁茂。距成都市政府约 25 分钟车程，距双流国际机场约 30 分钟车程，距天府国际机场约 40 分钟车程。

天府国际生物城集中发展医药健康产业，是医美产业化项目的重要承载地。在中央作出"推动成渝地区双城经济圈建设"重大战略部署的背景下，成都市的中国西部（成都）科学城战略规划应运而生，其中将天府国际生物城作为重要组成，定位为全球医药健康创新创业要素汇集区，打造世界级生物产业创新与智造之都。园区着力于推动生物产业生态圈建设，打造集"产业链、创新链、供应链、金融链、国际社区、专业配套"于一体的四链一社区一体系，加速形成产业竞争新优势。同时，园区匹配从创新孵化、中试加速到独栋研发的各类载体面积超过 100 万平方米。通过模块化建筑组合，为企业经营活动提供灵活的空间保障。生物城致力于在园区内建设天府国际医疗中心，围绕"医疗+产业"理念，以"一带一路"沿线国家和国内高端人群为中心，打造国际前沿高端综合医院+创新集约高端共享中心+区域高端特色专科群的"1+1+X"医疗资源核心区，覆盖医疗服务全产业链，建设国际一流的医疗中心。

天府国际生物城借鉴日本静冈、瑞士蒙特勒、上海国际医学园等国内外先进经验，依托永安老场镇改造，围绕国际医疗中心的优势医疗资源，补齐、补强医疗健康服务产业链条，集中力量于比较优势领域，打造以大健康服务为主导产业，覆盖癌症防筛与康复、医美抗衰老、康复疗养、文化旅游、休闲度假、健康运动、商旅服务、生态居住等，覆盖人力资本全龄段与医疗服务产业发展全生命周期，人城产融合发展的医疗小镇。

3. 代表企业

（1）艾尔建（成都）医疗美容公司

艾尔建公司是一家成立于 1950 年，总部位于爱尔兰都柏林的全球知名制药公司和国际医疗美容龙头企业。公司研发并销售多种创新性药品、生物制剂及医疗器械等产品，具有国际顶尖水准的研发机构和世界级的生产工厂。作为一家艾伯维旗下的公司，艾尔建美学致力于研发、生产和销售一系列先进的美学品牌和产品。旗下美学产品组合覆盖面部美学、身体塑形、整形、皮肤护理等领域。主要产品有注射用交联透明质酸钠凝胶、硅凝胶填充乳房植入体、单囊硅凝胶乳房假体等。2018年艾尔建在高新区投资建设艾尔建中国创新中心。创新中心于2019年在成都正式启用，该项目是艾尔建中国首个创新中心，将成为艾尔建全球范围内具有示范作用的产品咨询服务及消费者体验中心。创新中心将引进最先进的售后服务理念和境内外的专家向中国及亚太周边地区的客户提供与艾尔建产品售后服务相关的技术和使用实操培训，建立与艾尔建产品相关的消费者体验店，同时致力于嫁接全球的创新产品以及医美诊疗方案培训，提升医生诊疗水平。

（2）八大处医疗美容医院

成都八大处医疗美容医院隶属于中国医学科学院整形外科医院·西南中心，成立于2018年，是中国首家国有股份主导的混合所有制整形美容专科医院，拥有"整形国家队"的称号。医院系由中国医学科学院、北京协和医学院按照院校长办公会议关于"加强临床医院分院建设"的决定，由中国公立三甲医院中唯一的整形外科医院——中国医学科学院整形外科医院发起，在成都建立的第一家异地分院。主要有医疗美容服务：整形外科、美容皮肤科、微创美容科、中医美容科、口腔科等医疗美容基础门诊；修复再造服务：陆续引进包含唇腭裂治疗、鼻整形再造、乳房整形、瘢痕综合治疗、毛发移植等20个特色治疗中心项目。截至2021年3月，成都八大处备案注册美容主诊医师达35人。其中拥有正高职称7人、副高职称2人，出诊美容主诊医生100%为中高级职称。

（3）美尔贝科技股份有限公司

美尔贝科技股份有限公司（品牌名称"美呗医美"）成立于2011年，于2014年在成都高新区设立总部。公司作为高新技术企业，2019年取得成都市准独角兽企业称号，拥有成都市企业技术中心创新体系，是一家致力于为求美者提供更安全、可靠、专业变美体验的高端医疗美容严选平台。作为科技型公司，美呗注重医疗美容领域的大数据和人工智能研发，目前已拥有一流研发团队占职工总数的10%，多个平台、多个系统共同发展，拥有 73 件知识产权。公司成立至今一直专注于医疗美容行业的转诊电商、自媒体矩阵和大数据及人工智能研发，业务覆盖全国，拥有 350 余名专业医疗美容咨询师，严选超过 2000 家优秀医疗美容医院入驻，与多达 12000 名专业医生达成合作意向，实现咨询量累计超 8000 万人次，创造了手术零医疗事故纪录。在北京、上海、重庆等地设立了 6 家子公司，拥有超 700 名员工。

(4) 成都卡媚迪施草本生物科技 (成都) 有限公司

该公司由以色列 Kamedis 公司、伊兰·切特教授与成都农高技转科技有限公司合作成立，于 2019 年共同在国际生物城投资建设 "Kamedis 亚太·中国药用植物创新中心项目"。项目包括 Kamedis 化妆品研发中心、生物控制学术中心、药用植物开发中心、川产道地药材开发中心、中以高新技术产业转化中心及药用植物科研观赏文创园。国际生物城在孵化园为其匹配面积约达 1400 平方米的载体，并结合景观打造需要，规划约 30 亩土地用于保障药用植物科研观赏文创园。

(四) 东部新区——成都健康医学中心 (未来医学城)

成都健康医学中心 (未来医学城) 选址于成都东部新区西南侧、紧邻三岔湖区域成都天府国际空港新城范围内，规划面积约 14.34 平方公里 (其中建设用地面积约为 8.2 平方公里)，是四川大学与成都市在成都东部新区三岔湖畔共建医教研一体化的未来医学城。这里将塑造 "一核四带四区"的空间结构，构建基于 5G 应用的智慧城市数字平台，营造 "主动医疗""智慧养老""全生命周期健康管理"等未来空间场景。医学城与未来科技城、天府奥体公园交相呼应、协同联动，共同构成成都东部新区三大核心动力源，奠定了坚实的产业发展基础。

自 2019 年 5 月成都东部新区正式挂牌成立以来，新区新增市场主体 1500 多家，有 27 个重大产业项目签约，总投资超 1900 亿元，在前期 9 个综合开发片区的基础上，又新增了 "未来医学城"片区。目前，十大片区已编制完成控规方案、城市设计和产业规划，计划在 3 年内实施 250 个项目，总投资3016亿元。

2020年9月29日,在四川大学建校124周年暨华西医学110年"新医科发展与医工结合"高峰论坛上,成都东部新区与四川大学、成都兴城集团共同签署了《成都健康医学中心(未来医学城)项目合作协议》,在成都东部新区合作建设成都健康医学中心(未来医学城),引入高能级医疗资源,推动医、教、研、产融合发展,打造全球高能级医药健康领域承载地和高水平医疗健康"引领极"。

本计划以创建综合性国家医学中心为目标,聚焦创新药物、生物材料、高端医疗器械和精准医学,构建我国独具特色、引领世界的高原医学、灾害医学、深地医学,重点建设高原病医学中心、移植再生中心、血液肿瘤中心、感染性疾病中心、代谢性疾病中心、紧急医学救援中心等6个特色临床医学中心。

2020年10月23日,未来医学城(国家医学中心)启动了开工仪式。本次启动的是成都未来医学城一期工程"成都健康医学中心"。该项目总投资26亿元,将以"医、教、研、产"一体化模式,深入推进"三院一区"建设,打造引领全域医疗健康发展的国家医学中心,预计于2025年建成。

2021年1月25日,成都召开"东进"工作推进会暨片区综合开发工作专题会,加快建设全面体现新发展理念、凸显公园城市特色、承载高品质生活的"未来之城",加快推进未来医学城的建设。

2021年3月在成都市产业功能区及园区建设工作领导小组第八次会议暨投资促进工作会上,成都医投集团透露了成都健康医学中心(未来医学城)更多的建设细节。成都健康医学中心(未来医学城)总体定位为"未来医学探索与创新前沿、医教研产与转化典范",力争到2025年形成国内一流的特色医疗集群,到2035年形成世界级未来医学创新高地。在空间规划上,成都健康医学中心(未来医学城)将按照"医疗核心聚集、圈层动态生长、空间协调邻避"和"丘湖共栖、公园营城"的空间布局原则科学形成未来医学城片区开发用地布局。

图5 东部新区健康医学中心空间结构

（五）温江区——成都医学城

温江是成都中心城区，区域面积为277平方公里，管理服务人口103万，素有"金温江"的美誉。温江是中国（四川）自由贸易试验区协同改革先行区，连续8年入选"全国综合实力百强区"，先后被评为"中国国际化营商环境建设示范区""中国最具投资价值城区"。

温江以成都医学城为发展主阵地，布局医学研究创新链，完善医药制造产业链，延展医疗服务价值链，完善三链共促、三医共融的产业生态圈，不断夯实"三医基础"、纵深推进"三医融合"、全面提升"三医＋大数据/人工智能"创新型现代产业体系发展水平，努力将温江建设为西部第一生物医药创新创造中心、中国唯一"三医融合"标杆基地、全球知名健康产业高地。医疗美容产业作为全球的"朝阳产业"，属于大健康产业中的细分领域，高度契合温江"三医两养一高地"产业定位，同时，成都市医美产业空间布局规划将温江定位为"医美之都"三区两城多点体系中"两城"之一，承担医美产品研发创新、生产制造功能，分担医美产品展示交易、检验检测功能，共担医美机构集聚、学术交流、旅游康复功能。

1. 温江医药健康产业基础

温江聚集三医上下游协作企业480家，形成了从基础研究、药物发现、药物设计、临床前开发、临床试验到工业化生产的全链条支撑体系。2020年医药健康产业营收301.74亿元，全年新签约引进亿元以上产业化项目51个，包括远洋医疗大数据中心、瑞泰生物再生修复材料研发生产基地、新氧科技医美互联网平台区域总部项目等高能级项目14个，协议总投资465亿元。参与组建全市医药健康产业生态圈联盟和医疗装备产业创新联盟，牵头组建成都医学城医疗器械发展联盟。成都医学城被纳入中国西部（成都）科学城"一核四区"规划，成都医学城"三医研发小镇"被国家发改委评为全国特色小镇先进典型，成都医学城获评省级高新区、优秀省级开发区、中国最佳医疗健康产业园区TOP10、四川省院士（专家）产业园，提前实现西部领先生物医药产业高地目标。

（1）产业体系持续完善

目前，温江初步形成了涵盖医药研发、医药制造、医疗健康服务、医药商贸等较为完整的产业体系。医学研发领域，聚集全球CRO排名前十的药明康德、科伦等企业157家，在研药械品种844个，12个项目获得国家重点研发计划项目立项、209个项目获批省市科技项目立项。医药制造领域，聚集罗欣药业、百裕等重点企业159家，在产药品器械199个，创新中药、体外诊断试剂、中医医疗装备、医学影像设备与AI、5G深度融合等方面具有领先优势。医疗健康服务领域，聚集华西医院温江院区、四川省人民医院、成都市第五人民医院等三级综合医院5家，特色专科医疗机构7家，医学检验检测机构38家，千人床位数达11.38张，位居全国前列。医药商贸领域，拥有以高济医药为代表的药械流通企业96家。

（2）创新生态持续提升

高质量建设中国西部（成都）科学城生命科学创新区，着力营造"想进来、宜生存、离不开"的创新生态。规划建设200万平方米西部规模最大、体系最全、服务最优的创新载体，建成2个国家重点实验室，拥有国家级研发中心7个、省级研发平台166个，建成集技术研发、成果转化、孵化投资等功能于一体的新型研发机构5个、在建3个,孵化落地项目266个。在建国家高性能医疗器械创新中心、生物靶向药物国家工程研究中心等国家级平台5个。实施"一个脑袋两只手"校地企协同创新模式,与上海交大等20余所高校建立战略合作关系,与电子科大共建"三医+AI"产业科技园。西部唯一、全国获批的9个国产Ⅰ类新药之一的海思科环泊酚,是我国首创自主化合物静脉麻醉药。在研8个全球首创新药,其中4个(含2个四抗)进入临床研究。

(3)要素支撑体系持续增强

强化政策保障,围绕产业发展需求,提供精准化政策支持,出台生物医药、科技成果转移转化、高水平双创高质量发展、高层次人才创新创业等专项政策,形成创新链、产业链、服务链、人才链、金融链政策集群闭环。强化资金保障,新成立成都交子远洋医药健康股权投资基金和四川川投金石康健股权投资基金,组建总规模达90亿元的"1+4"健康产业基金群。通过产业基金导入,引进远洋资本智慧医疗及公共安全大数据产业基地、中航资本5G+医疗健康大数据产业基地等产业化项目3个。强化人才保障,累计吸引两院院士、国家和省"千人计划"专家等高层次人才140名,落户本科以上青年人才1.4万余人,为医药健康产业发展提供持续的人才和智力支持。

2.温江医疗美容产业发展情况

(1)发展成效

温江已聚集医美上下游协作企业51家,形成医美产品研发、制造、医美服务机构及关联产业全链条式发展格局。2020年新签约引进新氧科技医美互联网平台区域总部项目、镭致皮秒激光治疗仪研发及生产中心项目等亿元以上产业化项目10个,协议总投资52亿元。新氧科技致力于打造高商业价值的新型消费医疗在线平台,设立新氧温江总部,开展互联网医院、自媒体、医美管家服务等业务,建设医美共享医院,开展药品交易、保险业务等。

(2)工作举措

推进医美与互联网融合发展。依托新氧科技,培育"互联网+医疗美容"第三方平台和中介服务，发展医疗美容终端化产品驱动的医疗美容电子商务，推动医美行业获客模式变革，构建全新的互联网行业生态。支持医美App等平台发展，打造本土医美服务IP，吸引医美消费群体前来消费。

加快构建高端应用场景。依托三医创新中心、珠江国际等专业楼宇载体，选择"医美抗衰""微整形"等细分领域持续发力，持续加大医疗美容服务机构及关联企业招引力度，新引进镭致科技皮秒激光治疗仪研发生产中心、云测医学IPS平台项目2个医美项目，新入驻新氧科技、贞禾医美、彦萃美容等医美企业3家。主动介入珠江广场、新光天地等商业综合体招商运营和项目，依托医美协会、商会等行业协会，引进落户茁悦牙科、Y&L韩国皮肤年轻化管理中心等医疗美容商户20余家，形成集月子中心、产后修复、整形美容中心等医疗美容特色项目于一体的多元化消费场景。

引导企业布局医美总部。主动对接企业，宣讲总部经济政策，找准企业培育着力点，精准指导企业开展总部型企业申报认定，引导企业发展总部经济，依托政策杠杆鼓励动员企业将医美盛典等全国性展会、论坛、选秀活动吸引到温江，将医美资源留在温江。

强化发展要素支撑。积极推动全区存量医疗美容生产制造企业转型升级，促进相关企业开展技术合作、企业孵化、科技成果转化等各类合作，鼓励支持研发、制造产品本地生产销售。依托温江星河world、新光天地等重点项目载体，推动建设医美行业研发孵化中心、展示营销中心、教育培训会务中心等，促进线上流量与线下客流同步增长。充分发挥成都市温江区医疗美容产业协会作用，搭建企业间沟通桥梁，促进区内医美企业协作配套、抱团发展。

3. 温江医疗美容产业发展规划

出台《成都市温江区医疗美容产业发展规划（2018—2035年）》，围绕"三医两养一高地"产业定位，按照成都市医疗美容产业发展战略部署，突出发展医疗美容研发制造业，加快发展医疗美容服务业，延伸发展医疗美容关联产业，以产业生态提升核心竞争力，以品牌塑造提升产业价值，以市场为导向促进多元化发展，在奋力打造成都健康产业功能区的框架下加快布局"医美温江"特色领域，将温江区打造成为西部领先、全国一流、世界知名的"医美之城"，为成都市打造"医美之都"提供重要支撑。

4.温江医疗美容产业布局

温江按照在《成都医疗美容产业发展规划（2018—2030年）》中"两城"之一的空间布局和功能担当，以及打造成为西部领先、全国一流、世界知名"医美之城"的产业定位，遵循"南城北林"格局，立足全域温江视角，重点发展医疗美容产品研发创新、生产制造，突出发展医疗美容服务机构集聚成群，构建"两基地一核心多点位"的医疗美容产业发展空间格局。

两基地——制造基地：依托成都医学城A区先进制造业动力引擎，布局医疗美容产品生产制造基地，以尚诚怡美等企业为龙头，重点发展医疗美容耗材、医疗美容设备、抗衰老药物、药用面膜等医美药品，打造中国西部高端医疗美容产品制造基地；研发基地：依托成都医学城B区三医创新中心创新孵化平台，布局医美产品和医美技术研发创新基地，重点发展医美药品和器械产品创新研发中心、公共技术服务平台、医疗美容临床医学转化中心、检验检测认证中心等。

一核心——依托健康服务业集聚区（现代服务业园区）特色专业楼宇（珠江美业中心），重点发展大型连锁特色专科医院、专业医疗美容服务机构，布局医美总部。结合物联网、大数据，大力发展医美网站、医美App等平台，形成医疗美容服务机构聚集核。

多点位——依托温江都市现代农业高新技术产业园，多点位布局医疗美容产品研发项目、高端康养项目、整形修复酒店等特色业态，增强医疗美容产业配套服务功能，促进医疗美容旅游业发展，打造医疗美容康复旅游片区。

5.温江医美产业载体

（1）创新载体——成都医学城三医创新中心

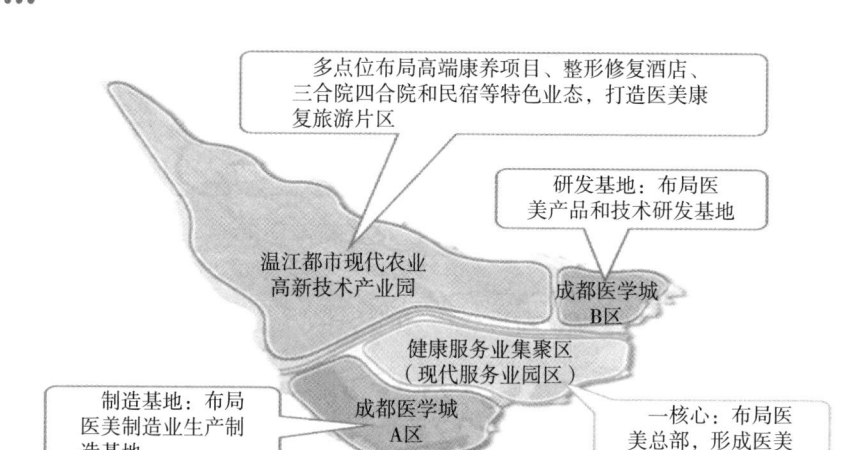

图6 温江医美产业空间布局

三医创新中心作为成都医学城的研发创新中枢，着力打造全国知名的生物医药创新研发引擎。三医创新中心一期项目占地87亩，已建成面积6.4万平方米，园区建立了政务、金融、人才、商务、信息、专业公共服务平台六大服务体系，配备了相应的商务洽谈中心、员工食堂、共享汽车等设施，建成250方/日医疗废水处理池，将打造集孵化研发、健康管理、综合配套服务等于一体的创新创业园区。

（2）生产制造载体——cGMP标准厂房

cGMP标准厂房项目占地123.2亩，规划总建筑面积25万平方米。项目按符合cGMP标准的要求建设标准厂房及相关配套设施，同时园区建设蒸汽站、污水处理站、危险品库、检测中心、会议中心、员工餐厅等配套设施。

（3）应用载体——珠江国际美业中心

珠江国际美业中心是以先进理念打造的首个集体检中心、美容中心、专科诊所、医美旅游、医美健身等业态于一体的医美健康综合体。珠江国际美业中心以打造国内规模最大、功能配套最完善的成都中高端医美健康服务综合体、西部医美健康之城、医美健康服务业集聚区为目标，形成"2+4+X"的城市健康综合体总体布局，高端医疗服务、医美健康相关高端服务双轮驱动,以医美健康服务、医美健康专业培训、医美健康+城市生活、新型医美产品展销(相关装备、器械、药品、健康食品等)为四大支柱,延伸医美金融、医美旅游、医美运动、医美食疗、医美电商、医美产品销售等业态。

具体代表企业如下。

①新氧科技

"专业医美,先搜新氧"。新氧集团成立于2013年7月,业务版图覆盖教育、科普、内容、医械等领域。旗下产品"新氧美容微整形App",是全球最大的品质医疗与美容整形搜索电商平台,致力于用科技帮助消费者安全变美。产品形态为"社交+内容+电商",在业内被称为"新氧模式"。新氧科技医美互联网平台区域总部项目建设内容包括设立医美平台区域总部,开展互联网医院、自媒体、医美管家服务等业务,建设医美共享医院,开展药品交易、物流、保险等业务。

②尚诚怡美(成都)生物科技有限公司

尚诚怡美(成都)生物科技有限公司是集研、产、销、OEM/ODM于一体的尖端美容医学企业。公司位于成都温江区成都海峡两岸科技产业开发园,厂房面积达1800余平方米,拥有一支汇聚生命科学、应用化学、皮肤学等多领域高精尖人才的科研团队。公司有焕妮秀(HONEYSOUL)和凯欧泉(KOETCHAN)两大自有品牌,焕妮秀注重专业护理,凯欧泉注重日常护肤。

③赛尔托马斯生物科技(成都)有限公司

赛尔托马斯生物科技(成都)有限公司是美国赛尔生物集团在中国的重点直属机构,坐落于成都医学城三医创新中心,是一家以自体干细胞技术研究与转化应用为核心的生物科技高新企业。赛尔托马斯拥有以首席科学家2013年诺贝尔生理学或医学奖得主托马斯·苏德霍夫教授领衔的,共包括2位诺贝尔奖得主及国内外院士和千人专家在内的强大专家委员会。赛尔托马斯以国内外尖端生物科学技术为基石,以干细胞和生物科技创新为核心,专注于干细胞技术研发、应用及推广服务,提供集抗衰老、再生医学、细胞免疫防癌、细胞储存、基因检测、医疗美容等于一体的、私人定制化抗衰老管理服务。

④四川科伦新光健康药业有限公司

四川科伦新光健康药业有限公司是以中药新药、医疗美容、保健食品等为主要方向的健康产业研发和生产企业。新光健康是一家以大健康理念规划布局，专注于创新大健康技术，集研发、生产、营销于一体，以核心专利技术为主导，深度融合行业优势力量的大健康特色和技术创新型平台企业，目前已取得药品生产许可、2种形态单元的化妆品认证、2类医疗器械级医疗美容生产线建设及备案许可、3个剂型的保健食品GMP认证和3个食品认证单元，具备药品、化妆品、医疗器械及医疗美容产品、保健食品、食品等多类别的生产能力。

R.17
成都医美产业人力资源报告

刘澎涛[*]

摘 要： 随着医疗美容产业的崛起，医美从业者逐年增加。整体来说，目前我国医美产业人力资源处于发展初期。从人才角度来看，医美产业专业人才缺口较大，尤其是医技类人才，高薪难求。除此之外，医美产业服务岗人才学历普遍较低，专业背景更是五花八门，很多从业者都是从其他领域转行而来，医美产业整体医疗服务水平还有待提升。从数据来看，目前成都市医美从业者有2.7万人左右，其中卫生技术人员约占12%，部分医疗岗位存在较大缺口。从医美从业人员月薪分布来看，护士、前台导医、客服专员等基础岗位月薪垫底，医技类岗位月薪基本稳定在1万元以上，成都医美从业人员月薪主要集中为6000～20000元。医美产业的稳定发展，需要从业者与机构的共同努力。除此之外，政府和协会应起到监督作用，严厉打击黑医美以及不正当的市场竞争行为，出台相关管理条例，不仅要留住优秀人才，还要促进本土优秀人才的成长。

关键词： 医美人力资源 医美服务岗位 医美从业者

---

[*] 刘澎涛，医聘网成都分公司总经理。

一 中国医美产业人力资源现状

（一）中国医美从业者

随着医疗美容产业的崛起，医美从业者逐年增加。2010年，全国医美从业者为10万人，2016年增长到60万人。过去5年，在市场和资本的双重推动下，全国医美从业者增速保持在15%以上，2019年全国医疗美容从业者数量突破百万人大关，2020年医美从业者达到133万人。

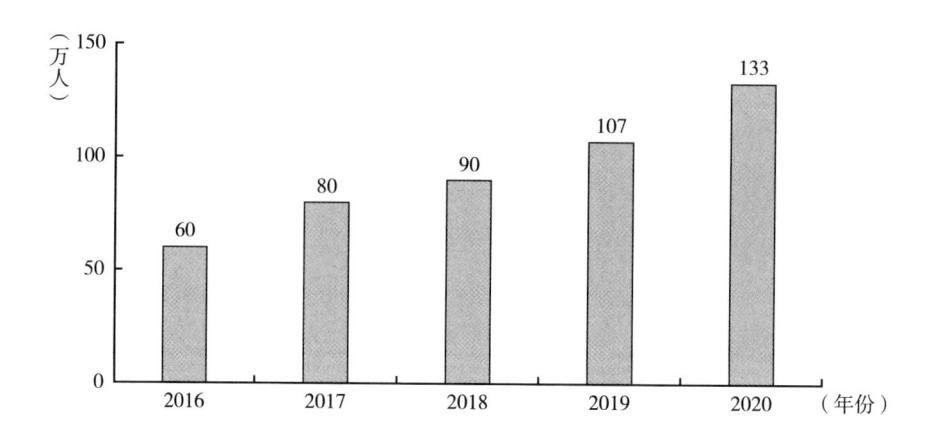

图1 2016～2020年全国医美从业者数量

与此同时，整形外科医生（包括整形外科、皮肤科、中医科、口腔科部分医生）数量稳步增加，美容主诊医师数量也已过万。然而，与医美产业发展相对成熟的国家相比，我国人均整形外科医生数量远远不足。

1. 医美机构各岗位人数占比情况

数据显示，医美机构的服务岗位［包括客服（含导医）、网电咨询、现场咨询（含助理）等］人数最多，占比约为40%；在卫生技术人员中，除持证执业的医护人员外，还有相当一部分为无证上岗的辅助类技术操作人员，占比为16.5%。

图2 2016~2020年整形外科医生数量

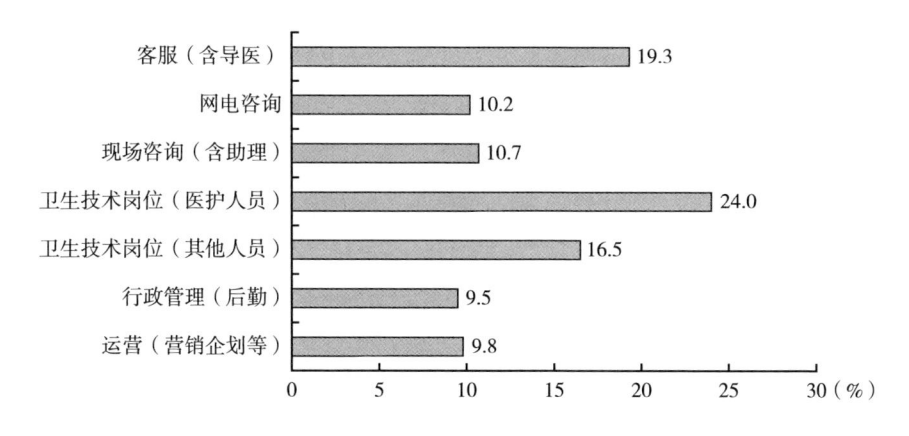

图3 医美机构岗位人员配比

客服（含导医）19.3
网电咨询 10.2
现场咨询（含助理）10.7
卫生技术岗位（医护人员）24.0
卫生技术岗位（其他人员）16.5
行政管理（后勤）9.5
运营（营销企划等）9.8

注："卫生技术岗位（其他人员）"是指，因为政策原因，无法取得合法身份，但是因行业发展需要，确实存在的辅助类技术操作人员，如光电仪器操作、皮肤护理、文饰美容、洁牙及美白等。

2. 医美从业者学历情况

从数据来看，作为医美机构的最大群体，医美服务岗位非医学背景的人员占比超过了60%，且学历普遍较低，大部分为大专学历（占45%）和中专或高中学历（占40%），本科及以上学历占比较小，仅为12%。

与此同时，卫生技术岗位人员的学历情况则相对较高。数据显示，卫生技术岗位人员大专及以上学历占比为84%，其中，大专学历占46%，大部分为护理专业；研究生学历占8%，主要为临床医学专业。

（二）中国医美机构

经过粗略预算，2016年正规医美机构为8000家，到2020年为23000家。

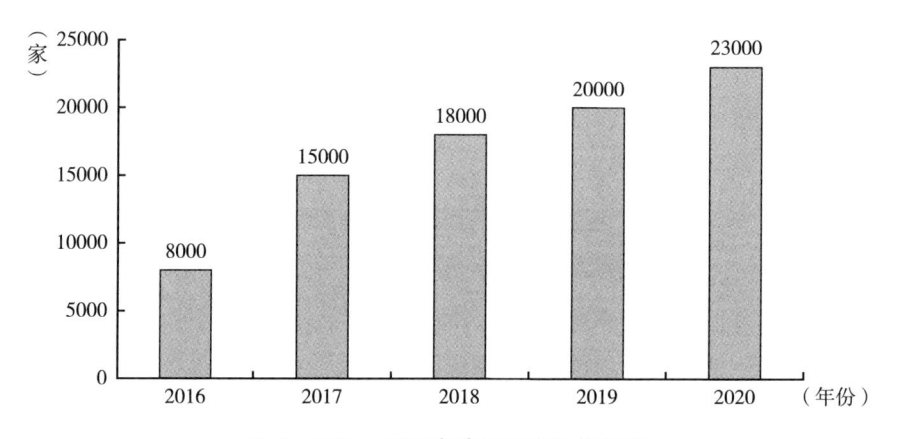

图4　2016～2020年中国医美机构数量

通过对比机构的营业面积、全职医生、客流情况等，将机构分为大体量机构、中小型机构、小微型机构，发现中小型机构占比最大，达70%～75%，其次是小微型机构，占16%～22%，值得注意的是，通常来说，"黑诊所"就出现在小微型机构中。

表1　全国医美机构规模分布概况

机构类别	数量占比	机构特征
大体量机构	6%～12%	·在经营模式上多为连锁，一般旗下拥有大中型医院、门诊部、诊所等多种形态的医美机构 ·经营面积一般在3000平方米以上 ·全职主诊医生10～15位 ·客流量50～200人/天

续表

机构类别	数量占比	机构特征
中小型机构	70%~75%	·经营模式为医院和门诊部 ·规模在500~3000平方米 ·全职主诊医生约为3位,配助手6位左右 ·客流量20~100人/天
小微型机构	16%~22%	·门诊部和诊所两种形式 ·规模一般在500平方米以下 ·主诊医生1位,配2~3位助手 ·客流量10~30人/天

（三）中国医美产业人力资源发展处于起步阶段

图5　中国医美产业发展问题

整体来说,目前我国医美产业人力资源处于发展初期。从人才角度来看,医美产业专业人才缺口较大,尤其是医技类人才,高薪难求。除此之外,医美产业服务岗人才学历普遍较低,专业背景更是五花八门,医学背景弱；从业者频繁跳槽,对自身定位不清晰,缺乏职业规划；近年来随着医美产业崛起,很多从业者都是从其他领域转行而来,医美产业整体医疗服务水平还有待提升。

从机构角度来看,有完善的人力资源体系的医美机构占比不足50%,有完善人力资源配置的医美机构占比不足30%,有完整人力资源战略的医美机构更是屈指可数。行业的薪酬无序、缺乏标准，绩效福利乱，甚至还经常有拖欠工资等情况。大部分机构的人事身兼数职，缺乏人力规划意识。除此之外，由于超过70%的机构为中小型机构，对人才培养不够重视，缺乏人才培养体系，或者培养碎片化，导致人才不足。

目前，产业对人力资源管理需求越来越迫切，尤其是一些机构的连锁化经营，需要人才的梯队化打造与培养，复制团队与管理模式，其中完善的人力资源体系至关重要。

二 成都医美产业人力资源现状

过去5年，是成都医美产业急速发展的5年，尤其是2018年成都提出打造医美之都之后，医美机构和医美从业者都有较大幅度的增长，但随着2019年市场的变化、2020年疫情的影响，医美机构数量呈现断崖式下跌，整个产业发展回归理性。

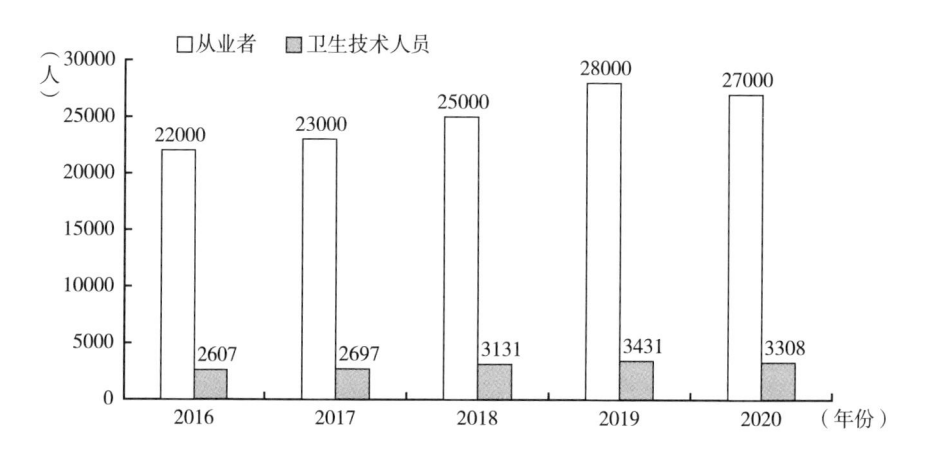

图6 2016~2020年成都市医美从业者与卫生技术人员数量

从数据来看，2020年成都市医美从业者为2.7万人，其中卫生技术人员约占12%，部分医疗岗位存在较大缺口。

三 2020年中国医美产业薪酬报告

(一) 医美产业整体薪酬情况

基于全国范围内样本机构发布的17068个招聘岗位(每个岗位样本数量均衡信息),根据不同薪酬区间,将岗位数量占比进行归类计算,得出2020年医美从业者平均月薪约为16291元。

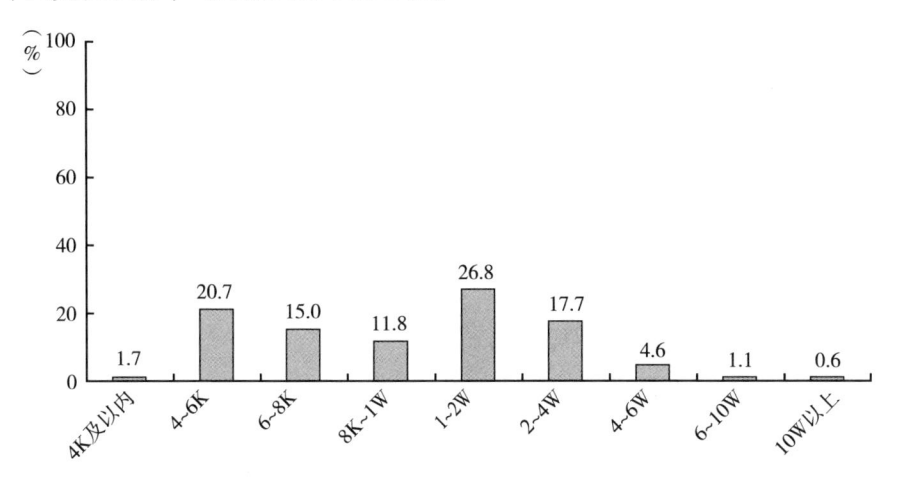

图7 2020年成都市医美从业者平均月薪分布

从整体的薪酬分布情况来看,医美产业的月薪区间分布没有出现极端情况,相对比较均衡,其中,月薪在1万~2万元档的占比最大,为26.8%,其次为月薪在4000~6000元档的岗位,占20.7%,月薪为2万~4万元档的岗位占比17.7%。

对各个岗位的月薪情况进行分析,发现护士、前台导医在整个产业月薪垫底,而整形外科医生(主任)等的月薪最高。

从医美机构岗位月薪分布来看,护士、前台导医、客服专员等基础岗位的月薪垫底,医技类岗位月薪基本稳定在1万元以上。相对而言,工作年限达到8~10年、拥有资质证书且手术质量有一定保证的整形外科医生等的薪酬最高。

成都医疗美容产业发展报告（2020~2021）

级别	月薪	主要岗位
1	6~10W	整形外科医生、整形外科主任、微整形主任、美容皮肤激光主任
2	4~6W	整形外科医生、美容皮肤激光医生、微整形注射医生、总经理/院长
3	2~4W	运营类总监、美容皮肤激光医生、微整形注射医生、整形外科医生
4	1~2W	现场咨询顾问、运营类总监、美容皮肤激光医生
5	4~8K	护士、前台导医、客服专员

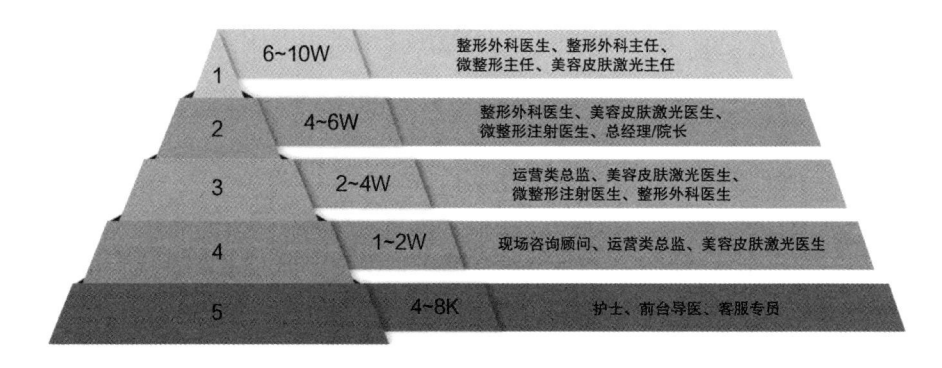

图8 各月薪区间内主要岗位分布情况

在1万~2万元档的月薪范围内，岗位分布相对比较分散，基本上各类岗位都有。占比相对较大的有现场咨询顾问、运营类总监、美容皮肤激光医生等；应该说，1万~2万元档是医美行业的普遍月薪水平，适应于大部分岗位，无论是技术岗还是运营岗。

（二）2020年度热门岗位薪资情况

通过分析2020年1~12月岗位的发布及投递情况，并结合活跃度进行排名，发现活跃度排前五的岗位分别为护士、美容皮肤激光医生、前台导医、现场咨询顾问、整形外科医生，对热门岗位的月薪进行分析可知2020年度热门岗位的薪酬情况。

对比数据发现，59.8%的护士月薪只有4000~6000元，还有23.4%的护士月薪达到了6000~8000元，极少数护士月薪能达到1万元。对比2020年岗位发布与投递数发现，护士岗位发布数量大、查看量大，但投递量少。2020年护士岗位缺口较大，很多护士表示机构开出的薪资条件没有吸引力，正在等待更好的工作机会，或者考虑转岗。

美容皮肤激光医生月薪在2万~4万元的较多，占43%；其次是1万~2万元，占30.6%。但从2020年的情况来看，随着美容皮肤激光医生需求逐步增加，其薪资水平上升趋势明显。

前台导医的月薪较低，4000~6000元的占78.5%。月薪能达到1万元

成都医美产业人力资源报告

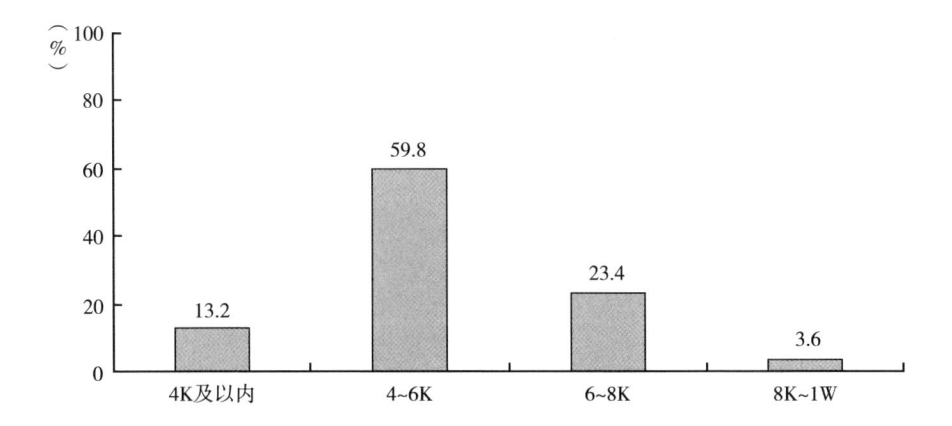

图9　2020年医美护士岗位月薪分布

注：岗位活跃度与机构对该岗位的发布更新次数、人才对该岗位的查看次数和简历投递次数相关。

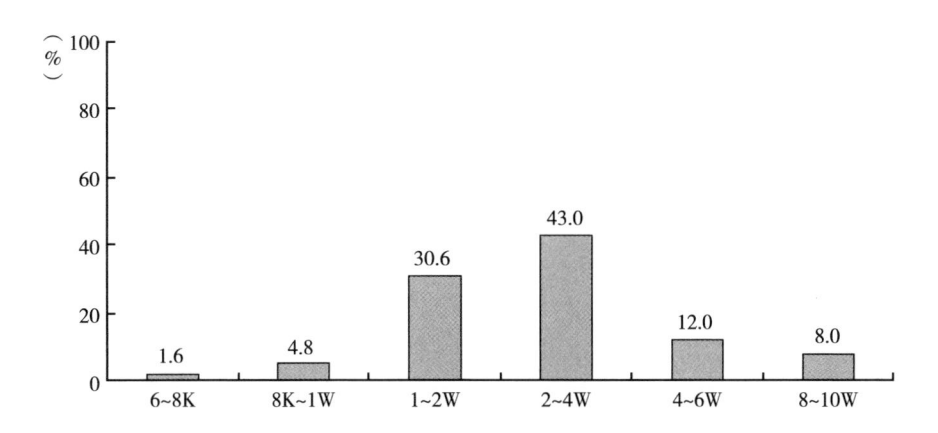

图10　美容皮肤激光医生月薪分布

的前台导医占比不到1%。前台导医需求量大，但由于薪资水平较低，投递率极低。

现场咨询顾问是月薪水平跨度最大的一个岗位，低的4000~6000元，高的1万~2万元。相对来说，现场咨询顾问作为销售类岗位，月薪属于中高水平。其中，1万~2万元档月薪的现场咨询顾问占43.5%，占比最大；

313

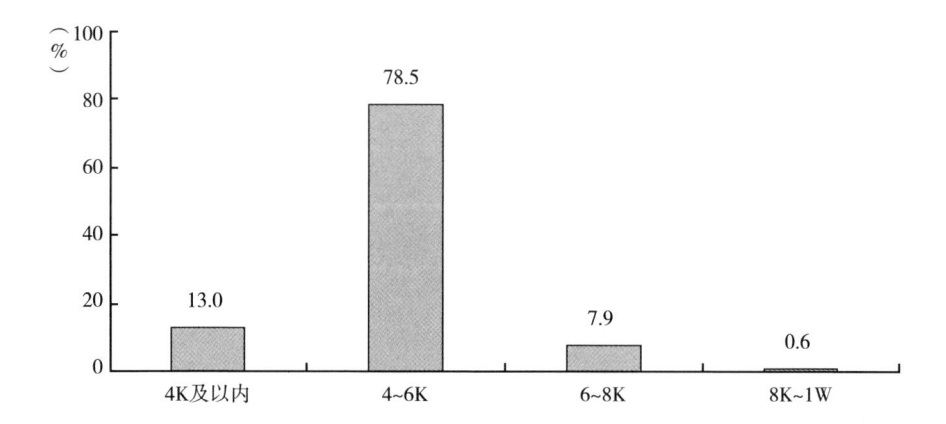

图 11　前台导医月薪分布

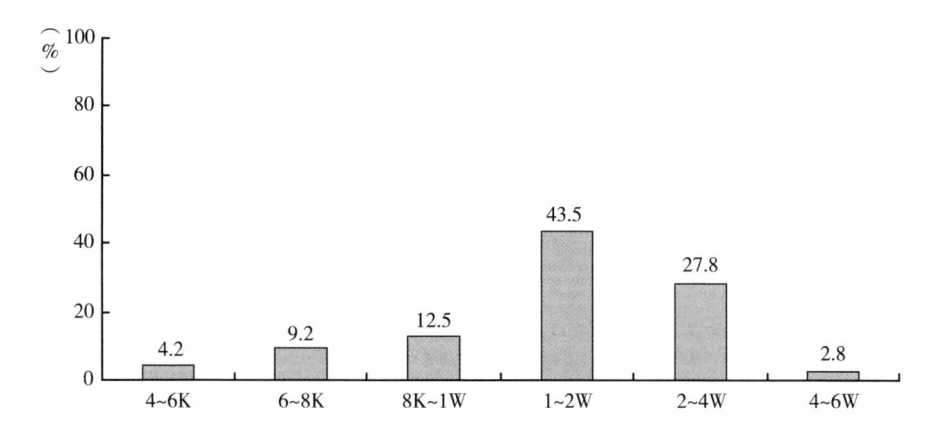

图 12　现场咨询顾问月薪分布

其次是2万~4万元档，占27.8%。从机构发布数量、用户投递数量来看，现场咨询顾问均是活跃度较高的岗位。

整形外科医生月薪在各区间段分布相对均匀，其中2万~4万元的最多，占36.1%；其次是4万~6万元，占24.5%；有2.7%的在10万元以上，拉高了整个行业的平均薪资水平。

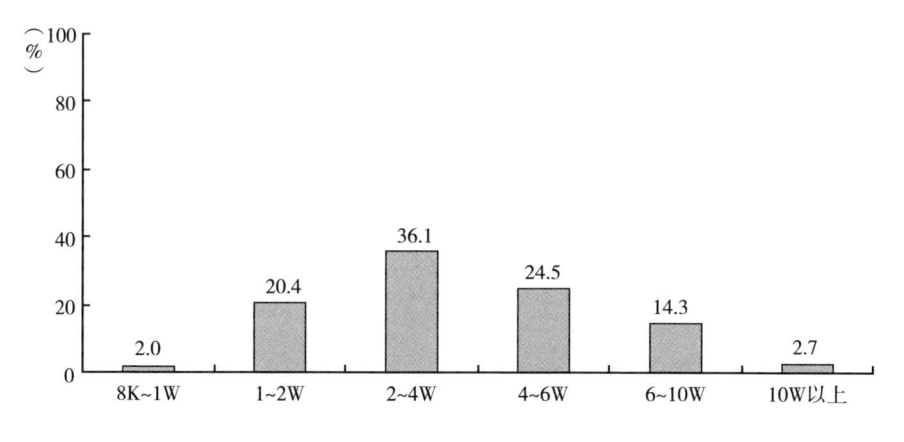

图 13 整形外科医生月薪分布

月薪	占比(%)
8K~1W	2.0
1~2W	20.4
2~4W	36.1
4~6W	24.5
6~10W	14.3
10W以上	2.7

（三）医美高管薪资情况

医美高管主要是指总经理/院长、技术院长、经营院长（很多机构的经营院长其实就是运营总监），机构一般以年薪制的方式与其进行结算。

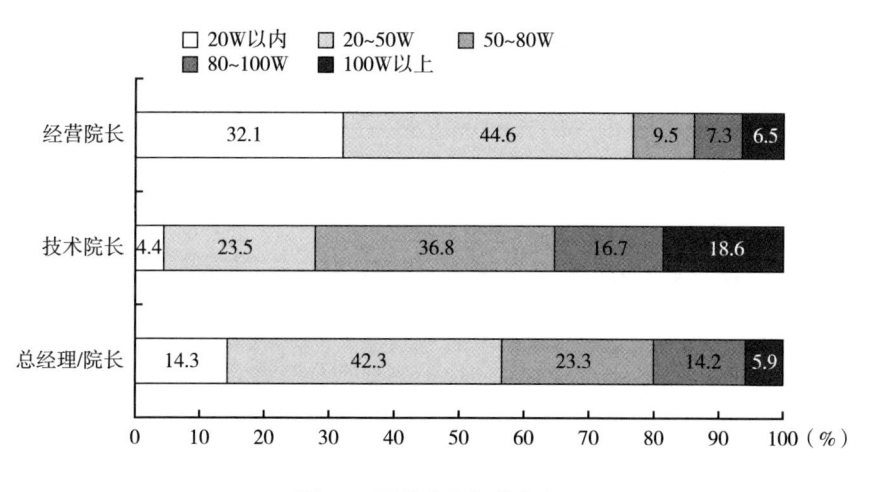

图 14 医美高管年薪分布

职位	20W以内	20~50W	50~80W	80~100W	100W以上
经营院长	32.1	44.6	9.5	7.3	6.5
技术院长	4.4	23.5	36.8	16.7	18.6
总经理/院长	14.3	42.3	23.3	14.2	5.9

分析年薪数据发现，经营院长在 20 万~50 万元的最多（44.6%），其次是 20 万元以内，占 32.1%。大部分经营院长的年薪不超过 50 万元。

技术院长年薪分布中，占比最大的为50万~80万元，为36.8%；其次是20万~50万元，占23.5%。除此之外，年薪在80万~100万元与100万元以上的技术院长占比相近，分别是16.7%和18.6%，大部分医院的技术院长还承担手术职责，需要上手术台或者指导医生进行手术，所以薪资水平相对来说较高。

而总经理/院长一般是中小规模医院设置的岗位，兼顾技术与运营，且更偏重运营。其年薪以20万~50万元为主，占42.3%，其次是50万~80万元，占23.3%。

对医美高管的平均年薪进行计算，得出总经理/院长、技术院长、经营院长平均年薪如图15所示。

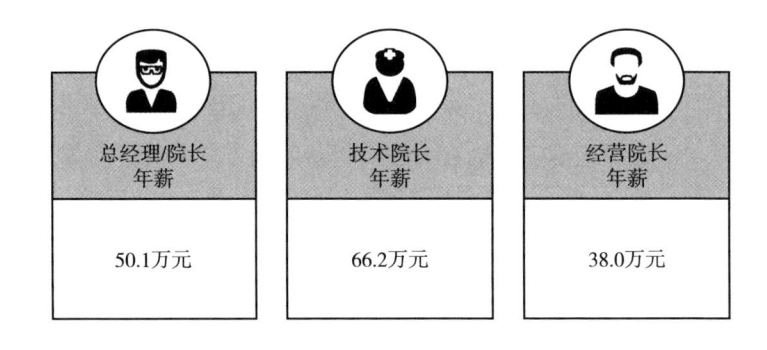

总经理/院长年薪	技术院长年薪	经营院长年薪
50.1万元	66.2万元	38.0万元

图15　院长平均年薪

总之，医美高管在医院内有着举足轻重的地位，其薪资也是处于机构金字塔顶端。

四　2020年成都医美产业薪酬情况

（一）成都医美产业整体薪酬情况

在成都范围内，选取样本机构发布的1417个招聘岗位（每个岗位样本数量均衡），并结合不同薪酬区间，对相应的岗位数量占比进行归类计算，得出 2020 年成都地区医美产业平均薪资约为 15853 元。

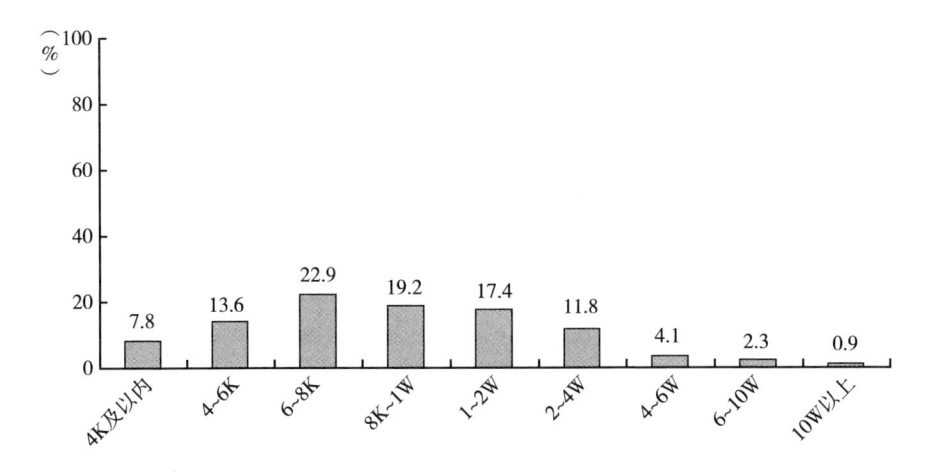

图 16　成都医美岗位月薪区间占比

（二）成都医美人才供需情况

数据发现，医美医疗类岗位需求最大，占 57%，其次为医美运营类，占 40%。可以看到，2020 年成都需求量较大的岗位包括护士、前台导医、现场咨询顾问、美容皮肤激光医生、美容中医科医生。再分析其对应岗位的简历数，经计算占比如表 2 所示。

表 2　2020 年成都医美热门岗位人才供应情况

单位：份

岗位	该岗位平均拥有的简历份数
护士	0.85
前台导医	0.21
现场咨询顾问	1.73
美容皮肤激光医生	2.05
美容中医科医生	0.44

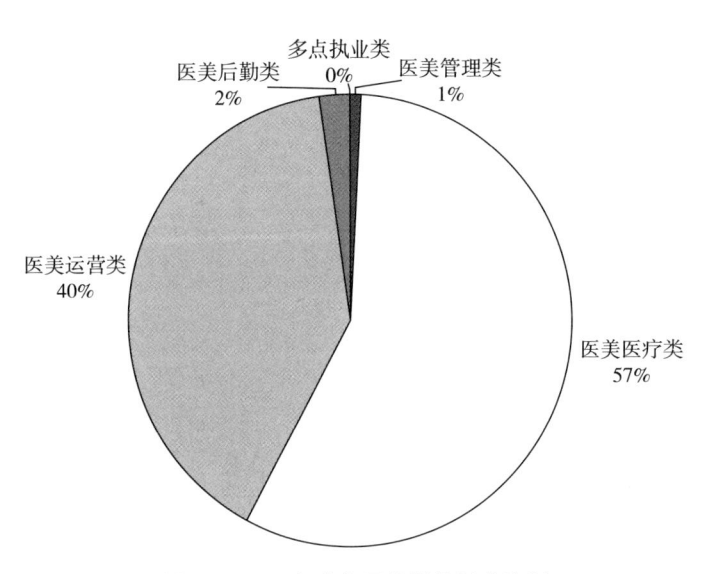

成都医疗美容产业发展报告（2020~2021）

图 17 2020 年成都医美岗位需求比例

注：医美管理类岗位包括总经理、院长等管理岗位；医美医疗类岗位主要为医生、护士、药师等医技类岗位；医美运营类主要为市场、咨询、文案、运营等相关岗位；医美后勤类岗位主要为采购、财务等；多点执业类则为医生多点执业岗位。

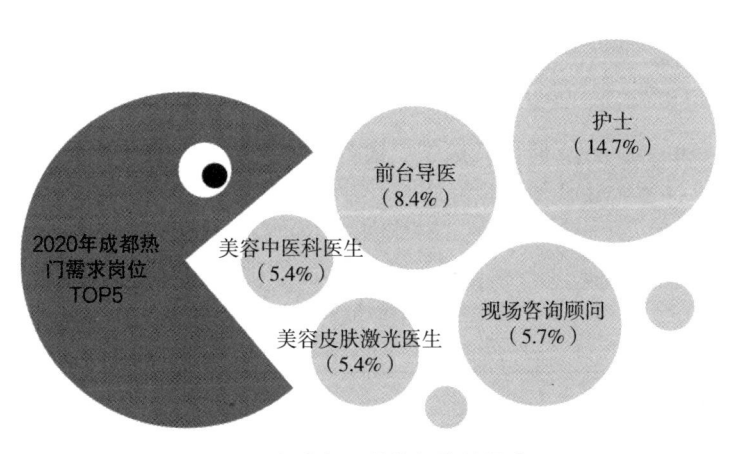

图 18 2020 年成都医美热门岗位需求 TOP5

对比数据发现，前台导医、美容中医科医生、护士这三个岗位有较大的人才缺口，尤其是前台导医，其岗位拥有的平均简历份数仅为 0.21 份，这意味着就前台导医岗位而言，1 个人才有近 5 家机构进行竞争。

与此同时，美容皮肤激光医生、现场咨询顾问则人才相对较为充裕，美容皮肤激光医生岗位拥有的平均简历份数为 2.05 份，意味着若一家机构发布美容皮肤激光医生岗位信息，平均就有 2 个人才投递简历。

除此之外，虽然现场咨询顾问岗位平均拥有的简历份数有 1.73 份，但由于很多机构对工作年限、行业背景等有要求，而有部分人才可能是由其他岗或者其他行业转来，实际人才供需情况可能并没有这么乐观。

五　总结与建议

作为朝阳产业，近几年医美产业呈现爆发式增长趋势，从业人员数量也随之增长，尤其是前端销售岗位（现场咨询顾问、市场专员等）门槛较低，一时间涌入了大量的从业者或者兼职者，他们缺乏医美工作经验、无医学背景、学历相对偏低，导致机构虽然容易招到相关人才，但需要较长的培养周期，且人才流失率较高，机构人力成本和管理成本居高不下。

医美职业医生除了跳槽以外，其增长速度慢于机构增长速度，导致医美医疗类人才缺口较大。

此外，医美产业普遍存在的高频次跳槽也导致了人才浮躁、缺乏长远职业规划，机构不稳定、管理困难。

从人力资源管理角度，医美产业的稳定发展，需要从业者与机构的共同努力。作为机构，应该有正确的人力资源管理理念，制定人力资源管理策略，完善人力制度，从薪酬、绩效、福利、企业文化、人才培养等多个维度为员工创造优质的就业环境，吸引人才、留住人才，以促成机构的不断发展。

作为人才，首先，要有良好的职业素养，要对所服务的机构、面向的消费者负责，对待本职工作存敬畏之心；其次，应有良好的职业发展规划，合理跳槽，多关注市场与消费者实际需求，提升自身专业技能，为消费者提供更好的医美服务。

除此之外，政府和协会应起到监督作用，严厉打击黑医美以及不正当的市场竞争行为，出台相关管理条例，还医美市场一片明净天空。

R.18
成都医美产业企业社会责任贡献报告

王黎华　鲁寒旭*

摘　要： 企业社会责任（Corporate Social Responsibility，CSR）是 20 世纪以来出现于诸多学科领域的一个重要概念。国际社会普遍认为，在任何社会，有实力和能力的机构都需要履行社会责任，尤其是作为市场经济主体的企业所做的每个决定、每个行为都要考虑其对社会应尽的责任。作为医美产业上中下游企业，同样有承担企业社会责任的义务，尤其是我国企业，更应在履行社会责任时，体现共同富裕的中国特色。医美企业的社会责任体现为对财政税收的贡献、对消费者的合法权利保护、对环境和可持续发展的贡献、对教育和人才培养的关注、对公共关系的维持和社会公益等方面。从调研数据来看，成都医美机构的社会责任意识有待增强，以实现进一步发展。

关键词： 企业社会责任　可持续发展　社会公益

一　企业社会责任

企业社会责任（Corporate Social Responsibility，CSR）是 20 世纪以来出现于诸多学科领域的一个重要概念。国际社会普遍认为，在任何社会，有实力和能力的机构都需要履行社会责任，尤其是作为市场经济主体的企

---

* 王黎华，管理学博士，四川大学商学院副教授；鲁寒旭，四川大学商学院管理学学士。

业所做的每个决定、每个行为都要考虑其对社会应尽的责任。随着经济全球化的进一步发展,企业的潜在影响不断加大,企业日益增大的力量意味着它的每个行为都会对人类社会和经济发展产生越来越大的影响。同时,企业履行社会责任的意义也越来越突出,加强对企业社会责任的研究也显得迫切和重要。作为医美产业中的各个企业和机构,同样具有承担企业社会责任的义务,尤其是我国企业,更应在履行社会责任时,体现共同富裕的中国特色。

二 经济与财政贡献

(一)经济贡献

经济是价值的创造、转化与实现。人类经济活动就是创造、转化、实现价值,满足人类物质文化生活需要的活动。简单地说,经济就是人们生产、流通、分配、消费一切物质和精神资料的总称。这一概念从微观角度是指一个家庭的财产管理,从宏观角度是指一个国家的国民经济。在这一动态过程中,生产是基础,消费是终点。产业和企业最基本的任务就是创造经济价值,经济价值是社会价值和环境价值的基础。为国家、社会、员工贡献经济财富,是企业应有的责任和应尽的义务。

(二)财政贡献

财政贡献简单来说就是税收,特别是归属地方的税收,也称地方财政贡献。地方政府为实现职能的需要,参与社会产品和国民收入分配所形成的分配,其是国家财政的重要组成部分。在中国,主要形式是以国家政权所赋予的权力为依据的课税和以生产资料所有者身份参与的利润分配。

财政是政府的"理财之政"。"财政"一词有两层含义:从实际意义来讲,是指国家(或政府)的一个经济部门,即财政部门。它是国家(或政府)的一个综合性部门,通过其收支活动筹集和供给经费,保证实现国家

（或政府）的职能。从经济学的意义来理解，财政属于经济范畴，是以国家为主体的经济行为，是政府集中一部分国民收入用于满足公共需要的收支活动，以达到优化资源配置、公平分配及经济稳定和发展的目标。

（三）全国企业经济与财政贡献情况

根据国家税务总局的《2020年全国税务部门组织税收收入情况》，2020年我国整体税收收入有以下特点：全年税收收入下降2.6%，圆满完成财政预算安排的税收收入目标；税务部门组织税收收入占财政收入的比重为75.5%，比2019年提升1.7个百分点；全年税务部门征收的社保费收入3.8万亿元，为民生发展提供了保障；全年新增减税降费预计超2.5万亿元，圆满完成政府工作报告确定的为企业减负目标；税收收入占GDP比重下降约0.82个百分点，企业税费负担进一步减轻；全国企业销售收入增长6%，企业生产经营逐期向好；高技术产业销售收入增长14.7%，新动能发展潜力加速释放；重点税源企业研发支出增长13.1%，创新发展形势持续向好；全年新办涉税市场主体1144万户，高于前两年水平，市场活力稳步增强；全年办理出口退税14549亿元，有力支持稳外贸。

（四）成都医美机构纳税情况

根据2020年成都医美机构调研数据，我们可以得到如下结论：受疫情影响，2020年度成都医美企业平均缴纳税款额低于2019年度。

表1 2020年成都医美企业纳税情况

年份	平均年度缴税费总额(万元)	缴纳税款企业数(家)	缴纳税款企业比例（共140家,%）	缴纳税款企业平均缴税总额(万元)
2019	1668.36	57	40.7	3958.84
2020	1239.12	60	42.9	2885.05

注：在数据处理时，企业填"不详"或"不方便提供"类似信息皆归为0，所以统计数据可能较实际数据偏低；将数值为零的数据当作异常问卷删除。

三　产业规范安全贡献

产品标准是为保证产品的适用性，对产品必须达到的某些或全部要求所制定的标准。产品标准是产品生产、检验、验收、使用、维护和洽谈贸易的技术依据，对于保证和提高产品质量，提高生产和使用的经济效益，具有重要意义。

《产品质量法》第12条规定，产品质量应当检验合格。所谓合格，是指产品的质量状况符合标准中规定的具体指标。我国现行的标准分为国家标准、行业标准、地方标准和经备案的企业标准。凡有强制性国家标准、行业标准的，必须符合该标准；没有强制性国家标准、行业标准的，允许适用其他标准，但必须符合保障人体健康及人身、财产安全的要求。同时，国家鼓励企业赶超国际先进水平。对于不符合强制性国家标准、行业标准的产品，以及不符合保障人体健康和人身、财产安全标准和要求的产品，禁止生产和销售。

产业安全是国家经济安全的重要组成部分，我国的产业安全是指国内产业在公平的经济贸易环境下平稳、全面、协调、健康、有序地发展，使我国产业能够依靠自身的努力，在公平的市场环境中获得发展的空间，从而保证国民经济和社会全面、稳定、协调和可持续发展。

医美产业的规范包括上游的一些产品标准、技术标准等，中游医美项目的临床操作标准等，与下游相关的互联网、人才培养标准等。现部分行业协会、研究中心、高校、公立医院，以及行业企业均在产业规范方面做出了一些贡献，并不断使其完善。由于中国医美产业发展还不够成熟，在产业规范方面还有很大的进步空间。

（一）机构情况[①]

2019年全国具备医疗美容资质的机构约13000家，其中医院类占29.1%、门诊部类占32.9%、诊所类占38.0%；国家对不同等级的医美机构所开展的医

[①] 艾瑞咨询研究院根据专家访谈、卫生统计年鉴、企查查等公开资料研究绘制。

疗美容项目都做出了严格规范与限制，然而，在合法的医美机构中，依然存在15%的机构超范围经营现象，如诊所没有设置整形外科，却开展了双眼皮手术；门诊部不可做三级、四级手术项目，却开展了超过规定量的抽脂手术、颧骨降低术，均属于违规行为。此外，行业黑产依然猖獗，经过估算全国依然有超过80000家生活美业的店铺非法开展医疗美容项目，属于违法行为。

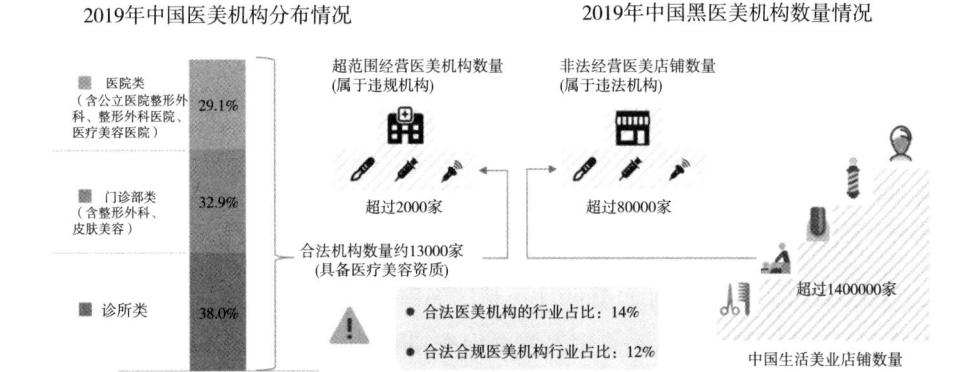

图1 中国医美机构分布情况

（二）机构违规经营

表2 2019年中国医美机构违规现象

机构类型	临床科室		医技科室	可开展的美容外科项目级别	违规经营现象
医疗美容诊所	可设置不超过2个科目	美容外科	手术室、治疗室、观察室	可开展一级项目	没设置美容外科、没有专业麻醉师，却开展了美容外科项目
		美容皮肤科	美容治疗室		
		美容牙科	诊疗室		
		美容中医科	中医美容治疗室		
医疗美容门诊部	至少设置	美容咨询室	药剂科、化验室、手术室	可开展一级、二级项目	开展三级或四级项目
		美容外科			
		美容皮肤科			
		美容牙科			
	可以设置	美容中医科			
		美容治疗室			
		麻醉科			

续表

机构类型	临床科室		医技科室	可开展的美容外科项目级别	违规经营现象
医疗美容医院	至少设置	美容咨询室	药剂科、检验科、放射科、手术室、技工室、消毒供应室、病案资料室	开展一级、二级、三级项目	开展四级科目
		美容外科			
		美容皮肤科			
		美容牙科			
		美容中医科			
		美容治疗科			
		麻醉科			

（三）操作不规范

虽然卫健委未明确要求各级各地医疗机构遵照执行《临床技术操作规范》美容医学分册，但其依然可以成为各级医美机构的临床技术操作参考。规范对于各美容外科手术的适应证、禁忌证、术前检查、手术操作要点、术后处理、并发症及注意事项做了详细阐述，医疗美容从业人员应根据从业机构的类型及机构常见接诊项目尽量规范自身的操作，以减少进行医美项目时的潜在风险。艾瑞专家调研显示，目前部分合法的医美机构仍存在诊疗操作不规范、仪器使用不规范、消毒操作不规范及卫生环境不规范等现象。

（四）医师情况

医美非法从业者10万人以上，行业合法医师仅占28%。2019年中国医美行业实际从业医师为38343名，2018年卫健委统计年鉴显示，整形外科专科医院医师（含助理）数量仅为3680名；如按非多点执业的情况估算，13000家医美机构的医师标准需求量超过10万名，行业医师缺口依然巨大；而人才培养并非朝夕而成，正规医师的培养年限为5~8年。合法医美机构中，存在非合规医师的"飞刀医生"现象。根据艾瑞估算，非合规医师数量将近5000名。消费者可通过卫健委网站服务栏以及在线医美垂直平台App如新氧工具栏，输入省份和医师名字查询医生执业资质及执业范围。

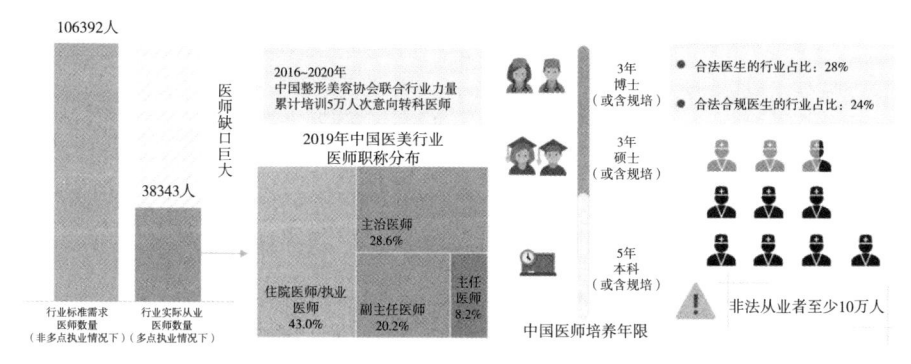

图 2　2019 年中国医美合规医师情况

注：医疗美容行业实际从业医师统计口径，包括医疗美容机构下列科室：整形/美容外科、皮肤科、牙科、中医美容科、麻醉科。
资料来源：艾瑞咨询研究院根据专家访谈、卫生统计年鉴等公开资料自主研究及绘制。

（五）注射针剂情况

假货、水货针剂大行其道，非法注射屡禁不止。尽管国家严查医美行业的针剂造假和走私问题，但针剂产品的隐秘性强、易携带、流动性高，往往只能在事发后被举报，执法部门难以实施全面打击，使得非法注射屡禁不止。艾瑞专家调研显示，市面上流通的针剂正品率只有33.3%，也就是1支正品针剂背后伴随着至少2支非法针剂的流通，然而，不管是假货、水货，在中国市场都是非法产品，使用安全无法保障。

（六）设备情况

艾瑞专家调研显示，正规光电设备价格高昂、垄断性强、管控严格，可推测在非法医美场所90%以上的医疗美容设备都是假货，可能存在不到10%的正品和水货通过多手租赁或走私流入市场，与正规医美机构情况截然相反。消费者贸然选择非法医美机构进行光电医美项目，轻则毫无效果、损失钱财，重则造成永久性伤害。

（七）事故情况

根据专家调研结果，中国医疗美容行业事故高发于黑医美机构，平均每年黑医美致残致死人数大约 100000 人，且多数消费者投诉、报案无门，维权难。中国麻醉医师缺口按照人口基数统计近 30 万，以中国年均手术量 10% 的增速估算，每年至少需增加 8000 名麻醉医师，而实际仅增加 4000 名麻醉医师，可分配到医疗美容行业的麻醉医师数量更加不容乐观，对于医美行业是一个极大的挑战。

（八）渠道抽佣

艾瑞研究表明，黑产渠道佣金比例高达 70% 及以上，黑医美渗透至多个合法渠道以截流用户。其中，线下渠道多利用消费者对"熟人"的信赖心理，介绍消费者到黑机构或个人工作室甚至酒店进行医美项目。线上渠道多利用社交平台、论坛贴吧、问答等方式，通过分享个人经历以"打折、有内部资源等"吸引消费者添加好友，介绍给黑机构从而分佣。此外，艾瑞专家调研显示，在搜索引擎、生活服务类平台上，黑医美通过打"擦边球"近似关键词的搜索让黑机构混淆在正规医美机构里，大量"黑"搜索以防不胜防的方式活跃其中，使得搜索网站/平台的运营监管难度大大提升。

四 消费者权益保护

（一）消费者权益保护的基本内容及意义

消费者权益是指消费者在有偿获得商品或者接受服务时，以及在以后的一定时期内依法享有的权益。

1962 年 3 月 15 日美国总统约翰·肯尼迪在国会发表了《关于保护消费者利益的总统特别咨文》，首次提出了著名的消费者"四项权利"，即有权获得安全保障、有权获得正确的资料、有权自由决定选择、有权提出消费意见。

在现代市场经济中，国家依照社会经济运行的需要和消费者的主体地位，明确立法，这就使消费者权益不只是一种公共约定和公认的规范，还得到了国家法律的确认和保护。

保护消费者权益具有非常重要的意义，具体可以概括如下：

（1）保护消费者权益有利于鼓励公平竞争，限制不正当竞争；

（2）保护消费者权益有利于提高人民生活水平和生活质量；

（3）保护消费者权益有利于提高企业和全社会的经济效益。

（二）我国医美消费者权益保护基本情况

在我国，假冒伪劣产品充斥于市，服务质量不高的原因虽然是多方面的，但是缺乏对消费者权益的强有力的保护、缺乏对损害消费者权益的行为的严厉打击和惩罚也是重要因素。如果政府能够切实保护消费者权益，那么，那些靠制造假冒伪劣产品、靠欺骗消费者赚钱的企业和个人就无法生存下去。大多数企业的合法权益也可以得到充分保护，从而在全社会形成一种靠正当经营、正当竞争来提高经济效益的良好商业氛围。这样就有利于促使企业努力加强管理，不断提高产品和服务质量，提高经济效益，推动社会进步。

根据中整协统计，年均有20000起由医疗美容导致毁容的投诉记录。此外，全国消费者协会统计2019年医疗美容行业的投诉量为6138起，其中排前三的投诉原因分别是售后服务（26%）、质量（23%）、合同（22%）。艾瑞用户调研显示，医美用户的投诉原因有：不达预期，存在过度承诺或一份针剂打多个客户导致效果不明显情况；机构乱收费、价格过高，存在低价引流只打半脸，全脸是高价格的情况；使用了假货、水货，存在毁容或无效的情况。

（三）成都医美消费者保护情况

通过调研问卷，2020年成都市处理消费者投诉的企业数量大于被消费者投诉的企业数量，2019年和2020年均存在3家企业被消费者投诉而未处理的情况；而2019年和2020年分别有7家和8家企业在没有用户投诉的情况下花费时间来处理与消费者投诉相关的情况。

表3 2020年成都医美消费者投诉及处理情况

年份	被消费者投诉的企业（家/比例）	处理消费者投诉的企业（家/比例）	被投诉而未处理的企业（家）	未被投诉而处理的企业（家）	投诉总数（件）	平均处理时间（天）
2019	33（23.6%）	37（26.4%）	3	7	599	3.5
2020	38（27.1%）	43（30.7%）	3	8	589	2.9

五 环境保护与可持续发展

我国资源较为紧缺，企业的发展必须要与节约资源相适应才能长久。企业一定要从全局出发，坚持可持续发展，高度关注节约资源，并要下决心改变经济增长方式，发展循环经济、调整产业结构。

（一）我国环境保护基本情况

随着全球经济发展，生态环境日益恶化，特别是大气、水、海洋等的污染情况日益严重。目前全球面临着比较严峻的环保形势，为了人类的生存和经济持续发展，企业一定要担当起保护环境、维护自然和谐的重任。

2020年12月12日，国家主席习近平在气候雄心峰会上通过视频发表题为《继往开来，开启全球应对气候变化新征程》的重要讲话，宣布了中国国家自主贡献一系列新举措。

（二）成都医美企业环保情况

对于医美企业来讲，并不会过多地涉及环境保护问题，因为其并不属于消耗大量能源的工业。而医美产业也分为上中下游，成都的医美机构多属于中游企业，是使用而非生产器械的环节，但这并不代表企业不需要参与环保相关活动。

2020年针对医美机构所做的调研表明，只有少量的企业涉足环境保护这一领域,不过有相关投入的企业数量及其投入额均有所上升,可以说明成都医美企业的保护环境意识有所增强。

表4　2020年成都市医美机构环保情况

单位:万元,家

年份	环境保护投入总额	有投入环境保护企业数量	平均环保投入额
2019	66.2	8	8.3
2020	127.6	12	10.6

六　研发投入与技术创新

就总体情况看,我国企业的资源投入产出率较低。为此,必须要重视科技创新。通过科技创新,降低煤、电、油、运的消耗,进一步提高企业效益。

国家知识产权局发布的《知识产权统计简报》表明,2020年,我国发明专利授权53.0万件。截至2020年底,我国发明专利有效量为305.8万件,其中,国内(不含港澳台)发明专利有效量221.3万件,每万人口发明专利拥有量达到15.8件。由此可以看出我国的技术研发实力是十分可观的。

在成都的医美机构多为中游企业,很少有上游的研发、医美材料企业,以及下游的医美类App,拥有自主研发实力的企业非常少,2019年仅有8家企业,2020年稍有提升,为12家企业。

表5　2020年成都市医美机构研发情况

年份	研发投入总额(万元)	自主研发企业数(家)	自主研发企业比例(共140家,%)	自主研发企业平均研发投入额(万元)
2019	81399	8	5.7	10174.9
2020	125072	12	8.6	10422.7

七 教育与人才培养

人力资源是社会的宝贵财富,也是企业发展的支撑力量。保障企业职工的生命健康和确保职工的收入待遇,这不仅关系到企业的持续健康发展,而且也关系到社会的发展与稳定。

在员工培训方面,中小企业普遍缺乏系统性和连续性的培训,员工能力的提高速度明显滞后于企业利润的增长速度。企业对员工的培训内容仅限于一般职业技能,培训方式也局限于师徒之间的"传、帮、带",仅有的培训成为一种短期行为,大大制约了员工整体素质的提升。在人才培养方面,公立医院仍然是责任承担的主体,各个行业协会、头部企业也发挥了很大的作用。

表6 2020年成都市医美机构员工培训情况

年份	员工培训总人数(人)	存在培训员工行为的企业 数量(家)	存在培训员工行为的企业 比例(%)	员工培训总投入(万元)	培训员工企业平均培训投入额(万元)
2019	19337	73	52.1	340144.695	4724.23
2020	22661	90	64.3	317277.635	3564.92

八 公共关系与社会公益

(一)公共关系

公共关系是指某一组织为改善与社会公众的关系,促进公众对组织的认识、理解及支持,达到树立良好组织形象、促进商品销售目的的一系列公共活动。它本意是社会组织、集体或个人必须与其周围的各种内部、外部公众建立良好的关系。它是一种状态,任何企业或个人都处于某种公共关系状态之中。

公共关系的特点主要是指其将通过特别的方式为企业带来诸多价值和好处。因为公共关系是形象取向的，所以其能够增强公众对企业的好感度。此外，如果企业发展有社会和民众的支持，员工的士气（自豪感）也会因此而高昂。

与其他促销方式相比，公共关系也有局限性。首先，公共关系无法与销售业绩直接联系，因此，有些企业怀疑形象取向的沟通是否有价值，对不直接与销售和利润挂钩的活动不感兴趣。其次，在宣传活动中，企业不太能够控制报道的效果，消息及其公布时机、位置和覆盖面等由媒体控制。

公共关系策略是指企业在建立各种关系和宣传报道方面所采取的策略安排和战术选择。公共关系的效果在很大程度上受制于媒体和企业的公共政策，因此制定明确的公共关系策略是十分重要的。

（二）社会公益

公司积极参与公益事业，主要有以下好处。

树立企业良好的社会形象，提高品牌的曝光率和市场占有率，具有巨大的广告效应；有利于建设良性的企业文化，提高员工的荣誉感和归属感，吸引优秀人才。企业发生的公益性捐助支出，按税法有税收减免，并且有助于企业成功上市。根据《中华人民共和国企业所得税法》第九条，企业发生的公益性捐赠支出，在年度利润总额12%以内的部分，准予在计算应纳税所得额时扣除。根据《中华人民共和国企业所得税法实施条例》第五十一条，企业所得税法第九条所称公益性捐赠，是指企业通过公益性社会团体或者县级以上人民政府及其部门，用于《中华人民共和国公益事业捐赠法》规定的公益事业的捐赠。根据《中华人民共和国企业所得税法实施条例》第五十三条，企业发生的公益性捐赠支出，不超过年度利润总额12%的部分，准予扣除。

2020年，成都医美企业在投放公益广告和参加政府扶贫项目方面的表现不如现金捐赠，相较于公益讲座和文化活动，成都的企业也更喜欢参加社会公益。特别是疫情期间，很多企业都表现出社会责任与使命感，用实际行动践行着医美人的使命感，如"唇腭裂公益行动""小耳畸形救助计划"均得到社会广泛认可。

表7 2020年成都市参加社会公益项目医美机构数量

单位：家

年份	活动类				资金类		
	参加社会公益	参加公益讲座	参加社区服务	参加文化活动	参加政府扶贫项目	现金捐赠	投放公益广告
2019	24	17	18	19	7	9	6
2020	33	23	22	21	6	16	7

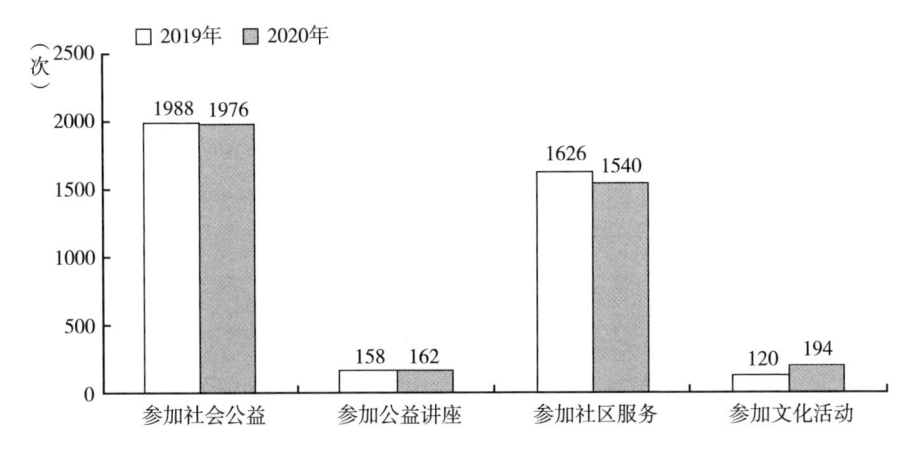

图3 2020年成都市医美机构参加社会公益次数

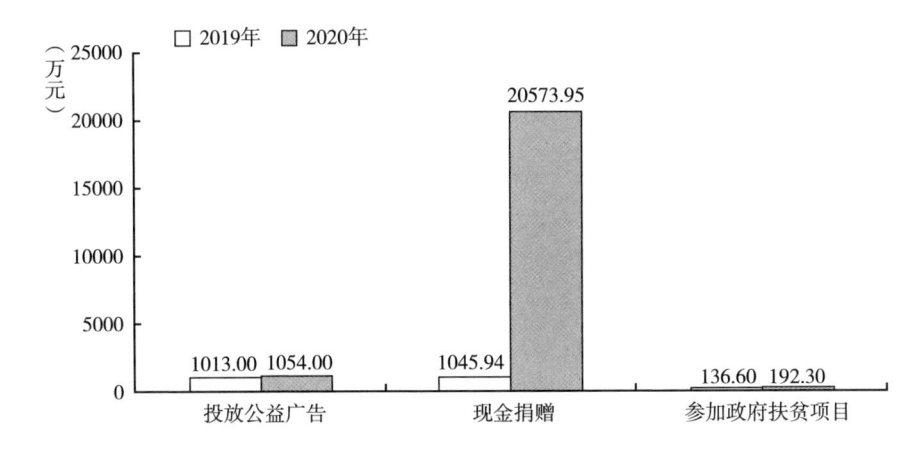

图4 2020年成都市医美机构社会公益投入金额

九 总结

在经济和财政贡献方面，鉴于疫情的影响，全国各类税收收入均有所下降，但企业收入，尤其是高技术产业的销售收入有所增长。与全国税收收入变化趋势相同，即使成都医美行业的纳税企业数量增加，但纳税总额相较上年有所减少，整体行业受疫情影响较为严重。在产业规范安全方面，医美产业中非法违规的医美机构占比较大，包括仪器使用不规范、从业者未具有医师资格、非法注射等，尽管国家花费了大量人力、物力去消除所谓"黑医美"的现象，但非法现象仍屡禁不止。在消费者权益保护方面，被消费者投诉的企业比例近年有所上升，但投诉量有所下降，消费者权益保障制度逐渐完善。在环境保护方面，医美机构属于中游企业，仅有少量企业涉及环境保护领域，但近年来参与环境保护活动的企业数量及其投入额均有所上升，可以看出产业整体的环境保护意识有所增强。在研发投入与人才培养方面，医美产业开始逐渐重视，研发及人才培养的投入均有所上升，员工培训的比例也同步提高。在社会公益方面，受疫情影响，更多的企业加大了社会公益投入，医美机构也不例外。无论是参与公益活动的企业数量还是捐赠资金额均有不同程度的上升，医美产业的社会影响力也进一步提升。

案 例 篇
Cases Reports

Ⅸ.19
医美产业上游企业案例分析报告

覃兴炯　王黎华*

摘　要： 医美产业上游涉及研发机构，药品、器械及耗材生产商和供应商。由于技术研发和国家资质认证壁垒较高，较高的进入门槛意味着上游企业相对于下游企业有较强的议价能力。目前，成都医美上游研发机构一般集中分布在各大高校和医院，比较具有代表性的药品、器械及耗材生产商有艾尔建、高德美、爱美客、绽妍生物、飞顿医疗激光公司、华熙生物、昊海生物等；本土企业表现比较突出的包括绽妍生物、美械宝等。绽妍生物是一家专业从事生物医用材料、皮肤学级护肤品、医美类产品以及生物原料的研发、生产和销售的创新型领先企业，坚持医研共创，致力于成为问题肌肤修护和医疗美容领域的专家，是

---

* 覃兴炯，致公党党员，美械宝医美平台科技成都有限公司创始人兼董事长，兼任中国整形美容协会采购与供应分会会长；王黎华，管理学博士，四川大学商学院副教授。

最近几年新崛起的上游生产型企业。美械宝是一家致力于跨界配置全球产业链资源，构建医美器械全产业生态圈，打造"数字化、智慧化和社会化"供应链平台的医美上游企业，在成都的发展很具有代表性。

关键词： 医美产业链　医美上游案例　绽妍生物　美械宝

一　绽妍生物

（一）绽妍生物介绍

1. 行业背景及企业简介

根据 Polaris 统计，2018 年全球功能性护肤市场规模为 525 亿美元，预计 2019~2026 年行业复合增长率为 8.2%，以 2019 年估算行业规模测算广义功能性护肤品在全球护肤品市场的渗透率为 41%，其中亚太地区为功能性护肤品市场增速最快区域。而从皮肤学级护肤品市场看，根据欧睿统计，2019 年全球皮肤学级护肤品市场规模为 144 亿美元，在全球护肤品市场的渗透率为 10%，2014~2019 年 CAGR 为 3.12%。2019 年我国皮肤学级护肤品市场规模为 135.5 亿元，2014~2019 年 CAGR 高达 23.2%，增速不仅远高于全球市场增速，也远高于国内化妆品行业增速（2014~2019 年 CAGR 为 9.9%）。对标成熟市场，2019 年我国皮肤学级护肤品在护肤品行业的渗透率为 5.5%，远低于美国的 14.7% 和法国的 43%。

绽妍生物是一家专业从事生物医用材料、皮肤学级护肤品、医美类产品以及生物原料的研发、生产和销售的创新型领先企业，拥有专利生物发酵技术等创新技术，坚持医研共创，致力于成为问题肌肤修护和医疗美容领域的专家。

2. 产品规划系列

（1）生物医学材料（器械）产品

①医美——皮肤护理级别

绽妍生物以原创重组蛋白原料为核心成分，布局重组蛋白系列医用浅表性创面敷料，根据重组胶原蛋白、类贻贝粘蛋白、海藻糖等不同成分的活性特点，针对皮炎等皮肤疾病辅助治疗、医美术后浅表性创面修复、敏感性皮肤等皮肤屏障问题修护等方向，开发了多个系列医美敷料。

②医美——整形

针对微整形填充应用方向中不同填充效果保持时间以及皮肤不同填充深度的需求，源于绽妍的医学材料构建技术平台，开发了短效、中效、长效皮肤填充剂，并将公司自研的重组蛋白原料应用其中，创造优于市售产品的疗效。

（2）医美类产品

加快推进北美麻膏项目，以顺利获得 NMPA 批件，完成上市；围绕医美类产品（如肉毒毒素、溶脂类药品等）进行布局。

（3）海外引进

①医美类产品，如填充剂、水光针。

②减脂类药品和医疗器械。

③配合护肤使用的家用小型仪器。

④皮肤学级护肤品或抗衰产品。

（二）企业营销战略

1. 营销模式

企业采用多重方式的营销模式，包括品牌发布、品牌代言、销售活动、"学术论坛活动运营＋线上电商推广及直播运营（社交媒体，垂类媒体）＋线下渠道运营（医院、医美、生美、商铺合作）＋自主 App 运营"。

2. 销售渠道

表1 绽妍生物营销渠道分类

	线下	线上
现有渠道	品牌自营和分销合作的双轨运行、电商模式的多覆盖和高融合： 一类二类传统电商、兴趣电商 私域社群（朋友圈、拼团、小程序） CS-KA（屈臣氏、OLE等） 言美家（自主社交电商） 医美机构（私立、公立） OTC药房	
现有渠道优势	医院背书，强化医学属性，打造专业护肤理念 精准用户群体，拓宽销售通路 拓展销售渠道，实现线下药店销售，更贴近销售C终端，让终端更能及时购买到专业护肤品	借助长期的经验累积，依托专业协作的团队覆盖主流的一类电商，销售产品的同时提供良好的用户体验 构建平台顶流达人以及大量中腰部达人的直播电商体系，提升销量的同时通过达人进行品牌和商品的宣传和推广
未来建设方向	母婴渠道 用户中心（私域） CS-KA渠道	依托大数据能力，通过专业和体系化的运营和管理，将渠道建设为品牌与客户之间高效的互动桥梁，为客户提供优质的体验，向品牌传达客户真实的声音

（三）竞争形势及战略

1. 研发战略方向

围绕"大医美"概念，聚焦生物医学材料、皮肤学级护肤品、医美类药品及原料四个方向，持续加大研发投入，加强技术平台建设，围绕重点核心成分，强化医学属性，通过自主研发、对外合作、海外引进以及兼并收购等多种形式获得产品，提升公司核心竞争力。

2. 核心技术优势

（1）医研共创

绽妍与国内顶尖皮肤医学专家保持紧密合作，基于前沿循证医学理论，深度合作研发，推进产品学术临床观察。举办全国性皮肤屏障高峰论坛，邀请国内外皮肤科学术领域专家，共同探讨、分享皮肤屏障以及最新临床研究进展，并开展以"医妍共创，科学智愈"为主题的巡讲活动。

绽妍拥有西安德诺海思和成都英普博集两大研发平台及3000多平方米的产品研发及配方实验室。同时，携手国内皮肤科专家及专业机构，共同成立绽妍皮肤屏障修护医学中心，包括研发人员60余人。先后与西安组织工程和再生医学研究所、四川抗菌素工业研究所、四川大学华西医院等合作，开展全国多中心临床实验，确保全线产品均能通过华西化妆品检测中心等权威机构检测，并凭借强大的研发背景和多年深耕公立医院皮肤科的经验，专注屏障修护的皮肤学级护肤品牌绽妍，造就了过硬的产品力，并得到2000余家公立医院认可和推荐。

（2）生物技术

①基因重组、发酵工程技术和特定酶催化融合技术开发类贻贝粘蛋白

绽妍与中国医学科学院输血研究所签署《大肠杆菌重组表达系统研究》合作开发合同、《新型生物医学材料类贻贝粘蛋白重组表达及安全性研究》合作开发协议，研发平台利用基因重组、发酵工程技术和特定酶催化融合技术开发重组贻贝粘蛋白，具有天然贻贝粘蛋白－1和天然贻贝粘蛋白－5的融合结构，弥补了直接提取材料价格昂贵和产量低的缺陷，可以促进贻贝粘蛋白在医用材料和护肤品领域的全面应用，公司有望成为本领域的领先者。

②酶促和基因工程法合成生物活性多肽

目前公司抗衰产品开发中已有棕榈酰三肽－1、棕榈酰四肽－7等成熟产品，未来生物活性功能多肽将成为公司功效化妆品的爆发点。与四川省中医药科学院签署了《会东高原艾草提取物联合活性短肽抗皱消炎功能化妆品的开发》合作研究协议。

③基因重组和发酵工程技术开发重组胶原蛋白

该基因序列的氨基酸序列与人体Ⅲ型胶原蛋白核心功能区—螺旋区对应的氨基酸序列和分子量基本一致，具有高度的人源性，避免了动物胶原等带来的排异、过敏反应。利用该原料可以开发大量的医疗器械产品和化妆品。

④国内外专利

公司围绕重组类贻贝粘蛋白量产技术,已获批PCT专利1项、国内发明专利6项,获得软件著作权5件。

二 美械宝

(一)美械宝企业背景介绍

1. 企业的设立及性质

美械宝是在成都市打造全国知名、全球领先的"医美之都"及建设全球生物医药供应链服务中心的时代背景下,由成都市高新区管委会引进,天府国际生物城管委会重点打造,与国药集团战略联合配送,与微软中国战略携手,服务中国超过10000家机构的医美供应链新经济平台。

同时,美械宝作为成都市发展医美、生物医药和现代供应链体系示范项目,将协同打造全球供应链枢纽和医美之都,构建以"医械+美妆+生物技术"为主体的美械产业生态圈。

2. 企业规模和结构

美械宝目前有自有品牌定制、美械宝自有品牌(如Onlyfun维壹美)、自营产品、平台入驻产品四个系列,产品系列正逐步完善以打造一站式的正品直卖平台,是全国性社会团体中国整形美容协会采购与供应分会(CSPSA)[①] 会长单位。

公司通过美械宝医美正品供应链B2B平台,构建中国医美一站式正品供应链服务平台,旗下"美械宝智能产业园"是中国整形美容协会采购与供应分会、美械宝与江西进贤医疗器械科技产业园管委会联合打造的全国首个医美器械主题园,注册许可建立"优先受理、检测、核查和审评审批"

---

① CSPSA是原卫生部审核批准、民政部登记成立的国家一级社会团体"中国整形美容协会"在"供应链与产业链"领域的唯一一分支机构。

绿色通道。

美械宝通过"数字化电商"和"智能产业园"双驱动发力，跨界配置全球产业链资源，构建美械全产业生态圈，打造"数字化、智慧化和社会化"供应链平台。

（二）企业营销模式

美械宝利用站内工具、品牌媒介、内容分发和运营主动营销，引爆平台价值传播，连接行业KOL、机构、媒体、政府和下游采购商。平台拥有医疗器械网络交易服务第三方平台、互联网药品信息服务资格证书、医疗器械经营许可证、网络销售备案及相关全套资质；已经成功研发商城、ERP、WMS、TMS、支付、电子资质、发票和培训考试等软件体系；美械宝平台以"线下团队+线上平台"的方式为大型集团+中小微机构提供供应链解决方案；持续迭代供应商现有销售痛点，建立有效的渠道控销、控价体系、教育培训等；开启"自有品牌+产品定制+平台入驻+产品自营+药品信息服务+物流配送"等多种合作模式。

（三）经营模式

"痴迷用户、奋斗为纲、共生共享"是美械宝的经营核心思想。基于成都卓有成效的"医美之都"打造，成都正在形成中国最完善的多系列、多功能的医美现代化产业链之一。美械宝坚持打造完善的医美正品供应链平台，构建"医美+生美+家美"三美融合S2B2C平台。

表2 美械宝企业价值链

医美供应链行业（连接）		用户旅程			
		认知	触达	交易	推荐
新用户	线上	社群、KOL、直播、医生教育平台及入驻供应商	SaaS、课程、自营经销商及入驻供应商推荐	爆品下单、用户补贴、折扣	推荐有礼、团购
	线下	行业展会、协会、论坛、基金与保险及入驻供应商BD人员	平台BD、经销商人员、产业园区、论坛及入驻供应商BD	平台BD、经销商人员及客情	推荐有礼、团购

341

续表

医美供应链行业(连接)		用户旅程			
		认知	触达	交易	推荐
老用户	线上		专人运营、三方满意度调查、持续服务	老客折扣、促销	口碑认同、积分
	线下		客情维护、客户峰会	—	口碑认同、积分

医美供应链平台的开发建设不仅是供应资源的开发，也不是简单的产品供应，美械宝经营管理定位为"服务于中小医美机构"的平台运营商，通过系统地提供"资源整合、降本增效、规范管理、服务提升"来创造价值。针对医美行业假货、水货大行其道的现状，美械宝将打造中国医美"政产学研用"一体化正品联盟——中国整形美容协会采购与供应分会（CSPSA）。

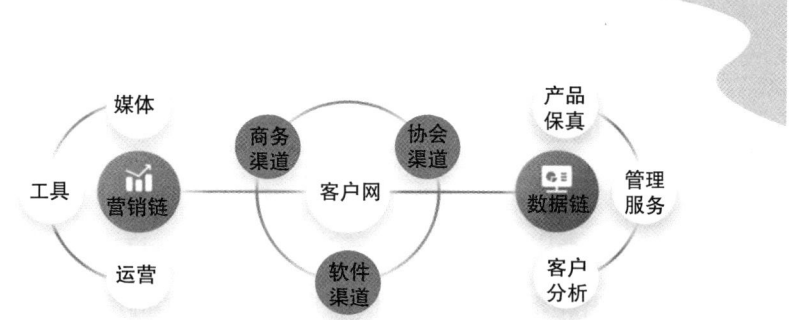

营销链 美械宝利用站内工具、品牌媒介、内容分发和运营主动营销，引爆平台价值传播，连接行业KOL、机构、媒体政府和下游采购商
客户网 拥有50人左右商务团队、行业协会、软件沉淀客户
数据链 正品保真、数据报表、客户分析

图1 美械宝产品构架

（四）企业社会责任贡献

公司一直积极参与各种社会公益活动，履行企业社会责任，为国家、社会、人民贡献力量。

2008年公司创始人覃兴炯先生作为项目负责人组织李亚鹏和王菲发起的"嫣然天使基金"救助项目（100余人），10年后的2018年再次为泸州嫣然救助患儿定向捐赠（通过漆画认购精准扶贫）。2019年作为首批发起人，参加成都市血液中心民营企业无偿献血公益行动。2020年疫情期间，作为会长单位组织中国整形美容协会采购与供应分会会员单位向湖北武汉基层医院输送与抗击疫情相关的物资或资源累计金额316.63万元。此外，公司还捐助由共青团成都市委发起的"成都青年之家"，设立青春扶贫超市，汇聚城市建设的青年力量；开展精准帮扶，助力昭觉脱贫攻坚；爱心结对助学、聚焦产业帮扶、夯实幼教基础等，展示了作为负责任的企业公民应有的觉悟和积极行动。

（五）企业的经验和借鉴意义

1. 案例经验

美械宝聘请全国22家三甲医院整形外科主任作为首席专家，联合复星医药星未来研究院成立"C37 CEO俱乐部"，联合微软、成都天府国际生物城启动"C37中国医美指数"项目，与南京医科大学建设中国整形美容"美械宝"专利转化服务中心。

作为中国整形美容协会采购与供应分会会长单位，美械宝每年定期举办C37中国医美技术创新峰会，始终致力于服务10000家医美机构，实现正品直供、省心赚钱，打造科技和良知驱动、用户安心无忧的医美供应链，推动建设"数字化、智能化和社会化"的现代供应链体系。为全球数万家"美械"（医疗器械、化妆品和生物技术等美业供应链的简称）品牌商、经销商和美业机构提供一站式以"选品、集采和经营"为主体的供应链服务。

美械宝将持续深化中国医美供应链创新应用与产业赋能，不断打造新场景、新产品、新模式和新业态，深度融入并推进成都全球生物医药供应链服务中心建设，助力成都加快打造供应链枢纽城市和国际门户枢纽城市。

2. 案例企业未来发展展望

作为初创企业，公司需要在发展中不断更新企业管理理念、完善管理制度。在面对错综复杂的市场形势中选择更适合自身发展的道路，不断迭代、修正。

同时，公司作为初创企业，正处于前期资金不断投入的阶段，难免面临资金缺乏。公司也在积极探索外部环境，吸引外部融资进入。

公司未来将继续推动医疗美容标准化体系建设，赋能成都市政府打造"医美之都"。CSPSA & C37拟成立全球医美十大产业服务中心，美械宝将紧抓医美产业变革方向——打造智能安全的全球供应链路（全球寻源：安全、合规且效果卓越的供应链体系）。致力于聚合最新、最优资源为求美者提供最新一代诊疗体验，通过增强现实等下一代交互体验来形成多维展示方式。继续为医美从业者知识和技能提升赋能：基于数据和AI等，建立从业人员知识和技能提升的多维度路径。洞察驱动精细运营、优化医美治疗全过程的运营体系，为医美机构降本增效。继续打造基于平台的新媒体矩阵，丰富内容，推动医美行业的透明度提升。通过精细化运营、生态化发展，真正做到"省心赚钱源头找，正品直供美械宝"。

R.20 医美产业中游企业案例分析报告

李 勇[*]

摘 要： 医美产业中游涉及医美服务机构，参与者众多，包括公立医院整形美容科、大型连锁医院、中小型民营整形医院、小型私人诊所等。艾瑞数据显示，截至2019年底，国内有医疗美容资质的终端机构共1.3万家，其中医院类医美机构占比为29.1%，门诊部类医美机构占比为32.9%，诊所类医美机构占比为38%，垂直平台新氧平台入驻医美机构超过6000家。成都代表性的头部机构有公立医院四川大学华西医院/华西口腔医院，混合所有制的成都八大处，私营大型连锁医院朗姿、美莱等，其正在基于持续内生增长，同时通过门诊部和轻医美诊所的区域连锁扩张，提升品牌影响力。成都八大处医疗美容医院成立于2018年10月，是中国首家国有股份主导的混合所有制医疗美容专科医院。拥有"整形国家队"称号的八大处入驻成都，为成都"医美之都"建设蓝图画上了重重的一笔。

关键词： 医美机构 整形美容医院 成都八大处

一 成都八大处医疗美容医院

（一）企业背景

成都八大处医疗美容医院（以下简称"成都八大处"）成立于2018年

---

[*] 李勇，成都八大处医疗美容医院副院长。

10月，是中国首家国有股份主导的混合所有制医疗美容专科医院。拥有"整形国家队"称号的八大处入驻成都，为成都"医美之都"建设蓝图画上了重重的一笔。医院地处成都高新区天府大道中段 688 号（地铁一号线天府三街站 A 口）大源国际中心，建筑面积 7000 平方米。设有美容外科、美容皮肤科、美容中医科、美容牙科。并根据医院发展战略设有瘢痕综合治疗中心、私密健康综合治疗中心等跨科室诊疗平台。

成都八大处系由中国医学科学院、北京协和医学院按照院校长办公会议关于"加强临床医院分院建设"的决定，由中国第一家整形外科医院——中国医学科学院整形外科医院发起，在"中国医美之都——成都"建立的第一家异地直属分院，于 2018 年 10 月 13 日正式开院运营。

（二）企业基本情况

成都八大处在医院的实际运行中，坚持医生诊疗活动的独立性和完整性，通过"直达医生、医助协诊、价格透明"三大策略，形成了与成都本地医美机构截然不同的运行风格。

1. 充分利用深厚医疗资源，完成一条龙服务

利用医院在物力、管理方式、信息化手段等方面深厚的医疗资源，让就医者直达主诊医生，完成诊断和治疗方案的开具，实现对患者的一条龙服务，避免中间的不必要环节。尽量确保就医者需求、医学诊断和可实现效果三者之间的统一，达成就医者满意的目标。能够有效避免其他医美机构采用咨询师进行美学诊断和方案设计方式所产生的误诊误治、过度治疗和夸大治疗效果方面的"沉疴痼疾"。目前，成都八大处是成都地区第一家，也是唯一收取挂号费的非公立医疗美容医院。

2. 设置医生助理，放大医生在诊疗方面的核心价值

通过为医生配备助理的方式，将主诊医生从烦琐的细节沟通中解放出来，发挥医生在诊疗方面的核心价值，避免浪费不必要的时间和精力。一旦主诊医生确定并开具治疗方案之后，医助根据医院医疗团队审定的协诊手册，进行相关细节问题的卫教、治疗前准备宣教以及针对其他常规问题进行解答，并协助主诊医生将相关方案和信息录入医院信息系统,根据系统定价分项汇总价格。

3. 项目分细项计价,价格公示

医院坚持为所有就医者提供均质化的诊疗服务,故相同项目的定价保持一致,且院内不接受议价。以手术项目为例,摒弃了绝大部分医美机构采用的打包定价且可议价的方式,分项列明医师费、术式费、材料费、检查费、麻醉费、输液费、住院费(若需要)等明细费用。让就医者能够明明白白地消费。

(三)业绩成果

成都八大处落地的这两年时间,基本达成了设立之初所拟定的"四规范、三效益"目标——品牌输出规范、人才规范使用与培养、建立自主作业(专业)标准规范、建设对外交流规范,以及品牌效益增大、社会效益增强且有合理的经济效益。

1. 经营成果

整形国家队品牌认知度提升至85.66%。医院服务中心2020年1~12月的590份调研数据显示,认同成都八大处是"整形国家队"的就医者由2019年的82%上升到2020年的85.66%。

同期,中国医学科学院整形外科医院在四川的被搜索指数稳步提升,从2018年10月13日至2020年10月13日指数总体增长64%,营收同比增速保持在20%以上。在2020年疫情期间,营业收入依然实现了20.87%的同比增长。

2. 事业发展与教培成果

(1) 与公立医院开展学科共建,签约达到六家

已签约医院包括四川省彭州市人民医院(三甲)、四川省资阳市第一人民医院(三甲)、四川省宜宾市第二人民医院(三甲)、四川省简阳市人民医院(三甲)、四川省绵阳市中医医院(三甲)、四川省眉山市青神县人民医院(二甲)国家试点医院集团。

接受进修生21人，出诊13次，义诊3次。从专家资源、人才培养、管理服务三个方面提升当地医院整形美容水平，开通院际间的巡诊、会诊、转诊绿色通道，通过技术扶持、学术交流、教育培训等方式推动西南地区整形产业健康发展，致力于提高西南地区整形医生技术水平，向广大人民群众普及整形医疗知识，为广大人民群众提供专业、可信的整形美容技术服务。

（2）联合举办整形培训班，满意度达到100%

借助中国医学科学院整形外科医院（西南中心）的落地优势，为切实提高西南地区整形外科医生的专业技术水平，帮助更多整形外科和医疗美容人才落地西南地区，成都八大处与协和医学院培训中心联合开展了多期乳房整形、眼整形培训班。

3. 规范医疗管理，强化内部控制

（1）高学历、高职称医护成为医院的主力军

截至2020年12月，成都八大处拥有常驻医师（含住院医师）35人。其中，正高职称7人、副高职称2人、中级职称13人、初级职称13人。全院护士39名，其中主管护师3名、护师19名、护士17名。

（2）建立九大管委会，制定落实医疗规章制度

建立了九大管理委员会医疗质量控制管理委员会、医院安全管理委员会、药事管理委员会、医院感染控制管理委员会、护理质量控制管理委员会、医学伦理管理委员会、医院继续教育管理委员会、病案管理委员会、医院信息管理委员会等管理组织，制定了相关制度，每委每季度召开管理委员会会议，研究和分析形势，解决医院规范化建设中的问题，持续改进医院管理工作。

制定了包括18项医疗核心制度在内的，涵盖医疗、护理、院感、药品、器械、安全管理等各类制度150多个，通过医院院长办公会、科室早会、三级医师查房、护理查房、医师交接班、护士交接班、医院职能科室检查、医院总值班检查等方式，督促和保障各项医疗制度落到实处。将患者安全、手术安全核查或治疗操作安全核查、患者知情同意、院感控制、抗菌药使用等关键制度落实到每项具体的诊疗活动中。

（四）经验总结

1. 持续坚持"医生独立诊疗模式"，让医美回归医疗本质

（1）直达医生，坚持实事求是

沿袭公立三甲挂号就医模式，以专家面诊为主导，坚决杜绝"过渡医疗"问题，以就医者需求为导向，诊断方案和治疗方案匹配一致，给予就医者更为客观、真实、透明的诊疗信息体验。

（2）医助协同，提供高品质服务

基于医生给予的诊疗方案，医助持续跟进，负责解答医疗技术含量相对较低的细节工作和高耗时的心理引导工作，如治疗价格的商务谈判、治疗安排、治疗预约、治疗提醒、治疗手续办理、治疗效果预期达成、术后康复焦虑引导等。

（3）价格公开透明，保护就医者权益

医院坚持为所有就医者提供均质化诊疗服务，故相同项目的定价保持一致。通过全部项目价格的院内公示、医院管理系统对价格的锁定、逐一明细项目计价并与就医者确定，实现医疗费用的完全公开、公正与透明，切实维护就医者的利益。

2. 持续坚持整形修复外科及医疗美容双项服务

除提供美容外科、美容皮肤科、微创注射等医疗美容门诊外，还提供外形再造、唇腭裂修复、瘢痕综合治疗等高难度整形修复项目，将功能医学与当代美学有效结合，全面满足就医者在整形外科和医疗美容领域的需要。

3. 持续坚持设备及药品100%合规，让服务更安心

医院所有的医疗设备、器械及药品均通过中华人民共和国国家食品药品监督管理总局认证，严把服务产品关，确保提供的所有产品均为正品。

4. 严格执行医疗美容项目主诊医师负责制

按照《医疗美容服务管理办法》《医疗美容分级管理目录》，医院坚持将符合主诊医师备案条件作为聘选主诊医师最基本的条件，每名主诊医师入职后，都要通过到所在辖区卫健委主诊医师资格备案、主诊项目备案后，按照主诊医师的资历和技术水平，确定美容诊疗级别和项目，由主诊医师根据个人诊疗特长提出授权申请，经医院管理委员会研究后予以诊疗项目授权，下达授权文件公告全院执行授权项目。

5. 持续规范和优化流程

按照预约、挂号、面诊、定方案项目、知情同意签字、安排治疗、术后复查、满意度回访等环节，对医疗美容顾客进行全流程跟踪服务，确保患者满意。每一项流程都有执行落地的规范要求和病历、治疗登记、交接班记录本等佐证资料。

R.21
医美产业下游企业案例分析报告

吕小兮 张奕 赵晞 王黎华[*]

摘　要： 医美产业下游涉及消费者、获客平台、金融保险、教学培训等服务机构。医美服务机构的获客平台利用互联网等科技进步，除了直接对消费者进行诊疗外，还可以通过多种获客渠道吸引用户群体，包括线下美容院等导流机构、垂直类医美平台、综合电商等。比较具有代表性的下游企业包括互联网医美平台第一股——新氧、成都本土企业——美呗、金融服务机构——平安产险、医美会展平台——美沃斯等。

关键词： 垂直医美平台　新氧互联网医院　美呗　平安产险　美沃斯

一 新氧——成都互联网医院

（一）新氧背景介绍

新氧成立于2013年，致力于为医美消费者提供安全、专业、温暖的服务，是中国最大、最受欢迎的提供查询、挑选、预约医美服务的在线平台，业务覆盖中国300个城市和日本、韩国、新加坡、泰国，吸引近6000家消费医疗机构入驻。新氧平台上有超过350万篇美丽日记，提供真实有效的决策辅

---

[*] 吕小兮，新氧App华西大区总监，成都市医美产业协会副秘书长；张奕，北京美沃斯管理咨询有限公司COO首席运营官；赵晞，成都美尔贝科技股份有限公司公共事务部负责人；王黎华，管理学博士，四川大学商学院副教授。

助资讯。2019年5月2日,新氧在美国上市,成为全球互联网医美平台第一股。

在受疫情影响的2020年,新氧科技实现总收入12.95亿元,同比增长12.4%,2020年平均月活跃用户量同比增速超过100%。2020年,新氧研发投入及人员开支2.3亿元,约占总收入的18%,同比增长超过29%。

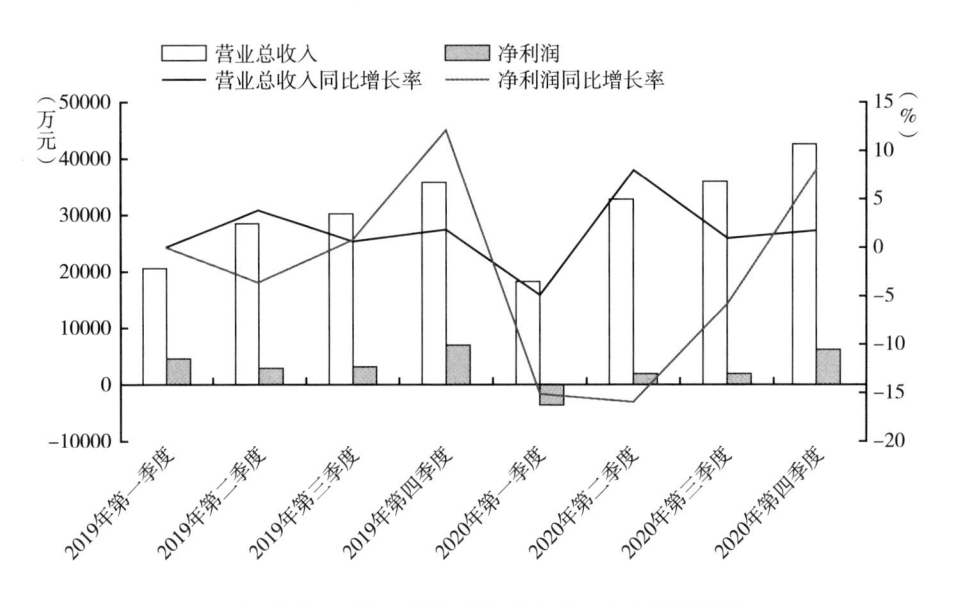

图1 2019~2020年新氧科技营业收入及净利润情况

(二)新氧互联网医院

1. 新氧互联网医院介绍

2020年9月16日,成都新氧互联网医院执业牌照《医疗机构执业许可证》正式获批,第一个医美互联网医院出现,医美线上线下一体化成功布局,新氧互联网医院也是成都首批获得执照的互联网医院,代表着成都作为"医美之都"的一种进步。

关于互联网医院,早期布局的有微医、丁香园等平台,腾讯、百度、阿里、京东等巨头也步入医疗互联网化行列。细分领域加入互联网医院的还有众安保险、香雪制药等,各个公立三甲医院也在积极地建设互联网医院。

2. 新氧互联网医院申办的政策背景与创办条件

关于互联网医院的相关政策，最早始于2015年，包含《国务院关于积极推进"互联网+"行动的指导意见》（国发〔2015〕40号）、《国务院办公厅关于促进平台经济规范健康发展的指导意见》（国办发〔2019〕38号）、《关于印发互联网诊疗管理办法（试行)》等3个文件。

文件的发布有利于这个领域的进一步规范。虽然根据目前的医疗政策，互联网医院并不是一个明文牌照，而是在医疗体系下延伸出的新运行模式，但文件的颁布表明了国家对此运营方式持相对开放的态度。目前已经有27个省份建立了互联网医院的监管平台，医美互联网医院也被涵盖在此监管流程中。

3. 新氧互联网医院的功能与创办意义

成都新氧互联网医院设置了整形外科、皮肤科、医疗美容科、口腔科、眼科、妇产科、中医科等科室，注册资本达1亿元，同时涉及消费医疗与严肃医疗。

新氧互联网医院的申办是新氧在整合自身信息与资源优势的基础上对未来的布局，也是对自有供应链输出信息服务能力的建设。这种健康服务模式的创新，将有机会让"互联网+医疗健康"惠及更多人，给求美者带来便捷的体验、更为对称的信息服务。

目前对于新氧互联网医院的功能规划，涉及视频面诊、新氧直播、新氧医生号等，不仅降低了平台获客成本，也便于医生更广泛地触达求美者。相比新氧现有的平台功能，互联网医院"在线上开具处方"这一权限的开启，将进一步提高新氧平台和医生们的服务效率。

消费医疗市场快速增长、跑步前进，新氧互联网医院的出现有助于增进医生和求美者之间的联系和信任，完善整个大健康市场中医美平台的服务结构。

4. 新氧医院的发展展望

关于成都新氧互联网医院如何在未来发挥更大的潜能，平台在布局，外界在想象，成都市温江区健康产业促进服务中心主任/健康产业功能区投资促进局局长朱远福认为，新氧互联网医院通过互联网、大数据科技赋能优质医疗资源，基于数据计算及时推送给医院和能为患者提供服务的医生，多渠道及时干预，让数据多跑腿，让患者少跑腿，医生也可以更高效地服务更多的患者。这可以说是医疗资源在效率与质量上的双赢。

二 美沃斯

（一）美沃斯背景介绍

美沃斯的诞生，缘起于这个伟大的时代，缘起于中国的医美市场。面对新一轮行业变革的蓄势待发，带着对中国医美市场美好未来的期许，带着医美人的伟大梦想与深入思考，美沃斯主动抓住"机会窗口期"，以推动行业信息交流、提升产业从业者职业素养为己任，在"研究探讨思考，团结交流进步"思想的指引下，2012年在大连、2013年在成都举办国际医学美容大会。并在此基础上，2015年，美沃斯正式创立，并开创性地实现了行业会议模式和内容的双创新。

模式创新，即整合学术各学科分支开设综合学术论坛，搭建多学科交叉融合板块；内容创新，即首创"经营管理""医美咨询师"等非技术论坛。历经3年沉淀与探索，北京美沃斯管理咨询有限公司（以下简称"美沃斯"）于2015年正式成立，开辟了产业大会新局面。

美沃斯始终秉持"全产业链信息与服务共享平台"的企业愿景，采用线上线下结合模式，开展职业教育与素质培养工作，连接产业上中下游从业者，满足医美各职业成长需求，积极践行"为医美职业赋能"的企业使命。

（二）美沃斯发展史及主要事件

美沃斯的目标是成为"面向国际的开放产业平台"，成立伊始，便参照国际先进理念与模式，正式确立"国际化、全产业链、跨界"的核心定位，以"勇于创新、追求卓越"为经营理念，吸引众多海外演讲嘉宾和供应商参与其中，在规格规模、内容质量、影响力方面不断提升。

美沃斯是"政企学研融"紧密结合的赋能平台。携手国内外政商企代表、行业专家学者与产业资深研究员全面参与，分享具有前瞻性、专业性与实用性的内容，加速创新技术在产业内的应用，促进先进管理经验在机构经营中落地。

美沃斯也是思想的自由交流平台。融合产业"时尚文化艺术"特性，以会为台，以展为媒，为医美上中下游从业者搭建学习研讨和洽谈的平台。同时，通过"线上+线下""会展+论坛""低频+高频"的融合，促进医美教育培训创新与产业变革。

美沃斯还是信息与服务共享平台。依托庞大的产业人脉资源与多元业务形态，为从业者提供专业及时的产业资讯与决策支撑。同时，搭建平台整合分享者，连接供给方与需求方，建成面向医美产业的共享平台。

2015年，美沃斯正式成立，大连美沃斯国际医学美容大会举办，开设线下培训班9期。

2016年，大连美沃斯国际医学美容大会再次举办，开办线下精品培训班，开设线上微课。

2017年，武汉美沃斯国际医学美容大会举办，美沃斯App上线。

2018年5月和11月，美沃斯国际医学美容大会在武汉举办两届，开办线上线下相结合的学习培训班。

2019年5月，杭州美沃斯国际医学美容大会举办；11月，大连美沃斯国际医学美容大会举办，启动"百医联播"项目，创建美沃斯MOLY。

2020年8月，杭州美沃斯国际医学美容大会举办；12月，广州美沃斯国际医学美容大会举办，开展美沃斯"未来医美掌门人EMBA"项目。

（三）美沃斯业务细分场景

1. 美沃斯国际医学美容大会

美沃斯国际医学美容大会始终坚持"学术立会，专业创新，信息共享，资源链接"的办会思路，整合跨界资源并坚持创新，在嘉宾选择上，每年力求有50%的新面孔，以便为参会者带来更多新思维、新技术、新方法。

受益于专注和坚持的经营理念，美沃斯大会的规模、参会人数、权威专家和供应商数量均逐年增加。从最初的参会人数1200人、演讲嘉宾110人，快速发展为参与人数超万人、海内外权威嘉宾总数2000余人的行业规模盛会。

2. 美沃斯国际医疗与美容科技博览会

美沃斯国际医疗与美容科技博览会和美沃斯国际医学美容大会同期举办，参展商来自欧美、日韩等不同国家和地区，涉及光电设备、手术器械、填充材料、假体、药品、化妆品，以及互联网平台和软件服务商等各类型企业。

目前，美沃斯国际医疗与美容科技博览会已与500余家供应商达成合作意向，其中不乏诸多具有国际影响力的"明星企业"。美沃斯现已成为医美新技术新设备新材料发布、医美机构采购的重要平台。

3. 美沃斯App

美沃斯App为医美从业者构建高效的线上学习空间，成为行业人信任的学习平台。美沃斯App以提升学习效率为目的，涵盖九大专业细分学院、1000余位讲师、20000节专业课程，以及百医手术公益联播、皮肤百医公益联播等板块，内容包括学术理论、手术与治疗实操、解剖示教、咨询设计、运营管理、艺术美学等，已成为数万医美从业者在线学习的主流工具。

4. 线下专题培训

线下专题培训涵盖学术技术继教与经营管理，涉及眼鼻与脂肪移植整形、注射、解剖、私密、营销、管理等。2020年正式开展"未来医美掌门人EMBA"项目，聚焦六大核心议题，即营销、产品、运营、流量、组织力与领导力，以"讲师团＋助教团＋教练团""线下培训＋游学参访＋沙漠穿行"的"3＋3"模式，赋能有梦想、有追求的医美企业家。

5. 美沃斯图书汇

美沃斯图书汇打造以图书为核心的知识与信息共享平台。满足医美从业者专业书籍出版需求，从策划、组稿、编审、设计到发行，提供完整出版流程服务；举办线上听书、线下读书会等连接作者与读者的丰富活动。

6. 美沃斯茉莉（MOLY）

美沃斯茉莉定位为医美产业大数据创新服务平台，旗下业务涵盖茉莉MCN（全平台医美直播＋达人孵化＋供应链运营）、品牌咨询、大数据中台搭建等。同时，茉莉作为直播电商服务平台，与美沃斯平台联动，在线上线下举办专业商业活动。

7. 美沃斯媒体

美沃斯媒体是以美沃斯官方公众号为核心，以微博、视频号、抖音号、媒体自选超市等为辅的媒体发布矩阵，聚焦产业前沿资讯，洞察医美新趋势，涵盖超过1000篇深度内容解读、210万字原创文章、150位行业人物报道、200家以上机构/企业参访，是医美行业从业者获取信息及碎片化学习的重要媒体平台。

8. 沙龙、对话、TED演讲

沙龙、对话、TED演讲是美沃斯打造的系列主题活动，联合行业内外知名专家、企业家及创业者，以线上/线下或二者结合的方式，针对市场热点话题、特定主题展开研讨分享，以提升从业者的认知深度，帮助行业同人扩展社交圈层。

9. 艺术展、话剧、时尚秀

艺术展、话剧、时尚秀是美沃斯打造的系列文化活动，融合医美"时尚文化艺术"的产业特性，以艺术展、文艺演出、话剧和时尚秀等形式，帮助医美从业者升华艺术修养、滋养人文精神。

（四）美沃斯未来发展规划

1. 大会

以交流、交易、展示、展览为宗旨。会议会展板块的发展主题涵盖医美、生美、养生、保健、抗衰老，是集会议和博览于一体的美容健康产业国际峰会。美沃斯国际医学美容大会将进一步吸纳全球医美行业精英和跨界专家，同时在大健康领域积极拓展。美沃斯国际医疗与美容科技博览会将在现有基础上，关注再生医学、功能医学、基因医学、人工智能、养生中药及保健产品等类型的品牌及企业，逐渐将会展向高端生活美容产品等领域渗透。

2.公开课

美沃斯线下公开课分为大班和大课两种模式。大班以"深度研讨，实操带教"为特色，大课兼具"体系输出"与"案例指导"属性，两大板块均是针对医美各职业类型与岗位要求开展的具体课程。覆盖医生、经营管理者、投资人、咨询师、人资、财会等人群，具有实用性强、可操作性强的特点，通过价值输出和体系化内容覆盖，助力从业者拓宽视野、提升专业素质能力。

3.大学

大学是思想自由交流和信息服务共享平台。医美作为知识与服务双密集型产业，对复合型人才的需求更为迫切，引入和培养知识复合、能力复合、思维复合的精英人才，也将对产业发展起到至关重要的推动作用。美沃斯将连接线上线下打造新学习场景，创造一个职业教育与信息汇聚、有系统理论体系支撑、有思想共识与价值信仰、有文化继承与匠心传承的平台。

未来，美沃斯将继续深化多元布局，充分利用现代科技手段，进一步加强产业上中下游从业者的连接，围绕信息与服务、教育与培训构建和探索更多健康的商业模式。勇于自我挑战，推进自我革新，以吐故纳新的空杯心态，以敬天爱人成就同人的精神，全心全意赋能医美人共同进步，助力中国医美产业持续健康发展。

三 平安产险——四川分公司

（一）平安产险背景介绍

平安产险于1988年诞生于深圳蛇口，是平安集团实现多元化发展的起点。以原保险保费收入来衡量，平安产险是中国第二大财产保险公司。

成立33年来，平安产险坚持稳定、健康的发展战略。2020年，平安产险保费收入达 2858 亿元,同比增长 5.5%。旗下 43 家分公司及 2760 余家中心支公司、支公司、营销服务部及营业部为全国客户提供有温度的金融服务。

(二)四川分公司医美保险

1. 四川分公司背景介绍

中国平安财产保险股份有限公司四川分公司(以下简称"四川分公司")是中国平安设在四川负责财产保险业务的省级分公司,现为四川省第二大财产保险公司。

2020 年,四川分公司保费收入 149.7 亿元,市场份额为 24.3%,累计为四川省经济发展提供了 542578.9 亿元风险保障,为客户提供了 83 亿元保险补偿。公司全年累计自缴税金(含信保)6.05 亿元,代扣代缴税金 12.16 亿元,被武侯区评选为"金融业纳税前十强企业""武侯区年度纳税过亿元企业"。

2. 四川分公司医美保险设立背景

四川分公司秉承"专业创造价值,科技拥抱变革"的发展思路,推出针对性"医美责任险",对保险期限内,医美机构及医师在从事与其资格相符的医疗活动时,因职业过失行为导致意外事故,造成患者人身伤亡,对于应由过失机构及个人承担的经济赔偿责任,进行理赔工作。成都医美市场在经历疫情期间的重新整合后,必将强势增长,而医美行业缺乏风险保障机制,各方抗风险能力较弱,在成都人文多样化不断发展的背景下,迫切需要商业保险的介入,发挥风险的防控作用,为医疗机构、从业人员和众多求美者消除后顾之忧。

3. 医美保险的现状及案例

目前医美行业并无精细化、统一化的鉴定标准,而使用《医疗事故处理条例》《人体损伤致残程度分级》进行评定显然也不合理,原因是疤痕、感染等在不同的部位出现,给个人带来的影响也不同。如何界定损失,消费者、机构和险企难以达成一致。在传统医疗领域,医疗责任险、医师责任险是政府长期引导医院购买的险种,同时也是纳入公立医院考核的指标之一,但在细分的医疗美容领域,行业主管部门并未做相关要求。

4. 医美保险的未来展望

平安将持续投入更多资源，做大做强在线医疗服务和健康管理服务，同时积极拓展线下合作网络，包括体检机构、检验检测机构、健身医美机构等，打造一站式闭环生态。

未来，平安将持续加大投入，扩张自有医疗团队规模，同时积极开拓国内外知名医生资源，打造多点执业模式下的全球医生网络，加大流量投放，加快与线下医疗机构的合作，为用户提供更全面专业的医疗服务。

平安长期关注成都市医美行业发展，力求参与医美市场成长的每一步，随着政府的重视、政策的支持、行业标准的完善、管理制度的健全，顺应实际产业风险需求，同时加入科技赋能的保险创新产品，为医美产业发展发挥保驾护航的作用。

四 美呗

（一）美呗背景介绍

1. 所处行业背景介绍

在高速发展的同时，医美行业也存在许多风险。在逐年增长的消费需求与并不匹配的市场供应条件下，消费者需要有公平公正的平台来为其做相应的医美科普、答疑、比价。

根据艾媒咨询数据，从整个医美机构的价值链来看，大部分医美机构的营销渠道投入占比约50%。而百度竞价广告无疑是医美行业的重要获客渠道；而2016年3月"魏则西事件"使百度在消费者心中的信赖崩塌。从消费者的角度而言，难以找到合适的机构、医生和项目。对于机构而言，获客也遇到阻碍，医美机构尝试着找寻新的获客渠道。

垂直类医美App逐步掀起热潮，2011年美呗成立，2012年悦美成立，2013年更美、新氧成立，各大医美机构纷纷入局。近年来，各大综合平台，如阿里、美团也开始入局。

2. 企业的设立及性质

2011 年，创始人兼 CEO 龚连胜与另外两位创始人共同创立了美呗（成都美尔贝科技股份有限公司）。作为高品质医美严选平台，美呗为用户解答整形疑问、筛选优质医院、对比机构价格、定制医美方案、挑选正品医美项目。美呗拥有 350 余名专业医美咨询师，提供全年 24 小时一对一术前、术中、术后服务，累计咨询量超 8000 万人次。业务覆盖全国 31 个省、自治区、直辖市，更触及海外，与 2000 余家优质整形医院、12000 余名医生达成合作。

3. 企业规模和结构

2011 年，美呗成立；2015 年和 2018 年，美呗先后开启 AB 两轮融资，共融得 7400 万元资金，投资者为深创投、四川省电子商务产业股权投资基金、四川省健康养老产业股权投资基金等。

目前，美呗业务已覆盖全国，更触及海外，严选 2000 余家资质齐全的医院、12000 余名合规合法的医生开展合作，拥有员工 800 余名。作为一家科技型公司，美呗注重研发，截至 2020 年 10 月，拥有知识产权 100 件，每年研发投入占比 9% 左右。根据 Mob 研究院《2019 医美电商行业报告》，美呗 App 的用户打开率 98.2%，用户月均使用天数最高，这得益于美呗一直以来专注于深度服务的业务模型。目前，美呗总咨询量超 8000 万人次，全国 5A 级医美机构共计 51 家，其中 39 家与美呗达成合作意向，占比近八成。

同时，在自建流量体系下，美呗搭建了由 200 余位 KOL 组成的自媒体矩阵，已实现超过 50 亿次的展现，移动端日均访问量超 30 万，为机构精准的引流获客赋能。

4. 产品分类及营销模式

（1）产品分类

美呗自成立以来，将高端整形手术作为核心业务，涵盖鼻部整形、眼部整形及脂肪整形等品类。随着轻医美的快速发展，微整注射、皮肤美容等品类占比也迅速攀升，达到近 30%。

美呗用户主要来自一、二线城市，其中，73%的医美用户来自TOP10地区。用户整体投诉率低于7‰。总体来说，美呗在近10年的行业深耕中对产品及服务体系的严苛要求，在消费者体验数据上得到了较好的印证。

（2）营销模式

作为B端与C端的中间枢纽，美呗既要保障正规、优秀的医美机构、医生能获得更好的发展，也要保障消费者获得更好的变美体验和有安全保障的医美服务。

对B端而言，通过"大数据算法+顾问服务"，帮助机构深度分析和了解求美者需求，从项目优势提炼、医生IP打造、服务优化、精准引流层面，帮助平台、机构和消费者三方实现共赢。

①项目：帮助医院梳理差异化特点，迭代特色项目，打造精品项目，使优秀的项目更容易脱颖而出。

②医生：美呗咨询师也会分析医生的擅长项目，并为其贴上鲜明标签，让求美者更容易找到适合的医生；同时，专业咨询师也会以医生助理的身份协助答疑，让医生有更多时间可以专攻技术、提升技能，助力医生树立口碑品牌。

③服务：咨询师将协助机构为求美者提供术中陪护及术后关怀，提高医院复购率和用户满意度。

对C端而言，美呗高品质医美严选平台以三大严选体系为支撑，保障用户安全求美之路。

①严选机构/医生：截至2019年，全国5A医美机构共计51家，其中39家与美呗达成合作意向，占比近八成。与2000余家优质整形医院、12000余名医生达成合作意向，所有机构、医生均有完备资质，所有药械合规合法。年入驻审核通过率不超过10%。所有入驻机构均经过6大项、26条标准严格审核。

②严控内容：含违禁词内容不得在平台出现。机器+人工双重审核机制，保障内容真实性。所有机构、医生评分信息真实。严格保护用户隐私。

③严选服务：350余名严选咨询师，提供一对一专业咨询服务，陪伴变

美全过程。术前,定制专属美学方案,帮用户选医院、选医生、比价格、挑项目;术后,专属术后小管家持续跟进用户恢复效果与满意度反馈;保障,先行赔付、平台协助维权,为用户提供变美保障。

(二)美呗发展战略及经营模式

1. 企业愿景与战略目标

使命:用科技和服务让生命更美好。

愿景:做医美产业领导者。

价值观:用户第一,开放、合作、创新、正直、高效、卓越。

战略目标:短期聚焦业务增长——拥抱变化,主动调整,深耕细作,进一步切割市场,持续放大体量;中长期积极打造大健康领域的超级MALL,用科技和服务让生活更美好。

2. 经营模式

美呗的经营理念是联合百大机构、百大名医、百大上游供应链以及百大KOL,以"严选"为求美者把关,解决医美用户的痛点和需求,引导大众树立科学、个性化的审美观念,让真正有实力、有责任心的医美机构、医生以及上下游供应链盈利,发挥平台价值,助力医美行业健康有序发展。

美呗的经营模式:首创"线上顾问+线下地陪"的重度服务模式,提供从术前到术后的全流程服务,打造"医美界京东"。

自营售后体系:让求美者从开始接触美呗起,做的每一个选择都有人管、有保障。虽是售后,服务却始于选择,美呗咨询师将对消费者情况做深度的评估,协助消费者选到合适的医生、项目,提出符合其个人情况的变美建议。消费者做完项目后,美呗美学顾问会有长达半年时间的持续跟进回访,了解消费者恢复情况、对效果和服务是否满意等。如果遇到问题,美呗会协助消费者与医院沟通,通过协助消费者维权、进行先行赔付等一系列举措来保障消费者合法权益。

消费者对医美的接受度逐年提高,年轻消费群体进一步扩大,同时轻熟龄至熟龄女性的抗衰需求也增加。基于市场趋势的变化,美呗将从原有主营的手术服务领域进一步拓展和深耕轻医美项目,未来还将向生活美容、健康管理、消费医疗领域拓展。同时,就消费者年龄结构而言,基于18~24岁的年轻群体向熟龄消费者拓展,以求深化美呗产品和服务,从深度和广度上给消费者带来更好的体验。

五 大众美团医美

(一)美团医美背景介绍

1. 所处行业背景介绍

中国医美市场保持较高增速的同时,认知的不对称、信息的不透明成为市场乱象之源。随着消费的升级,消费者需要更有效、更安全的医美产品和服务,满足"变美"需求,升级供给侧服务,建立一个安全、规范的医美市场已经刻不容缓。互联网医美平台的出现在一定程度上解决了信息不对称问题。求美者可以通过App方便了解到医院的资质情况、医生经验和评价、医美项目方案和价格等——而在过去,消费者只能通过传统广告或搜索引擎获得非常有限的信息。2018年以来,医美App获得资本青睐,大量新融资进入医美产业下游,助推线上一度成为最大的流量入口。

目前,这一行业的竞争者主要有新氧、美呗、更美、阿里健康、小红书、悦美、美团医美等。

2. 企业的设立及性质

2017年美团入局医美市场,2018年医美业务升级为独立业务部。完成跑步入场后的美团甚至在2019年实现弯道超车。美团点评医美及健康业务部负责人李晓辉曾对外透露,2019年平均每月通过平台了解医美医疗的用户超过2400万人次,医美线上交易额同比增长388%。

美团在2017年开始涉足医美行业,为用户提供皮肤管理、玻尿酸、除皱瘦脸、抗衰老、植发等医美服务以及口腔齿科等消费医疗服务,业务范围覆盖全国380个市区县,合作医美及消费医疗机构超过11000家,数字化链接产业上中下游,助推医美消费放心、透明、有保障,帮大家更美更健康。

3. 企业规模和结构

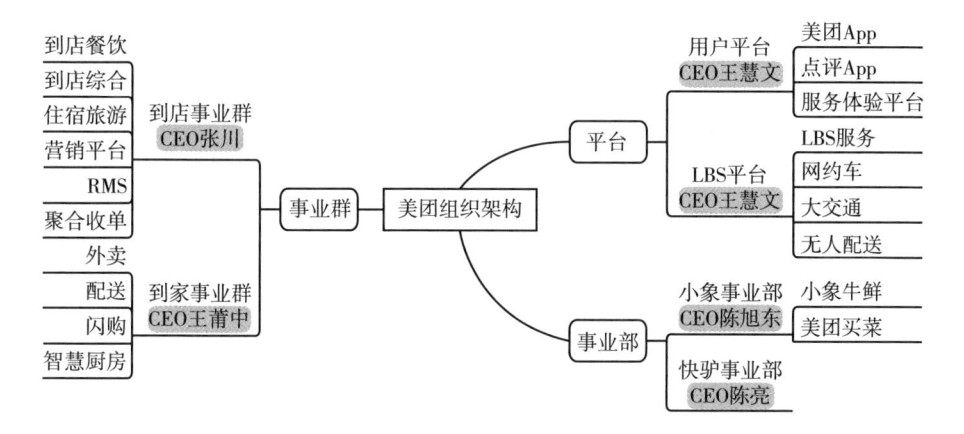

图 2 美团组织构架

2020年8月,美团点评发布第二季度财报,提到了首次开展美团医美"6·18"大促,借势电商营销热点,医疗美容类交易用户为平台贡献了约6.7亿元的交易额。"双11"大促期间,线上消费金额达15.3亿元。

(二)企业竞争形势

随着颜值经济的到来,医美市场快速发展并吸引众多互联网巨头入局,医美平台竞争也愈加激烈。据了解,阿里、美团等企业均已进入医美领域。

阿里健康的天猫医美业务连续多年发展迅速,2018年跃居天猫"双11"增速第一。2019年天猫"6·18"期间医美业务同比增长572%,一批机构也随着平台发展而实现了飞速增长。

随着技术日益成熟、求美者需求旺盛,医美市场火热,线下开店成为"香饽饽"。

从可复制性和门槛来看,开设医美机构的难度并不大,但基于医疗特性,区域属性依然特别强,真正形成全国连锁并垄断,在某种程度上来说是伪命题，因为医美市场是长尾格局市场。抛去硬件成本、政策监管等因素，医美连锁的主要难点在于缺少医生、获客难、标准化难形成，尤其是在异地扩张的情况下。

相比之下，医美平台业务现金流较为稳定、增长较快，成为"抢滩"的细分领域。在移动互联网产业升级大背景下，医美平台迎来了新的升级方案。

那么，医美领域供需双方有哪些特性呢？

首先，消费升级，越来越多的年轻人希望通过医疗美容服务变美，同时，年龄结构成熟化带来抗衰需求增长，寻求皱纹和皮肤松弛解决方案的人群增多。再加上，消费者购买力提高，无论是存量还是增量，医美都将持续保持强劲增长。但是相对其他高频生活服务，医美依然属于低频。

其次，消费者医美决策过程长，在民营医院占据主体的市场中，商家为获客花费了大量的营销费用，可患者依然面临不完全信息问题，需要在医美平台获取信息，进而促成交易。

最后，医美本质上依然属于医疗，有"医"的属性，治疗依赖于医生专家以及成熟的产品和技术，不管是美容外科还是美容皮肤科，医生的服务都难以标准化，完全消除信息不对称、获得消费者信赖的矛盾将长期存在，除非医生供给效率大幅提升以及技术标准化程度较高，否则难以解决。

某种程度来说，医美平台的业务更偏向于动态平衡。不管是新氧、更美、美呗等医美App，还是美团医美、阿里健康、京东健康等科技平台，都需在这一大属性下运筹。

一言以蔽之，难以标准化、低频以及依靠医生知识和技术且医生供给不足的特性，决定了医美领域可以形成平台，但是相对于外卖、打车等服务平台，规模较小，不在一个量级。

医美平台如何实现更大的规模发展？标准化难，始终是医美平台前进的瓶颈。重点就是平台提供的内容信息以及服务（医疗服务）标准化。这也是在整个医疗领域，服务公立医院以及医生的互联网医疗平台，围绕医和药需要长期耕耘，尝试跑通模式，而且由于"医"板块低频、标准化难度高的属性，现阶段大多围绕"药"、"渠道"以及其他产业底层服务进行重点布局。

（三）企业战略及经营模式

1. 战略定位

发展战略：打造信息透明、安全有保障的医美消费决策与服务平台，帮助大家放心变美，一直是美团医美不变的初心。

经营战略：致力于为机构提供更高的生命周期价值、更健康的投产比。

2. 经营模式

产业链定位（价值链定位）：美团医美是美团到店综合业务之一，而美团到店又是到店事业群的一部分，所以美团医美实际上是连接医美产业上下游、融合线上线下的平台。

在美团医美最初绘制的"安全地图"中，第一步是实现医美机构信息透明。最基本的是资质透明，美团医美所有合作商户均来自国家卫健委公布的具备医美营业资质的商户，并且必须在平台上公示相关资质、医师及价格信息。

在医美机构信息中，"服务信息透明"尤为重要。消费者需要提供到店消费凭证才可在平台对商家进行服务评价，保证消费评价的真实性，为下一位求美者提供基于真实服务体验的"真实信息"。医美机构提供的服务往往难以"试用"，形成良好的网络口碑依据的是消费者亲身体验的评价，通过查看线上评价和商户星级等信息，能够有效改善供需双方的信息不对称问题、提升透明度，在有效杜绝虚假宣传的同时提升医疗美容行业的整体服务水平。

此外，相较于餐饮、酒店、休闲娱乐等其他生活服务品类，医美更是亟须透明、客观、公正消费环境的服务品类，在这一方面，美团已经具备成熟的技术和人员、机制条件，对评价内容也能做到高标准、严要求的把控，设有专门的技术模型和独立团队、平台管理办法等来保障评价的真实性，坚决打击刷好评、删差评等不法行为。

第二步是实现药品信息透明。2019年1月，美团医美联合华熙生物、艾尔建等上游品牌共同成立医美行业"正品联盟"，消费者可以在App上查询如华熙生物的"润百颜"玻尿酸药品授权了哪些机构，还可以直接线上下单。线下服务体验前，消费者也可以通过App对使用的药品进行扫码验真。

第三步是医美方案信息透明。在过往的求美过程中，消费者只知"我要变美"，很难知道"如何变美"，而在美团医美的"医美甄选"安全消费新模式中，求美者有了医美需求，可以提前了解上游品牌机构提供的专业医美服务方案，然后选择官方授权的服务商户进行线上咨询并下单购买服务。

（四）运营管理及财务绩效

1. 运营管理

美团医美的发展，得益于美团良好的网络基础，具有创业团队、知名度、优质的商家。在医美市场上，美团医美管理如下。

（1）顾客细分

顾客分为线上顾客和线下顾客两大类。线上顾客包括已经消费的和未消费的，针对这两类进行不同的营销模式推广；线下顾客是潜在顾客，利用顾客关系营销进行推广，进行返利活动，邀请好友将获得奖励。

（2）客户关系管理

辨识顾客层面，纳入数据库、采集相关信息、验证更新信息；了解顾客、区分顾客；伺服顾客；对客户实现价值定位，优化顾客价值层面，以此来提高品牌忠诚度。

（3）关键的商业活动

兼顾商家和消费者的利益，进行双向商业活动。在此基础上，推出返利、让利等活动。同时维护好主要伙伴关系，如红杉资本投资，以及其他团购网站如糯米网、拉手网等。

（4）成本结构运营问题

基于互联网技术进步和行业平台的特点，美团医美的技术要求和成本低，可以在低成本运营基础上实现长期发展。

（5）员工管理

美团从制度上保证了员工在公司内可多通道发展，构建员工职业发展体系,建立员工管理和专业"双通道"的职业发展体系。

2016年7月30日,美团宣布设立人才培养平台"互联网+大学"(Internet Plus University,IPU)。CEO王兴提出,进入"下半场"的时候,美团医美作为一家"互联网+"公司,培养一支既懂互联网又懂生活服务垂直行业的队伍,将是打赢"下半场"的根本保障。

通过"互联网+大学"打造学习型组织,搭建一个基于发展与成长的互联网学习生态圈,在最大程度上实现行业及企业领军人才培养目标,明晰人才发展理念,实现内外部资源打通,落实人才基地建设目标。

2. 财务绩效

2020年第一季度,美团医美实现超过两倍的同比收入增长;"6·18"大促期间线上交易突破6.7亿元;"双11"期间线上交易额突破15.3亿元。2020年中国轻医美用户数预计将突破1500万人,年复合增长率达52.6%,在互联网医美平台中,美团医美领跑轻医美赛道。

(1)盈利能力

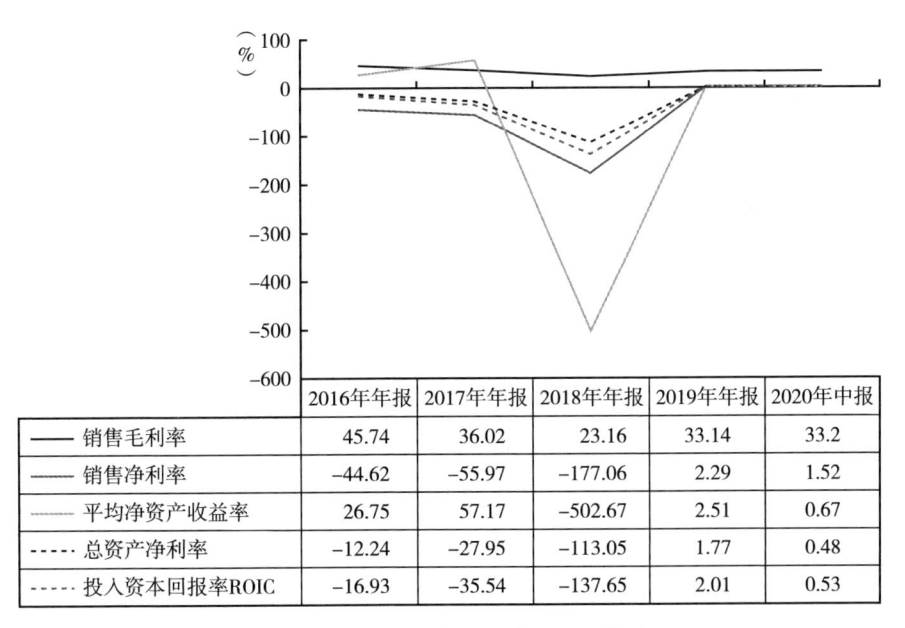

	2016年年报	2017年年报	2018年年报	2019年年报	2020年中报
销售毛利率	45.74	36.02	23.16	33.14	33.2
销售净利率	-44.62	-55.97	-177.06	2.29	1.52
平均净资产收益率	26.75	57.17	-502.67	2.51	0.67
总资产净利率	-12.24	-27.95	-113.05	1.77	0.48
投入资本回报率ROIC	-16.93	-35.54	-137.65	2.01	0.53

图3 2016~2020年美团点评盈利能力

成都医疗美容产业发展报告（2020~2021）

（2）偿债能力及财务风险

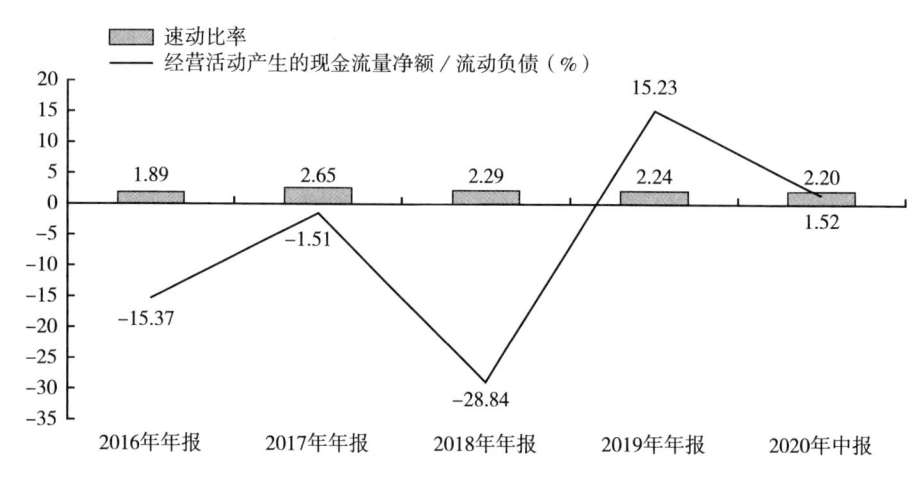

图4　美团点评偿债能力指标

（3）现金流量

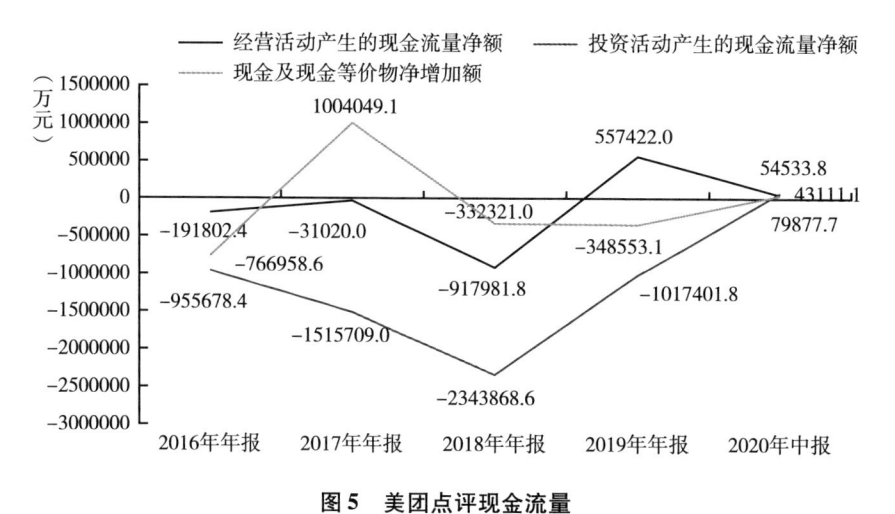

图5　美团点评现金流量

（五）案例企业的经验和借鉴意义

医美从业者认为，近年来，医美市场发生了巨大变化，新的互联网业态涌现，消费者的目标从治愈转向求美，市场主体拓展为民营资本甚至互联网医院。医美行业的运营形态、营销方式、信息内容都发生了变化，但医美的本质仍然是医疗，从业者必须要坚守底线。头部企业应承担起社会责任，推动整个行业的健康发展。

这些医美市场的"安全"基石，美团医美在创立之初就已搭建起来，并试图在这些基石上筑起更牢固的"安全"壁垒。可以看到，监管部门、医美机构、品牌、平台都已经认识到"安全"对医美行业发展的意义并积极付诸行动，共同推动行业新生态建立。

2019年1月，美团医美与上游医美品牌商和经销机构共同发起成立了"正品联盟"，在网站上直接展示药品资质授权信息，为医美机构开通药品扫码验真功能，打击假冒伪劣产品，助力行业发展规范化。比如，美团医美与医美上游品牌华熙生物合作，用户如果想要体验其玻尿酸"润百颜"，可以通过美团医美"润百颜"的医美甄选，快速找到其授权合作的医美机构，并且在线下机构接受服务前，也可用美团医美对药品进行扫码验真。

2019年2月，美团推出针对包括医疗美容商户在内的美业经营评分体系，从商家供给能力、营销服务能力、线上交易能力、履约保障能力四个维度对商家线上化运营水平进行评价，引导商户提升运营及服务水平。自2019年12月新标准上线以来，该体系帮助美业商户优质达标率从4%提升至21%，优质商户访问量提升33.4%，评价体系运行效果良好。

2019年8月，美团医美医疗和上海长宁区卫健委达成创新"互联网+监管"合作意向，开展信息公示及数据对接、建立区域医疗机构综合评价体系、建立网络监管模式。这一创新合作可以避免"劣币驱逐良币"现象出现，让有资质、合法合规的医美机构在行业内更有底气。

2020年初，美团医美引入业内专业的医生角色，通过直播、视频面诊等形式让医美医生走到消费者面前。未来美团医美还计划发起成立医生专业委员会、搭建专业信息产品平台等，进一步为用户提供权威可靠、客观公正的信息服务，避免求美者被市场上鱼龙混杂的医美信息误导。

2020年8月26日，在美团医美后疫情时代首个云峰会上，美团医美联合中国医师协会整形外科分会会长江华，医美上游品牌代表艾尔建美学、昊海生物、大熊制药婕尔，医美机构代表美莱集团、艺星集团正式发起业内首个由企业主体自发倡导的"行业自律公约"。

这份"行业自律公约"倡导正规资质、正规信息、正规医生、正规药械、正规服务。其中，正规资质、正规医生、正规药械分别从机构、医生、药械的服务节点来进行自律和规范；正规信息倡导机构发布的医疗信息，在保障消费者知情权和选择权的前提下，应保证信息内容的真实、客观，合乎相关法律法规要求；正规服务则倡导参与机构拒绝违规套路贷、套路推销、"幽灵手术"等违规违法行为。

2020年8月27日，中国整形美容协会标准化工作委员会联合美团大学等机构，共同在京启动"医美互联网运营师"职业能力要求暨人才标准的制定工作。该标准将以团体标准的形式出现。在蓬勃发展的医美行业中，以医美医生、市场营销、互联网运营师、服务顾问等为代表的新兴职业从业人员预计超过10万人，人才发展潜力巨大。

中国整形美容协会会长张斌表示，医疗美容行业近年来高速发展，吸引了一大批高学历、高素质的人才加入，除了大众熟悉的医美医生，也有在互联网新经济下诞生的互联网运营师等新职业，这类从业人员也将成为推动行业发展的中坚力量，亟须一份人才标准来指引其职业发展的方向。医美互联网运营师的职业标准主要包括结合网络技术、平台规则、门店管理工具、营销手段等实现线上、线下整体经营的医美互联网运营能力要求，以及医美互联网运营师等级划分与依据、基本条件、工作经验要求和职业能力要求，旨在通过标准落地培训，综合提升从业者市场营销、互联网工具运用、数据分析等能力。

平台的核心价值在于"连接"，美团医美推动行业健康发展的重要落脚点在于打造立体化、多元化的行业生态。一个有生命力的平台必定具有多物种和多角色的特点，美团医美将会引入更多的元素，如上游端、行业内的专家，并将各个城市都布局到运营生态中。

（六）美团医美未来发展展望

美团点评在医美业务方面的发展空间巨大，应致力于连接产业上中下游，将线上线下融为一体，与产业合作伙伴们共同推动医美新生态建设。从产业发展来看，美团平台在完成 C 端的流量积累和价值服务后，应聚焦 B 端，一方面从流量思维角度，由单纯的信息匹配转向专业精细的服务，赋能商家和产业；另一方面不断拓展新 B 端服务的边界，寻找可切入的新场景入口，如医美板块，以新体验吸引消费人群。

附　　录
Appendices

R.22
2020~2021年医美产业发展大事记

2020年

1月2日　国家药监局发文指出，不存在所谓的"械字号面膜"。

1月7日　中国整形美容协会召开了2019年医美机构评价工作总结会议。来自全国16个省（区、市）的35家医美机构获得了3A、4A、5A医疗机构称号。

1月10日　美团宣布2020年逐渐布局医美行业，整合变美生态链。

1月11日　全国"行校合作"共建美容医学系列辅修专业与学生高端就业研讨会暨"全国美容医学教育资源共享联盟"成立仪式在深圳成功举行。30所大学、培训机构和上百家医美机构（企业）吹响集结号，开启医美人才培养"批量"模式。

1月16日　成都市签发《成都市人民政府办公厅关于改革完善医疗卫生行业综合监管制度的实施意见》，提出"支持医疗美容产业协会等行业组织在规范行业行为和维护行业信誉等方面发挥作用"。

1月18日 2020年医美生态链产业创新发展研讨会在深圳成功举行。本次研讨会旨在严选、联合区域医美生态链优质服务商，全面赋能医美机构，创新提升生态链格局，实现医美生态链成果共享。

1月25日 某防脱发产品研发商"爆发生物"A轮拿到3亿元融资，是2020年已知融资企业中获融资最多的企业。

1月28日 全球生物制药行业的领军企业艾尔建宣布旗下全新尖端工厂Biologics 2（B2）正式启用，总投资1.6亿欧元。

2月1日 全国多地的市场监督管理局专门发布了针对疫情期间加强广告监管的通知，严查广告宣传中的违法违规情形。

2月3日 中国整形美容协会采购与供应分会联合湖北省慈善总会倡议并发起"抗疫援汉"项目，向湖北定向捐赠物资累计316.63万元。CSPSA"抗疫援汉"定向捐赠医院合计50家。

2月 阿里健康发布一系列减免保障政策，帮助医美行业商家渡过疫情难关。

2月 疫情导致医美停诊，直播问诊迅速发展，多个互联网医美平台也开通了视频面诊功能。过程的透明化会进一步解决医美行业长期存在的信息不对称问题。

2月28日 美团公司参与共建的上海市首家皮肤专科互联网医院获批。

3月3日 中国医美多元生态圈事业共同体项目在深圳正式启动，未来将实现资源共享，达到控制成本与风险的良性循环。

3月20~31日 成都市整形美容质控中心携手成都市医疗美容产业协会开展了《成都市医美机构复工情况调查》。

3月20日 成都市金牛区与广东华夏中璟基金管理有限公司采取"云签约"方式，签署中璟大健康金融科技运营中心项目合作协议，打造以医美保险为主、多领域保险为辅的金融保险平台和运营中心。

3月 众多医美机构品牌旗舰店入驻拼多多平台。

4月3日 国家卫健委、中央网信办、教育部、公安部、商务部、海关总署、市场监管总局、国家药监局等八部门联合下发了《关于进一步加强医疗美容综合监管执法工作的通知》，要求在强化自我管理主体责任、发挥行业组织自律作用、加大政府监管力度、强化社会监督等方面进一步加强医疗美容综合监管执法工作。

4月8日 中国整形美容协会损伤救治康复分会鼻整形修复专业委员会暨鼻大师鼻整形修复专家委员会线上成立大会在鼻大师直播平台隆重举行。

4月9日 中国整形美容协会推出了帮扶活动，筹措专项资金8800万元，为有困难的优秀医美机构垫资垫货，帮助机构重启。

4月21日 《中华医学美学美容杂志》刊发《中国人群中面部年轻化治疗专家共识》，是首个针对中面部年轻化治疗的专家共识。

4月23日 美国R2公司获华东医药1000万美元投资。目前在研产品包括独有的冷冻祛斑医疗器械F1和全身美白医疗器械F2。

5月5日 博鳌国际医院医学美容中心启动仪式在博鳌举行。该中心将依托博鳌国际医院的国际前沿技术平台以及国际知名专家资源，让医美回归医疗本质。

5月6日 艾尔建宣布与微医、京东健康两大互联网医疗健康平台签署战略合作协议。

5月8日 生物制药公司艾伯维宣布完成对艾尔建的收购。

5月9日 2020年上海柘林大健康产业及优质产业资源推介活动在柘林镇爱企谷举行，活动现场华怡集团签订了项目战略合作协议，将投资15亿元建设医美大健康产业园。

5月18日 新氧科技（NASDAQ：SY）发布了2020年第一季度财报。QuestMobile垂直医疗类App排行榜显示，新氧4月以超966万月活用户成为当月垂直医疗类领域的第一流量平台。

5月18日 中国整形美容协会教育培训中心下发文件，正式启动"全国百万医美人才培养培训工程"。

5月19日 艾瑞咨询发布《2020年中国医疗美容行业洞察白皮书》。

5月20日 中国整形美容协会下发了《关于征集2020年度团体标准项目的通知》，公开征集2020年度医疗美容领域团体标准项目。

5月29日 上海市长宁区人民法院召开了《2015—2019年医疗美容纠纷案件司法审判白皮书》发布会,同时发布了医疗美容风险提示案例。

5月29日 "聚力大健康 武侯新未来"2020年武侯区大健康高能级企业招商推介会在四川大学国家双创示范基地举行。

5月30日 2020年玻尿酸注射高峰论坛暨玻尿酸注射并发症救治专家共识发布会及绿色通道启动会在上海隆重举行。

6月6日 中国整形美容协会《乳房整形美容操作标准》制定启动会在上海举行。

6月6日 海南省第五人民医院与博鳌一龄生命养护中心签约,双方将共建医疗联合体,在医学整形领域展开深度合作。未来将通过搭建产学研互动平台,引入国际医美整形业最先进的医疗技术,推动全省医学整形美容服务向国际化标准迈进。

6月9日 成都医学院、成都市第二人民医院共建"医美学院"举行签约仪式。

6月中旬 饿了么口碑上线医美业务,并在"6·18"发布《饿了么口碑618美好消费报告》。

6月12日 成都市印发《成都市以新消费为引领提振内需行动方案(2020—2022年)》,提出"精心打造医美空间示范点位"。

6月18日 韩国食品医药品安全处(食药处)称韩国生物制药公司美得妥生产的A型肉毒毒素Meditoxin于6月25日起被撤销批准文号。

6月19日 经博福—益普生(天津)制药有限公司申请,"注射用A型肉毒毒素(Dysport 50U)"正式获中国国家药品监督管理局批准上市(注册证号:S20200016),成为第三个获准在中国上市的A型肉毒毒素。

6月27日 第十七届中国医师协会美容与整形医师大会在线上召开,成为在疫情下唯一顺利举办的行业权威会议。

6月30日 成都夏季医美月活动启动仪式成功举办。活动围绕"规范安全致敬未来"和"产业联动促进消费"两个主题,通过与成都体育产业商会和成都市楼宇经济促进会深度合作,向全球发放1亿元美丽消费券;开展 10 场面向求美者的医美科普直播，直播单场最高观看超过 300 万人次；开展 24 场面向医美机构的规范安全专题培训，将机构年审与听课情况挂钩，单场学习人数超过 3000 人，机构互动活跃；医美月活动宣传物料覆盖劲浪体育全川 1400 家门店；界面新闻连续 10 期抗疫探店报道，让消费者深入了解医美机构加强抗疫、不放松管理的精神面貌。

6 月 30 日　成都市医疗美容产业协会公开发布了《成都医疗美容产业发展报告（2019）》。

7 月 3 日　艾尔建美学联合上海交通大学医学院附属第九人民医院、博鳌超级医院开展的乔雅登ⓒVOLUX 规模落地和临床数据收集在海南博鳌乐城国际医疗旅游先行区正式启动。

7 月 7 日　上海市医美质控秘书长及 14 家本市社会办医美机构代表签约《上海市社会办医美机构依法守信倡议书》《自律公约承诺书》。

7 月 9 日　为中国医美行业自律行动提供技术支持的新氧科技在新氧 App 内推出了"新氧绿宝石医生榜单"。

7 月 15 日　中国国家人事人才培训网岗位培训指定教材《医学美容咨询（设计）师培训教程》由人民卫生出版社出版发行。

7 月 24 日　中国医药新闻信息协会医美产业分会联合多家新闻媒体共同发起"免费医美、非法产品"等医美乱象信息征集活动。

7 月 29 日　国家市场监督管理总局发布《市场监管总局关于加强网络直播营销活动监管的指导意见（征求意见稿）》，提出不得以网络直播形式发布医疗、药品、医疗器械等广告。

7 月 30 日　由成都市医疗美容产业协会联合中国整形美容协会采购与供应分会（CSPSA）、美械宝医美正品 B2B 直卖平台共同打造的"选择正品拒绝'三非'医美产品网络展播及溯源试点"正式开通。

8 月 4 日　华东医药与韩国上市公司 Jetema 签署战略合作协议，获得其 A 型肉毒毒素在中国的独家代理。

8 月 7 日　上海昊海生物科技股份有限公司在上海举行了旗下高端玻尿酸新品"海魅"的上市发布会。

8月11日 由广州美莱联合艾尔建公司共同举办美莱36院院长论坛顺利开幕。

8月12日 在南昌举行的"江西省与正和岛知名企业家恳谈会"上，美械宝医美平台科技有限公司与江西省医疗器械产业基地管理委员会签约合作项目。该项目预计投资20亿元打造全国首个医美器械主题园区"美械宝产业园"。

8月21日 湖北医美行业高峰论坛在武汉拉开帷幕。成都市医疗美容产业协会和头部医美机构的负责人来到武汉，和武汉本地近40家医美机构的代表一起分享医美机构管理经验、共谋医美行业发展。

8月27日 医美互联网运营师职业标准制定启动会议在北京召开。中国整形美容协会标准化工作委员会联合美团大学等机构，将制定"医美互联网运营师"职业能力要求和人才标准。该标准将以团体标准的形式出现。

8月28日 由中国整形美容协会、成都市医药健康产业生态圈联盟共同主办的"第三届成都国际医美产业大会暨'医美之都'高峰论坛"在成都正式开幕。

9月16日 成都新氧互联网医院执业牌照《医疗机构执业许可证》正式获批，成为首批在成都获得互联网医院执照的公司。

9月16日 新氧科技与武汉同济医院联合宣布，华中科技大学同济医学院附属同济医院整形美容外科成为首个新氧公益救助基地。

9月17日 中国整形美容协会公布了《医疗整形美容麻醉安全规范》团体标准征求意见稿。《医疗整形美容麻醉安全规范》团体标准涵盖了麻醉安全的人员要求、设备设施要求、药品管理、麻醉前准备、术中检测、麻醉后管理、具体麻醉操作规范以及急救措施等多项内容。

9月18日 奥园健康的间接全资附属公司广东欣粤容产业投资有限公司以人民币6.91亿元收购浙江连天美企业管理有限公司55%的股权。

9月22日 成都市武侯区人民政府与阿里巴巴本地生活、淘宝直播携手，在武侯区"她妆小镇"成立全国首个"中国医美直播产业示范中心"。

9月26日 东北亚跨境医疗健康产业高峰论坛暨大连国际医美小镇推

介会在大连市旅顺口区举行。

9月28日 爱美客正式在深交所上市，发行价为118.27元/股，成为创业板注册制以来发行价最高的股票。

10月15日 成都温江区与海南博鳌乐城国际医疗旅游先行区签订了战略合作协议，共同推动大健康产业高质量发展。

10月15日 华东医药公司英国全资子公司Sinclair Pharma Limited出资600万欧元，受让瑞士先进医美研发机构Kylane Laboratories SA 20%的股权，成为其第三大股东。

10月20日 全国《医学美容咨询（设计）师国家职业技能标准》研讨会和全国医学美容咨询（设计）师规范培训平台上线仪式在北京隆重举行。

10月22日 在由川商总会承办的首届川渝民营企业家合作峰会暨2020年（第四届）天府论坛上，川商总会会长、新希望集团董事长刘永好提及，新希望集团正在成都投资打造医美中心，在重庆投资建设医学中心。

10月23日 全国校企联合开发教育部"1+X"医学美容系列证书研讨会在西安曲江国际会议中心举行。通过校企合作联合开发"1+X"医学美容系列证书，医美机构可以直接从高校获得更加专业的技能人才，减少机构的人才培养成本。

10月24日 由北京协和医学院培训中心主办、中国医学科学院整形外科医院·西南中心·成都八大处医疗美容医院承办的"眼部整形美容技术培训班"在成都八大处进行首期开班培训。

10月25日 四川省人民医院医疗集团新丽美医疗美容医院揭牌成立。

10月26日 由成都市医疗美容产业协会、有赞美业、美业观察、肌本演绎联合举办的2020年中国美业店数字化转型大会在成都医疗美容产业协会礼堂圆满落幕。

10月26日 四环医药发布公告：由该公司独家代理的、韩国生物制药公司Hugel, Inc.生产的"注射用A型肉毒毒素（Letybo 100U，商品名：乐提葆）"正式获中国国家药品监督管理局批准上市，成为第四个获准在中国上市的 A 型肉毒毒素。

11 月 1 日　四川护理职业学院与亚华医美集团共建美容医学方向系列辅修专业与学生高端就业战略合作研讨会和联合开发教育部"1+X"医学美容系列证书座谈会在深圳举行。

11 月 2 日　中国整形美容协会公布了《医疗美容病历范本（试行）》。

11 月 6 日　中共成都市武侯区医疗美容行业委员会正式成立。

11 月 6 日　国家市场监管总局网站发布《关于加强网络直播营销活动监管的指导意见》，明确未经审查不得发布医疗、药品、医疗器械等法律、行政法规规定应当进行发布前审查的广告。

11 月 7 日　《中国科学技术奖励年鉴》（2019）正式出版，全书分为上下册，中国整形美容协会科学技术奖被纳入国家社会奖励序列。

11 月 12 日　在品牌焕新暨战略发布会上，奥园美谷对外阐释了未来发展的新战略、新方向——从绿纤新材料出发，进军美丽健康产业，打通上下游产业链，形成横向贯通、纵向联动的发展格局。

11 月 12 日　国家卫生健康委官网发布《国家卫生健康委办公厅关于取消部分医疗机构〈设置医疗机构批准书〉核发加强事中事后监管工作的通知》。

11 月 13 日　"缤纷场景秀·活力成都夜"——2020 年成都夜间经济示范点位发布会拉开序幕。在成都市医疗美容产业协会的推荐下，成都十大夜间医美空间名单同步发布。

11 月 19 日　中国整形美容协会发布《医美互联网运营师职业技能要求》。

11 月 23 日　国家广播电视总局在其官网发布了关于加强网络秀场直播和电商直播管理的通知，要求网络秀场直播平台对网络主播和"打赏"用户实行实名制管理。

11 月 26 日　中国整形美容协会发布第一期《医疗美容网络舆情与风险预警简报》。

12 月 2 日　美沃斯（冬季）国际医学美容大会在广州举行。

12 月 4 日　第四届紫亚兰国际抗衰老医美大会在深圳举行。

12月8日 京东健康赴港上市。

12月8日 平台爆雷！花漾医美突遭立案调查：20万名受害人，大批大学生"血本无归"。

12月12日 中国医美行业发展与监督自律委员会成立大会暨2020年中国医疗美容监督管理论坛在京召开，会议围绕"医美行业监管和自律"展开，旨在推进行业自律、带领行业健康发展。

12月13日 四川省医学会在成都市举办"四川省医疗美容主诊医师备案培训班"，重启"美容主诊备案培训"。

12月17日 上交所科创板股票上市委召开2020年第123次上市委员会审议会议，审议同意广州创尔生物技术股份有限公司发行上市（首发），拟募资4.56亿元。

12月19日 以"蓄势"为主题的2020年第六届新氧亚太医美行业颁奖盛典举办。

12月22日 朗姿股份有限公司披露，与参股公司北京朗姿韩亚资产管理有限公司签订有限合伙协议，拟以自有资金2亿元，作为有限合伙人出资设立医美股权并购基金。

12月22日 在2020年FILLMED匠心·菲凡之夜颁奖典礼上，FILLMED年度重磅发布全新抗衰理念"全层抗衰"体系。

12月28日 成都"医美示范街区"开街仪式在成都高新区举行。

12月29日 《美业观察》联合艾尔建美学，发起国内医美行业首次的"美学主播创造营"培训+模拟实战活动，并公开招募主播。

2021年

1月11日 国家医保局公布《医疗机构医疗保障定点管理暂行办法》，医疗机构有医疗美容、辅助生殖等九种情形的，不予受理定点申请。

1月14日 德勤发布《中国医美市场趋势洞察报告》，预计医美企业将从战略上向轻医美发展。

1月22日 华熙生物推出国内首个玻尿酸食品品牌。

2月4日 国家卫生健康委会同公安部召开严厉打击涉医违法犯罪、维护正常医疗秩序电视电话会议。

2月7日 据天眼查，我国超过3.5万家医美相关企业中，30%的企业行政处罚数量达到3条及以上。

3月11日 媒体爆出更美App引流方式遭用户投诉，医美案例真假难辨。

3月24日 北京新氧科技成立成都新氧互联网医院有限公司，注册资本1亿元。

3月25日 国家卫生健康委印发《国家卫生健康委办公厅关于开展医疗服务多元化监管工作的通知》，要求医美行业组织推动行业自律。

3月29日 《都市女性颜值"纹"题消费者洞察报告》发布，干纹、细纹、皱纹等问题最受关注。

4月6日 国家卫生健康委办公厅、国家市场监管总局办公厅等联合发布《关于开展不合理医疗检查专项治理行动的通知》，对未取得医疗机构执业许可证等行为严厉打击。

4月8日 国家发展改革委会同商务部制定了《关于支持海南自由贸易港建设放宽市场准入若干特别措施的意见》，支持海南高端医美产业发展。

4月16日 国家药监局征求《射频美容类产品分类界定指导原则》意见。

5月16日 隐形正畸龙头时代天使通过港交所聆讯。

5月20日 朗姿股份旗下全资子公司朗姿医美与艾尔建美学宣布达成战略合作。

5月23日 华熙生物与中国科学院天津工业生物技术研究所签署战略合作协议。

6月10日 国家卫生健康委、中央网信办、公安部、海关总署、国家市场监管总局等八部门联合开展打击非法医美专项行动。

6月16日 字节跳动旗下小荷医疗上线医学美容服务"小荷医美"。

6月17日 从事毛发医疗服务的雍禾医疗集团有限公司向港交所主板提交上市申请。

6月26日 中国整形美容协会《医疗美容质量管理认证体系》启动会在北京召开，38家医美机构首批参与试点认证。

7月8日 爱美客放弃收购韩国Huons BioPharma Co.，Ltd.部分股权。

7月15日 杭州卫健委通报女子抽脂致死事件，涉事医院担全责。

7月19日 塑美App"违规收集个人信息"未完成整改，遭工信部通报。

7月20日 北京市卫生健康委、北京市互联网信息办公室等在北京市开展打击非法医疗美容服务专项整治工作。

7月30日 国家卫健委办公厅发布通知，禁止开展"小腿神经离断瘦腿手术"应用于临床。

8月11日 上海证券交易所与深圳证券交易所先后要求在其交易所挂牌的部分消费金融资产证券化产品，入池基础资产中不得有"医美贷"。

8月17日 上海市卫生健康委、上海市委网信办上海市公安局等联合开展上海市打击非法医疗美容服务专项整治工作。

8月27日 国家市场监管总局发布《医疗美容广告执法指南（征求意见稿）》，拟重点打击制造"容貌焦虑"行为、非医疗机构开展医疗美容广告宣传等十大乱象。

8月29日 华东医药的医美核心产品Ellansé伊妍仕登陆中国大陆市场。

9月14日 媒体报道艺星医疗美容集团股份有限公司增资对外投资企业上海星医美网络科技有限公司，持股100%。

9月16日 浙江省卫健委通报非法医疗美容十大典型案例。

9月16日 上海破获首例以"免费医美、分期返本"为幌子非法吸收公众存款案，抓获犯罪嫌疑人6名，初步查实涉案资金3700余万元。

9月22日 多款热门"美白针""胎盘针"等韩国注射类美容针剂被各大媒体曝出可能存在疗效不足、安全性等问题。

9月24日　媒体报道北京伊美尔医疗科技集团股份公司增资对外投资企业天津伊美尔第二医疗美容医院有限公司，持股100%。

10月18日　"网红"郭美美因销售含有"禁药"西布曲明的"减肥糖"被判处有期徒刑两年六个月，并处罚金20万元。

10月20日　上海美莱医疗美容门诊部有限公司因违法使用代言人被罚款18.58万元。

10月20日　两批次宙斯美容仪因耐热和耐燃指标不合格，安全性存疑。

10月25日　国家市场监督管理总局公布医美市场虚假宣传、仿冒混淆等10个不正当竞争典型案件。

11月2日　国家市场监管总局发布《医疗美容广告执法指南》，对制造"容貌焦虑"、违法宣传等医美乱象等九种情形予以重点打击。

11月5日　媒体报道更美App关联公司北京完美创意科技有限公司因将医用冷敷贴称为面膜被罚10万元。

11月9日　国家药监局发布通知，射频治疗仪、注射用透明质酸钠溶液按Ⅲ类器械监管。

11月14日　相声演员岳云鹏起诉医美平台更美App侵权，获赔3万元。

11月17日　国家药监局通报6起医疗美容、医疗器械违法典型案例。

11月25日　公安部发布通告称，将严厉打击制售假劣"水光针""热玛吉"，借"医美贷"实施诈骗等犯罪活动。

11月26日　国家市场监管总局发布公告称，互联网广告新规将出台，不得利用网络直播发布医美广告。

12月21日　江苏吴中医药发展股份有限公司战略控股达透医疗，瞄准韩国童颜针销售代理权。

12月24日　国家药监局通报查处可用于医疗美容、医疗器械7起违法典型案例。

R.23
成都医美企业名录汇总

行政区划	机构	机构地址	机构类别
武侯区	成都武侯好颜美容医院	四川省成都市武侯区长益东二路35号1层、39号附201号2层、附301号3层、附401号4层	美容医院
武侯区	成都美容整形医院	成都市武侯区双楠街94号	美容医院
武侯区	成都星尚美医学美容医院	武侯区武侯大道双楠段108号附1-8号	美容医院
武侯区	汉密尔顿美容医院	成都市武侯区桐梓林北路6号	美容医院
武侯区	米兰柏羽医学美容医院	成都市武侯区人民南路四段21号	美容医院
武侯区	成都铜雀台医学美容医院	成都市武侯区新南路8号1-3层	美容医院
武侯区	成都喧妍医学美容医院	武侯区高攀东路63号,高攀路2号魏玛国际大厦2层附201号、附216号,3层301-332号,4层401-412号、430-432号	美容医院
武侯区	成都天使之翼医学美容医院	成都市武侯区少陵路459号附7号附8号	美容医院
武侯区	成都美立方医疗美容医院	成都市武侯区簧门街4号	美容医院
武侯区	四川西婵整形美容医院	四川省成都市新南路新83号	美容医院
武侯区	成都大华韩艺整形美容医院	成都市新光路3号	美容医院
武侯区	成都武侯羽妃医疗美容门诊部	武侯区佳灵路39号1幢1层1号A号、2层1号A号	医疗美容门诊部
武侯区	成都蜜拉贝儿医疗科技有限公司武侯浆洗街医疗美容门诊部	四川省成都市武侯区浆洗街1、3号1栋1单元2层1号	医疗美容门诊部
武侯区	成都武侯香培医疗美容门诊部	武侯区科华北路65号四川大学科研综合楼A座23层3号	医疗美容门诊部
武侯区	成都武侯安莎贝拉医疗美容门诊部	武侯区一环路西一段31号附201、202、203、204、205、206、207、208号2层	医疗美容门诊部

续表

行政区划	机构	机构地址	机构类别
武侯区	爱美蒂亚医疗美容有限公司武侯七里路医疗美容门诊部	武侯区七里路252号2栋2层201、202、3层302、4层401、402号	医疗美容门诊部
武侯区	成都武侯春语医疗美容门诊部	武侯区新希望路7号2层3号	医疗美容门诊部
武侯区	成都武侯维莎芬医疗美容门诊部	武侯区二环路南四段36号4栋1单元1层1号、2层1号、3层1号	医疗美容门诊部
武侯区	成都武侯纽优医疗美容门诊部	武侯区丽都路601号1楼	医疗美容门诊部
武侯区	成都武侯碧芮诗医疗美容门诊部	成都市武侯区武晋路432号	医疗美容门诊部
武侯区	成都武侯珐玛医疗美容门诊部	武侯区洗面桥街18号1栋3层01号	医疗美容门诊部
武侯区	成都武侯睐美医疗美容门诊部	武侯区大悦路800号1栋4楼401	医疗美容门诊部
武侯区	成都武侯时光华博医疗美容门诊部	四川省成都市武侯区黉门街4号1栋1单元6层1号	医疗美容门诊部
武侯区	成都武侯悦丽医疗美容门诊部	成都市人民南路四段3号1栋12层	医疗美容门诊部
武侯区	成都武侯华伊美塑医疗美容门诊部	武侯区科华北路65号A座6层	医疗美容门诊部
武侯区	成都武侯如妍医疗美容门诊部	武侯区丽都路2号附6号7幢1-2层	医疗美容门诊部
武侯区	成都武侯渼淳玉颜医疗美容门诊部	成都市武侯区火车南站西路25号7幢2层1号、2号、3号	医疗美容门诊部
武侯区	成都武侯舒百颜医疗美容门诊部	武侯区二环路南四段69号2栋1层3号、2层1号	医疗美容门诊部
武侯区	成都武侯星范医疗美容门诊部	成都市武侯区晋吉西一街66号4栋4楼附401、402号	医疗美容门诊部
武侯区	成都武侯尼斯铂尚医疗美容门诊部	武侯区大华街10号1栋2楼1号、3楼1号	医疗美容门诊部
武侯区	成都武侯雍和华仁医疗美容门诊部	武侯区丽都路518号1栋2层201号	医疗美容门诊部
武侯区	成都武侯维度医疗美容门诊部	武侯区佳灵路3号2栋7层709号	医疗美容门诊部
武侯区	成都武侯名颜康荟医疗美容门诊部	武侯区聚龙路988号武侯万达广场1栋9楼11、12、13、14号	医疗美容门诊部

续表

行政区划	机构	机构地址	机构类别
武侯区	成都武侯普罗普姿原韩医疗美容门诊部	武侯区晋阳路432号2栋1单元4层401-426号	医疗美容门诊部
武侯区	成都武侯华人医联丽元医疗美容门诊部	成都市武侯区一环路南四段17号附303号三层	医疗美容门诊部
武侯区	成都武侯恩喜医疗美容门诊部	武侯区盛丰路30号1栋3层附301、302、303号	医疗美容门诊部
武侯区	成都武侯美雅娜佳人医疗美容门诊部	武侯区一环路西一段31号4层（402-403号）	医疗美容门诊部
武侯区	成都武侯好悦医疗美容门诊部	成都市武侯区长益街50号2栋2单元3层1号	医疗美容门诊部
武侯区	成都武侯妃凡医疗美容门诊部	成都市武侯区二环路南四段69号1栋1层1号、2层1号	医疗美容门诊部
武侯区	成都武侯素美医疗美容门诊部	武侯区龙腾东路36号1栋1层4号、2层6-15号	医疗美容门诊部
武侯区	成都武侯泊菲凯莉医疗美容门诊部	武侯区人民南路四段27号1栋2层2号	医疗美容门诊部
武侯区	成都武侯格莱丽医疗美容门诊部	武侯区广福路109号2层、111号1层、113号1层	医疗美容门诊部
武侯区	成都武侯塑美世家医疗美容门诊部	成都市武侯区航空路7号1幢3层10号	医疗美容门诊部
武侯区	成都武侯焕颜医疗美容门诊部	武侯区盛丰路30号2栋2层附201、202号	医疗美容门诊部
武侯区	武侯艾米丽医疗美容门诊部	龙腾西路3号丽景华庭二期5栋1单元209号	医疗美容门诊部
武侯区	成都武侯天后医疗美容门诊部	成都市武侯区盛丰路14号、12号1层	医疗美容门诊部
武侯区	成都武侯熙美本色医疗美容门诊部	武侯区望江路1号20幢1层1号、2层1号、3层1号、3层2号	医疗美容门诊部
武侯区	成都武侯美黎美医疗美容门诊部	成都市武侯区置信路2号2栋1楼附19-2号、2楼1号	医疗美容门诊部
武侯区	成都武侯芙睿熙美医疗美容门诊部	武侯区人民南路四段45号1栋1单元11层1106号	医疗美容门诊部
武侯区	成都武侯蓉美和谐医疗美容门诊部	成都市武侯区人民南路四段45号1栋1单元9层907号、908号	医疗美容门诊部

续表

行政区划	机构	机构地址	机构类别
武侯区	成都武侯丽恩医疗美容门诊部	武侯区武晋路1488号17幢2层1号	医疗美容门诊部
武侯区	成都武侯柏垚医疗美容门诊部	武侯区万兴路520号1层	医疗美容门诊部
武侯区	成都武侯熹亚颐美医疗美容门诊部	武侯区智达二路771号、767号、769号、773号1层；775号2层；武侯区金履四路168号2层B区	医疗美容门诊部
武侯区	成都武侯知美度医疗美容门诊部	成都市武侯区二环路西一段5号附1号	医疗美容门诊部
武侯区	成都武侯美未央医疗美容门诊部	成都市武侯区小天竺街75号财富国际20层1-20-1号	医疗美容门诊部
武侯区	成都武侯米艾医疗美容门诊部	红牌楼丽都路513号5幢3层12号	医疗美容门诊部
武侯区	成都武侯珍妍医疗美容门诊部	武侯区鹭岛路36号4幢1单元6层602号	医疗美容门诊部
武侯区	成都武侯容妍薇医疗美容门诊部	成都市武侯区火车南站西路15号1栋10层1-2号	医疗美容门诊部
武侯区	成都军大医院	成都市武侯区新南路40号	医疗美容医院
武侯区	成都武侯致美之星医疗美容诊所	成都市武侯区大悦路461号1栋1单元1层108号	医疗美容诊所
武侯区	成都武侯缪美医疗美容诊所	武侯区人民南路四段3号1栋3层4号A6号	医疗美容诊所
武侯区	成都武侯麦肯医疗美容诊所	武侯区武阳大道252号1栋2层1号、2号	医疗美容诊所
武侯区	成都武侯智卉美医疗美容诊所	成都市武侯区二环路南一段20号6幢2层3、4、5、6号	医疗美容诊所
武侯区	成都武侯蕙颜医疗美容诊所	武侯区人民南路四段17号鸿川大楼6楼608号	医疗美容诊所
武侯区	成都武侯英格蜜儿医疗美容诊所	武侯区大悦路518号大悦城5F-004	医疗美容诊所
武侯区	成都武侯檬悦医疗美容诊所	武侯区航空路6号丰德国际广场A座3单元701、702室	医疗美容诊所
武侯区	成都武侯和棠里医疗美容诊所	武侯区福锦路一段693号四层3号	医疗美容诊所

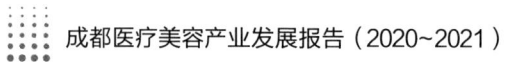

续表

行政区划	机构	机构地址	机构类别
武侯区	成都武侯可巨颜医疗美容诊所	武侯区武侯大道双楠段60号11栋3单元1层52号,2层27、28、29号	医疗美容诊所
武侯区	成都武侯朵娅医疗美容诊所	武侯区锦绣路1号2栋10层1017、1018号	医疗美容诊所
武侯区	成都武侯紫藤花语医疗美容诊所	武侯区佳灵路4号泰基.南棠3号楼二层	医疗美容诊所
武侯区	成都武侯美熹医疗美容诊所	成都市武侯区长华路19号3栋11楼1107、1108号	医疗美容诊所
武侯区	成都武侯首后憶美医疗美容诊所	武侯区佳灵路3号2栋8楼814号	医疗美容诊所
武侯区	成都武侯美瑞医疗美容诊所	成都市武侯区一环路西一段88号1栋5单元4层401号	医疗美容诊所
武侯区	成都武侯新南晶肤医疗美容诊所	武侯区科华南路10号1幢1层6号	医疗美容诊所
武侯区	成都武侯圣梦尚雅医疗美容诊所	武侯区新光路5号1栋1单元2层4号	医疗美容诊所
武侯区	成都武侯佳韵蓉美医疗美容诊所	成都市武侯区长益东二路1号10栋2层207、208号	医疗美容诊所
武侯区	成都武侯佳玉人医疗美容诊所	成都市武侯区大石西路239号1-2幢2层1-2号	医疗美容诊所
武侯区	成都武侯星鉴医疗美容诊所	四川省成都市武侯区星狮路818号B区1栋2单元2层201号	医疗美容诊所
武侯区	成都武侯星悦美医疗美容诊所	成都市武侯区人民南路四段45号1栋1单元8层803号	医疗美容诊所
武侯区	成都武侯小安美医疗美容诊所	武侯区人民南路四段45号1栋1单元11层1106号	医疗美容诊所
武侯区	成都武侯蒋氏白大夫医疗美容诊所	武侯区武晋路1488号11栋1单元10楼1007至1011号	医疗美容诊所
武侯区	成都武侯雍禾既美医疗美容诊所	武侯区永盛东街3号23栋1层2号、2层1号、3层1号	医疗美容诊所
武侯区	成都武侯美妍汇医疗美容诊所	武侯区二环路南四段51号4栋12层8号	医疗美容诊所

续表

行政区划	机构	机构地址	机构类别
武侯区	成都武侯漾肤轻医疗美容诊所	四川省成都市武侯区逸都路6号1栋6层18、44、45、46、48、102、103、104、105、204、336、337、364、368、393、394号	医疗美容诊所
武侯区	成都武侯新生植发医疗美容诊所	科华南路10号	医疗美容诊所
武侯区	武侯精美源医疗美容诊所	武侯区航空路5号1栋1层附6-7号	医疗美容诊所
武侯区	成都武侯蓉妍医疗美容诊所	武侯区聚龙路988号1栋6层14号	医疗美容诊所
武侯区	成都武侯蓉德美医疗美容诊所	成都市武侯区武侯大道双楠段102号3栋2楼201号	医疗美容诊所
武侯区	成都武侯诗丽堂磐融医疗美容诊所	成都市武侯区龙腾东路7号3栋1楼附7	医疗美容诊所
武侯区	成都武侯诗丽堂天悦医疗美容诊所	武侯区领事馆路9号3栋3单元2层209、210、211、212号	医疗美容诊所
武侯区	成都武侯诗丽堂悦容医疗美容诊所	成都市武侯区小天北街39号1幢1层附11号	医疗美容诊所
武侯区	成都武侯诗丽堂双岚医疗美容诊所	武侯区广福桥北街8号5栋1层附35、36、37、38号	医疗美容诊所
武侯区	成都武侯诗丽堂罗马医疗美容诊所	武侯区高升桥东路2-6号2栋1楼12001至12003号、12021至12025号	医疗美容诊所
武侯区	成都武侯诗丽堂榕悦医疗美容诊所	四川省成都市武侯区通祠路31、33、35、37号1栋2层9-12室	医疗美容诊所
武侯区	成都碧缇美赐医疗美容有限公司武侯人民南路医疗美容诊所	人民南路四段45号新希望大厦1307号	医疗美容诊所
天府新区	成都天府新区臻美逆时光医疗美容门诊部	四川省成都市天府新区华阳街道华府大道一段1号蓝润置地广场3栋	医疗美容门诊部
天府新区	成都天府新区瑞亚医疗美容门诊部	四川省成都市天府新区华阳街道南湖大道529号	医疗美容门诊部
天府新区	成都天府新区可纳儿医疗美容门诊部	成都市天府新区华阳街道海昌路87号19栋101号、102号	医疗美容门诊部
天府新区	成都天府新区台世医疗美容诊所	成都市天府新区华阳街道富强街75号附301号3层	医疗美容诊所

续表

行政区划	机构	机构地址	机构类别
天府新区	成都天府新区俪颜医疗美容诊所	成都市天府新区华阳街道滨河路二段568号附0313-0318号C栋三层5312-5316	医疗美容诊所
天府新区	成都天府新区南韩安美医疗美容诊所	四川省成都市天府新区华阳街道华阳大道一段333号银泰商务中心1栋1单元6楼3号	医疗美容诊所
天府新区	成都天府新区蕊缔医疗美容诊所	四川省成都市天府新区万安镇麓山大道二段1959号92栋1层7号	医疗美容诊所
天府新区	成都天府新区琳泷医疗美容诊所	成都市天府新区华阳街道华府大道一段1011、1013、1015、1017号	医疗美容诊所
天府新区	成都伊美皮肤医疗美容诊所	成都市天府新区华阳街道正北上街82号附1号2层	医疗美容诊所
青羊区	美莱医学美容医院	成都市青羊区青华路31号	美容医院
青羊区	成都艺星医疗美容医院	成都市青羊区东门街95号	美容医院
青羊区	成都大华医学美容医院	成都市东城根上街99号	美容医院
青羊区	华人医联整形美容医院	成都市青羊区小南街39号(包家巷19号)	美容医院
青羊区	四川晶肤医学美容医院	成都市中同仁路55号	美容医院
青羊区	成都青羊维蜜医疗美容门诊部	成都市青羊区提督街1号1栋2层1-39号,61-98号,100号,119号,123号,128-189号	医疗美容门诊部
青羊区	成都青羊天丽医疗美容门诊部	成都市青羊区万和路99号2楼1号、宁夏街13号	医疗美容门诊部
青羊区	成都青羊柔伊医疗美容门诊部	成都市青羊区光华东三路486号2栋3楼301、302、307、308、309号	医疗美容门诊部
青羊区	成都青羊艺美汇医疗美容门诊部	成都市青羊区青羊大道211号	医疗美容门诊部
青羊区	成都青羊百龄医疗美容门诊部	成都市青羊区通惠门路3号1幢1单元2层、14层、15层	医疗美容门诊部
青羊区	成都正好医学美容门诊部	成都市青羊区大安东路47号	医疗美容门诊部
青羊区	成都青羊春语医疗美容门诊部	成都市青羊区玉带桥27号	医疗美容门诊部
青羊区	青羊西婵光华医疗美容门诊部	成都市青羊区二环路西1段155号	医疗美容门诊部

续表

行政区划	机构	机构地址	机构类别
青羊区	成都美枢医疗管理咨询有限公司青羊医疗美容门诊部	成都市青羊区贝森路323号8栋1单元3层1号4层1号	医疗美容门诊部
青羊区	成都青羊瑛爱整形医疗美容门诊部	成都市青羊区日月大道1501号2栋2层附303(304)、305(306、307)号	医疗美容门诊部
青羊区	成都美上美医疗美容门诊部	成都市青羊区顺城大街316号1栋2层2号	医疗美容门诊部
青羊区	成都青羊雅肤媛医疗美容门诊部	成都市青羊区光华东一路75号5栋3楼305号、306号,4楼405号、406号	医疗美容门诊部
青羊区	成都青羊和和至美医疗美容门诊部	成都市青羊区光华北三路194号附201号	医疗美容门诊部
青羊区	成都青羊丝缘毛发医疗美容门诊部	成都市青羊区二环路西二段217号	医疗美容门诊部
青羊区	成都青羊奕后心美眼医疗美容门诊部	成都市青羊区光华街2号附3、4、5、6号1楼;二环路西一段179号4栋2楼208、209号	医疗美容门诊部
青羊区	成都恒美毛发医疗美容门诊部	成都市青羊区青羊大道213号31栋1层1号	医疗美容门诊部
青羊区	成都琢悦医疗美容门诊部	成都市青羊区青羊大道7号附30号	医疗美容门诊部
青羊区	成都青羊嘉美医疗美容门诊部	成都市青羊区锦屏南路1号	医疗美容门诊部
青羊区	成都军大整形美容医院	成都市青羊区锣锅巷122号1栋	医疗美容医院
青羊区	成都青羊熙之天空医疗美容诊所	成都市青羊区日月大道一段978号1栋1楼43号	医疗美容诊所
青羊区	成都青羊荷拉的秘密医疗美容诊所	成都市青羊区二环路西二段19号1栋3单元11层1101、1102、1103、1104、1105号	医疗美容诊所
青羊区	成都青羊光华晶肤医疗美容诊所	成都市青羊区光华村南街50号3栋2层1号	医疗美容诊所
青羊区	青羊天度医学美容诊所	成都市青羊区二环路西二段仁和春天C座1001	医疗美容诊所
青羊区	成都青羊菲尔医疗美容诊所	成都市青羊区清江中路65号	医疗美容诊所
青羊区	成都青羊新颜和美医疗美容诊所	成都市青羊区二环路西二段19号1栋5层505号	医疗美容诊所

续表

行政区划	机构	机构地址	机构类别
青羊区	成都青羊花田宜美医疗美容诊所	成都市青羊区横小南街8号1栋1单元13层14－17号	医疗美容诊所
青羊区	成都青羊联和智悦医疗美容诊所	成都市青羊区通顺桥2号2层202－3、202－5、202－6、202－7号	医疗美容诊所
青羊区	成都青羊欣亚医疗美容诊所	成都市青羊区青龙街27号1栋1单元10层	医疗美容诊所
青羊区	成都青羊川美医疗美容诊所	成都市青羊区清江中路10号1栋1层7、8号	医疗美容诊所
青羊区	成都青羊拉维佳医疗美容诊所	成都市青羊区二环路西二段19号1栋3单元1401－1405号	医疗美容诊所
青羊区	成都青羊首瑞毛发移植医疗美容诊所	成都市青羊区一环路西二段2号3层302号	医疗美容诊所
青羊区	成都青羊艺美星彩医学美容诊所	成都市青羊区金凤路11号附1号5栋	医疗美容诊所
青羊区	成都青羊美之肤医疗美容诊所	成都市青羊区光华北三路98号16栋2层附202号	医疗美容诊所
青羊区	成都青羊诗丽堂美林医疗美容诊所	成都市青羊区玉宇路940号1栋2层2号	医疗美容诊所
青羊区	成都青羊诗丽堂芳妍医疗美容诊所	成都市青羊区小南街41号1层、69号10栋11单元2层13－14号	医疗美容诊所
青羊区	成都青羊诗丽堂林悦医疗美容诊所	成都市青羊区清江东路122号1栋1层附13号	医疗美容诊所
青羊区	成都青羊诗丽堂双彩医疗美容诊所	成都市青羊区双锦路51号附8号	医疗美容诊所
青羊区	成都青羊齐好医疗美容诊所	成都市青羊区日月大道一段978号2栋1单元630、631、632号	医疗美容诊所
锦江区	成都尺度美容医院	成都市锦江区滨江中路9号1栋10层1－12号	美容医院
锦江区	成都锦江美乐雅医疗美容门诊部	锦江区上东大街6号1栋3层3001号	医疗美容门诊部
锦江区	成都锦江美欣医疗美容门诊部	成都市锦江区东华正街42号成都广电(士百达)国际大厦1楼1号、2楼1号、2楼2号、2楼3号、2楼4号、2楼5号、2楼6号、2楼7号	医疗美容门诊部

续表

行政区划	机构	机构地址	机构类别
锦江区	成都锦江珂丽佳医疗美容门诊部	成都市锦江区新光华街7号航天科技大厦1栋701、708	医疗美容门诊部
锦江区	成都锦江纽蜜医疗美容门诊部	成都市锦江区红星路二段70号一层、二层	医疗美容门诊部
锦江区	成都锦江妍未来医疗美容门诊部	锦江区汇泉北路342号附7号三层、360号附13号三层、附14号三层、386号附3号三层	医疗美容门诊部
锦江区	成都锦江致心医疗美容门诊部	锦江区东大街紫东楼段35号1栋1单元29层2905号	医疗美容门诊部
锦江区	成都润美玉之光医疗美容门诊部	锦江区牛沙横街2号附11号1层(105号-109号)、2层(跃层)	医疗美容门诊部
锦江区	成都鹏爱悦己医疗美容门诊部	锦江区春熙路西段19号1栋6楼	医疗美容门诊部
锦江区	成都锦江格莱丽医疗美容门诊部	锦江区华润路175号1-2层	医疗美容门诊部
锦江区	成都锦江伊莎贝拉医疗美容门诊部	锦江区红星中路二段2号	医疗美容门诊部
锦江区	成都锦江悦颜医疗美容门诊部	锦江区锦东路668号9楼	医疗美容门诊部
锦江区	成都锦江微美悦己医疗美容门诊部	锦江区滨江东路136号B单元13层1号	医疗美容门诊部
锦江区	成都锦江羽禾医疗美容门诊部	成都市锦江区人民南路二段55号3楼	医疗美容门诊部
锦江区	成都锦江美丽部落熙熙里医疗美容门诊部	成都市锦江区中新街49号6楼	医疗美容门诊部
锦江区	成都锦江大麦微针植发医疗美容门诊部	成都市锦江区红星路二段18号附二	医疗美容门诊部
锦江区	成都锦江桦容荟医疗美容门诊部	东大街芷泉段68号2栋1单元14层1401号	医疗美容门诊部
锦江区	成都锦江金帛医疗美容诊所	锦江区东大街紫东楼段35号明宇金融广场1栋1单元8层804号	医疗美容诊所
锦江区	成都星美宝岛医疗美容诊所	成都市华兴正街5号2幢11层2号	医疗美容诊所
锦江区	成都锦江微漾医疗美容诊所	锦江区一环路东五段55号阳光新业大厦21层2号02、03-1号	医疗美容诊所

续表

行政区划	机构	机构地址	机构类别
锦江区	锦江美芯东裕医疗美容诊所	锦江区琉璃路8号5栋2单元20层2008号	医疗美容诊所
锦江区	锦江今妃医学美容诊所	锦江区庆云南街69号红星国际2幢4楼411-415号	医疗美容诊所
锦江区	成都锦江彦熹医疗美容诊所	锦江区东大街芷泉段68号2栋1单元19层1904号	医疗美容诊所
锦江区	成都锦江星宏晶肤医疗美容诊所	成都市锦江区龙王庙正街116号1栋2层234号、235号、236号、237号、258号、284号	医疗美容诊所
锦江区	成都锦江汝矣童颜医疗美容诊所	锦江区琉璃路123号9栋附201号	医疗美容诊所
锦江区	成都锦江水晶叶子医疗美容诊所	锦江区东大街芷泉段6号25楼05号	医疗美容诊所
锦江区	成都锦江诺维亚医疗美容诊所	锦江区东御街19号茂业天地大厦A座35号7-8单元	医疗美容诊所
锦江区	成都锦江艺彩医疗美容诊所	锦江区红星路一段35号附1号（自编号A区2-401号）	医疗美容诊所
锦江区	成都锦江乔安医疗美容诊所	锦江区东大街紫东楼段35号1栋1单元26号2606号	医疗美容诊所
锦江区	成都锦江悦己风尚医疗美容诊所	成都市锦江区静安路1号社区中心1栋3单元105号	医疗美容诊所
锦江区	成都锦江时代优颜医疗美容诊所	四川省成都市锦江区东大街芷泉路6号1栋1单元7层02、03、04号	医疗美容诊所
锦江区	成都锦江媛颂医疗美容诊所	锦江区东大街下东大街段199号1栋2单元15楼1-8号	医疗美容诊所
锦江区	成都锦江蓉臣莱美医疗美容诊所	锦江区橡树林路163号瑞升国际中心大厦601、604号	医疗美容诊所
锦江区	锦江汉棠汉方医学美容诊所	成都市锦江区汇源北路391号附2号2层	医疗美容诊所
锦江区	成都艾斐尔健康管理有限公司锦江艾斐尔医疗美容诊所	锦江区东大路238号成都市妇女儿童中心13楼铂澜5、6、10号	医疗美容诊所
锦江区	成都锦江菲曼德医疗美容诊所	中纱帽街8号（成都远洋太古里）二层2202&3F商铺	医疗美容诊所
锦江区	成都锦江思蓓雅医疗美容诊所	锦江区滨江东路9号第1层103单元商铺	医疗美容诊所

续表

行政区划	机构	机构地址	机构类别
锦江区	成都锦江穗美爱尔丽医疗美容诊所	琉璃路8号4栋1层	医疗美容诊所
锦江区	成都美妍医院管理有限公司时代广场美容诊所	总府路2号时代广场A座1805A	医疗美容诊所
金牛区	悦好医学美容医院	成都市金牛区蜀汉路335号	美容医院
金牛区	成都金牛优曼诗医疗美容门诊部	金牛区长青路88号三楼	医疗美容门诊部
金牛区	成都金牛韩艺医疗美容门诊部	金牛区一环路北三段1号1栋	医疗美容门诊部
金牛区	成都金牛懿和丰德医学美容门诊部	金牛区蜀西路9号羊西丰德中心	医疗美容门诊部
金牛区	成都金牛如歌私密医疗美容门诊部	金牛区肖家村二巷23号3层	医疗美容门诊部
金牛区	成都金牛莱瑞拉医疗美容门诊部	金牛区一环路北四段108号附6号1栋附426–436号	医疗美容门诊部
金牛区	成都恒博天姿医疗美容门诊部	金牛区营门口路4号2层	医疗美容门诊部
金牛区	成都金牛时光丽格医疗美容门诊部	成都市金牛区两河西三路55号附36号15幢1层1号	医疗美容门诊部
金牛区	成都金牛美诗沁医疗美容门诊部	成都市金牛区蜀汉路289号B座2楼	医疗美容门诊部
金牛区	金牛维美时尚医学美容门诊部	金牛区西安南路57号	医疗美容门诊部
金牛区	成都金牛熙之医疗美容门诊部	成都市金牛区花牌坊街168号花都财富5楼	医疗美容门诊部
金牛区	成都金牛复丽医疗美容门诊部	金牛区沙湾东二路1号、5号世纪加州2栋2楼	医疗美容门诊部
金牛区	成都金牛艾慕颜医疗美容门诊部	金牛区蜀汉路2号1栋2层1号	医疗美容门诊部
金牛区	成都蓉雅晶肤医疗美容门诊部	蜀汉路89号	医疗美容门诊部
金牛区	成都金牛柏悦美合医疗美容门诊部	成都市金牛区人民北路一段2号附8号1栋2层2号	医疗美容门诊部
金牛区	成都金牛达拉斯医疗美容诊所	金牛区蜀西环街69号	医疗美容诊所
金牛区	金牛锦城整形美容诊所	金牛区解放路一段88号	医疗美容诊所
金牛区	成都金牛沃美医疗美容诊所	成都市金牛区交大路183号凯德广场．金牛–商场(B)04层12号	医疗美容诊所
金牛区	成都金牛紫藤花蔓医疗美容诊所	金牛区蜀汉路2号1幢2层2号	医疗美容诊所
金牛区	成都金牛议月医疗美容诊所	金牛区五福桥东路6号3层307–310号	医疗美容诊所

397

续表

行政区划	机构	机构地址	机构类别
金牛区	成都金牛娜美医疗美容诊所	金牛区花照壁西顺街399号3F-05	医疗美容诊所
金牛区	成都金牛爱颜医疗美容诊所	金牛区人民北路二段168号1栋37层3708号	医疗美容诊所
金牛区	成都金牛瑞兰医疗美容诊所	金牛区蜀西环街69号	医疗美容诊所
金牛区	成都金牛盛妆美佳医疗美容诊所	四川省成都市金牛区马鞍东路12号附203号2层	医疗美容诊所
金牛区	成都金牛诗丽堂淑香医疗美容诊所	成都市金牛区实业街59号附11号	医疗美容诊所
金牛区	成都金牛诗丽堂辰悦医疗美容诊所	四川省成都市金牛区蜀跃东路96号1层	医疗美容诊所
金牛区	成都金牛诗丽堂星悦医疗美容诊所	成都市金牛区金鱼街7号附49、50、51号	医疗美容诊所
高新区	成都高新后美医疗美容医院	成都高新区诚通路300号8幢1层2号、2层2号、3层2号、4层2号	美容医院
高新区	成都八大处医疗美容医院	成都高新区天府大道中段688号1-5楼	美容医院
高新区	四川西婵泛亚整形美容医院	成都市高新区创业路28号	美容医院
高新区	四川华美紫馨医学美容医院	成都市高新区二环路南三段25号	美容医院
高新区	娇点医学美容医院	成都市高新区二环路南三段15号	美容医院
高新区	成都新丽美医疗美容医院	成都市高新区名都路166号1栋1层1号	美容医院
高新区	成都高新米兰柏羽医学美容医院	中国(四川)自由贸易试验区成都高新区天府大道北段999号2栋1楼11、12、13、14号、2号、3楼2号、4楼1、2、3号	美容医院
高新区	成都高新俏可丽医疗美容门诊部	成都高新区天府五街612号附301号3层	医疗美容门诊部
高新区	成都高新华尔倍丽医疗美容门诊部	成都高新区天府一街689号1楼	医疗美容门诊部

续表

行政区划	机构	机构地址	机构类别
高新区	成都高新怡脂医疗美容门诊部	中国(四川)自由贸易试验区成都高新区天府三街288号4栋1单元1层1-4号、2层1号、3层1号、4层1号、5层1号	医疗美容门诊部
高新区	成都高新爱都沪美人医疗美容门诊部	成都高新区盛安街388号附320、321、401、405号	医疗美容门诊部
高新区	成都高新仪美美仁医疗美容门诊部	成都高新区天府一街616号6栋附201号	医疗美容门诊部
高新区	成都高新康美婕熹卡医疗美容门诊部	成都高新区火车南站西路321号1栋13楼1号、14楼1号	医疗美容门诊部
高新区	成都高新锦城晶肤医疗美容诊所	成都市高新区锦城大道666号附30号1层	医疗美容门诊部
高新区	成都高新尊世慕华医疗美容门诊部	成都高新区交子北一路88号附301	医疗美容门诊部
高新区	成都高新熹美医疗美容门诊部	中国(四川)自由贸易试验区成都高新区益州大道北段777号1幢2单元3楼301、302、303、304号	医疗美容门诊部
高新区	成都高新圣大柏菲丝医学美容门诊部	成都市高新区剑南大道中段1446号	医疗美容门诊部
高新区	成都高新花一棠医疗美容门诊部	成都高新区天久北巷259号附202号2层	医疗美容门诊部
高新区	成都高新心悦容医疗美容门诊部	成都市高新区锦晖西一街99号3栋2层206号	医疗美容门诊部
高新区	成都高新九州华昀医疗美容门诊部	成都高新区盛和二路218号附201号2楼	医疗美容门诊部
高新区	成都高新景华医学美容门诊部	成都高新区天府大道中段天府三街88号(大源国际中心)1栋401	医疗美容门诊部
高新区	成都高新出彩医疗美容门诊部	成都高新区天府二街1308号1层、2层、3层	医疗美容门诊部
高新区	成都高新美壹典零零壹医疗美容门诊部	成都高新区天仁路259号附27号	医疗美容门诊部
高新区	成都高新小利娅医疗美容门诊部	成都市高新区成汉中路185号二楼附249号、附246号	医疗美容门诊部

续表

行政区划	机构	机构地址	机构类别
高新区	成都高新瞳颜医疗美容门诊部	成都高新区锦晖西一街99号1栋1单元2楼202号	医疗美容门诊部
高新区	成都高新莱尹臻颜医疗美容门诊部	成都高新区府城大道西段88号3楼301、302、309、3010号	医疗美容门诊部
高新区	成都高新美丽部落荟美医疗美容门诊部	成都高新区荟锦路230号1栋1楼162号	医疗美容门诊部
高新区	成都高新千和美汇医疗美容门诊部	成都高新区二环路南三段18号附17号1幢1单元1楼	医疗美容门诊部
高新区	成都高新纽莱茵医疗美容门诊部	中国(四川)自由贸易试验区成都高新区天府三街288号4栋4单元1层1-3号,2层1号,3层1号	医疗美容门诊部
高新区	成都高新卡诺思医学美容门诊部	成都市高新区吉泰路666号二栋4层2号、3号	医疗美容门诊部
高新区	成都高新美极医疗美容门诊部	成都高新区吉泰三路8号1栋1单元4层1-8号	医疗美容门诊部
高新区	成都高新艾尚柏雅医学美容门诊部	成都高新区天久北巷17号	医疗美容门诊部
高新区	成都高新菲尔瑞医疗美容门诊部	成都高新区天府二街1033号建发鹭洲里2楼106-117号	医疗美容门诊部
高新区	成都高新新颐美医疗美容门诊部	成都高新区府城大道西段505号1栋1单元13楼1301、1302号	医疗美容门诊部
高新区	成都高新瑞美荟医疗美容门诊部	成都市高新区天府一街808号2楼201号	医疗美容门诊部
高新区	成都高新圣美汇医学美容门诊部	成都市高新区天府二街99号新天府国际A座5楼501-510号	医疗美容门诊部
高新区	成都高新美辰星耀医疗美容门诊部	中国(四川)自由贸易试验区成都高新区天府二街368号4栋5层1号	医疗美容门诊部
高新区	成都高新薇澜医疗美容门诊部	中国(四川)自由贸易试验区成都高新区府城大道西段399号1栋3层10号	医疗美容门诊部
高新区	成都高新中科致美医疗美容门诊部	成都高新区名都路166号1栋3层5、6、7、8号	医疗美容门诊部

续表

行政区划	机构	机构地址	机构类别
高新区	成都高新忠爱美成医疗美容门诊部	中国（四川）自由贸易试验区成都高新区吉庆三路333号1栋1单元301、302室	医疗美容门诊部
高新区	成都高新晟薇医疗美容门诊部	成都高新区天府二街269号26栋18层	医疗美容门诊部
高新区	成都高新禾臣瑞亚医疗美容门诊部	成都高新区盛邦街689号1楼	医疗美容门诊部
高新区	成都高新佰华利医疗美容门诊部	成都高新区成汉中路185号1栋2层2041、2042、2043号	医疗美容门诊部
高新区	成都高新恩美医疗美容诊所	成都高新区火车南站西路321号1栋1层1号	医疗美容门诊部
高新区	成都高新菲思丽致医疗美容门诊部	科华南路339号1栋10层1004、1005、1006号	医疗美容门诊部
高新区	成都高新上善智美医疗美容门诊部	成都高新区府城大道西段505号1栋1单元23层2306号	医疗美容门诊部
高新区	成都高新区春天医疗美容门诊部	中国（四川）自由贸易试验区成都高新区府城大道西段505号1幢3层161号	医疗美容门诊部
高新区	成都高新达美赞医疗美容诊所	成都高新区科华南路339号1栋1层1号、2层1号	医疗美容诊所
高新区	成都高新柏宇生物医疗美容诊所	成都高新区府城大道西段505号1栋1单元2011号	医疗美容诊所
高新区	成都高新璞漾医疗美容诊所	成都高新区富华南路1894号	医疗美容诊所
高新区	成都高新优珈轻医疗美容诊所	成都高新区府城大道西段505号1栋1单元1401号	医疗美容诊所
高新区	成都高新柏雅心羽医疗美容诊所	成都高新区荟锦路273号、275号	医疗美容诊所
高新区	成都高新美呀皮肤医学美容诊所	成都高新区益州大道777号1栋2单元23楼2301号	医疗美容诊所
高新区	成都高新新瑞凯文医疗美容诊所	成都市高新区盛和二路170号附211号2楼	医疗美容诊所
高新区	成都高新依格美医疗美容诊所	成都高新区交子大道300号悠方购物中心608号	医疗美容诊所
高新区	成都高新艾玛医疗美容诊所	成都高新区成汉北路230号公馆18814幢1-2号	医疗美容诊所

续表

行政区划	机构	机构地址	机构类别
高新区	成都高新美吖美医疗美容诊所	成都高新区天府大道中段500号1栋24层2414-2415号	医疗美容诊所
高新区	成都高新瑞希医疗美容诊所	成都高新区天府大道中段666号希顿国际广场2栋8楼802号	医疗美容诊所
高新区	成都高新美瑞紫荆皮肤医疗美容诊所	中国(四川)自由贸易试验区成都高新区吉泰五路88号附22号1层	医疗美容诊所
高新区	成都高新玉嬋医疗美容诊所	成都高新区天府三街69号1栋14层1419号	医疗美容诊所
高新区	成都高新诺依曼医疗美容诊所	成都高新区天府大道北段28号茂业中心A座14楼1407号	医疗美容诊所
高新区	成都高新逆龄社医疗美容诊所	成都市高新区丽都路696号、698号一楼	医疗美容诊所
高新区	成都高新沐兮华颜医疗美容诊所	中国(四川)自由贸易试验区成都高新区府城大道西段339号1栋3层301、302、305、306、307、308号	医疗美容诊所
高新区	成都高新简娜生活之美医疗美容诊所	中国(四川)自由贸易试验区成都高新区天仁路388号5层24号	医疗美容诊所
高新区	成都高新夏秋医疗美容诊所	成都高新区府城大道西段505号1栋2单元19层1918号	医疗美容诊所
高新区	成都高新尚美汇医疗美容诊所	中国(四川)自由贸易试验区成都高新区盛安街401号1栋2单元10层1016、1017号	医疗美容诊所
高新区	成都高新赫拉秘语医疗美容诊所	成都高新区天府大道666号1栋39层	医疗美容诊所
高新区	成都高新淑倩医疗美容诊所	成都高新区益州大道中段777号4栋4层403号	医疗美容诊所
高新区	成都高新恒美雅轩医疗美容诊所	成都高新区府城大道西段505号1栋2层	医疗美容诊所
高新区	成都高新紫藤花色医疗美容诊所	成都高新区剑南大道中段1589号2幢1层5号	医疗美容诊所
高新区	成都高新美卿医疗美容诊所	成都高新区盛安街184号2楼	医疗美容诊所

续表

行政区划	机构	机构地址	机构类别
高新区	成都高新芳龄医疗美容诊所	成都市高新区天府大道中段530号1栋39层3904号	医疗美容诊所
高新区	成都高新半山逆龄医疗美容诊所	成都高新区吉泰路666号2栋23层7号	医疗美容诊所
高新区	成都高新世豪店欧路夫森医疗美容诊所	中国(四川)自由贸易试验区成都高新区剑南大道中段998号1栋2层C210b号	医疗美容诊所
高新区	成都高新府城簇芳笺医疗美容诊所	成都高新区荟锦路230号1幢1楼162号	医疗美容诊所
高新区	成都高新悦思俪医疗美容诊所	中国(四川)自由贸易试验区成都高新区天府大道北段999号3栋1层5、23号	医疗美容诊所
高新区	成都高新艾瑞姿医疗美容诊所	中国(四川)自由贸易试验区成都高新区吉泰五路118号3栋25层1号	医疗美容诊所
高新区	成都高新尊尚柏丽医疗美容诊所	成都高新区天鹅湖花园17-1-1号	医疗美容诊所
高新区	成都高新和光医疗美容诊所	成都高新区益州大道中段722号3栋1单元15楼17-22号	医疗美容诊所
高新区	成都高新科思因医疗美容诊所	成都高新区府城大道西段505号1栋1单元16层8号	医疗美容诊所
高新区	艾尔建(成都)医疗美容诊所	成都高新区天府大道北段1199号3号楼32层3201号	医疗美容诊所
高新区	成都高新漾肤医疗美容诊所	成都市高新区天仁路388号凯德天府7-7号	医疗美容诊所
高新区	成都高新美呗医疗美容诊所	中国(四川)自由贸易试验区成都高新区益州大道1999号9号楼16层	医疗美容诊所
高新区	四川妍熙医学美容医院有限公司	益州大道医疗美容诊所 益州大道333号东方希望906	医疗美容诊所
高新区	成都高新爱美新生诊所	天府三街19号1栋1单元7层701、702、703号	医疗美容诊所
高新区	成都高新大峰医疗美容诊所	成都市高新区益州大道中段722号宇洲国际21层2102-2106号	医疗美容诊所

续表

行政区划	机构	机构地址	机构类别
高新区	成都高新悦兮悦兮医疗美容诊所	成都高新区益州大道中段599号12栋1楼103号、2楼附214号	医疗美容诊所
高新区	成都高新诗丽堂天钰医疗美容诊所	成都高新区天府大道中段177号18栋1单元2层3、4号	医疗美容诊所
高新区	成都高新根源植发医疗美容门诊部	成都高新区交子大道88号中航国际广场C座2楼	
成华区	成都圣丹福整形美容医院	成都市成华区锦绣大道5333号A1座1、4、5、6层D单元	美容医院
成华区	成都美绽美整形美容医院	成都市成华区杉板桥南二路38号1栋	美容医院
成华区	成都晶都医疗美容医院有限公司府青路二段医疗美容门诊部	成都市成华区府青路二段175号1－3楼	医疗美容门诊部
成华区	成都成华迎晖医疗美容门诊部	成都市成华区建材路8号3栋2层2号	医疗美容门诊部
成华区	成都成华正爱正美医疗美容门诊部	成都市成华区建设南路163号7栋1单元2楼2号、3号	医疗美容门诊部
成华区	成都成华健丽医疗美容门诊部	成都市成华区府青路二段25号2楼(201－206号)	医疗美容门诊部
成华区	成都成华唯爱新颜医疗美容诊所	成都市成华区建设支巷1号2栋4层附401、402号	医疗美容诊所
成华区	成都成华轻与龄美容诊所	成都市成华区双林北支路1号6幢4楼1号	医疗美容诊所
成华区	成都成华静欣生活之美医疗美容诊所	成都市成华区万科路9号凯德广场、魅力城商场02层35A号	医疗美容诊所
成华区	成都俏百颜生物科技有限公司诊所	成华区建设北路三段2号1栋1单元26层4、5、6号	医疗美容诊所
成华区	成都成华莱茵医疗美容诊所	成都市成华区昭觉寺南路50号3栋1单元5楼501、502、519、520号	医疗美容诊所
成华区	成都成华亚鑫京林医疗美容诊所	成都市成华区二环路东二段7号1栋2单元6层607、620号	医疗美容诊所
成华区	成都艾斐尔绚魅医疗美容诊所	成都市成华区高车三路69号5栋4楼1号	医疗美容诊所
成华区	成都成华诗丽堂祥云医疗美容诊所	成都市成华区望平街114号附1号	医疗美容诊所

续表

行政区划	机构	机构地址	机构类别
成华区	成都成华诗丽堂芙悦医疗美容诊所	成都市成华区前锋路1号附41号	医疗美容诊所
成华区	成都成华诗丽堂福锦医疗美容诊所	成都市成华区万科路5号1栋1单元3楼附32号	医疗美容诊所
温江区	成都温江美都整形美容诊所	成都市温江区凤溪大道南段555号53栋4001-4029号	医疗美容诊所
温江区	成都温江贞禾壹医疗美容诊所	成都市温江区光华大道三段1588号1栋18层1812、1813、1814号	医疗美容诊所
温江区	成都温江锐变医疗美容诊所	成都市温江区凤凰北大街666号39栋1层1号	医疗美容诊所
温江区	成都温江美丽部落帛玉医疗美容诊所	乐善路10.12号	医疗美容诊所
温江区	温江真美奇迹医疗美容诊所	柳城凤溪大道中段182号	医疗美容诊所
温江区	成都温江诗丽堂欣芮医疗美容诊所	成都市温江区柳城燎原路258、260号	医疗美容诊所
龙泉驿区	龙泉驿蕴禅医疗美容门诊部	成都市龙泉驿区大面街道成龙大道二段1088号20栋-1-3层2号	医疗美容门诊部
龙泉驿	龙泉驿美尔曼医疗美容门诊部	青台山路878号	医疗美容门诊部
龙泉驿区	龙泉驿龙成欧菲医疗美容诊所	成都市龙泉驿区龙泉街道龙都南路3号附13号	医疗美容诊所
青白江区	成都青白江鸿鑫昌医学美容诊所	成都市青白江区凤凰西六路40号1-2层	医疗美容诊所
新都区	新都韩悦医疗美容诊所	成都市新都区新都街道蜀龙大道中段1088号1栋3层3号	医疗美容诊所
新都区	成都卓美色医疗美容诊所有限公司新都卓美色医疗美容诊所	成都市新都区马超东路380号新都国际广场2-068号	医疗美容诊所
新都区	成都新都区丽合美丽阁医疗美容诊所有限公司新都丽合美丽阁医疗美容诊所	成都市新都区新都街道金海路55号	医疗美容诊所
都江堰市	都江堰呈美医学美容诊所	都江堰市翔凤路168号上善熙悦熙广场5-2楼2-3号	医疗美容诊所
崇州市	崇州崇阳汉密尔顿医学美容门诊部	崇州市崇阳街道蜀州中路299号	医疗美容门诊部

续表

行政区划	机构	机构地址	机构类别
崇州市	崇州美伊医疗美容门诊部	崇州市崇阳街道唐安西路437-441号	医疗美容门诊部
崇州市	崇州纽优雅姿秀医疗美容诊所	崇州市崇阳街道龙门南街196、198、200、202号	医疗美容诊所
崇州市	崇州安美医学美容诊所	崇州市崇阳镇双桥街158号	医疗美容诊所
简阳市	简阳逸星博鳌一龄医疗美容诊所	简阳市射洪坝街道办雄州新城园中苑B区4号楼2-1号	医疗美容诊所
简阳市	简阳颜莱医疗美容诊所	简阳市射洪坝街道办事处泛月路224号附2-1号(金地花园)2幢2层	医疗美容诊所
简阳市	简阳卡秀医疗美容诊所	四川省成都市简阳市石桥镇东升街94号附1-3号(六号花园)1栋2层	医疗美容诊所
彭州市	成都中研艺美医疗美容诊所	彭州市天彭镇南大街387—407号1层	医疗美容诊所
邛崃市	邛崃星宸医学美容诊所	文君街道办朱水碾街333号10栋2楼3491号	医疗美容诊所
邛崃市	邛崃美丽部落沁艺医疗美容诊所	邛崃市临邛街道西街62、64号	医疗美容诊所
蒲江县	蒲江美丽部落敏琴医疗美容诊所	成都市蒲江县鹤山镇梣椤路上段73号附5、6号	医疗美容诊所
大邑县	大邑伊美佳医疗美容诊所	四川省成都市大邑县晋原镇大邑大道537号32栋1-2层	医疗美容诊所
大邑县	大邑西婵医疗美容诊所	四川省成都市大邑县晋原镇潘家街四段705号	医疗美容诊所
大邑县	大邑瑞喜医疗美容诊所	大邑县晋原镇元通路268号A栋5楼507-511号	医疗美容诊所
大邑县	大邑新秘色医疗美容诊所	大邑县内蒙古大道257-261号	医疗美容诊所

R.24 后记

"惊风飘白日，光景西驰流"，转眼间时光飞逝如电。《成都医疗美容产业发展报告（2020~2021）》从计划到实施，经过一年多的努力，终于顺利出版发行，在春暖花开之季与读者见面了。首先，感谢成都市卫生健康委员会、成都市医疗美容产业协会，以及成都市高新区、武侯区、天府新区、温江区等区县和地方政府部门对本书调研、原始数据收集整理以及写作工作的大力支持和帮助；其次，感谢医美企业（排名不分先后，包括但不限于）：成都八大处、华美紫馨、米兰柏羽、喧妍、铜雀台、美沃斯、痕迹资本、绽妍生物、美呗、新氧、美团医美、华熙生物、平安保险等机构专家的积极参与和支持。

本书对成都市医疗美容产业的发展历史及现状、未来走向、政策管理预期、消费者动态等方面做了深入的分析和研究，呈现了成都市医美产业全景图，并对成都医美生态圈做了较为详尽的描述，同时基于全国和全球的医美产业发展情况，把成都医美产业纳入全球医美板块，从战略性视角观察并预判成都医美产业发展趋势。丰富的内容、翔实的数据图表，为政府部门宏观决策和微观管理、为业界医美投融资行为、为医美产业上中下游企业的生产经营活动、为医美消费者的消费选择提供参考。

本书采用问卷调查、文献研读、实地调研等方式，收集了大量第一手数据，整理了丰富的资料。问卷调研对象包括成都市合法医美机构、医美消费者和一些专家学者。通过这些方式和手段，收集整理的资料支撑了全书丰富完整的内容。在此过程中，本书的编写团队付出了极大的心血和智慧，为本书保质保量出版立下了汗马功劳。

本书由成都市医疗美容产业协会牵头，四川大学商学院专家领队主持编写工作。主编王杭会长组织了编写团队,对编写工作提供了关键路径图,不仅在编写和统稿修改工作中起到了领导作用,而且做了大量细致深入的工作。主编王黎华主持了全书的编写工作,带领团队完成了提纲编写、任务分解、方案落实等具体任务,并承担了大量的撰写和统稿工作。编委会副主任王夕丹秘书长承担了本书撰写的管理、协调、送审等具体繁杂的联络工作,对本书顺利付梓功不可没。

本书的撰写者人员众多,职业、年龄、学历等分布广泛,涵盖学校、医院、医美机构和企业、协会、政府相关部门等多方面多层次,既有理论方面的专家又有产业实践的经营者,既有深入基层的一线参与人员也有具备战略眼光的高层领导者,支撑了本书内容的多元化、多视角、多维度。各位编写者在自身繁忙的本职工作之余,抽出时间认真撰稿,不惧艰苦,克服重重困难,终于保证了本书的顺利出版。编委和撰稿人已在前面正文中署名,在此不一一列示,一并致以最衷心的感谢!

最后,由于本书编写时间紧、任务重,书中难免出现错误,存在瑕疵,敬请各位读者、专家、同仁们批评指正,帮助我们完善,并致谢意。

图书在版编目(CIP)数据

成都医疗美容产业发展报告.2020-2021/王杭,王黎华主编.--北京:社会科学文献出版社,2022.4
 ISBN 978-7-5201-9925-4

Ⅰ.①成… Ⅱ.①王… ②王… Ⅲ.①美容-服务业-产业发展-研究报告-成都-2020-2021 Ⅳ.①F726.99

中国版本图书馆CIP数据核字(2022)第047133号

成都医疗美容产业发展报告(2020~2021)

主　　编／王　杭　王黎华

出 版 人／王利民
责任编辑／吴　敏
责任印制／王京美

出　　版／社会科学文献出版社·皮书出版分社(010)59367127
　　　　　地址:北京市北三环中路甲29号院华龙大厦　邮编:100029
　　　　　网址:www.ssap.com.cn
发　　行／社会科学文献出版社(010)59367028
印　　装／天津千鹤文化传播有限公司

规　　格／开　本:787mm×1092mm　1/16
　　　　　印　张:26.25　字　数:400千字
版　　次／2022年4月第1版　2022年4月第1次印刷
书　　号／ISBN 978-7-5201-9925-4
定　　价／198.00元

读者服务电话:4008918866

版权所有 翻印必究